Bernd Bundschuh
Peter Sokolowsky

Rechnerstrukturen und Rechnerarchitekturen

Rechnerstrukturen und Rechnerarchitekturen

von Bernd Bundschuh und Peter Sokolowsky

Bernd Bundschuh
Peter Sokolowsky

Rechnerstrukturen und Rechnerarchitekturen

Mit 108 Bildern und 16 Tabellen

Springer Fachmedien Wiesbaden GmbH

CIP-Titelaufnahme der Deutschen Bibliothek

Bundschuh, Bernd:
Rechnerstrukturen und Rechnerarchitekturen/
Bernd Bundschuh; Peter Sokolowsky. –
Braunschweig; Wiesbaden: Vieweg, 1988
Mit 108 Bildern u. 16 Tab.

NE: Sokolowsky, Peter:

Der Verlag Vieweg ist ein Unternehmen der Verlagsgruppe Bertelsmann.

Umschlaggestaltung: Peter Neitzke, Köln

ISBN 978-3-528-04389-6 ISBN 978-3-322-84118-6 (eBook)
DOI 10.1007/ 978-3-322-84118-6

Vorwort

Der Stoff dieses Lehrbuches basiert auf einer Vorlesung, die seit 1976 für Studierende der Elektronik und Feinwerktechnik der Fachhochschule Frankfurt a.M. mit zwei und seit 1984 für den Studiengang Ingenieur-Informatik mit vier Semester-Wochenstunden abwechselnd von beiden Autoren gehalten wird.

Aufgabe und Ziel dieser Vorlesung ist es, eine Einführung und einen Überblick über Aufbau und Arbeitsweise von Rechnersystemen zu geben. Das vorliegende Buch unterstützt diese Bestrebungen durch die leicht verständliche Darstellung und die Erläuterung von schwierigen Sachverhalten durch schematische Abbildungen.

Der Stoff ist so angelegt, daß keine speziellen Kenntnisse in Schaltkreiselektronik, Digitaltechnik und Programmierung vorausgesetzt werden. Alle Darstellungen über Funktionsweisen gehen hinab bis zur Behandlung von „logisch-technischen" Prozessen auf der Ebene der Primärprozesse 0 und 1, ohne daß dabei einschlägiges Wissen über die technologische Realisierung vorhanden sein muß.

In der Praxis werden oft Fragen nach der Struktur des „eigenen" Rechners gestellt. Man möchte wissen, welche Vorgänge im Rechner ablaufen, wie der Rechner aufgebaut und organisiert ist.

Die Grundaufgabe einer Rechenanlage ist die Sammlung, Speicherung, Verarbeitung und Darstellung von Informationen. Um diese Grundaufgabe auf den verschiedensten Anwendungsgebieten erfüllen zu können, bedarf es unterschiedlicher Rechner, die durch unterschiedliche Größe, Struktur und Arbeitsweise gekennzeichnet sind.

Die Darstellung des Lehrstoffes erfolgt aus der Sicht eines Rechnerarchitekten, der die Rechner entwirft und baut. Dementsprechend wurde versucht, den Aufbau und die Arbeitsweise der Rechnerhardware aufzuzeigen und bestimmte architektonische Prinzipien sowie organisatorische Maßnahmen, die dieselben unterstützen, zu erarbeiten. Dabei ging es den Autoren darum, die Prinzipien der heutigen und der künftigen Rechnerarchitekturen vorzustellen und die einzelnen Themengebiete systematisch abzuhandeln.

Das Buch ist in acht Kapitel gegliedert.

Zunächst werden die Kriterien für den Entwurf von Rechnern sowie der historische Überblick über die Technologie und die Funktionsmerkmale der Rechnersysteme gegeben (Kapitel 1). Danach folgt eine ausführliche Beschreibung der Algorithmen und der Strukturen für arithmetische, logische und Vergleichsoperationen (Kapitel 2). Dem schließt sich die nicht wenig umfangreiche Abhandlung der technischen, funktionalen und organisatorischen Aspekte von internen und externen Speichern (Kapitel 3) an. Die eigentliche Steuerung und Kontrolle von datenverarbeitenden Funktionen ist Aufgabe des Leitwerkes (Steuerwerkes), dessen Aufbau und Arbeitsweise (Kapitel 4) behandelt wird. Danach werden Arten und Funktionen von Ein- und Ausgabe beschrieben (Kapitel 5). Das nachfolgende Kapitel (6) handelt das Operationsprinzip und die Struktur von „klassischen" – sogenannten Von-Neumann-Architekturen ab.

Hierbei stützen sich die Autoren auf die Erfahrungen mit der Entwicklung und dem Bau von Rechnern in ihrer beruflichen Praxis vor dem Eintritt in die Fachhochschule und auch mit der Entwicklung eines Demonstrations-Rechners im Informatiklabor der FH Frankfurt.

Die „neuen" Architekturen (Kapitel 7) sind heute vorwiegend in Entwicklungs- und Forschungslabors von Hochschulen und Computerherstellern oder in der ersten praktischen Erprobung zu finden. Die Autoren konnten sie anläßlich von Ausstellungen oder Direkteinladungen zu Anwendern oder Herstellern kennenlernen. Wegen der großen Zahl dieser unterschiedlichen Arten von innovativen Rechnerarchitekturen mußte eine Auswahl getroffen werden. Die hier vorgestellten Beispiele haben deshalb einen monographischen Charakter. Einige dieser Beispiele wurden der von Prof. Sokolowsky in der Zeitschrift „technica" (Birkhäuserverlag Basel) in den Jahren 1983 bis 1985 herausgegebenen Serie „Rechnerstrukturen" entnommen. An dieser Serie haben als Autoren Prof. Lange, sowie Dr. Krings und Dr. Milde – RWTH Aachen – maßgeblich mitgewirkt. Das abschließende Kapitel 8 behandelt die Verbindungsnetzwerke.

Die Verfasser danken den Computerherstellern Control Data, Siemens, IBM, UNISYS, DEC, INMOS, Honeywell, Intel und Motorola für vielseitige Hilfen bei der Materialbeschaffung und dem Zugang zu ihren Rechnersystemen. Für die Herstellung der Bilder gebührt unser Dank Frau Bohlender, Frau Schemenau und Herrn Shalchi.
Dem Vieweg-Verlag danken wir für die Anregung, die Vorlesungsunterlagen in ein Fachbuch für Studenten und lernende Praktiker umzusetzen.

Frankfurt am Main, Dezember 1987

Inhaltsverzeichnis

1 Einleitung

1.1 Leistungsproblematik heutiger Rechnersysteme

Die Additionsgeschwindigkeit elektronischer Rechenmaschinen hat seit den Tagen des ENIAC (Electronic Numerical Integrator And Computer; erster Rechner in Röhrentechnik: über 18 000 Röhren bei einer Leistungsaufnahme von mehr als 150 kW) bis heute ständig zugenommen, und zwar exponentiell, wie die Graphik (**Bild 1-1**) im halblogarithmischen Maßstab zeigt.

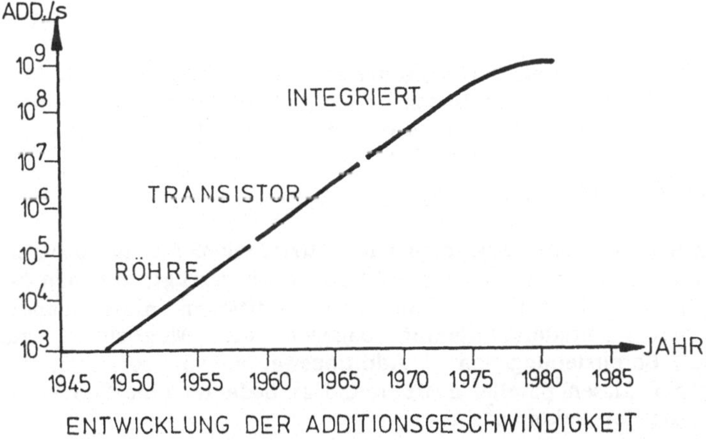

Bild 1-1: Entwicklung der Additionsgeschwindigkeit

Heutige Hochleistungsrechner können 1 Milliarde Additionen in der Sekunde ausführen. Wesentlich zu dieser Entwicklung haben die Fortschritte der elektronischen Bauelemente beigetragen. Der Weg von der Elektronenröhre (40er Jahre) über den Transistor (50er Jahre) zu den integrierten Halbleitern (ab 60er Jahre) hat zu immer kleineren Schaltelementen geführt. **(Tabelle 1.1)**

Die dadurch erzielte Verkürzung der Stromwege bewirkte hohe Verarbeitungsgeschwindigkeiten. Außerdem ließ sich die Störanfälligkeit der mikrominiaturisierten Schaltelemente auf ein Minimum senken. Durch den Einsatz noch kleinerer, schnellerer Schaltkreise konnte die Arbeitsgeschwinidigkeit der Computer weiter gesteigert werden. Ganze Systemkomponenten - Prozessoren und Halbleiterspeicher - werden heute auf kleinstem Raum zusammengefaßt.

Diese rasante technologische Entwicklung ist aber nicht allein dafür verantwortlich, daß die heutigen Supercomputer 1 Milliarde Additionen pro Sekunde ausführen können. Dank neuer Architekturkonzepte, welche die strukturelle Organisation der modernen Rechenanlagen wesentlich beeinflußt haben, ließen sich die Rechenzeiten ebenfalls entscheidend verkürzen. Hier hat insbesondere die Konzeption, den Computer

Tabelle 1.1: Rechnergenerationen

Generation	technisches Merkmal	funktionelles Merkmal
1.	Relais	numerische Datenverarbeitung
2.	Elektronen-röhre	Verarbeitung großer Datenbe-stände (Datenbanken)
3.	Transistor	Kommunikationsfähigkeit (Fernverarbeitung,Vernetzung)
4.	Integrierte Schaltkreise	Erfassung der Umwelt (Sprach- und Bilderkennung)
5.	VLSI	Wissensverarbeitung

sozusagen mehrgleisig rechnen zu lassen, den weitestreichenden Erfolg gebracht. Man läßt den Rechner die einzelnen Operationen nach Möglichkeit nicht mehr hintereinander, sondern nebeneinander oder, wie man auch sagt, parallel ausführen.

Beispiel: Summation zweier n * n-Matrizen.

> Insgesamt sind dabei n^2 einander entsprechende Matrizenelemente zu addieren. Mit einem Computer, der über ein einziges Additionswerk verfügt, löst man das Problem nur dadurch, daß man die einzelnen Additionen hintereinander ausführt. Sieht die Computerarchitektur dagegen die Möglichkeit zur Arbeitsteilung durch Bereitstellung von n^2 Additionswerken vor, so lassen sich die n^2 Additionen auf diesen parallel ausführen. Das bedeutet eine Steigerung der Rechenleistung um den Faktor n^2.

In diesem **Beispiel** ließen sich die Vorteile der parallelgeschalteten Addierwerke voll ausschöpfen; der jeweilige Grad an "Parallelität" wird aber von der einzelnen Aufgabenstellung abhängen. Während man früher Rechenaufgaben so zerlegen mußte, daß sie sich als Folgen von Einzelschritten darstellen ließen, die dann von der Rechenanlage sequentiell durchgeführt wurden, kann man die Hochleistungscomputer so programmieren, daß **viele** (nicht immer **alle**) Einzelschritte zur gleichen Zeit parallel ablaufen.

Für welche Problemstellungen benötigt man dann aber diese schnellsten Rechner?

Zu nennen sind hier komplexe Strömungsprobleme, vielfach noch kombiniert mit Simulationen zur Gewinnung einer aerodynamisch optimierten Außenhaut bei Flugzeugen. Einige aerodynamische Anwendungen fordern sogar über 10^{13} arithmetische Operationen für ein einziges Problem. Ein Hochleistungsrechner braucht dazu mehr als 2 Tage. Ähnlich gelagerte Probleme findet man in der Kern-, Plasma- und Halbleiterphysik, in der Meteorologie und Geologie. Ein weiteres Gebiet für den Einsatz von Supercomputern ist die Bildverarbeitung. Hier werden bei der Echtzeitverarbeitung (real time processing) Rechenleistungen verlangt, die selbst von den heutigen superschnellen Rechnern mit ihren gewaltigen Kapazitäten nicht erreicht werden können. Eine einfache Abschätzung zeigt dies am **Beispiel** der Verarbeitung von bewegten, dreidimensionalen Bildern (z.B. Überwachung von Herzkathetern). Bei einer Auflösung von ca. 1000 Schritten in allen drei Dimensionen des Raums ergeben sich pro Bild 10^9 Bildpunkte, die mit je zwei 8-Bit-Daten (Byte) ausreichend in Helligkeit und Farbe dargestellt werden können. Die Bildfrequenz muß wegen der Trägheit des Auges über 20 Bildern/s liegen. Daraus ergibt sich ein Datenaufkommen von 10^{11} Byte/s. Angenommen, daß pro Byte 100 Operationen zur Bildverarbeitung ausgeführt werden sollen, muß der Rechner 10^{13} Operationen/s ausführen können. Beim heutigen Stand der Technologie kann ein Rechner max. 10^9 Operationen/s ausführen (vgl. **Bild 1-1**); es würden also noch mindestens 10 000 "Supercomputer" benötigt.

Der Wunsch, stets umfangreichere Probleme zu lösen, hat den Anstoß zu immer leistungsfähigeren Computern gegeben. Weil aber noch viele Probleme mit den heutigen Rechnern unlösbar sind, dauern die Bemühungen der Technologen und Computeringenieure an, durch weitere Entwicklungen auf dem Gebiet der Technologie und durch Fortschritte bei den architektonischen Konzepten die Voraussetzungen für noch leistungsfähigere Rechner zu schaffen.

Mit dem Einzug der Informationstechnologie in alle Berufe und Lebensbereiche zeichnet sich heute auch eine neue Sichtweise auf die geschichtliche Entwicklung der Computer ab: das gängige Rechnerparadigma nach Generationen (siehe **Tabelle 1.1**) wird zu Gunsten einer komplexeren Betrachtungsweise zurücktreten:

In der noch verbleibenden Zeit dieses Jahrzehnts sind radikale Änderungen in den Konzepten und den Anwendungen von Informationssystemen zu erwarten.

Der Wechsel zu den Informationssystemen der neunziger Jahr äußerte sich in einer Reihe fundamentaler Veränderungen: Übergang von Eigenentwicklungen zu Standards, von Einzel- zu Multianbieter-Lösungen sowie Ablösung von Anbietermonopolen durch intensiven Wettbewerb und PC-Workstation: "Sie wird über - zumeist lokale - Netzwerke mit Netzwerk-Servern verbunden", "ein beschleunigtes Innovationstempo und rasche Preisverfälle". Traditionelle DV-Zentren werden sich auf Dauer nicht mehr im Mittelpunkt vernetzter Infrastrukturen befinden.

1.2 Die Entwurfskriterien der Rechnerarchitekturen

Schon mehrmals verwendeten wir den Begriff **Rechnerarchitektur**. Was ist Rechnerarchitektur?

Rechnerarchitektur ist eine Übersetzung des englischen Begriffs computer architecture. Architektur bedeutet Baukunst oder Baustil. Entsprechend ihrem Zweck unterscheidet man in der Baukunst Typen von Architekturen wie die Architektur des Wohnungsbaus, des Fabrikbaus, des Verwaltungsbaus, etc. Wir wollen auch die "Baukunst" der einzelnen Produkte der Informationstechnik hier einbeziehen, soweit sie für uns von Bedeutung sind.

Eine Rechenanlage, die auf jedem beliebigen Gebiet einsetzbar sein soll, wird **Universalrechner** genannt. Daneben gibt es Anlagen, die für eine spezielle Aufgabe konzipiert wurden und die deshalb **Spezialrechner** heißen. Dementsprechend ist zwischen Universalrechner-Architektur und Spezialrechner-Architektur zu unterscheiden.

Mit der Vorlage eines architektonischen Konzeptes für eine zweckorientierte Rechneranlage ist die Aufgabe eines Rechnerarchitekten noch nicht gelöst. Es wird vielmehr von ihm erwartet, daß dieses Konzept bestimmte Forderungen möglichst optimal erfüllt, z.B.

Leistungs-Aspekt,
Ausfalltoleranz-Aspekt,
Erweiterbarkeits-Aspekt,
Benutzbarkeit und Wartbarkeit.

Leistung
Im allgemeinen ist nicht die absolute Leistungs- sondern die Kosteneffektivität, d.h. die Leistung pro Kosteneinheit maßgeblich. Dabei ist zu beachten, daß zwei verschiedene Systeme nur dann in ihrer Leistung vergleichbar sind, wenn zusätzlich auch ihre Anwendungsbreite etwa gleich ist. So sind z.B. 16-Bit-Personal-Computer mit dem MS-DOS-Betriebssystem von der Leistung her miteinander vergleichbar, wenn sie als IBM-kompatibel eingestuft werden.

Ausfalltoleranz
Das Kriterium ist hier die Gewährleistung einer gewissen Mindestverfügbarkeit des Systems. Ein System heißt dann ausfalltolerant, wenn bei Ausfällen einzelner Komponenten des Systems noch ein betriebsfähiger Kern übrigbleibt, so daß eine bestimmte Mindestleistung zu allen Zeiten zur Verfügung steht.

Erweiterbarkeit
Hierbei handelt es sich darum, ein Rechnersystem so zu entwerfen, daß seine Erweiterung durch verschiedene Ausbaustufen ermöglicht wird: z.B. Erweiterung des internen Speichers, zusätzliche Erweiterung um einen mathematischen Koprozessor, etc.

Benutzbarkeit und Wartbarkeit
Das Ziel ist hier, dem Anwendungs- u. Systemprogrammierer sowie dem Wartungstechniker einheitliche Mittel zur Verfügung zu stellen, die die Beziehungen zwischen diesen Benutzern und dem Rechnersystem optimal gestalten. Dies geschieht z.B. durch die Bereitstellung einer höheren Programmiersprache, die unmittelbar durch die Hardware des Systems interpretiert wird.

Der Leistungs-Aspekt und der Ausfalltoleranz-Aspekt sind mit Abstand die wichtigsten Gesichtspunkte beim Entwuf von Rechnerarchitekturen.

So wie dem Gebäude-Architekten bestimmte Materialien wie Holz, Stein, Beton, Stahl, Glas zur Verfügung stehen, aus denen er zunächst Strukturelemente oder Komponenten wie Pfeiler, Bogen, Gewölbe, usw. bildet, sind die Materialien des Rechner-Architekten die integrierten Halbleiter-Bausteine, aus denen gewisse Komponenten realisiert werden, die wir die Hardware-Betriebsmittel nennen. Diese Komponenten - Prozessoren, Speicher, Verbindungseinrichtungen - werden zu einem Rechnersystem zusammengesetzt.

Diese Zusammensetzung geschieht nach bestimmten **Konstruktionsprinzipien**. Das sind Methoden, nach denen Strukturelemente zu **Strukturen** zusammengesetzt werden. Das Resultat ist die jeweilige charakteristische Struktur einer Architektur.

Während bei der Baukunst die berühmten drei Forderungen Schönheit, Zweckmäßigkeit, Dauerhaftigkeit gelten, steht bei den Rechnerarchitekturen allein die **Funktionalität** im Vordergrund. Um einen gewünschten Zweck zu erreichen, lassen sich bestimmte Prinzipien formulieren, nach denen ein Rechnersystem arbeitet, das

Operationsprinzip der Rechnerarchitektur. Die Festlegung eines Operationsprinzips allein reicht noch nicht für die Realisierung des Rechnersystems. Es kann eine Zahl von strukturell verschiedenen architektonischen Lösungen geben, die alle dem gleichen Operationsprinzip unterworfen sind.

Nur gemeinsam definieren Operationsprinzip und Struktur eine Rechnerarchitektur.

1.3 Wichtige Begriffe zu Rechnerarchitekturen

Um den Begriff "Rechnerarchitektur" näher zu erläutern, wollen wir einige wichtige Definitionen vorstellen:

Rechnerarchitektur
Eine Rechnerarchitektur ist bestimmt durch ein Operationsprinzip für die Hardware und die Struktur ihres Aufbaus aus den einzelnen Hardware-Betriebsmitteln.

Operationsprinzip
Das Operationsprinzip definiert das funktionelle Verhalten der Architektur durch Festlegung einer Informationsstruktur und einer Kontrollstruktur.

Hardware-Struktur
Die Struktur einer Rechnerarchitektur ist gegeben durch die Art und Anzahl der Hardware-Betriebsmittel sowie die Regeln für die Kommunikation und Kooperation zwischen ihnen.

Informationsstruktur
Die Struktur einer Rechnerarchitektur wird durch die (semantischen) Typen der Informationskomponenten in der Maschine bestimmt, die Repräsentation dieser Informationskomponenten und die Menge der auf sie anwendbaren Operationen. Die Informationsstruktur läßt sich als eine Menge von abstrakten Datentypen spezifizieren.

Kontrollstruktur
Die Kontrollstruktur einer Rechnerarchitektur wird durch Spezifikation der Algorithmen für die Interpretation und Transformation der Informationskomponenten der Maschine bestimmt.

Hardware-Betriebsmittel
Hauptsächliche Hardware-Betriebsmittel einer Rechnerarchitektur sind Prozessoren, Speicher, Verbindungseinrichtungen (Busse, Kanäle, Verbindungsnetzwerke) und Peripheriegeräte.

Kommunikations- und Kooperationsregeln
Die Kommunkationsregeln werden gegeben durch die Protokolle, die den Informationsaustausch zwischen den Hardware-Betriebsmitteln regeln. Die Kooperationsregeln legen fest, wie die Hardware-Betriebsmittel zur Erfüllung einer gemeinsamen Aufgabe zusammenwirken.

Benutzerschnittstelle einer Rechnerarchitektur
Die Benutzerschnittstelle einer Rechnerarchitektur besteht aus der Sprache, in der der Benutzer dem Betriebssystem Anweisungen erteilen kann, den auf dem System verfügbaren Programmiersprachen und den Vorschriften zur Benutzung der Anlage.

Abstrakte Datentypen
Abstrakte Datentypen bestehen aus einer Menge von Operationen, die auf Datenobjekten eines bestimmten Typs ausführbar sind. "Abstrakt" bedeutet in diesem Zusammenhang eine Beschreibungsform, die unabhängig von der Datendarstellung in einer Maschine oder der Programmierung der Operationen in einer bestimmten Sprache ist. Einige Beispiele zeigen abstrakte Struktur-Datentypen:

Zeichenketten, Felder, Keller, Wartelisten, index-sequentielle Dateien, Bäume, binäre Bäume.

1.4 Klassifikation von Rechnerarchitekturen

Die Entwicklung der letzten Jahre auf dem Gebiet der Rechnerarchitekturen war so vielfältig, daß wir eine Klassifizierung der Rechnerarchitekturen einführen müssen. Wir haben uns wie auch sonst üblich für die geläufigsten Klassifikationen nach Flynn und Händler (s. Kapitel 7)

nach dem Operationsprinzip und
nach den Hardware-Betriebsmitteln

entschieden.

1.4.1 Klassifikation nach Operationsprinzip

Wie bereits bekannt, definieren wir das Operationsprinzip durch eine Informationsstruktur und eine Kontrollstruktur. Die bisher bekannten Operationsprinzipien teilen wir in

das Von-Neumann-Operationsprinzip
die Operationsprinzipien des impliziten Parallelismus
die Operationsprinzipien des expliziten Parallelismus

Das Von-Neumann-Operationsprinzip wird in Kapitel 6 ausführlich behandelt. Aus dieser Diskussion werden wir auch die Operationsprinzipien des impliziten Parallelismus ableiten

parallele arithmetische Operationen (Parallelismus auf der "Operationsebene")
parallele Ausführung von Anweisungen (Parallelismus auf der "Anweisungsebene")
konkurrente Prozesse (Parallelismus auf der "Prozeß- (oder Task-)ebene")
parallele Verarbeitung von Benutzerprogrammen (Jobs) (Parallelismus auf der "Jobebene").

Bei den Operationsprinzipien des expliziten Parallelismus sind die Programmstrukturen oder die Datenstrukturen in den Programmen so standardisiert, daß dadurch eine Parallelarbeit a priori vorgezeichnet ist. Beispiele für beide Arten von Parallelismus sind in Kapitel 7.

1.4.2 Klassifikation nach Hardware-Betriebsmitteln

Bezüglich der Hardware-Betriebsmittel unterscheiden wir:

Einprozessor-Systeme sind Hardware-Betriebsmittel, welche autonom sowohl den Programmfluß steuern als auch die datentransformierenden Operationen des Programms ausführen können. Einprozessor-Systeme sind die klassischen Systeme mit einer zentralen Einheit (CPU). Spezielle Prozessoren für die Ein/Ausgabe werden dabei nicht gezählt. Alle Von-Neumann-Rechner sind von diesem Typ. Das Verarbeitungselement des Einprozessor-Systems führt nur datentransformierende Operationen aus. Es kann den Programmfluß nicht steuern, vielmehr wird es "von außen" angesteuert (z.B. Rechenwerk - siehe Kap. 2 und 6).

Arrays von gleichartigen Verarbeitungselementen. Sie werden deshalb so genannt, weil jedes Element nur mit seinen unmittelbaren Nachbarn verbunden ist. Alle Elemente führen in einem bestimmten Rechenschritt dieselbe Operation aus.

Pipelines sind überlappte Anordnungen aus Verarbeitungselementen, die in der Regel verschiedene Operationen "phasenverschoben" ausführen (s. Kap. 6 und 7).

Multiprozessor-Systeme bestehen aus mehr als einem Prozessor. Sie sind **homogen**, wenn alle Prozessoren hardwaremäßig gleich sind, andernfalls sind sie **inhomogen**. Haben die Prozessoren eines Multiprozessor-Systems die gleiche Aufgabe zu bewältigen, so werden sie als **symmetrisches** Multiprozessor-System bezeichnet; spielen sie jedoch unterschiedliche Rollen, so sprechen wir von **asymmetrischen** Multiprozessor-Systemen.

Systeme mit mehreren Prozessoren können weiterhin bezüglich der Art, wie die Kooperation zwischen den Hardware-Betriebsmitteln geregelt ist, unterschieden werden. Wir unterscheiden solche mit zentraler Systemaufsicht und solche mit autonomer Verwaltung der einzelnen Prozessoren (verteilte Systemkontrolle).

2 Rechenwerk

Wenn Sie dieses Kapitel gelesen haben, sollten Sie wissen, wie ein Rechner addiert, subtrahiert, zwei Zahlen miteinander vergleicht, und so weiter. Aufgabe eines Rechenwerks ist es, die arithmetischen, die logischen und die Vergleichsbefehle eines Rechners auszuführen. Diese Befehlsgruppe wird bei einfachen Operationen von der arithmetisch-logischen Einheit (ALU = arithmetic logic unit) des Zentralprozessors ausgeführt, bei aufwendigen Berechnungen häufig durch besondere Arithmetik-Prozessoren, die von der Zentraleinheit aufgerufen werden und dann unabhängig von dieser die geforderte Berechnung durchführen. Im Rahmen dieses Buches ist es nicht möglich, das ganze Gebiet der in Rechenwerken verwendeten Algorithmen und ihrer Implementierung für alle vorkommenden Zahlendarstellungen (ganze, Festkomma-, Gleitkomma- und BCD-Zahlen) ausführlich zu behandeln. Wir müssen uns also auf einige ausgewählte Verfahren und Beispiele beschränken.

2.1 Zahlendarstellungen

Zunächst wenden wir uns den gebräuchlichsten Darstellungen von Zahlen in Rechnern zu. Alle Informationen, so auch die Zahlen, werden binär, d. h. durch zwei wohl zu unterscheidende elektrische oder magnetische Zustände gespeichert und verarbeitet. Bezeichnet man diese Zustände mit "0" und "1", so kann man in einer Speicherstelle eine Ziffer a einer Dualzahl speichern, wobei vereinbart sein muß, welche Zuordnung zwischen der **Darstellung** einer n-stelligen Dualzahl und ihrem **Wert** besteht.

2.1.1 Vorzeichenlose ganze Dualzahlen

Bei ihnen werden die n Bits als Stellenwertzahl zur Basis 2 interpretiert. Der Darstellung

$$a_{n-1}a_{n-2}a_{n-3}\ldots a_2a_1a_0$$

wird der positive Wert

$$a_{n-1} * 2^{n-1} + a_{n-2} * 2^{n-2} + \ldots \quad + a_1 * 2^1 + a_0 * 2^0$$

zugeordnet. Dabei sind die a_i die einzelnen Ziffern des n-stelligen Bitmusters. Der Wertebereich liegt hier zwischen Null, wenn alle $a_i = 0$ sind und 2^n-1, wenn alle n Ziffern gleich 1 sind.

Beispiele:

n = 8 = 1Byte, Wertebereich 0...255
n = 16, Wertebereich 0...65 535

2.1.2 Vorzeichenbehaftete ganze Zahlen

Von den n Bits wird jetzt eines zum Abspeichern des Vorzeichens benutzt. Dabei ist vereinbart, das am weitesten links stehende, also a_{n-1} zu verwenden, wobei einer dort

gespeicherten "0" eine positive, einer "1" eine negative Zahl zugeordnet wird. Für die Interpretation der verbleibenden n-1 Bits gibt es verschiedene Möglichkeiten: die Vorzeichenzahl, das Einerkomplement und das Zweierkomplement.
Bei der **Vorzeichenzahl** werden eine positive Zahl und die negative Zahl gleichen Betrages nur durch Verändern des Vorzeichenbits dargestellt.

Beispiel:
+5 wird dargestellt durch 00...0101
-5 wird dargestellt durch 10...0101

Diese naheliegende Darstellung bietet Vorteile bei der Multiplikation und Division, weil dort Beträge und Vorzeichen getrennt behandelt werden, sie ist jedoch nachteilig bei Addition und Subtraktion, weil einfach aufgebaute Rechenwerke alle n Stellen, also auch die Vorzeichenstelle, in gleicher Weise verarbeiten sollen, was eine Unterscheidung von vorzeichenlosen und vorzeichenbehafteten Zahlen durch die Addierschaltung selbst überflüssig macht. Dies führt aber bei der Addition der beiden Bitmuster im letzten **Beispiel** zum Ergebnis -10 statt 0.
Für die Null gibt es zwei Darstellungen, nämlich
000...000 entspricht +0
100...000 entspricht -0.
Der Wertebereich geht von $-(2^{n-1}-1)$ bis $+2^{n-1}-1$, also bei n=8 von -127 bis +127.

Bei der **Einerkomplementzahl** wird ein positiver Wert wie bisher dargestellt, der negative aber durch Umkehren aller Bits der positiven Zahl. Dabei entsteht das richtige Vorzeichenbit automatisch.

Beispiel:
+5 wird dargestellt durch 00...0101
-5 wird dargestellt durch 11...1010

Beachten Sie, daß es auch hier zwei Darstellungen für die Null gibt, nämlich 0...0 und 1...1. Bei der Addition zeigt sich, daß Einerkomplementzahlen nicht ohne weiteres das richtige Ergebnis liefern.

Beispiele für n=4:

```
  +3        0011
+(-4)       1011
-----------------
  -1        1110  Das Ergebnis ist korrekt, es entsteht kein externer Übertrag(Carry).

  -3        1100
  +4        0100
-----------------
  +1     (1)0000  Es entsteht ein Übertrag und das Ergebnis ist Null statt +1.

  -3        1100
+(-4)       1011
-----------------
  -7     (1)0111  Es entsteht ein Übertrag und das Ergebnis ist +7 statt -7.
```

Ein Addierwerk, das diese Darstellung verwendet, muß also ebenfalls Korrekturen durchführen. Der Wertebereich ist der gleiche wie bei der Vorzeichenzahl.

Die **Zweierkomplementzahl** vermeidet diese Nachteile von Vorzeichenzahl und Einerkomplementzahl und sie wird deswegen am häufigsten verwendet. Bei positiven

Zahlen besteht kein Unterschied zu den vorhergehenden Darstellungen. Negative Zahlen werden dargestellt, indem man zunächst das Einerkomplement bildet und dann eine 1 hinzuaddiert.

Beispiel:
+5 wird dargestellt durch 00...0101
-5 wird dargestellt durch 11...1011

Werden beide Bitmuster addiert, so erhält man mit

```
   00...0101
  +11...1011
 -----------
 (1)00...0000
```

das richtige Ergebnis Null und einen zu vernachlässigenden externen Übertrag.
Andere Beispiele führen ebenfalls zu korrekten Ergebnissen, sofern der Wertebereich 2^{n-1} bis $+2^{n\ 1}-1$ nicht überschritten wird. Ob bei einer Addition dieser Wertebereich eingehalten wurde, wird im Überlauf-Status-Bit (Overflow, OV) des Rechenwerks gespeichert. Das Überlaufbit wird gesetzt, wenn entweder ein interner Übertrag in die Vorzeichenstelle oder (exklusiv) ein externer Übertrag (Carry, C) erzeugt wurde. Ist das Überlaufbit nicht gesetzt, so steht das richtige Ergebnis in n Stellen des Ergebnisregisters, und das Carry-Bit bleibt unberücksichtigt. Ist das Überlaufbit gesetzt, so steht das richtige Ergebnis in Zweierkomplementdarstellung in n+1 Stellen, und zwar im Carry, das jetzt das Vorzeichen enthält, und im n-stelligen Ergebnisregister.

Beispiele für n=4:

```
 +2      0010
 +3      0011
 ------------
 +5   (0)0101  Es entstehen weder Überlauf noch Carry

 -2      1110
 -3      1101
 ------------
 -5   (1)1011  Es entsteht kein Überlauf, Carry bleibt unberücksichtigt.

 +7      0111
 +3      0011
 ------------
+10   (0)1010
 Es entsteht ein Überlauf, das richtige Ergebnis in Zweierkomplementdarstellung ist
 eine Stelle länger, es ist das C-Bit als neues Vorzeichenbit interpretieren.

 -7      1001
 -3      1101
 ------------
-10   (1)0110  Es entsteht ein Überlauf, daher gilt das gleiche wie beim vorigen
                  Beispiel.
```

Abschließend sei noch daraufhingewiesen, daß die Zweierkomplementdarstellung nur eine Null kennt, und daß sie unsymmetrisch zum Wert Null liegt, d.h. daß die betragsmäßig größte negative Zahl -2^{n-1} wegen Überschreitens des zulässigen Wertebereiches nicht komplementiert werden darf. Die drei unterschiedlichen Darstellungen ganzer Dualzahlen mit Vorzeichen sind hier noch einmal in **Tabelle 2.1** zusammengefaßt am **Beispiel** eines vierstelligen Bitmusters.

Tabelle 2.1: Werte eines vierstelligen Bitmusters

Bitmuster n=4	Wert bei Interpretation als Vorzeichenzahl	Einerkomplement	Zweierkomplement
0000	0	0	0
0001	1	1	1
0010	2	2	2
0011	3	3	3
0100	4	4	4
0101	5	5	5
0110	6	6	6
0111	7	7	7
1000	-0	-7	-8
1001	-1	-6	-7
1010	-2	-5	-6
1011	-3	-4	-5
1100	-4	-3	-4
1101	5	-2	-3
1110	-6	-1	-2
1111	-7	-0	-1

2.1.3 Binär codierte Dezimalzahlen (BCD-Zahlen)

Die meisten Rechenanlagen arbeiten intern mit Dualzahlen, jedoch gibt es auch Bereiche, in denen Dezimalzahlen bevorzugt werden. Dies gilt einmal für Taschenrechner und zum anderen für die kommerzielle Datenverarbeitung, weil dort eine völlig fehlerfreie Berechnung gefordert wird und die eventuell bei der Konvertierung von gebrochenen Zahlen vom Dezimal- in das Dualsystem und umgekehrt auftretenden Rundungsfehler nicht geduldet werden. Dezimalzahlen können so im Rechner gespeichert werden, daß jede Ziffer 0...9 durch eine Gruppe von 4 Bits codiert wird.

Beispiel:
123 wird dargestellt durch 0001 0010 0011

Von den 16 möglichen Ziffern, die durch vier Bits dargestellt werden können, werden beim BCD-Code nur die **Tetraden** 0000 bis 1001 für die Dezimalziffern 0 bis 9 verwendet.Die nicht benutzten 6 Kombinationen 1010 bis 1111 heißen **Pseudotetraden**. Um eine vorzeichenbehaftete, eventuell gebrochene Dezimalzahl allgemein zu codieren, sind neben den einzelnen Ziffern noch Informationen über Anzahl der Ziffern, die Stellung des Kommas und das Vorzeichen zu speichern. Eine solche Darstellung könnte zum Beispiel so ausehen:

-987,65 wird codiert durch

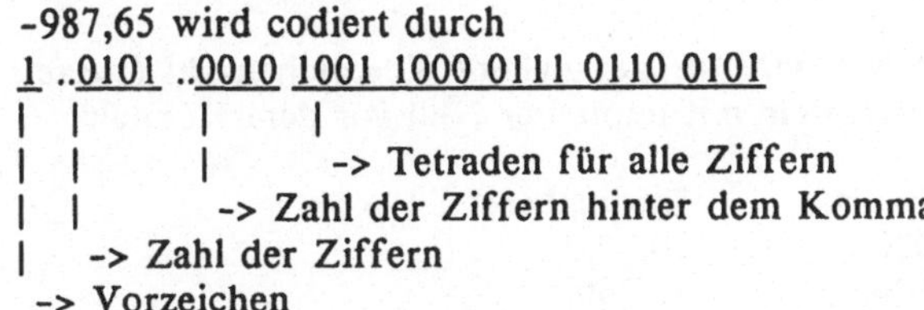

Nachteile der BCD-Codierung liegen einmal im erhöhten Speicherbedarf, zum anderen in der notwendigen Korrektur, falls bei arithmetischen Operationen Pseudotetraden entstehen. Die Korrektur erfordert in jedem Fall einen erhöhten Aufwand an Hardware und an Rechenzeit. Neben der gebräuchlichen BCD-Codierung sind noch andere Darstellungen vorgeschlagen worden (Aiken, 3-Exzeß), sowie die Darstellung negativer Dezimalzahlen durch Komplementierung.

2.1.4 Gleitkommazahlen

Bei der Behandlung der Dualzahlen haben wir bisher nur ganze Zahlen besprochen, d.h. das Komma kann man sich ganz am rechten Ende des n-stelligen Bitmusters vorstellen. Will man mit gebrochenen Dualzahlen rechnen, so kann man sich das Komma um eine feste Zahl von Dualziffern nach links verschoben denken. Verschiebt man das Komma gedanklich nach rechts, so kann man mit größeren Werten rechnen. Freilich muß für alle Dualzahlen die addiert usw. werden sollen, die gleiche Vereinbarung gelten. Man spricht von Festkommazahlen. Will man sich von der Einschränkung durch das festgelegte Komma freimachen, so muß man zusätzlich - ähnlich wie bei den oben behandelten Dezimalzahlen - eine Information über die Stellung des Kommas abspeichern. Dann sprechen wir von einer Gleitkommazahl.

Der Wert einer Gleitkommazahl ist gegeben durch $m*b^e$. Darin bedeuten m die Mantisse, b die Basis und e der Exponent der Gleitkommazahl. Für den Exponenten werden nur ganze Zahlen zugelassen und die Basis wird für einen Rechnertyp vom Hersteller festgelegt, meistens auf 2 oder 16. Es genügt also, im Speicher die Codierungen für m und e abzulegen, um den Wert einer Gleitkommazahl festzulegen. Jedoch ist die Darstellung damit noch nicht eindeutig, wie Sie aus dem dezimalen **Beispiel** erkennen: $1{,}23*10^2 = 0{,}123*10^3 = 0{,}0123*10^4$ usw. Um für einen Wert eine und nur eine Codierung zu bekommen, ist die sogenannte "normierte" oder "normalisierte" Darstellung gebräuchlich. Darunter versteht man die Darstellung, bei der die höchstwertige, von Null verschiedene Ziffer der Mantisse unmittelbar rechts vom Komma steht (Bei einigen Herstellern von Arithmetik-Prozessoren links). Das gebräuchlichste Format (Basis 2) unterteilt die n Bits in drei Felder:

v-Feld	e-Feld	m-Feld

v ist das ein Bit lange **Vorzeichenfeld**. Es enthält das Vorzeichen der Mantisse: 0 für positive, 1 für negative Mantissen.

e ist das **Exponentenfeld**. Der Exponent wird dabei nicht als vorzeichenbehaftete Dualzahl codiert, sondern als sogenannte Charakteristik oder Offset-Zahl. Bei einem p-stelligen Exponentenfeld ergibt sich der wahre Wert des Exponenten, indem der Inhalt des Feldes als vorzeichenlose Dualzahl interpretiert und anschließend die Konstante 2^{p-1} oder $2^{p-1}-1$ subtrahiert wird. Diese Darstellung führt zu einem einfacheren Aufbau eines Gleitkomma-Rechenwerks bei der Realisierung von Vergleichsbefehlen.

m ist das **Mantissenfeld**. Die Mantisse wird als gebrochene Vorzeichenzahl (zusammen mit v) abgespeichert. Dazu einige **Beispiele** mit impliziter Null vor dem Komma:

v-Feld	m-Feld	Binärwert	Dezimalwert
0	1000..	+0,1000..	+0,50.....
1	1100..	-0,1100..	-0,750....

Der Betrag der normierten Mantisse liegt bei impliziter Null vor dem Komma zwischen 0,5 (einschließlich) und 1,0 (ausschließlich), bei impliziter 1 zwischen 1,0 (einschließlich) und 2,0 (ausschließlich). In der normierten Darstellung ist es nicht möglich, den Wert Null zu codieren. Dazu sind besondere Bitmuster zu reservieren, die nicht zum zugelassenen Code der Gleitkommadarstellung gehören. Gebräuchlich sind folgende Darstellungen:

a) e-Feld und m-Feld enthalten nur Nullen oder
b) e-Feld enthält nur Nullen, m-Feld beliebig oder
c) e-Feld beliebig, m-Feld enthält nur Nullen.

Bei der Durchführung arithmetischer Operationen kann der zulässige Wertebereich der Gleitkommazahl unterschritten (Exponentenunterlauf) oder überschritten (Exponentenüberlauf) werden. Im ersten Fall kann eine der Darstellungen für die Null erzeugt werden, im zweiten Fall ein besonderer Wert im e-Feld für den Überlauf.

Zum Schluß ein **Beispiel** für den codierbaren Wertebereich in einem handelsüblichen Arithmetikprozessor (National Semiconductor) bei einfacher Genauigkeit: Basis ist 2; Wortlänge 32 Bit; Vorzeichen v: 1 Bit; e-Feld: 8 Bit mit 127 als Offset-Wert, wobei das Bitmuster 00000000 für die Null und das Bitmuster 11111111 für den Überlauf reserviert sind; m-Feld: 23 Bit mit impliziter 1(!) vor dem Komma. Damit ist der Wert der Gleitkommazahl allgemein:

$$(-1)^v * 2^{(e\text{-}offset)} * 1{,}m$$

Die größte Zahl ist

$$1{,}111... * 2^{254-127} = (2-2^{-23}) * 2^{127} = 3{,}40... * 10^{38}$$

Die kleinste positive Zahl ist

$$1{,}000... * 2^{1-127} = 1{,}175... * 10^{-38} .$$

Neben der üblichen Länge von 32 Bit für Gleitkommazahlen einfacher Genauigkeit haben viele Gleitkommarechenwerke noch die Möglichkeit, mit doppelter Genauigkeit (64 Bit) zu rechnen, mitunter auch noch mit "erhöhter" Genauigkeit, wobei dann 80 oder mehr Bits für eine Zahl verwendet werden. Insbesondere bei der Subtraktion von annähernd gleich großen Gleitkommazahlen können die relativen Fehler sehr groß werden, so daß die einfache Genauigkeit zu fehlerhaften Ergebnissen führt.

2.2 Addierwerke

2.2.1 Halbaddierer, Volladdierer

Bei der Addition von zwei einstelligen Dualzahlen a und b können vier Fälle auftreten. Bitte lesen Sie die folgende **Tabelle** zeilenweise als algebraische Gleichung a+b = cr :

a	b	c	r	
0	0	0	0	a = 1.Summand
0	1	0	1	b = 2.Summand
1	0	0	1	c = Übertrag(carry)
1	1	1	0	r = Resultat

Interpretiert man die vier Größen als Boolsche Variable, so ist diese Additionstafel zugleich als Wahrheitstabelle zweier logischer Funktionen anzusehen. Ein Netzwerk, das diese Verknüpfungen durchführt, nennt man einen **Halbaddierer**. Halbaddierer kommen in Rechenwerken nicht vor. Sie sind lediglich eine Hilfskonstruktion auf dem Weg zum Volladdierer. Halbaddierer haben zwei Eingangsvariable und zwei Ausgangsvariable und müssen folgende Schaltfunktion realisieren:

$$r = a\,\bar{b} + \bar{a}\,b = (a+b)\,\overline{a\,b}$$
$$c = a\,b$$

Hier und in allen folgenden logischen Funktionen wird die ODER-Verknüpfung durch den Operator "+" dargestellt. Steht zwischen zwei Variablen kein Operator, so sind sie durch UND verknüpft.

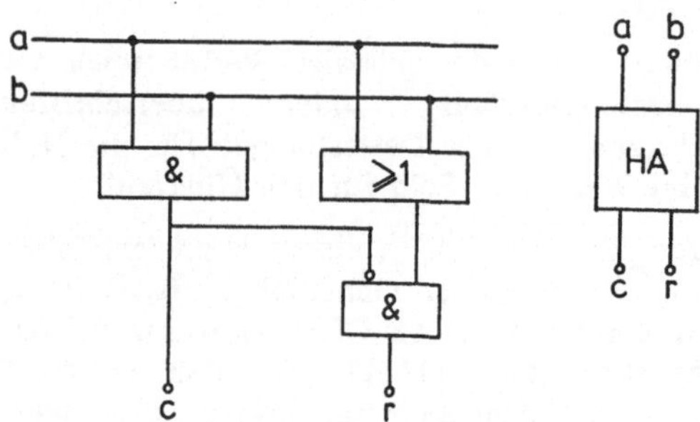

Bild 2-1: Logische Schaltung und Symbol für Halbaddierer

Bei der Addition mehrstelliger Dualzahlen ist es - außer in der Einerstelle - noch erforderlich, einen Übertrag zu berücksichtigen, der in der nächst niederwertigen Stelle aufgetreten sein kann. Damit erhält man die Wahrheitstabelle eines **Volladdierers**, der eine Addition in einer beliebigen Stelle i einer Dualzahl durchführen kann:

a	b	c*	c	r
0	0	0	0	0
0	0	1	0	1
0	1	0	0	1
0	1	1	1	0
1	0	0	0	1
1	0	1	1	0
1	1	0	1	0
1	1	1	1	1

a = i-te Stelle des ersten Summanden
b = i-te Stelle des zweiten Summanden
c*= Übertrag aus der (i-1)-ten Stelle
r = Resultat der i-ten Stelle
c = Übertrag in die Stelle i+1

Wenn Sie aus dieser **Tabelle** eine Schaltung entwerfen wollen, so erhalten Sie die Funktionen und daraus abgeleitet das logische Schaltnetz:

$$r = \bar{a}\,\bar{b}\,c^* + \bar{a}\,b\,\overline{c^*} + a\,\bar{b}\,\overline{c^*} + a\,b\,c^*$$

$$c = \bar{a}\,b\,c^* + a\,\bar{b}\,c^* + a\,b\,\overline{c^*} + a\,b\,c^* = a\,c^* + b\,c^* + a\,b$$

Eine andere Entwurfsmöglichkeit besteht darin, daß man die drei zu addierenden Eingangsgrößen des Volladdierers a, b und c* nacheinander in zwei Halbaddierern(HA) verknüpft. Eine mögliche Schaltung sehen Sie in **Bild 2-3**, bei der zunächst a und b in HA1 addiert werden und dann das Ergebnis r1 mit c* in HA2 zusammengefaßt wird. Die beiden Übertragsausgänge ü1 und ü2 der Halbaddierer müssen dann noch addiert werden, jedoch genügt dazu eine ODER-Verknüpfung, da ü1 und ü2 niemals zugleich den Wert 1 haben können, wie Sie anhand der Wahrheitstabelle feststellen können.

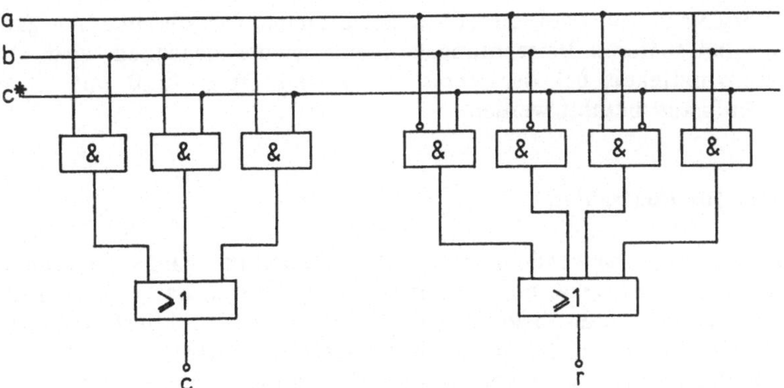

Bild 2-2: Logische Schaltung eines Volladdierers

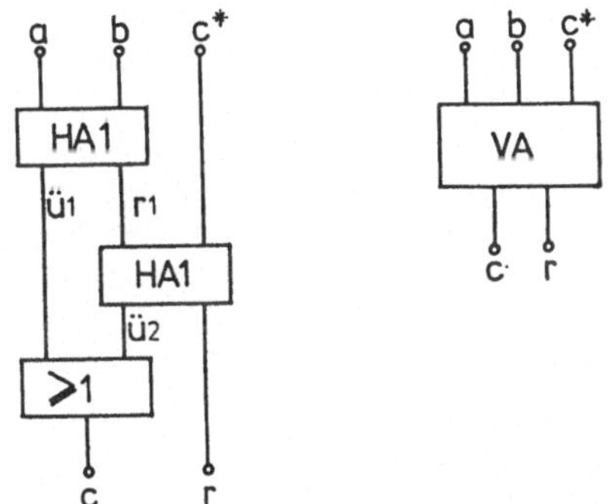

Bild 2-3: Volladdierer aus zwei Halbaddierern, Symbol

Wir wollen die beiden Varianten für den Volladdierer im Hinblick auf den schaltungstechnischen Aufwand und die erforderliche Rechenzeit miteinander vergleichen. Dabei wollen wir unsere Betrachtung insofern vereinfachen, als wir Negationen unbeachtet lassen. Wie kann man den Aufwand für eine logische Schaltung abschätzen? Wenn man annimmt, daß das gesamte Schaltnetz auf einem integrierten Schaltkreis (IC) hergestellt wird, so ist die Zahl der Eingänge aller Gatter ein gutes Maß für die benötigte Chipfläche. Diese Zahl ist deswegen von Interesse, weil jeder Eingang durch einen p-n-Übergang (Diode, Basis oder Emitter) oder durch ein Gate auf dem Chip Platz finden muß, je nachdem, ob sie eine bipolare oder eine unipolare Schaltkreistechnologie verwenden. Was die Abschätzung der Rechenzeit einer bestimmten Schaltung angeht, so wollen wir keine absoluten Zahlen angeben, weil diese einem zu schnellen Wandel unterworfen wären und von der verwendeten Technologie abhängen, sondern wir wollen uns auf das Abzählen der von einem Signal nacheinander zu durchlaufenden Gatter beschränken, die Zeit also als Vielfaches einer Gatterlaufzeit angeben. Nun also zu unserem Vergleich:

Schaltung 1: 2 Gatterlaufzeiten, 25 Eingänge
Schaltung 2: 4 Gatterlaufzeiten, 14 Eingänge

Bereits bei diesem Vergleich von zwei einfachen Schaltungen für dieselbe Aufgabe erkennen Sie, was uns bei späteren Betrachtungen immer wieder begegnen wird: Die angestrebte hohe Geschwindigkeit bei der Verarbeitung von Daten muß mit einem größeren technischen Aufwand bezahlt werden.

2.2.2 Parallel-Addierer für Dualzahlen

Wir wollen uns nun der Frage zuwenden, wie man mehrstellige, ganze Dualzahlen addieren kann. Zunächst liegt es nahe, ein Verfahren zu realisieren, das jeder bei der schriftlichen Addition ausführt: Man beginnt bei der Einerstelle, addiert dann die nächsthöher-wertige Stelle und so weiter, bis zur höchstwertigen Ziffer, wobei bei der Addition einer bestimmten Stelle der Übertrag aus der vorhergehenden mitaddiert werden muß. Da die einzelnen Stellen der beiden Zahlen zeitlich nacheinander addiert werden, nennt man Addierwerke, die nach dieser Methode arbeiten, **"Serienaddierwerke"**. Sie haben den Vorteil, daß sie mit einem sehr kleinen Aufwand an Hardware auskommen, aber den Nachteil, daß die Rechenzeit, verglichen mit anderen Verfahren, sehr groß ist. Sie wächst mit der Zahl der zu verarbeitenden Stellen linear an. Deswegen wollen wir uns mit den Addierwerken beschäftigen, bei denen die Addition in allen Stellen gleichzeitig ausgeführt wird. Die Schaltung eines Paralleladdierers für zwei achtstellige Dualzahlen sehen Sie in **Bild 2-4**. Für jede Stelle steht ein eigener Volladdierer bereit, auch für die Einerstelle. Das ist sinnvoll für den Aufbau von Addierern mit einer Stellenzahl, die ein Vielfaches von acht beträgt, denn für 16- oder 32-stellige Addierer braucht man lediglich zwei oder vier 8-Bit-Addierer hintereinanderzuschalten.

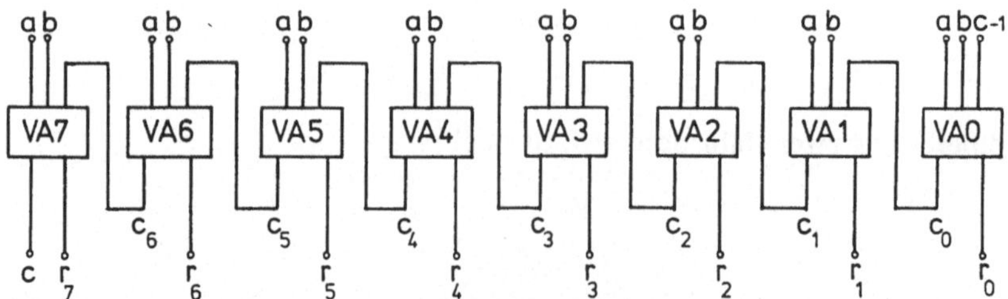

Bild 2-4: Paralleladdierer für achtstellige Dualzahlen

Alle Volladdierer beginnen sofort mit dem Bilden des Ergebnisses, sobald die zu addierenden Zahlen an den Eingängen anliegen. Damit lassen sich Rechengeschwindigkeiten erreichen, die über denen der Serienaddierer liegen. Aber leider kann nur der Volladdierer der Einerstelle VA0 sogleich ein gültiges Ergebnis liefern, während alle anderen erst dann ihr Endresultat berechnen können, wenn aus der nächstniederwertigen Stelle keine Änderung des Übertragseingangs mehr zu erwarten ist. Im ungünstigsten Fall muß ein Übertrag, der in der Einerstelle entstanden ist, alle Stellen durchlaufen. Wenn wir den schnelleren Volladdierer aus 2.1.1 verwenden, so benötigt der Addierer trotz der Parallelarbeit 16 Gatterlaufzeiten T, bis das gültige Ergebnis vorliegt. Die Rechenzeit wächst linear mit der Stellenzahl n auf 2nT an, ähnlich, wie das beim seriell arbeitenden Addierwerk der Fall war.

Will man diesen Nachteil nicht in Kauf nehmen, so muß man dafür sorgen, daß die Übertragseingänge der Volladdierer in den einzelnen Stellen ihren gültigen Wert früher erhalten, man muß also durch zusätzliche Schaltkreise die Überträge vorab berechnen.

Aus der Wahrheitstabelle für den Volladdierer können Sie zwei Aussagen entnehmen:

- Ein Übertrag entsteht in einer Stelle, wenn beide Ziffern den Wert 1 haben.

  $E = a\,b$ (**Entstehung**)

- Ein Übertrag pflanzt sich von der vorhergehenden in die nächstfolgende Stelle fort, wenn die Ziffern verschieden sind.

  $F = a\,\overline{b} + \overline{a}\,b$ (**Fortpflanzung**)

Damit lassen sich die Werte der Übertragsausgänge aller Volladdierer durch die folgenden logischen Funktionen angeben:

$$c_0 = E_0 + F_0\,c_-$$

$$c_1 = E_1 + F_1\,c_0 = E_1 + F_1\,E_0 + F_1\,F_0\,c_-$$

$$c_2 = E_2 + F_2\,c_1 = E_2 + F_2\,E_1 + F_2\,F_1\,E_0 + F_2\,F_1\,F_0\,c_-$$

$$c_3 = E_3 + F_3\,c_2 = E_3 + F_3\,E_2 + F_3\,F_2\,E_1 + F_3\,F_2\,F_1\,E_0 + F_3\,F_2\,F_1\,F_0\,c_- \quad \text{usw. bis}$$

$$c_7 = E_7 + F_7\,c_6$$

$$= E_7 + F_7\,E_6 + F_7\,F_6\,E_5 + F_7\,F_6\,F_5\,E_4 + F_7\,F_6\,F_5\,F_4\,E_3 + F_7\,F_6\,F_5\,F_4\,F_3\,E_2$$

$$+ F_7\,F_6\,F_5\,F_4\,F_3\,F_2\,E_1 + F_7\,F_6\,F_5\,F_4\,F_3\,F_2\,E_0 + F_7\,F_6\,F_5\,F_4\,F_3\,F_2\,F_1\,F_0\,c_-$$

Sie erkennen, daß der Schaltungsaufwand beträchtlich anwächst, wenn man alle Übertragswerte vorab berechnen will, selbst wenn das UND-Gatter E_n, mit dem das Entstehen des Übertrags in der n-ten Stelle erkannt wird und die exklusive ODER-Funktion F_n, die die Fortleitung eines Übertrags durch die n-te Stelle angibt, für ein bestimmtes n nur einmal vorhanden sein müssen. Außerdem kann man noch zeigen, daß das exklusive ODER zur Berechnung von Fn durch ein gewöhnliches ODER ersetzt werden kann. Wie groß ist der Gewinn an Rechenzeit? Nimmt man für das Bilden von Fn zwei Gatterlaufzeiten an, so stehen bei der direkten Realisierung der obigen Gleichungen alle Überträge nach 4T an. Danach braucht jeder Volladdierer noch 2T. Das gültige Additionsergebnis unseres 8-Bit-Addierers liegt somit nach 6T vor. Wenn man dieses Verfahren fortsetzen wollte, so erhielte man Addierwerke, die für beliebig lange Zahlen 6T als Rechenzeit benötigen.

Wie sieht ein Kompromiß zwischen den beiden Extremen im Hinblick auf Schaltungsaufwand und Arbeitsgeschwindigkeit aus? Häufig wird ein n-stelliges Addierwerk in Teilgruppen zu je 4 Bit Länge zerlegt und nur der Übertrag von einer Teilgruppe zur nächsten wird vorab berechnet, während die Überträge innerhalb der Teilgruppe von Volladdierer zu Volladdierer fortgeleitet werden. Man muß dann für jede Teilgruppe ein Netzwerk aufbauen, das die Gleichung für c_3 realisiert.

Bild 2-5 zeigt einen 4-Bit-Addierer mit Vorausberechnung des Gruppenübertrags. Bei Verwendung der schnellen Volladdierer liegt das Resultat einer Gruppe 8T nach dem Anlegen des gültigen Wertes an den Übertragseingang vor, der Gruppenübertrag bereits nach 4T. Damit erhalten wir als Gesamtadditionszeit eines n-stelligen Addierwerkes, wobei n ein Vielfaches von 4 sei:

$$T_n = (n/4 - 1)\,4T + 8T = T\,(n + 4)$$

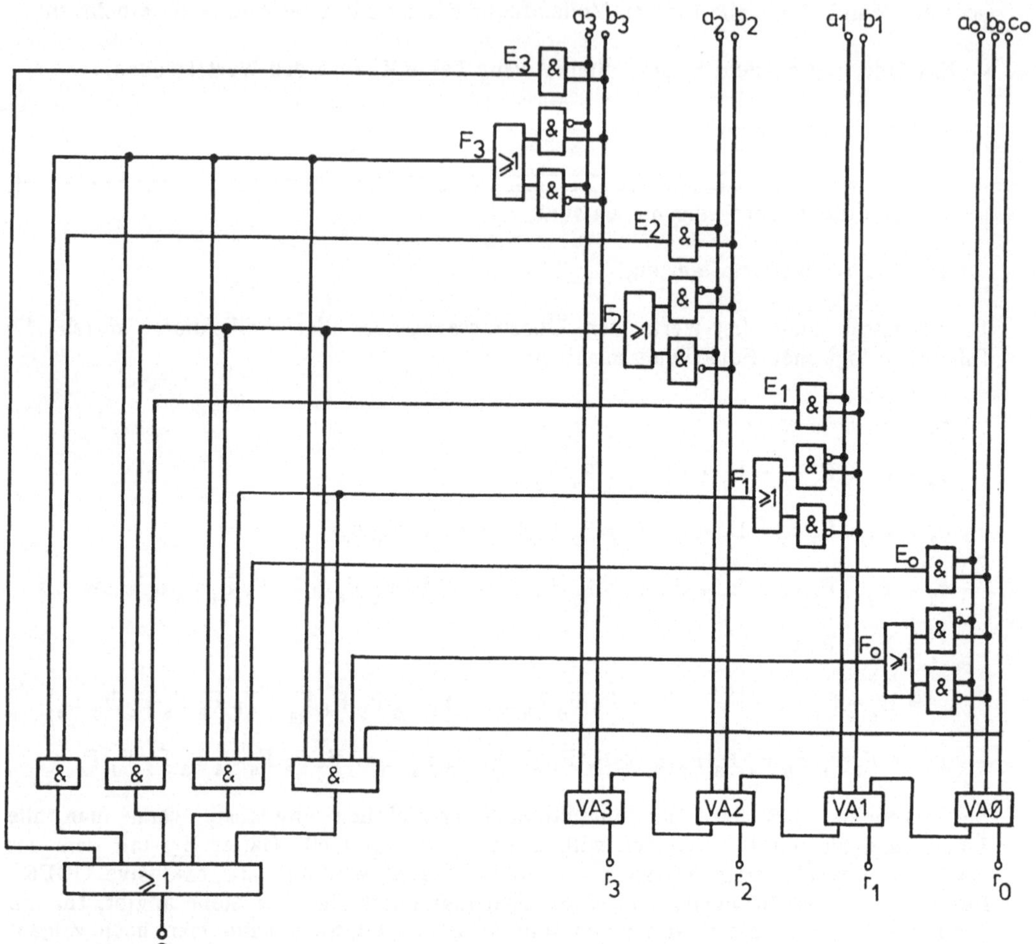

Bild 2-5: 4-Bit-Addierer mit Vorausberechnung des Gesamtübertrags

Bei 8-Bit-Rechenwerken wird sich der Aufwand für die Vorausberechnung kaum lohnen, da man 12T statt 16T erhält, jedoch wächst der Gewinn mit zunehmender Länge der Zahlen beachtlich an. Zum Abschluß der Betrachtungen über Addierer sei vermerkt, daß ein Übertrag am Ausgang der höchstwertigen Stelle in einem besonderen Flip-Flop (Carry-FF) gespeichert wird, da die Rechenwerksbefehle immer mit Zahlen ausgeführt werden, die in Registern mit fester Länge stehen, 8 Bit oder Vielfache davon, so daß kein Platz in diesen Registern für das Speichern eines Übertrags vorhanden ist. Der Programmierer muß den Zustand des Übertrags-Flip-Flops abfragen und darauf entsprechend reagieren.

2.2.3 Der serielle Dualaddierer

Bild 2-6 zeigt das Blockschaltbild. Zwei Schieberegister von der Länge der zu addierenden Zahlen, ein Volladdierer und ein Flip-Flop als 1-Bit-Verzögerung bilden den ganzen Hardware-Aufwand. Die Rechnung beginnt mit dem Speichern beider

Summanden in die Register und mit dem Löschen des Flip-Flops. Die Ziffern der beiden Summanden werden dann zeitlich nacheinander dem Volladdierer zugeführt. Die Summenziffer wird in eines der beiden Register von links hineingeschoben, der Wert des Übertragsausgangs wird im Flip-Flop zwischengespeichert und bei der Addition der nächsten beiden Ziffern mitaddiert. Nach n Schiebetakten steht die Summe im Zielregister, und ein etwa aufgetretener Gesamtübertrag ist noch im Flip-Flop gespeichert. Die Rechenzeit des Verfahrens ist groß.

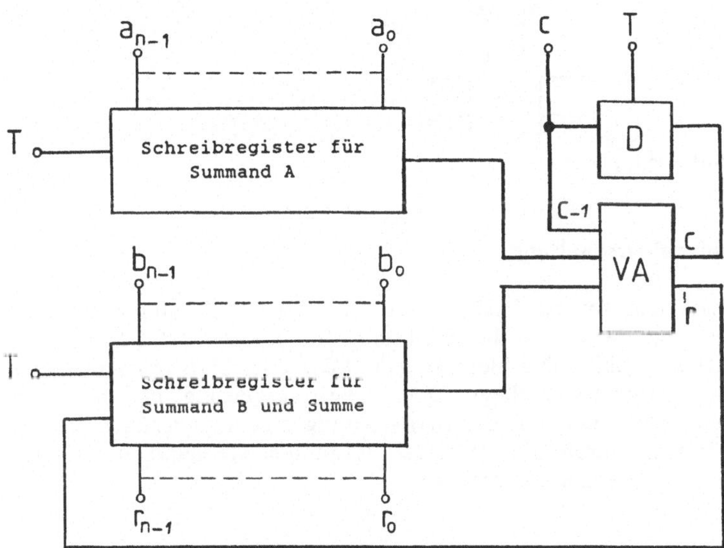

Bild 2-6: Serienaddierwerk

2.3 Subtraktion

Die Subtraktion von ganzen Dualzahlen erfolgt meistens durch die Addition des negativen Subtrahenden. Damit kann man für das Subtrahieren das Addierwerk verwenden, wenn man eine geeignete Darstellung für negative Zahlen benutzt. Am gebräuchlichsten ist das Zweierkomplement, weil es verschiedene Vorteile bietet. Es wird gebildet, indem zum logischen Komplement eine 1 hinzuaddiert wird. Doch zunächst wollen wir uns der Subtraktion von zwei einstelligen Dualzahlen zuwenden.

2.3.1 Der Volladdierer/Subtrahierer

Der aus 2.2.1 bekannte Volladdierer muß so ergänzt werden, daß er sowohl zum Addieren wie auch zum Subtrahieren geeignet ist, je nachdem, ob ein Additionsbefehl oder ein Subtraktionsbefehl ausgeführt werden soll. Dem zweiten Summandeneingang muß im ersten Fall die Ziffer b, im zweiten Fall das logische Komplement von b zugeführt werden. **Bild 2-7** zeigt die Schaltung und das dazugehörende Symbol. Der nun entstandene Volladdierer/Subtrahierer (VAS) besitzt außer den schon bekannten Ein- und Ausgängen noch zwei Steuereingänge ADD und SUB, die ihr Signal vom Befehlsdecoder des Rechners erhalten und über die Funktion des Bausteins entscheiden.

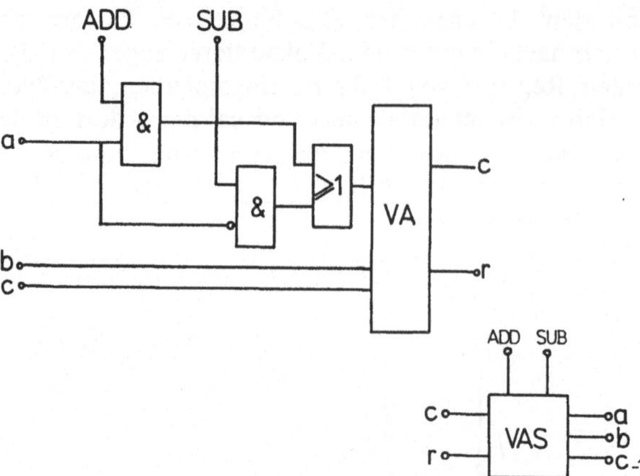

Bild 2-7: Volladdierer/Subtrahierer

2.3.2 Parallel-Addier-Subtrahierschaltung

Für den Aufbau benötigt man soviele VAS, wie es der Stellenzahl der Dualzahlen entspricht. Als **Beispiel** zeigt **Bild 2-8** die Schaltung für vierstellige Zahlen ohne Vorausberechnung der Übertragsbits. Die Steuersignale ADD oder SUB müssen solange anliegen, bis das gültige Ergebnis vorliegt. Dem Übertragseingang des VAS der Einerstelle wird durch das Verbinden mit der SUB-Leitung eine 1 zugeführt, um das Zweierkomplement zu bilden. Durch die aus 2.2.2 bekannten Maßnahmen läßt sich auch hier eine Verkürzung der Rechenzeit erzielen.

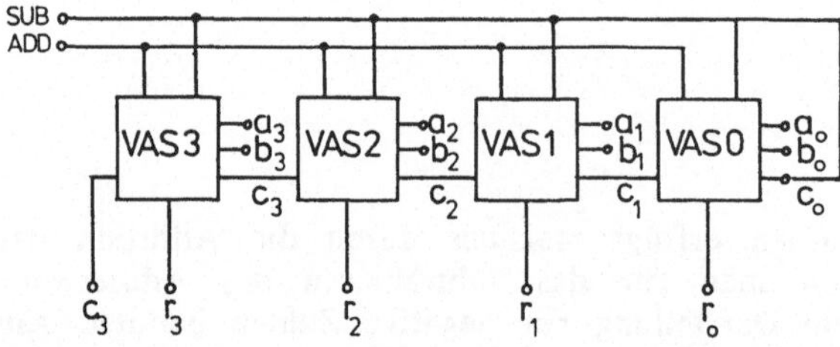

Bild 2-8: 4-Bit-Paralleladdier/Subtrahierschaltnetz

2.4 Vergleichswerke

Eine Gruppe von Rechenwerksbefehlen sind die Vergleichsbefehle, bei denen zwei Operanden A und B auf Gleichheit A = B, auf A < B, auf A > B, auf A B und auf A B geprüft werden. Meistens dient eine Vergleichsaussage dazu, ein Programm zu verzweigen. Bei sehr einfach aufgebauten Vergleichswerken ist ein Operand die Null. Ebenso wie beim Addieren und Subtrahieren gibt es auch hier seriell und parallel arbeitende Vergleicher. Wir wollen uns auf den Parallelvergleich beschränken.

2.4.1 Parallelvergleicher

Wir wollen das Verfahren des Parallelvergleichs zunächst an zwei zweistelligen Dualzahlen $A = a_1a_0$ und $B = b_1b_0$ kennenlernen. Hier ist die vollständige Wahrheitstabelle:

a_1a_0	b_1b_0	A<B	A=B	A>B
0 0	0 0	0	1	0
0 0	0 1	1	0	0
0 0	1 0	1	0	0
0 0	1 1	1	0	0
0 1	0 0	0	0	1
0 1	0 1	0	1	0
0 1	1 0	1	0	0
0 1	1 1	1	0	0
1 0	0 0	0	0	1
1 0	0 1	0	0	1
1 0	1 0	0	1	0
1 0	1 1	1	0	0
1 1	0 0	0	0	1
1 1	0 1	0	0	1
1 1	1 0	0	0	1
1 1	1 1	0	1	0

Wollte man auf diese Weise ein Vergleichswerk für z. B. 16-stellige Zahlen entwerfen, so hätte die Wahrheitstabelle 2^{32}, also etwas über 10 Milliarden Zeilen. Sie erkennen aber, daß viele Zeilen der obigen **Tabelle** überflüssig sind, denn wenn die höherwertigen Ziffern a_1 und b_1 verschieden voneinander sind, so liegt damit das Vergleichsergebnis fest und nur wenn a_1 und b_1 gleich sind, müssen a_0 und b_0 noch mit herangezogen werden. Hier sehen Sie eine verkürzte **Tabelle**. Beachten Sie die geänderte Schreibweise. Mit x sind die nicht interessierenden Werte gekennzeichnet.

a_1 b_1	a_0 b_0	A<B	A=B	A>B
$a_1<b_1$	x	1	0	0
$a_1>b_1$	x	0	0	1
$a_1=b_1$	$a_0<b_0$	1	0	0
$a_1=b_1$	$a_0>b_0$	0	0	1
$a_1=b_1$	$a_0=b_0$	0	1	0

Hier sind statt der ursprünglichen 16 Zeilen nur noch fünf vorhanden, allgemein statt 2^{2n} nur noch 2n+1. Erweitert man das Verfahren auf Zahlen der gewünschten Länge, so erhält man sehr schnelle, aber auch sehr aufwendige Vergleicher. Häufiger werden deshalb zusammenschaltbare 4-Bit-Vergleicher verwendet. Diese Vergleicher besitzen außer den Eingängen für die Operanden $A = a_3a_2a_1a_0$ und $B = b_3b_2b_1b_0$ noch Erweiterungseingänge zur Verarbeitung der Vergleichsergebnisse niederwertigerer Vierergruppen. Liegt das Signal E< an, so war A<B, bei E= war A=B, und bei E> war A>B. Damit ergibt sich folgende Wahrheitstabelle:

Tabelle 2.2: Warheitstabelle eines 4-Bit-Vergleichers

a_3 b_3	a_2 b_2	a_1 b_1	a_0 b_0	E<	E=	E>	A<B	A=B	A>B
$a_3<b_3$	x	x	x	x	x	x	1	0	0
$a_3>b_3$	x	x	x	x	x	x	0	0	1
$a_3=b_3$	$a_2<b_2$	x	x	x	x	x	1	0	0
$a_3=b_3$	$a_2>b_2$	x	x	x	x	x	0	0	1
$a_3=b_3$	$a_2=b_2$	$a_1<b_1$	x	x	x	x	1	0	0
$a_3=b_3$	$a_2=b_2$	$a_1>b_1$	x	x	x	x	0	0	1
$a_3=b_3$	$a_2=b_2$	$a_1=b_1$	$a_0<b_0$	x	x	x	1	0	0
$a_3=b_3$	$a_2=b_2$	$a_1=b_1$	$a_0>b_0$	x	x	x	0	0	1
$a_3=b_3$	$a_2=b_2$	$a_1=b_1$	$a_0=b_0$	1	0	0	1	0	0
$a_3=b_3$	$a_2=b_2$	$a_1=b_1$	$a_0=b_0$	0	1	0	0	1	0
$a_3=b_3$	$a_2=b_2$	$a_1=b_1$	$a_0=b_0$	0	0	1	0	0	1

Zur Realisierung dieser Schaltung sind etwa 30 Gatter erforderlich, davon maximal fünf hintereinander. Im folgenden **Bild 2-9** sehen Sie den 4-Bit-Vergleicher als einzelnen Baustein und in der Zusammenschaltung zu einem Vergleichsnetz für achtstellige Zahlen.

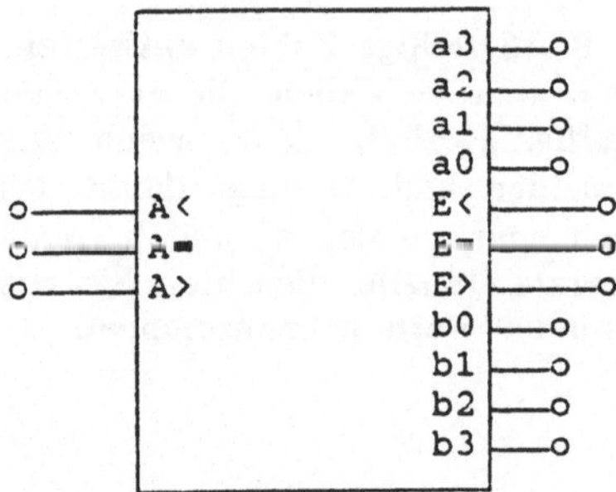

a) 4 - Bit - Vergleicher, Kaskadierbar

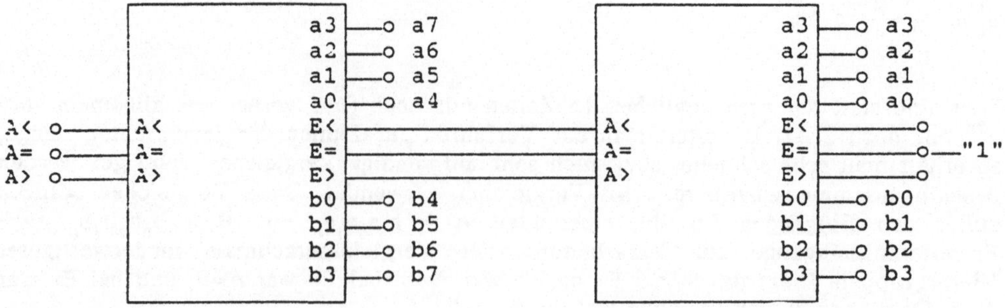

b) 8 - Bit - Vergleicher

Bild 2-9: 4-Bit-Vergleicher und 8-Bit-Vergleicher aus zwei 4-Bit-Vergleichern

2.5 Logische Befehle

Die Rechenwerksbefehle, die die logischen Funktionen zwischen zwei Boolschen Variablen ausführen sollen, bewirken bei fast allen Rechnern eine Verknüpfung zwischen je zwei 8, 16, 32 usw. Bit langen Registern. Dabei werden die Bits mit der jeweils gleichen Position aus beiden Bitmustern durch UND, ODER, ANTIVALENZ, ÄQUIVALENZ, NAND, NOR usw. miteinander verknüpft.

2.6 Ein vollständiger Rechenbaustein

Zum Abschluß dieser Gruppe von sehr einfachen Befehlen für das Rechenwerk sei hier ein vollständiger Baustein vorgestellt. Er kann zwei 4 Bit lange Dualzahlen verarbeiten und ist als Erweiterungsbaustein konzipiert, so daß alle Zahlen, deren Stellenzahl ein Vielfaches von vier ist, behandelt werden können, wenn eine entsprechende Anzahl hintereinandergeschaltet wird. Es sind folgende Befehle ausführbar:

Bei M = 1 kann das Schaltnetz 16 logische Befehle ausführen, die durch die Steuereingänge S0 bis S3 ausgewählt werden. Ist das M-Signal = 0, so sind die 16 arithmetischen Operationen selektierbar. In der folgenden **Tabelle** steht das "+"-Zeichen für die logische ODER-Verknüpfung. Als Operator für die arithmetische Addition wird "plus" verwendet.

S3	S2	S1	S0	Logische Operation	Arithmetische Operation
0	0	0	0	$F = \overline{A}$	$F = A$ plus $\overline{c_n}$
0	0	0	1	$F = \overline{A+B}$	$F = (A+B)$ plus $\overline{c_n}$
0	0	1	0	$F = \overline{A}B$	$F = (A+\overline{B})$ plus $\overline{c_n}$
0	0	1	1	$F = 0$	$F = (-1)$ plus $\overline{c_n}$
0	1	0	0	$F = \overline{AB}$	$F = A$ plus $A\overline{B}$ plus $\overline{c_n}$
0	1	0	1	$F = \overline{B}$	$F = (A+B)$ plus $A\overline{B}$ plus $\overline{c_n}$
0	1	1	0	$F = A\overline{B}+\overline{A}B$	$F = A$ min B min 1 plus $\overline{c_n}$
0	1	1	1	$F = A\overline{B}$	$F = A\overline{B}$ min 1 plus $\overline{c_n}$
1	0	0	0	$F = \overline{A}+B$	$F = A$ plus AB plus $\overline{c_n}$
1	0	0	1	$F = (A=B)$	$F = A$ plus B plus $\overline{c_n}$
1	0	1	0	$F = B$	$F = (A+\overline{B})$ plus AB plus $\overline{c_n}$
1	0	1	1	$F = AB$	$F = AB$ plus c_n
1	1	0	0	$F = 1$	$F = A$ plus $<A$ plus c_n
1	1	0	1	$F = A+\overline{B}$	$F = (A+B)$ plus A plus $\overline{c_n}$
1	1	1	0	$F = A+B$	$F = (A+\overline{B})$ plus A plus $\overline{c_n}$
1	1	1	1	$F = A$	$F = A$ plus $\overline{c_n}$

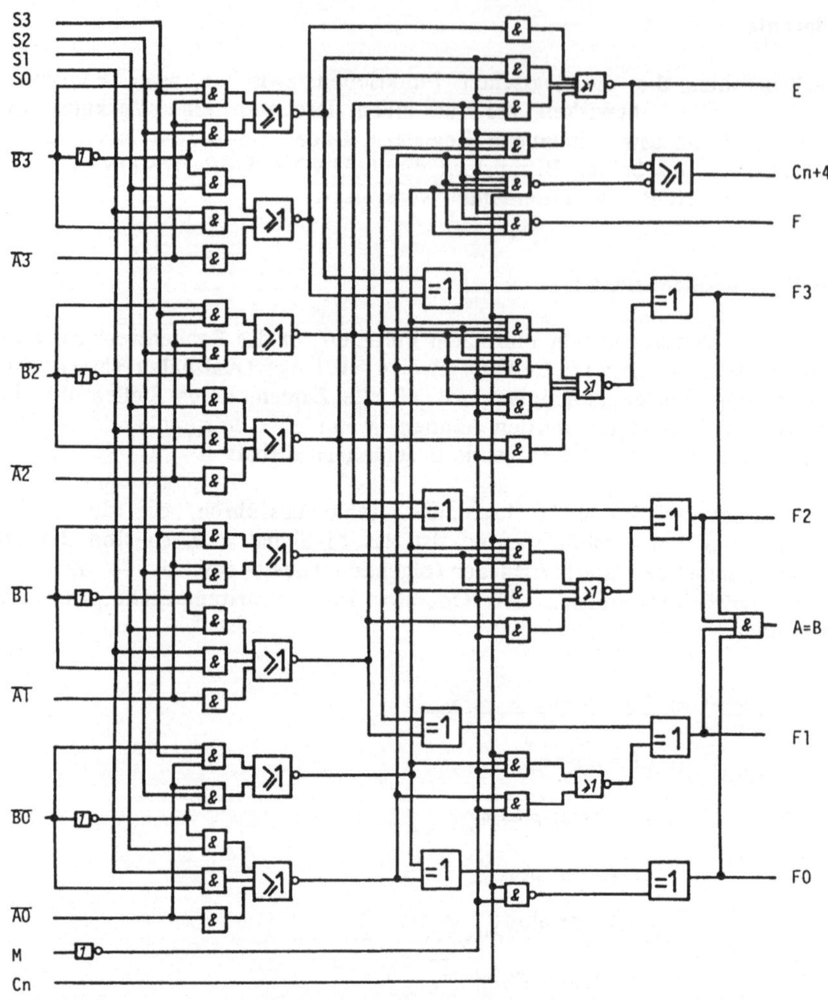

Bild 2-10: 4-Bit-Rechenschaltnetz

Wenn man dieses ALU-Schaltnetz durch das Hinzufügen von Registern für die Ein- und Ausgangsvariablen und einer Steuerung zu einem Schaltwerk ergänzt, so erhält man eine Bauform von Rechenwerken, die unter dem Namen "**Bitslice-Prozessoren**" bekannt ist. Sie werden als 2-, 4- und 8-Bit-Scheibe hergestellt und können zu Datenprozessoren beliebiger Wortlänge zusammengeschaltet werden.

2.7 Multiplizierwerke

Die Multiplikation von zwei Dualziffern liefert das hier erforderliche kleine 1 * 1, das sehr leicht durch ein UND-Gatter gebildet werden kann:

0 * 0 = 0
0 * 1 = 0
1 * 0 = 0
1 * 1 = 1

Für die Multiplikation mehrstelliger Zahlen wurden im Laufe der Zeit sehr viele verschiedene Verfahren entwickelt. Wir wollen uns hier auf drei wesentliche beschränken: Parallelmultiplikation, Serienmultiplikation und Tabellenmultiplikation.

2.7.1 Duale Parallelmultiplikation

Dieses Verfahren bildet genau das Schema der schriftlichen Multiplikation nach. Es soll am **Beispiel** von zwei vierstelligen Faktoren $A = a_3a_2a_1a_0$ und $B = b_3b_2b_1b_0$ vorgestellt werden. Das Produkt ist achtstellig. Annahmen: A = 0110 als Multiplikand (MD) B = 1011 als Multiplikator (MR)

```
Schema: 0 1 1 0 * 1 0 1 1
              0 1 1 0        1 * MD * 1
            0 1 1 0        1 * MD * 2
          0 0 0 0        0 * MD * 4
        0 1 1 0        1 * MD * 8
        1 0 0 0 0 1 0
```

Jede Position des schrägen Schemas ist das Produkt aus einer Ziffer des Multiplikanden und einer Ziffer des Multiplikators, kann also mit einem UND-Gatter gebildet werden. Wir benötigen also 16 Gatter, um jede Stelle zu berechnen, allgemein n * n Gatter für die Multiplikation von zwei n-stelligen Zahlen. Danach erfolgt die stellenrichtige Addition durch ein entsprechendes Schema von Volladdierern. Im allgemeinen sind n * (n-1) Volladdierer erforderlich, in unserem **Beispiel** also 12. **Bild 2-11** zeigt Ihnen das Gatterschema und das Addiererschema, wobei die Ausgänge der UND-Gatter mit den Eingängen der Addierer entsprechend den Bezeichnungen zu verbinden sind.

Die Rechengeschwindigkeit eines Parallelmultiplizierers ist sehr hoch: 2 * (n-1) mal die Rechenzeit eines Volladdierers und dazu die Gatterlaufzeit für ein UND, bei Verwendung der schnellen Volladdierer aus 2.1.1 also 2n-1 Gatterlaufzeiten. Eine Steigerung ist möglich mit dem Verfahren der Vorausberechnung von Überträgen.

2.7.2 Duale Serienmultiplikation

Hier sind drei n-stellige Schieberegister zur Speicherung der beiden Faktoren und des Ergebnisses erforderlich (**Bild 2-12**): Das Multiplikandenregister MD, das Multiplikatorregister MR und der Akkumulator AC, der zu Beginn der Rechnung gelöscht wird. MD und AC bilden zusammen mit dem Volladdierer ein serielles Addierwerk, wie wir es in Kapitel 2.1.3 kennengelernt haben, mit dem Unterschied, daß die Schleife des MD-Registers noch ein zusätzliches Flip-Flop als 1-Bit-Verzögerung enthält.Als Ziffernmultiplizierer dient das UND-Gatter am Eingang des Volladdierers.

Während der ersten n Schiebeschritte wird das Produkt aus Multiplikand und letzter Stelle des Multiplikators gebildet und zum Inhalt des Akkumulators seriell addiert. Dann folgt ein Zwischentakt, bei dem AC und MR hintereinandergeschaltet werden, so daß die letzte Ziffer aus AC in die erste Stelle von MR wandert und für die folgenden n Takte die nächste Ziffer des Multiplikators am UND-Gatter anliegt. Es folgt wieder eine Serienaddition von MD (multipliziert mit der jetzt letzten Ziffer der MR) und AC, dann wieder gemeinsames Verschieben von AC und MR usw., bis alle Stellen des Multiplikators abgearbeitet sind. Die folgende **Tabelle** enthält für das **Beispiel** aus dem vorigen Abschitt die Inhalte der drei Register am Anfang der Rechnung und nach jeder Serienaddition und Verschiebung.

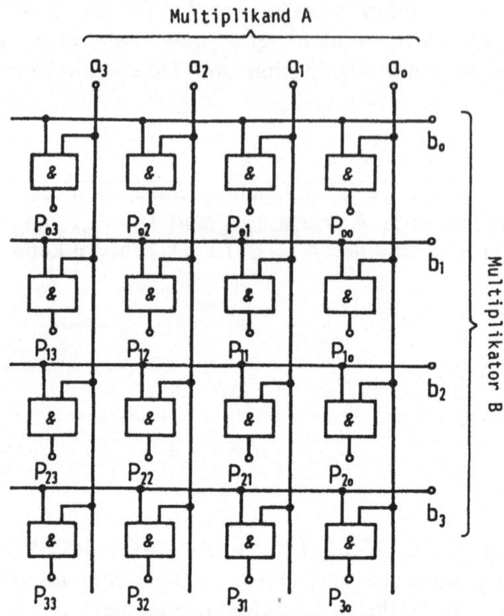

a) Multiplikationsschema

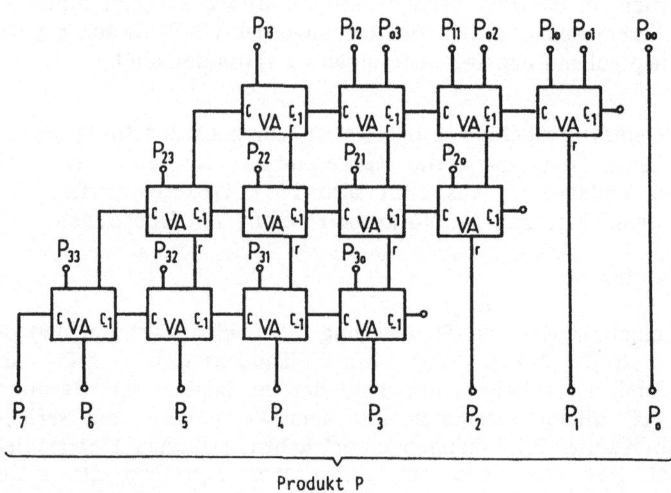

b) Additionsschema

Bild 2-11: Parallelmultiplizierer
a) Multiplikationsschema
b) Additionsschema

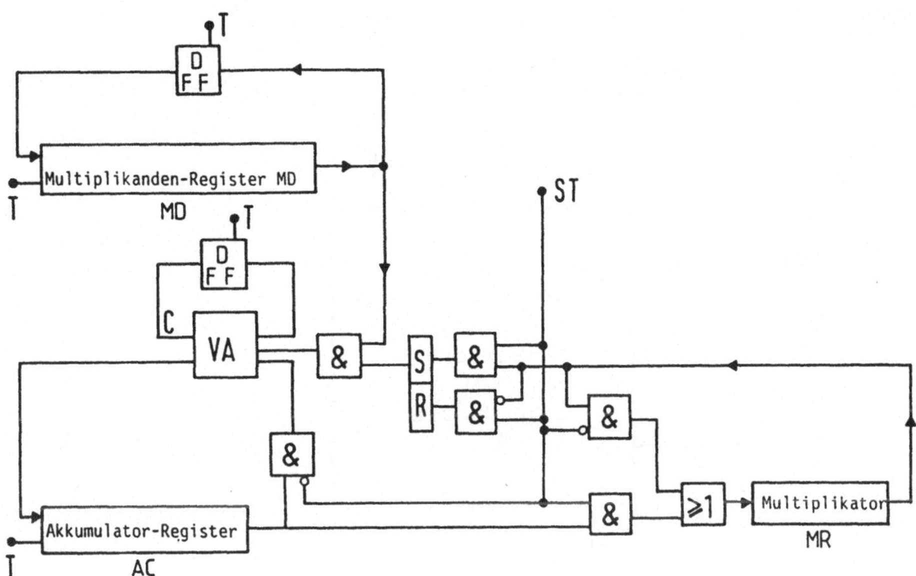

Bild 2-12: Serienmultiplizierer

```
Akkumulator Multiplikator              Multiplikand
 0 0 0 0   1 0 1 1                      0 1 1 0
+0 1 1 0          1 mal MD
 0 1 1 0   1 0 1 1   AC und MR eine Stelle rechts schieben

 0 0 1 1   0 1 0 1
+0 1 1 0          1 mal MD
 1 0 0 1   0 1 0 1   AC und MR eine Stelle rechts schieben

 0 1 0 0   1 0 1 0
+0 0 0 0          0 mal MD
 0 1 0 0   1 0 1 0   AC und MR eine Stelle rechts schieben

 0 0 1 0   0 1 0 1
+0 1 1 0          1 mal MD
 1 0 0 0   0 1 0 1   AC und MR eine Stelle rechts schieben

 0 1 0 0   0 0 1 0   = Ergebnis
```

Da alle Ziffern des Multiplikationsschemas zeitlich nacheinander gebildet und addiert werden, ist die Rechenzeit bei diesem Verfahren sehr lang, nämlich n * (n+1) Schiebetakte. Sein Vorteil liegt in dem minimalen Hardware-Aufwand.

2.7.3 Tabellenmultiplikation

Bei dieser Methode werden alle Produkte aus zwei n-stelligen Faktoren bei der Herstellung in einen **Festwertspeicher (ROM)** (s. Kap. 3) geschrieben. Der Speicher muß eine Wortlänge von 2n Bit haben, entsprechend der Länge des Produktes (**Bild 2-13**). Soll dann eine bestimmte Multiplikation ausgeführt werden, so dient der eine

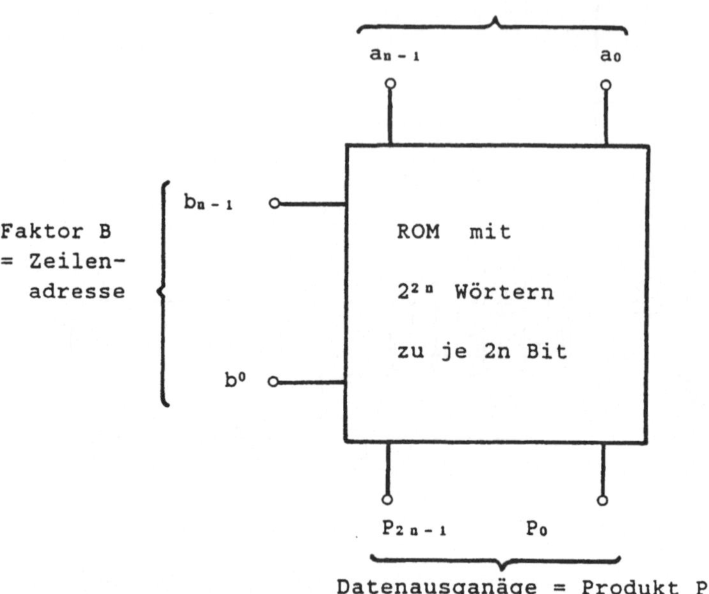

Bild 2-13: Blockschaltbild des Tabellenmultiplizierers

Faktor zur Adressierung einer Zeile, der andere zur Adressierung einer Spalte des in Matrixform organisierten Speichers. Das Speicherwort am angesteuerten Kreuzungspunkt wird gelesen. Es enthält das Produkt. Die Rechenzeit ist sehr kurz: Sie besteht nur aus der Zugriffszeit zu einem Festwertspeicher.

So einfach das Konzept ist, seine Verwirklichung für beliebig lange Zahlen scheitert heute und auf absehbare Zeit an den Kosten für den Speicher. Wir wollen den Speicherplatz zum Beispiel für 16-Bit-Zahlen abschätzen. Ein Faktor kann dann 2^{16} verschiedene Werte annehmen, so daß insgesamt 2^{32} Produkte gespeichert werden müßten. Der ROM hätte also eine Speicherkapazität von etwa 4 Giga-Wörtern zu je 32 Bit.Dennoch wird das Verfahren angewendet, aber nur zur Multiplikation von Ziffern. Man teilt die Faktoren zum Beispiel in vier Bit lange Abschnitte, d. h. man betrachtet sie als Hexadezimalzahl. Die Multiplikation wird dann ausgeführt, wie wir das von der Papier-und-Bleistift-Methode bei Dezimalzahlen kennen, jedoch für Hexadezimalzahlen. Der Festwertspeicher muß dann nur die folgende **Tabelle** mit den Produkten von zwei Hexziffern, also das kleine 1 * 1 des Hexadezimal-Systems enthalten.

Tabelle 2.3: 4-Bit-Multiplikation

9	0	1	2	3	4	5	6	7	8	9	A	B	C	D	E	F
0	0	0	0	0	0	0	0	0	0	0	0	0	0	0	0	0
1	0	1	2	3	4	5	6	7	8	9	A	B	C	D	E	F
2	0	2	4	6	8	A	C	E	10	12	14	16	18	1A	1C	1E
3	0	3	6	9	C	F	12	15	18	1B	1E	21	24	27	2A	2D
4	0	4	8	C	10	14	18	1C	20	24	28	2C	30	34	38	3C
5	0	5	A	F	14	19	1E	23	28	2D	32	37	3C	41	46	4B
6	0	6	C	12	18	1E	24	2A	30	36	3C	42	48	4E	54	5A
7	0	7	E	15	1C	23	2A	31	38	3F	46	4D	54	5B	62	69
8	0	8	10	18	20	28	30	38	40	48	50	58	60	68	70	78
9	0	9	12	1B	24	2D	36	3F	48	51	5A	63	6C	75	7E	87
A	0	A	14	1E	28	32	3C	46	50	5A	64	6E	78	82	8C	96
B	0	B	16	21	2C	37	42	4D	58	63	6E	79	84	8F	9A	A5
C	0	C	18	24	30	3C	48	54	60	6C	78	84	90	9C	A8	B4
D	0	D	1A	27	34	41	4E	5B	68	75	82	8F	9C	A9	B6	C3
E	0	E	1C	2A	38	46	54	62	70	7E	8C	9A	A8	B6	C4	D2
F	0	F	1E	2D	3C	4B	5A	69	78	87	96	A5	B4	C3	D2	E1

Dieser Speicher hat eine Kapazität von 256 Byte.Die Multiplikation von zwei 16-Bit-Zahlen läuft wie bei der Papier-und-Bleistift-Methode ab. Der Multiplikand sei $A = a_3a_2a_1a_0$, der Multiplikator $B = b_3b_2b_1b_0$. Dabei sind die Ziffern a_i und b_j jeweils 4 Bit lange Hexziffern. Alle Teilprodukte $a_i * b_j$ werden nacheinander aus dem ROM gelesen und stellenrichtig addiert. **Beispiel:**

Mit A = 5DC2 und B = 10F6 ergibt sich dieses Multiplikations- und Additionsschema:

```
5DC2 x 10F6
   0C       = 2 * 6
  48        = C * 6
 4E         = D * 6
1E          = 5 * 6
2328C       = ZWISCHENSUMME
 2328 C     = 1 mal LINKS SCHIEBEN, C = ERGEBNISZIFFER
    1E      = 2 * F
   B4       = C * F
  C3        = D * F
4B          = 5 * F
5A186 C     = ZWISCHENSUMME
 5A18 6C    = 1 mal LINKS SCHIEBEN, 6C = ERGEBNISZIFFERN
    00      = 2 * 0
   00       = C * 0
  00        = D * 0
00          = 5 * 0
05A18 6C    = ZWISCHENSUMME
 05A1 86C   = 1 mal LINKS SCHIEBEN, 86C = ERGEBNISZIFFERN
    02      = 2 * 1
   0C       = C * 1
  0D        = D * 1
05          = 5 * 1
06363 86C   = ZWISCHENSUMME
 0636 386C  = ENDERGEBNIS. 32-STELLIGE DUALZAHL
```

Die Rechengeschwindikeit und der Aufwand an Registern und Steuerung hängt bei diesem Verfahren davon ab, ob die ziffernseriellen Additionen bitparallel oder bitseriell erfolgen. In jedem Fall stellt der tabellengesteuerte Multiplizierer einen Kompromiß zwischen dem Serien- und dem Parallelmultiplizierer dar.

2.8 Division

Die Division ist die komplizierteste Grundrechnungsart. Wir wollen uns die notwendigen Schritte anhand eines Beispiels mit Dezimalzahlen verdeutlichen. Mit Papier und Bleistift rechnet man so:

```
8281 : 35 = 236 Rest 21
-70          2 * 35
128
-105          3 * 35
 231
-210           6 * 35
 21
```

1. Schritt: Abschätzen, wie oft der 2-stellige Divisor in den beiden vorderen Stellen des Dividenden enthalten ist. Schätzergebnis ist die vorderste Quotientenziffer.
2. Schritt: Divisor mit geschätzter Lösung multiplizieren und Produkt stellenrichtig vom Dividenden subtrahieren.
3. Schritt: Falls vorhanden, nächste Ziffer des Dividenden an Subtraktionsergebnis anhängen, wieder Quotientenziffer abschätzen, weiter bei 2.
   Falls keine Dividendenziffer mehr vorhanden: Ende

Rechnerschaltungen können nicht abschätzen. Bei der Division von zwei positiven Dualzahlen sind die Probleme aber insofern einfacher, als eine Ziffer des Quotienten nur den Wert 0 oder 1 haben kann. Das bedeutet, daß man nicht fragen muß, wie oft der Divisor in der betrachteten Zifferngruppe des Dividenden enthalten ist, sondern nur, ob er enthalten ist. Das kann aber einfach durch Subtraktion und anschließende Prüfung des Vorzeichens erfolgen. Wir wollen zwei Verfahren betrachten: Die Wiederherstelltechnik und die Nichtwiederherstelltechnik.

2.8.1 Wiederherstelltechnik

Bei ihr wird nach der Subtraktion des Divisors von der gerade betrachteten Zifferngruppe des Dividenden beim Auftreten eines negativen Restes der vorherige Wert der Zifferngruppe durch Addition des Divisors wiederhergestellt. Wir wollen dazu ein **Beispiel** behandeln, bei dem ein achtstelliger Dividend durch einen vierstelligen Divisor geteilt werden soll. Das Divisionsschema für Dualzahlen sieht so aus:

1. Schritt: Stellenrichtige Subtraktion Dividend-Divisor
2. Schritt: Ist der Rest >= 0, Quotientenstelle auf 1 setzen, ist der Rest < 0, Quotientenstelle auf 0 setzen.
3. Schritt: Falls der Rest < 0 ist, addiere den Divisor zum Rest, stelle den vorherigen Dividenden wieder her
4. Schritt: Verschiebe Divisor um eine Stelle nach rechts (oder den Dividenden um eine Stelle nach links). Falls weitergerechnet werden soll, folgt wieder Schritt 1, sonst:Abbruch.

Eine Abbruchbedingung kann z.B. sein, daß nur ein ganzzahliger Quotient berechnet werden soll. Dann wird die Rechnung beendet, wenn die niederwertigste Stelle des Dividenden zum erstenmal in die Subtraktion einbezogen wurde. Eine andere Abbruchbedingung könnte lauten, daß bis zu einer festgelegten Zahl von Nachkommastellen des Quotienten gerechnet wird.

Betrachtet man die Division als Umkehroperation zur Multiplikation, so kann man die Länge der Operanden wie im nachstehenden **Beispiel** wählen: Dividend 8 Bit, Divisor und Quotient je 4 Bit, oder allgemein, Divisor und Quotient jeweils mit der halben Stellenzahl des Dividenden. Allerdings kann es dabei zu einem Überlauf kommen. Es tritt nur dann kein Überlauf auf, wenn die erste Subtraktion zu einem negativen Ergebnis führt.

Beispiel:

```
                        00001110:0011 = 0100
-Divisor                    1101
                       = 11011110   negativ, Division ist ausführbar
+Divisor                    0011
                    = 0(1)00001110  Dividend ist wiederhergestellt
Dividend links          0001110
-Divisor                    1101
                       - 1110110    negativ,Quotientenziffer 0
+Divisor                    0011
                      = (1)0001110  Dividend ist wiederhergestellt
Dividend links          001110
-Divisor                    1101
                      = (1)000010   positiv, Quotientenziffer 1
Dividend links          00010
-Divisor                    1101
                       = 11100      negativ, Quotientenziffer 0
+Divisor                    0011
                      = (1)00010    Dividend wiederhergestellt
Dividend links          0010
-Divisor                    1101
                       = 1111       negativ, Quotientenziffer 0
+Divisor                    0011
Rest                  = (1)0010
```

Einschließlich des letzten Additionsschrittes, bei dem der positive Divisionsrest hergestellt wird, sind in diesem **Beispiel** neun Additionen erforderlich. Diese Zahl ist bei gegebener Länge von Dividend und Divisor abhängig vom Ergebnis: Stellenzahl des Quotienten plus zwei zuzüglich der Zahl der Nullen im Quotienten. Im ungünstigsten Fall sind also mehr als doppelt soviele Additionen erforderlich, wie der Quotient Stellen hat.

2.8.2 Nicht-Wiederherstelltechnik

Dieses Verfahren benötigt unabhängig von der Zahl der Nullen im Ergebnis immer genau zwei Additionen mehr, als der Quotient Stellen hat. Wir bezeichnen den positiven Dividenden an irgendeiner Stelle des Schemas in 2.8.1 mit D und den stellenrichtigen Divisor mit R. Wenn D-R negativ war, so wurde R wieder addiert, um D zu erhalten. Dann wurde D einmal nach links geschoben, aiso mit 2 multipliziert, und R erneut subtrahiert. Es wurde also im Falle eines negativen Restes gerechnet: 2D-R. Dafür kann man schreiben:

$$2D-R = 2D-2R+R = 2(D-R)+R$$

Man kann also den negativen Rest D-R weiterverwenden, indem man ihn einmal nach links schiebt und R addiert. Das gleiche **Beispiel** wie in 2.8.1 sieht dann so aus:

Beispiel:

```
                 00001110 : 0011 = 0100
-Divisor         1101
               = 11011110   negativ, Division ausführbar
Dividend links (1)1011110
+Divisor         0011
               = 1110110    negativ, Quotientenziffer 0
Dividend links (1)110110
+Divisor         0011
               = (1)000010  positiv, Quotientenziffer 1
Dividend links   00010
-Divisor         1101
               = 11100      negativ, Quotientenziffer 0
Dividend links (1)1100
+Divisor         0011
               = 1111       negativ, Quotientenziffer 0
```

Falls man den positiven Rest benötigt, so ist eine weitere Addition erforderlich.

Sowohl die Methode nach 2.8.1 wie auch 2.8.2 sind serielle Divisionsalgorithmen. Wie bei der Multiplikation lassen sich auch hier wieder parallel arbeitende Divisionsschaltnetze entwerfen. Besonders die Nicht-Wiederherstelltechnik ist für ein parallelarbeitendes Schaltnetz geeignet. Es ist, wie Sie in **Bild 2-14** sehen, aus fünf Volladdierern/Subtrahierern aufgebaut. Der obere muß ein negatives Ergebnis liefern, damit die Division ausführbar ist. Die nachfolgenden werden abhängig vom Vorzeichenbit des jeweils darüberliegenden zum Addieren verwendet, wenn das Vorzeichen negativ war, anderenfalls subtrahieren sie.

2.9 Gleitkomma-Rechenwerke

Gleitkomma-Rechenwerke sind im Vergleich mit den bisher behandelten Rechenwerken sehr kompliziert aufgebaut, weil bei allen Operationen Mantissen und Exponenten gesondert behandelt werden müssen. Wir wollen daher die Abläufe verschiedener Grundrechenarten nur als Flußdiagramm darstellen.Diese Darstellung ist sinnvoll, denn Gleitkommaoperationen werden durch Mikroprogrammsteuerungen ausgeführt, weil ein Schaltnetz außerordentlich aufwendig wäre. Ein als Schaltnetz aufgebauter Rechenbaustein hätte bei einfach genauen Zahlen 64 Eingangsvariable und 32 Ausgangsvariable. Diese Zahlen zeigen den Aufwand für ein Schaltnetz. Bei unserem Ablaufplan wollen wir uns auf positive Zahlen beschränken. Dies stellt wegen der üblichen Codierung der Mantissen als Vorzeichenzahl keine besondere Einschränkung dar.

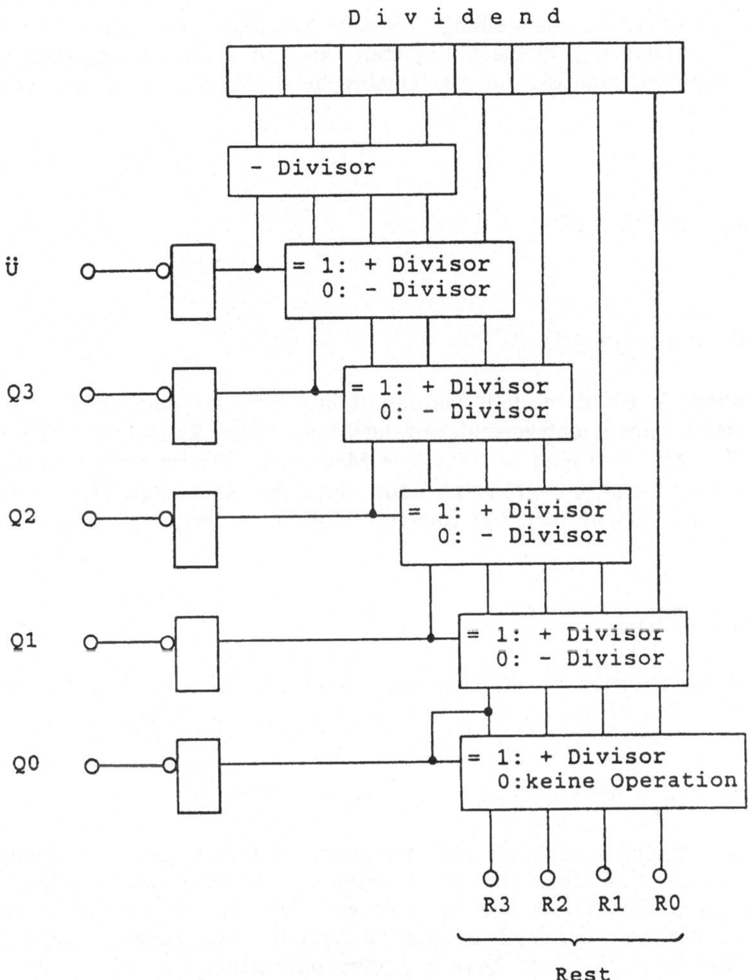

Bild 2-14: Paralleldivisions-Schaltnetz

2.9.1 Addition und Subtraktion

Gesucht werden die normierte Mantisse m_s und der Exponent e_s der Summe/Differenz, wenn die beiden Zahlen

$$a = m_a * B^{ea} \text{ und } m_b * B^{eb}$$

mit ihren normierten Mantissen und den Exponenten gegeben sind.

$$s = a+b = m_s * B^{es} = m_a * B^{ea} + m_b * B^{eb}$$

Bevor die Mantissen addiert/subtrahiert werden dürfen, müssen die Exponenten angeglichen werden. Man kann, ohne den Wert der Zahl zu verändern, einen Exponenten vergrößern/verkleinern, indem man zugleich die Mantisse nach rechts/links schiebt. Wegen der normierten Darstellung können Mantissen nur nach rechts verschoben werden. Also muß der kleinere Exponent an den größeren angeglichen werden, indem die zugehörige Mantisse um die entsprechende Stellenzahl nach rechts verschoben wird.

1.Fall: ea >= eb

$$m_s * B^{es} = (m_a + m_b * B^{eb-ea}) * B^{ea}$$

2.Fall: ea <= eb

$$m_s * B^{es} = (m_a * B^{ea-eb} + m_b) * B^{eb}$$

Falls die Mantissen durch k Bit dargestellt werden, lohnt sich das Angleichen nur, wenn ea-eb   k ist, denn beim Rechtsverschieben der Mantisse der kleineren Zahl um mehr als k Stellen bleibt keine von Null verschiedene Mantissenziffer im Mantissenfeld übrig. Dann ist die Summe gleich der größeren Zahl. Nach der Rechenoperation muß die Mantisse ms wieder normiert werden. Das folgende Flußdiagramm gilt für Addition und Subtraktion:

2.9.2 Multiplikation und Division

Die Muliplikation und die Division von Gleitkommazahlen ist sehr viel einfacher als Addition und Subtraktion. Das Produkt p der beiden Zahlen a und b ergibt sich zu:

$$p = a * b = m_p * B^{ep} = m_a * B^{ea} * m_b * B^{eb} = m_a * m_b * B^{ea+eb}$$

Nach der Addition der Exponenten muß auf Exponentenüberlauf und -unterlauf geprüft werden. Außerdem muß nach der Festkommamultiplikation der Mantissen geprüft werden, ob m_p normiert ist, da das Produkt von zwei normierten Mantissen nicht notwendigerweise der Normierungsbedingung entspricht. Der Leser möge ein Flußdiagramm für die Multiplikation (und Division) selbst entwerfen.

Neben den arithmetischen Befehlen der Kapitel 2.9.1 und 2.9.2 besitzen übliche Gleitkommaprozessoren noch Befehle zur Negation, zur Betragsbildung, zum Vergleich auf größer, kleiner, gleich usw., sowie eine Reihe von Umwandlungsbefehlen. Diese dienen dazu, die verschiedenen Darstellungen eines Wertes ineinander umzuwandeln, z. B. eine Gleitkommazahl einfacher Genauigkeit in eine solche doppelter Genauigkeit und umgekehrt, Umwandlung von ganzen Zahlen in Gleitkommazahlen und umgekehrt usw. Die Behandlung der möglichen Realisierungen all dieser Befehle würde jedoch weit über den Rahmen dieses Buches hinausgehen.

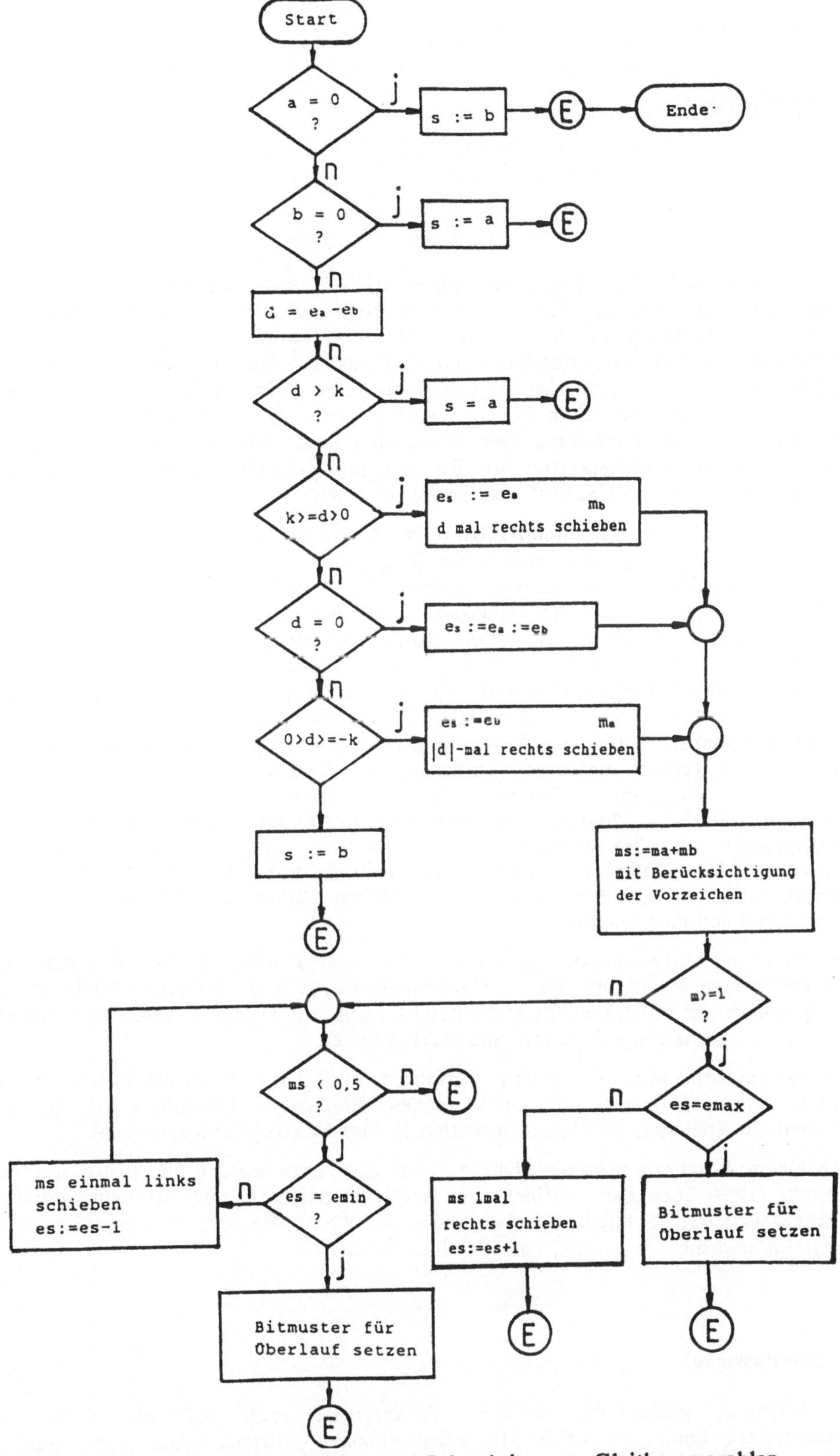

Bild 2-15: Flußdiagramm Addition und Subtraktion von Gleitkommazahlen

3 Speicher

Ihre Aufgabe ist das Speichern von Informationen, d.h. von Programmen und von Daten. Bei allen Rechnern finden wir aber nicht nur einen Speicher, sondern eine Hierarchie von Speichern. Dies liegt zum einen daran, daß die zu speichernde Datenmenge von 1-Bit-Informationen (Prozessorzustand, Übertrag, usw.) bis hin zu den größten Dateien reicht, man also für unterschiedliche Aufgaben Speicher verschiedener Größe installieren muß. Zum anderen wirken sich die Kenngrößen von Speichertechniken auf die Gestaltung der Hierarchie aus. Kenngrößen sind dabei im wesentlichen die Speicherkosten pro Bit und die Zugriffszeit, die beide in engem Zusammenhang mit der Kapazität der Speicher stehen.

Diejenigen Speicher, die unmittelbar die Leistungsfähigkeit des Prozessors der Datenverarbeitungsanlage bestimmen, die **Register**, wird man in einer sehr schnellen Technologie realisieren. Die relativen Speicherkosten sind dann sehr hoch und deshalb wird die Speicherkapazität der Register, verglichen mit der gesamten installierten Speichergröße, sehr klein sein. Der **Arbeitsspeicher** (Hauptspeicher) nimmt alle Informationen unmittelbar vor und nach der Verarbeitung auf und liegt in seiner Zugriffszeit etwa um eine Größenordnung über den Registern. Deswegen ist bei vielen Rechnern zwischen Prozessor und Hauptspeicher noch ein schneller Pufferspeicher (**Cache**) vorgesehen. Durch die Anwendung geeigneter Algorithmen versucht man, im Cache immer gerade diejenigen Informationen bereitzuhalten, deren Bearbeitung unmittelbar bevorsteht. Näheres dazu erfahren Sie im Kapitel über Speicherorganisation. Ähnliche Probleme bestimmen die Zusammenarbeit zwischen Hauptspeicher und **Sekundärspeicher**, der nächsten Stufe der Speicherhierarchie. Sekundär- oder Hintergrundspeicher müssen eine hohe Kapazität aufweisen. Es kommen daher nur Speichertechniken mit niedrigen Bitkosten in Betracht, Techniken, die entsprechend langsam sind.

Wie kann man Informationen speichern? Wir wollen uns hier nur mit den heute gebräuchlichsten Speichern, den Halbleiterspeichern, den magnetischen Speichern und den Speichern mit optischer Abtastung beschäftigen, wie sie als Compact Disk bis 1985 nur in der Unterhaltungselektronik anzutreffen waren.

Es kann durchaus sein, daß andere Verfahren eines Tages ebenfalls konkurrenzfähig werden, etwa Speicher mit supraleitenden Elementen (Josephsonspeicher) oder biochemische Speicher, die ihre Information in Molekülstrukturen speichern.

Nach einem Abschnitt über die Sicherheit von Speichern werden Sie in den folgenden Kapiteln etwas über den Aufbau von Halbleiterspeichern und magnetomotorischen Speichern erfahren. Schließlich erfahren Sie das Wichtigste über die Organisation der Hierarchie und die Verwaltung von einzelnen Speichern.

3.1 Zuverlässigkeit

Ein Speicher, gleichgültig welcher Technologie, muß vollkommen fehlerfrei funktionieren, denn ein Fehler in einer einzigen Bitstelle kann nicht nur alle Rechenergebnisse wertlos machen, sondern im schlimmsten Fall zum vollständigen

Zusammenbruch des Systems führen. Andererseits ist kein technisches Erzeugnis absolut zuverlässig, auch wenn es bei seiner Herstellung allen erdenklichen Prüfungen unterzogen wurde. Dies bedeutet, daß Fehlerkontrollen eingeführt werden müssen, die während des Betriebs stattfinden. Fast alle gebräuchlichen Verfahren beruhen auf der allgemeinen **Paritätsprüfung.** Sie reichen von der einfachsten Paritätsprüfung auf gerade oder ungerade Quersumme der in einer Information auf "1" gesetzten Bits, die das Erkennen eines einzigen Fehlers ermöglicht, bis hin zu Methoden, die auch das Auftreten mehrfacher Fehler erkennen lassen und teilweise die Korrektur von Fehlern ermöglichen.

Die allgemeine Methode läßt sich so beschreiben: Einer Informationsgruppe (Byte, Wort, Block, Programm) werden Prüfstellen zugeordnet. Soll eine Information in den Speicher geschrieben werden, so wird aus der Zahl und der Verteilung der Nullen und

Einsen eine Prüfinformation gewonnen, in die Prüfstellen eingesetzt und zusammen mit der Nutzinformation in den Speicher eingeschrieben. Bei jedem Lesen des Speichers wird aus der dann vorhandenen Nutzinformation erneut die Prüfinformation erzeugt und mit der aus dem Speicher gelesenen Prüfinformation verglichen. Falls beide nicht übereinstimmen, muß sich ein Speicherfehler ereignet haben. Die Reaktion des Rechners darauf kann sein: Fehlermeldung, mehrfaches Wiederholen der Leseversuche, Abbruch oder, falls möglich, Korrektur.

3.1.1 Einfache Paritätsprüfung

Hier wird zunächst die einfache Paritätsprüfung auf gerade Quersumme vorgestellt (Even parity check). Gleichwertig damit ist die Prüfung auf ungerade Quersumme. Die Prüfstellen bestehen hier nur aus einem einzigen Bit. Das Erzeugen der Prüfinformation erfolgt bei Halbleiterspeichern aus Gründen der Geschwindigkeit durch logische Schaltungen, die wir im Hinblick auf Aufwand und Rechenzeit näher untersuchen wollen. Da die Prüfung keinesfalls die Zugriffszeit wesentlich vergrößern darf, beschränken wir uns auf die Betrachtung von Schaltungen in Baumstruktur, bei denen das Prüfbit durch paralleles Verarbeiten der Nutzinformation gewonnen wird. Serielle Methoden, durch Schaltungen mit Schieberegistern oder durch Schaltnetze in Kettenstruktur realisiert, werden bei Halbleiterspeichern nicht angewandt.

Wir entwerfen zuerst Paritätsprüfelemente, die das Prüfbit für R = 2, 3, 4, 5, usw. Nutzinformationsbits berechnen. Mit diesen Elementen können dann durch geeignete Zusammenschaltung Nutzwörter beliebiger Länge geprüft werden. Dies ist die Wahrheitstabelle eines Zweierelements:

a	b	p
0	0	0
0	1	1
1	0	1
1	1	0

a,b: Nutzinformationsbits
p: Prüfbit

Dies ist die EXOR-Funktion für die beiden Eingangsvariablen a und b. Ebenso läßt sich die Parität für mehrere Eingangsvariable R angeben. In der folgenden

Wahrheitstabelle bis R = 4 sind nur die Zeilen angegeben, bei denen das Prüfbit p = 1 ist.

R	2	3	4
	01	001	0001
	10	010	0010
		100	0100
		111	1000
			0111
			1011
			1101
			1110

R: Zahl der Eingänge je Prüfelement

Wir wollen annehmen, daß die Rechenzeit der Prüfelemente unabhängig von R ist, und zwar T. Weiterhin wollen wir zunächst Schaltungen untersuchen, die aus gleichen Prüfelementen aufgebaut sind. Als **Beispiel** sehen Sie in **Bild 3-1** zwei Möglichkeiten, ein 16 Bit langes Nutzwort zu prüfen.

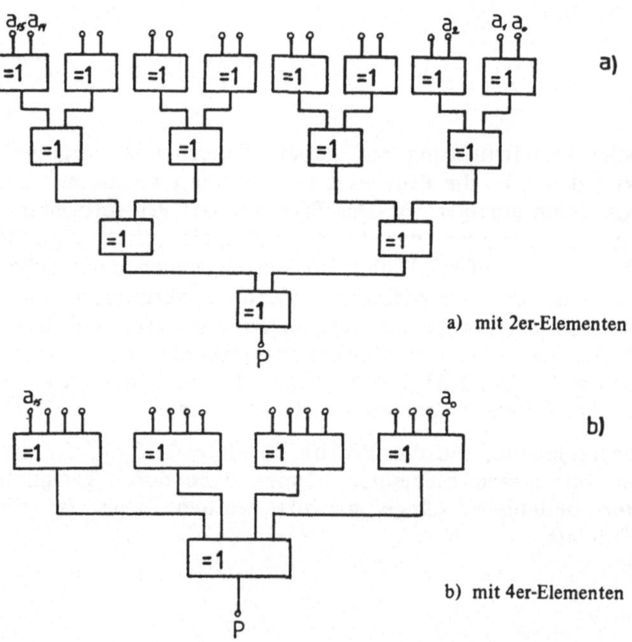

a) mit 2er-Elementen

b) mit 4er-Elementen

Bild 3-1: Parity-Bit-Erzeugung für ein 16-Bit-Wort

Wir benötigen entweder 5 Elemente mit R = 4 oder 15 Elemente mit R = 2 Eingängen. Die Rechenzeit ist bei der Schaltung mit 4-er-Elementen halb so groß wie bei der anderen. Um zu allgemein gültigen Aussagen zu kommen, soll hier der Zusammenhang zwischen der Zahl der Prüfelemente N, der Zahl der Eingänge je Prüfelement R, der Zahl der Nutzinformationsbits n und der Gesamt-Rechenzeit Tg hergeleitet werden (**Tabelle** 3.1). In der folgenden Zusammenstellung ist z die Zahl der hintereinanderliegenden Glieder.

Tabelle 3.1:

z	N	n	Tg
1	1	R	T
2	1+R	R^2	2T
3	$1+R+R^2$	R^3	3T

usw.
Allgemein für z = k

$$N = \text{Summe } R^i \text{ für } i = 0 \text{ bis } i = k-1$$

$$n = R^k$$

$$Tg= kT$$

Eliminiert man aus den Gleichungen z, so erhält man:

$$n = N * (R-1)+1 \quad \text{bzw.} \quad N = (n-1)/(R-1)$$

$Tg= T * ldn/ldR$ falls n und R Potenzen von 2 sind; ld ist der Logarithmus zur Basis 2.

Wie sieht es aber mit dem tatsächlichen Schaltungsaufwand aus? Wie schon im Kapitel über den Volladdierer ausgeführt, ist dafür die Zahl der Eingänge der logischen Schaltung ein brauchbares Maß. Beim Aufbau eines Schaltnetzes aus der Normalform entsprechend der Wahrheitstabelle für R = 2, 3, 4, usw erhält man allgemein logische Schaltungen für ein einzelnes Parity-Prüfelement mit

$$E = (R+1) * 2^{(R-1)}$$

Eingängen, wenn man, wie schon, früher die Negationen unberücksichtigt läßt. Danach ergibt sich eine Gesamtabschätzung der benötigten Eingänge zu

$$Eg = N * E = (n-1) * (R+1)/(R-1) * 2^{(R-1)}$$

Bei der Verwendung von 2-er-Elementen im obigen **Beispiel** also 90 Eingänge, bei R = 4 200 Eingänge. Man erkennt, wie schon in früheren Beispielen, den Zusammenhang von Schaltungsaufwand und Rechenzeit.

Bei den bisher behandelten Schaltungen wurde immer die Anwendung nur eines Typs von Prüfelementen vorausgesetzt. Damit konnten nur Nutzinformationen, deren Länge eine Exponentialzahl entsprechend der oben angegebenen Gleichung war, geprüft werden. Diese Einschränkung kann behoben werden durch Schaltungen mit gemischten Paritätselementen. In **Bild 3-2** sehen Sie zwei mögliche Prüfschaltungen für n = 12. Beide haben gleiche Rechenzeit, jedoch ist b) im Hinblick auf den Aufwand wesentlich günstiger.

3.1.2 Fehlerkorrigierende Methoden

Mit der Methode aus 3.1.1 konnte nur ein Fehler erkannt werden. Um einen Fehler korrigieren zu können, muß man noch wissen, an welcher Stelle der Nutzinformation er aufgetreten ist. Dazu ist ein erhöhter Aufwand erforderlich: Man braucht zusätzliche Prüfbits, muß also den Speicher vergrößern, und kompliziertere Schaltnetze, um die

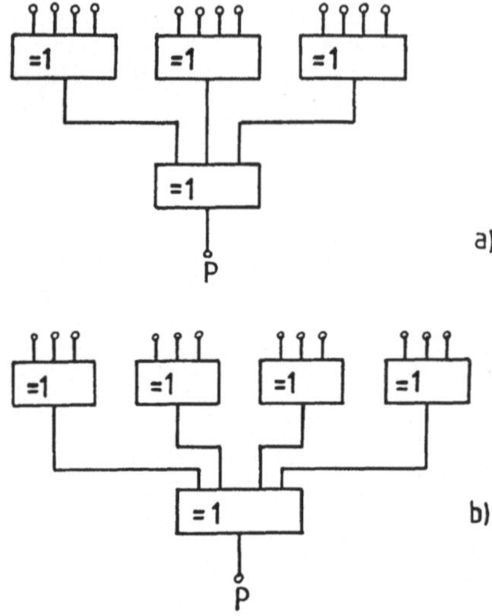

Bild 3-2: Parity-Bit-Erzeugung für ein 12-Bit-Wort
a) Drei 4-Bit-Elemente und ein 3-Bit-Element
b) Vier 3-Bit-Elemente und ein 4-Bit-Element

Prüfbits zu erzeugen und beim Lesen zu vergleichen. Die Prüfung und eventuelle Korrektur darf die Speicherzugriffszeiten freilich nicht wesentlich verlängern. Das bedeutet, daß nur parallelarbeitende Schaltnetze verwendet werden.
Wenden wir uns zuerst der Sicherung von Halbleiterspeichern zu. Aus Fehlerstatistiken konnte man folgende Aussagen gewinnen:

- Je größer der Speicher ist, desto häufiger treten Fehler auf bei der Verwendung von Speicherschaltkreisen gleicher Kapazität. Dabei wird der gleiche Speichertyp vorausgesetzt, zum Beispiel statische Schreib-/Lese-Speicher(SRAM).

- Je größer die Kapazität der einzelnen Speicherschaltkreise ist, desto seltener treten Fehler auf bei gleicher Gesamtspeicherkapazität.

Aus beiden Aussagen folgt, daß bei Halbleiterspeichern Fehler weniger durch die Schaltkreise selbst verursacht, sondern überwiegend durch die Verdrahtung hervorgerufen werden.

Das am häufigsten angewandte Verfahren, mit dem die Prüfbits erzeugt werden, ist das von R. W. Hamming (1950). Bei ihm ist das Redundanzwort, das ist die Zusammenfassung aller Prüfbits, besonders kurz im Vergleich zur Nutzwortlänge. Das Verfahren wird zuerst an der Prüfbiterzeugung für ein ursprünglich 16 bit langes Nutzwort gezeigt und anschließend verallgemeinert. Redundanzbits werden erzeugt, indem unterschiedlich lange Bitgruppen des Nutzwortes zur Bildung eines Paritätsbits herangezogen werden. Welche Bits des Nutzwortes das sind, wird im folgenden Schema durch eine 1 unter dem betreffenden Bit des Nutzinformationswortes gekennzeichnet. Ein solches Schema nennt man eine "**Paritätsbit-Generatormatrix**". Soll ein Fehler korrigierbar sein, so muß die fehlerhafte Bitstelle erkannt werden. Es wird ein Prüfbit(Nr.3) erzeugt, das eine Aussage darüber ermöglicht, ob ein aufgetretener Fehler in der ersten oder zweiten Hälfte des Nutzinformationswortes liegt. Die nächste Zeile liefert eine Ausage, in welchem Viertel der Fehler liegt usw.

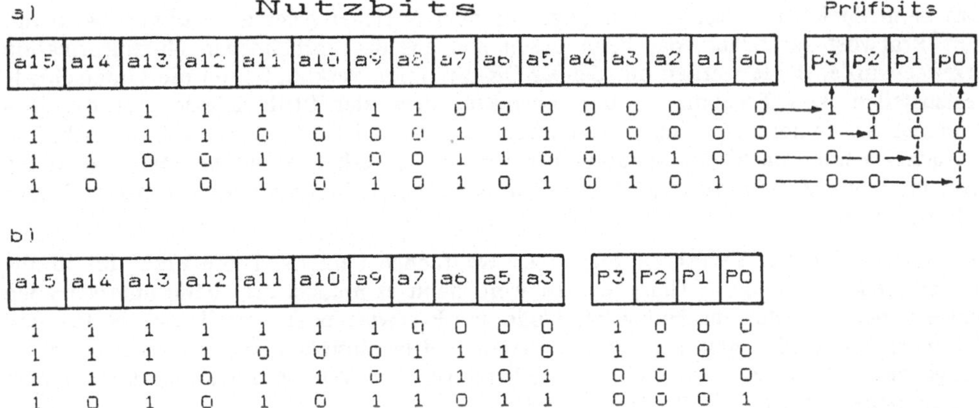

Bild 3-3: Paritätsbit-Generatormatrix
a) Ausgangsform b) verkürzt

Zunächst scheint man also bei 16 Bit Nutzinformation mit einem 4 Bit langen Redundanzwort auszukommen. Sie erkennen aber in der Generatormatrix, daß das Nutzbit Nr.0 überhaupt nicht geprüft wird. Die Nutzbits Nr.1,2,4 und 8 werden nur einmal geprüft. Sie können also für die Erzeugung eines Codes, der zweifache Fehler zu erkennen gestattet, ebenfalls nicht verwendet werden. Damit reduziert sich die verwendbare Prüfbit-Generatormatrix auf 11 Spalten.

Nun wird jede Stelle der Nutzinformation mindestens zweimal in die Generierung des Prüfwortes einbezogen. Wir wollen die Wirkung des Verfahrens an einem **Beispiel** ausprobieren. Beim Abspeichern der 11-Bit-Nutzinformation wird das angegebene 4-Bit-Redundanzwort erzeugt und mit abgespeichert.

```
Bit-Nr. des Nutzwortes              Bit-Nr. des Prüfwortes
15 14 13 12 11 10  9  7  6  5  3    3 2 1 0

 0  1  1  0  0  0  1  0  1  1  0    1 0 0 1        Inhalt

 1  1  1  1  1  1  1  0  0  0  0                   Generator-Matrix
 1  1  1  1  0  0  0  1  1  1  1
 1  1  0  0  1  1  0  1  1  0  1
 1  0  1  0  1  0  1  1  0  1  1
```

Beim Lesen der gespeicherten Information sei nun an einer Bitstelle, z.B. Nr.5, der Nutzinformation ein Fehler aufgetreten. Es wird jetzt mit der gleichen Matrix ein neues Prüfwort erzeugt.

```
Bit-Nr. des Nutzwortes              Bit-Nr. des Prüfwortes
15 14 13 12 11 10  9  7  6  5  3    3 2 1 0

 0  1  1  0  0  0  1  0  1  0  0    1 1 0 0        Inhalt

 1  1  1  1  1  1  1  0  0  0  0                   Generator-Matrix
 1  1  1  1  0  0  0  1  1  1  1
 1  1  0  0  1  1  0  1  1  0  1
 1  0  1  0  1  0  1  1  0  1  1
```

Das beim Speichern erzeugte und jetzt aus dem Speicher gelesene Prüfwort wird mit dem Prüfwort verglichen, das beim Lesen neu aus der vorhandenen Nutzinformation erzeugt wurde. Beide werden mit der EXOR-Funktion verknüpft, um die Unterschiede festzustellen. Das Ergebnis ist das Korrektur-Bitmuster 0101. Dieses gibt die Bit-Nummer des fehlerhaften Bits im Nutzwort an. Damit ist eine Korrektur möglich. Ein einfacher Fehler im abgespeicherten Prüfwort ist zu erkennen an nur einer gesetzten Eins im Korrektur-Bitmuster, während ein einfacher Fehler im Nutzwort zu 2, 3 oder 4 Einsen führt.

Wie verhält sich das Verfahren gegenüber zweifachen Fehlern? Diese Frage bis in alle Einzelheiten zu erläutern, führt hier zu weit, denn es müssen drei Fälle unterschieden werden: beide Fehler im Nutzwort, beide im Prüfwort oder verteilt auf Nutz- und Prüfwort. Wir wollen hier uns auf den ersten Fall beschränken, um zu zeigen, daß die Länge des Prüfwortes noch nicht ausreichend ist. Ein weiterer Fehler gegenüber dem letzten **Beispiel** sei nun in Bit 14 aufgetreten.

Bit-Nr. des Nutzwortes											Bit-Nr. des Prüfwortes	
15	14	13	12	11	10	9	7	6	5	3	3 2 1 0	
0	0	1	0	0	0	1	0	1	0	0	0 0 1 0	Inhalt
1	1	1	1	1	1	1	0	0	0	0		Generator-Matrix
1	1	1	1	0	0	0	1	1	1	1		
1	1	0	0	1	1	0	1	1	0	1		
1	0	1	0	1	0	1	1	0	1	1		

Das jetzt erzeugte Prüfwort 0010 wird mit dem abgespeicherten 1001 durch EXOR verknüpft und liefert als Korrekturwort 1011. Da dieses Bitmuster eine gültige Nummer des Nutzwortes liefert -das **Beispiel** wurde so gewählt- würde nach dem oben Gesagten das fehlerfreie Bit 11 korrigiert, also den zwei schon vorhandenen Fehlern würde durch die Korrektur ein dritter hinzugefügt. Sie erkennen daraus, daß es notwendig ist, zwischen einem einfachen Fehler und einem zweifachen zu unterscheiden. Dies erreicht man, indem man das Prüfwort um ein Paritätsbit verlängert, das über alle Stellen des Nutzwortes gebildet wird. Es liefert eine Fehleraussage bei einem einfachen, jedoch nicht bei einem zweifachen Fehler. Die Generatormatrix sieht dann so aus:

1	1	1	1	1	1	1	0	0	0	0	Generator-Matrix
1	1	1	1	0	0	0	1	1	1	1	
1	1	0	0	1	1	0	1	1	0	1	
1	0	1	0	1	0	1	1	0	1	1	
1	1	1	1	1	1	1	1	1	1	1	

Wir waren beim Erläutern des Verfahrens von einem ursprünglich 16 Bit langen Nutzinformationswort ausgegangen, von dem schließlich noch 11 Bit übrig blieben, die mit 5 Prüfbits abgesichert wurden. Verwendet man mehr als 5 Prüfbits, so lassen sich entsprechend längere Nutzinformationen absichern. Bei P bit langen Prüfwörtern kann man N bit lange Nutzwörter absichern. Zwischen P und N besteht die Beziehung

$$N = 2^{(P-1)} - P$$

So kann man mit 6 Prüfbits 26 Nutzbits, mit 7 bereits 57 absichern usw. Je größer die zu sichernde Informationslänge ist, desto günstiger wird das Verhältnis von ihr zur Zahl der nötigen Prüfbits. Die genannten Informationslängen sind allerdings nur theoretische Möglichkeiten, denn niemand wird wegen der prüfbaren Länge von 11 Bit bei 5 Prüfbits tatsächlich einen Speicher mit einer Nutzwortlänge von 11 Bits bauen, sondern Speicher werden mit einer Wortlänge von 8, 16, 32 usw. Bits gebaut und erfordern dann also 5, 6, 7 usw. zusätzliche Prüfbits. Dies bedeutet, daß bei unserem **Beispiel** 3 Spalten der Generatormatrix nicht verwendet werden. Welche man wegläßt, ergibt sich aus dem Entwurfsziel (Besonders einfaches Schaltnetz oder Erkennung dreifacher Fehler usw.). Unten sehen Sie die Generatormatrix eines handelsüblichen integrierten Schaltkreises für 16 Bit Nutzwortlänge (Nationmal Semiconductor). Die Bits sind dabei wie üblich von 0 bis 15 numeriert. Daher liefert das Korrekturwort nicht mehr die richtige Bitnummer, aber ein eindeutiger Zusammenhang zwischen Korrekturwort und zu korrigierendem Bit besteht natürlich weiter. Außerdem werden bei einigen Zeilen der Generatormatrix gerade, bei anderen ungerade Prüfbits erzeugt, um einen totalen Speicherausfall zu erkennen. Das ist bei einer Prüfbiterzeugung nur auf gerade Quersumme nicht möglich ist, denn lauter Nullen in der Nutzinformation hätten ausschließlich Nullen bei den Prüfbits zur Folge. Die Auswahl der verwendeten aus den insgesamt zur Verfügung stehenden Spalten der Generatormatrix erfolgte so, daß ein einfacher Fehler im Nutzwort zum Setzen von 3 oder 5 Bits im Korrekturwort führt. Weiterhin können dreifache Fehler noch eindeutig erkannt werden.

Tabelle 3.2: Generatormatrix

Bitnummer der Nutzinformation																Prüfbit-Nr.
15	14	13	12	11	10	9	8	7	6	5	4	3	2	1	0	
1	1	1	0	1	1	1	0	1	1	1	1	1	1	0	0	0
1	1	1	0	1	0	1	1	0	1	0	0	1	0	0	0	1
1	1	1	1	0	1	0	1	0	0	0	1	1	0	0	1	2
1	1	0	1	0	1	1	1	1	0	0	0	0	1	1	0	3
1	0	1	0	1	0	0	1	1	0	1	0	0	0	1	1	4
0	1	1	1	0	0	0	1	0	1	1	1	0	1	1	1	5

In der folgenden **Tabelle** sehen Sie den Zusammenhang zwischen den Bits des Korrekturwortes und dem daraus erkennbaren Fehler.

Tabelle 3.3: Korrekturmatrix

Korrektur-bit-Nr.									
	0	0	1	0	1	0	1	0	1
	1	0	0	1	1	0	0	1	1
	2	0	0	0	0	1	1	1	1
5 4 3									
0 0 0		kf	p0	p1	d	p2	d	d	3
0 0 1		p3	d	d	9	d	10	t	d
0 1 0		p4	d	d	11	d	t	t	d
0 1 1		d	7	t	d	t	d	d	15
1 0 0		p5	d	d	6	d	4	t	d
1 0 1		d	2	t	d	12	d	d	14
1 1 0		d	5	t	d	0	d	d	13
1 1 1		1	d	d	t	d	t	8	d

Darin bedeuten:

- kf: kein Fehler
- pn: Fehler in Prüfbit n
- d: Doppelfehler
- t: Dreifachfehler
- Zahl: Einfacher Fehler im Bit des Nutzwortes

Entsprechende Bausteine zur Fehlererkennung und -korrektur gibt es für die anderen gebräuchlichen Wortlängen. Die Zuammenarbeit zwischen Prozessor, Speicher und Prüfbaustein ist bei einem Schreibzyklus immer gleich: Der Prüfbaustein erkennt das Schreibsignal, erzeugt aus den Informationen, die auf dem Datenbus liegen, die Prüfbits, die dann zusammen mit den Daten in den Speicher geschrieben werden. Beim Lesen gibt es zwei verschiedene Möglichkeiten:

- Das gelesene Speicherwort wird zuerst nur dem Prüfbaustein zugeführt, geprüft und eventuell korrigiert und dann an den Prozessor gesendet. Dieser erhält stets eine fehlerfreie Date oder, falls mehrfache Fehler erkannt wurden, eine Anforderung auf Programmunterbrechung.

- Das gelesene Speicherwort wird als fehlerfrei angenommen und zugleich dem Prozessor und dem Prüfbaustein zugeführt. Der Prozessor kann schon weiterarbeiten, während die Prüfung stattfindet. Sollte ein Fehler erkannt werden, so erfolgt eine Anforderung auf Programmunterbrechung. Der Prozessor erhält außerdem ein Signal, das angibt, ob es sich um einen korrigierbaren Fehler handelt oder nicht.

3.2 Halbleiterspeicher

Wir beschränken uns in der Betrachtung auf einige wichtige Typen von Halbleiterspeichern. Zunächst wollen wir die heute in der Datenverarbeitung verwendeten Halbleiterspeicher klassifizieren. Dies kann nach den folgenden Gesichtspunkten geschehen:

- nach dem **Verwendungszweck:**
  Schreib-Lese-Speicher (RAM)
  Nur-Lese- oder Festwert-Speicher (ROM)

- nach der **Zugriffsart:**
  wahlfrei
  seriell

- nach der Art der **Programmierung** (nur bei Festwert-Speichern)
  ROM: Programmierung während der Herstellung
  PROM: Einmaliges Programmieren durch den Anwender
  EPROM: Durch UV-Licht löschbares PROM, elektrisch neu programmierbar
  EEPROM: Elektrisch löschbar und umprogrammierbar

- nach der **Schaltungstechnik** (nur bei Schreib-Lese-Speichern):
  statisch: Speicherelemente sind bistabile Kippstufen (Flip-Flops)
  dynamisch: Speicherelemente sind Kondensatoren

- nach der **Adressierungsart:**
  ortsadressierbare Speicher
  inhaltsadressierbare Speicher (Assoziativspeicher)

- nach der **Beständigkeit der Information** bei Spannungsausfall:
  flüchtige Speicher
  nichtflüchtige Speicher

3.2.1 Die Schreib-Lese-Halbleiterspeicher mit Flip-Flop-Elementen (Statische RAM)

Um einen möglichst große Integrationsdichte zu erreichen, d.h. um auf einem integrierten Schaltkreis möglichst viele Bits pro mm² speichern zu können, werden nur die einfachsten Flip-Flop- Schaltungen verwendet: RS-Flip-Flops, die aus zwei gegengekoppelten Invertern bestehen. Dies gilt sowohl für die Realisierung in bipolararer als auch in unipolarer Technologie. **Bild 3-4** zeigt die beiden Grundschaltungen. Ein Inverter besteht aus einem Treibertransistor und einer ohmschen Last.

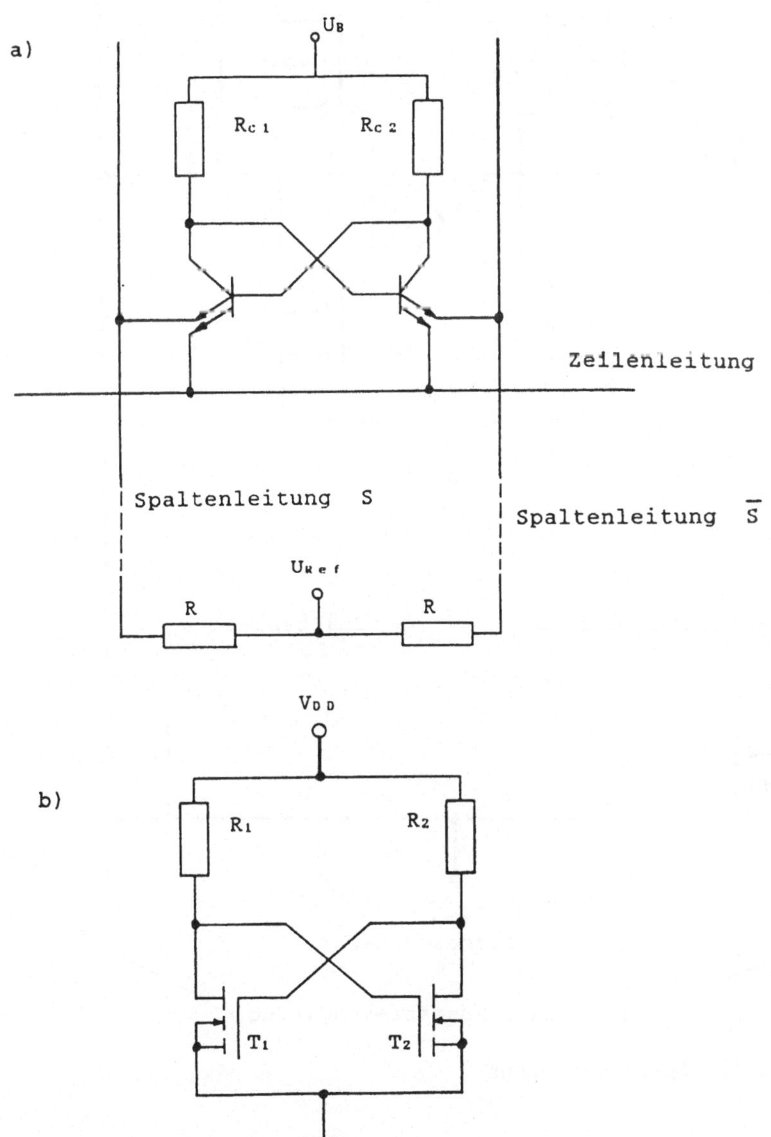

Bild 3-4: 1-Bit-Speicher bei statischen RAM

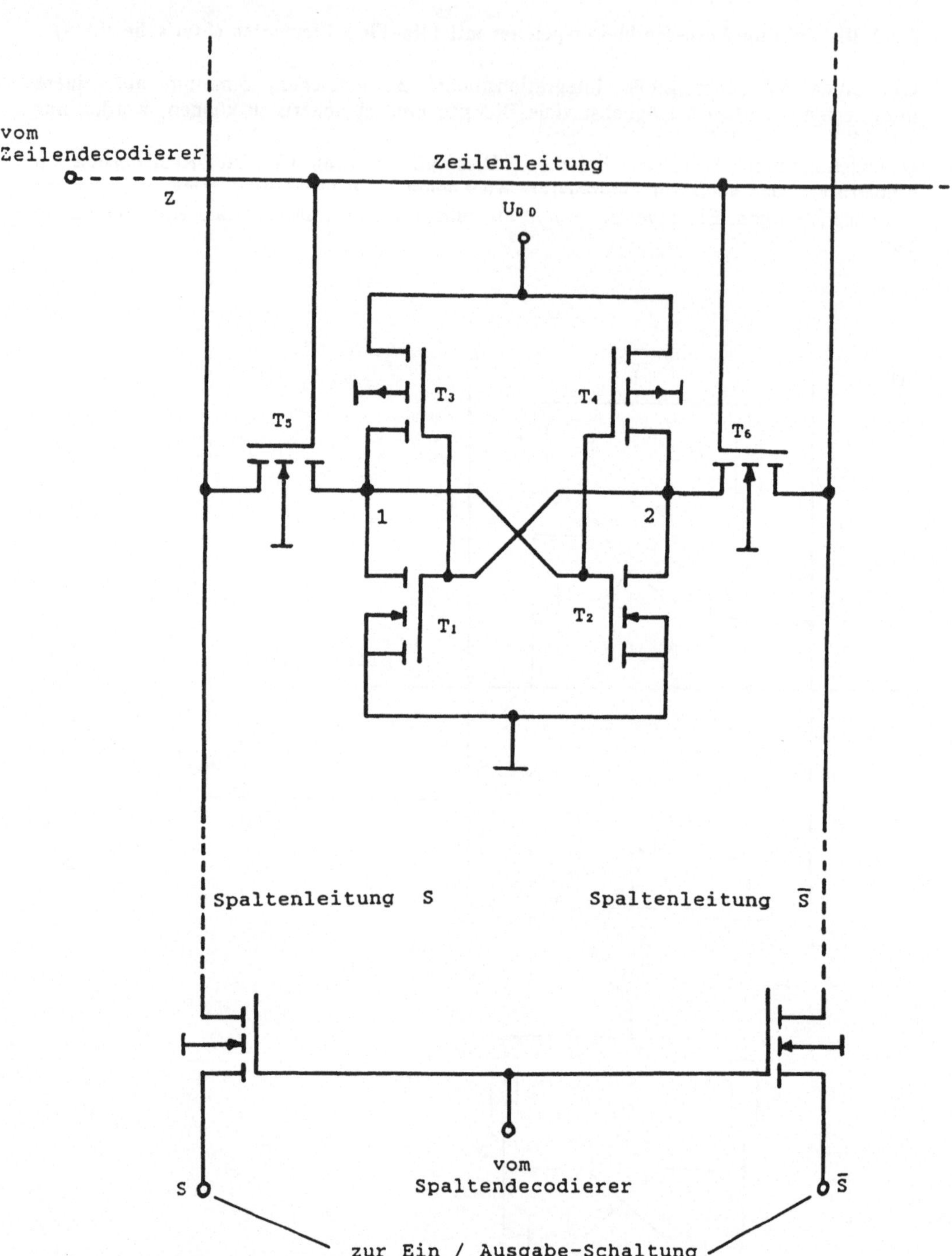

Bild 3-5: Statisches CMOS-Speicher-Element

Bei der MOS-Technologie werden als Treiber Transistoren vom Anreicherungstyp verwendet, die von einer steuernden Spannung am Gate durchgeschaltet werden. Die ohmsche Last wird aus Gründen der einfachen Herstellung durch Lastransistoren gebildet. Diese können entweder vom gleichen Typ sein, wie die Treibertransistoren, also NMOS- oder PMOS-Transistoren. Als Last kommen Transistoren vom Anreicherungstyp vor, die dann eine Gatespannung U_{GG} benötigen; aber auch der Verarmungstyp wird verwendet. Die kleinste Verlustleistung je gespeichertem Bit erhält man mit Invertern, bei denen der Treiber und die Last aus komplementären MOS-Transistoren, z.B. Treiber als NMOS- und Last als PMOS-Transistor (**Bild 3-5**), ausgeführt sind. Beiden wird die gleiche Gatespannung zugeführt. Das hat zur Folge, daß entweder der Treiber durchgeschaltet und seine Last gesperrt ist oder umgekehrt. In keinem Schaltzustand kann ein Strom fließen.

Ein einmal eingestellter Schaltzustand bleibt bestehen, so lange die Versorgungsspannung vorhanden ist. Dies kennzeichnet einen statischen Speicher. Ist z.B. der Treibertransistor T_1 durchgeschaltet, so hat der Punkt 1 Massepotential. Daher ist T_2 gesperrt und Punkt 2 hat die Spannung U_{dd}, was den durchgeschalteten Zustand von T_1 aufrechterhält. Welche Zuordnung vom Schaltzustand des Flip-Flops zur Information "0" oder "1" besteht, die zu speichern ist, wird vom Hersteller des Speicherbausteins festgelegt. Wie wird eine Information gelesen, wie wird sie geschrieben? Bei diesem Flip-Flop sind die Eingänge (S,R) und die Ausgänge Q und notQ die gleichen elektrischen Anschlüsse, nämlich die Punkte 1 und 2. Will man den Schaltzustand gegenüber dem oben beschriebenen Zustand ändern, so legt man von außen an Punkt 2 Massepotential. Dadurch wird T_1 gesperrt, an Punkt 2 gelangt daher die Spannung U_{dd}, was T_2 dauernd leitend macht, d.h. dieser neue Zustand erhält sich selbst aufrecht. Gelesen wird der Zustand, indem man die Spannungen an den Punkten 1 und 2 zur Ausgabeschaltung gibt.

Wie gelingt es, auf einem Siliziumplättchen von wenigen mm^2 Oberfläche viele Tausend solcher 1-Bit-Speicher unterzubringen und so zu verschalten, daß der Zustand eines Speicherelements gesetzt oder abgefragt werden kann. Als **Beispiel** soll ein 16-Bit-Schaltkreis dienen, obwohl es eher dem Stand der Technik entspräche, einen 64-Kilo-Bit-Speicher zu verwenden. Aber das Grundsätzliche kann an unserem Beispiel (**Bild 3-6**) gezeigt werden. Um jedes einzelne Bit von Nr. 0 bis Nr. 15 anzusprechen zu können, muß seine Nummer, seine "Adresse", bekannt sein. Um die Adresse als Dualzahl darzustellen, benötigen wir 4 Bit. Die 16 Flip-Flops werden als Matrix mit 4 Zeilen und 4 Spalten angeordnet, wie es in **Bild 3-6** gezeigt ist. Die 4-Bit-Adresse wird in eine 2 Bit lange Zeilenadresse und in eine hier ebenso lange Spaltenadresse aufgeteilt. Die Verschaltung erfolgt mit einer Leitung je Zeile (Z_0 bis Z_3) und mit zwei Leitungen je Spalte(S_0 und notS_0 bis S_3 und notS_3).Jedes Flip-Flop wird mit seinen Punkten 1 und 2 über zwei Koppeltransistoren T_5 und T_6 mit seinen Spaltenleitungen verbunden. Die Gates der Koppeltransistoren sind mit der zugehörigen Zeilenleitung verbunden. Damit ist die eigentliche Speichermatrix vollständig aufgebaut.

Wenden wir uns der "Randelektronik" des Speicherbausteins zu. Auf der linken Seite von **Bild 3-6** sehen Sie den Zeilendecodierer. Es ist bei uns ein "1-aus 2^2-Decoder", der aufgrund der anliegenden 2-Bit-Zeilenadresse eine der vier Zeilenleitungen ansteuert und somit alle 8 Koppeltransistoren einer Zeile durchschaltet. Die Flip-Flops einer Zeile werden mit ihren zugehörigen beiden Spaltenleitungen verbunden. Dies geschieht allerdings nur, wenn der Adreßdecodierer durch das Signal am CS-Eingang (CS = chip select) freigegeben wird. Der Spaltendecodierer ist in unsrem Beispiel ebenso aufgebaut, wie der Zeilendecodierer. Aufgrund der anliegenden 2-Bit-Spaltenadresse wird ein Paar der Spaltenleitungen zur Ein-/Ausgabe-Schaltung durchgeschaltet. Diese

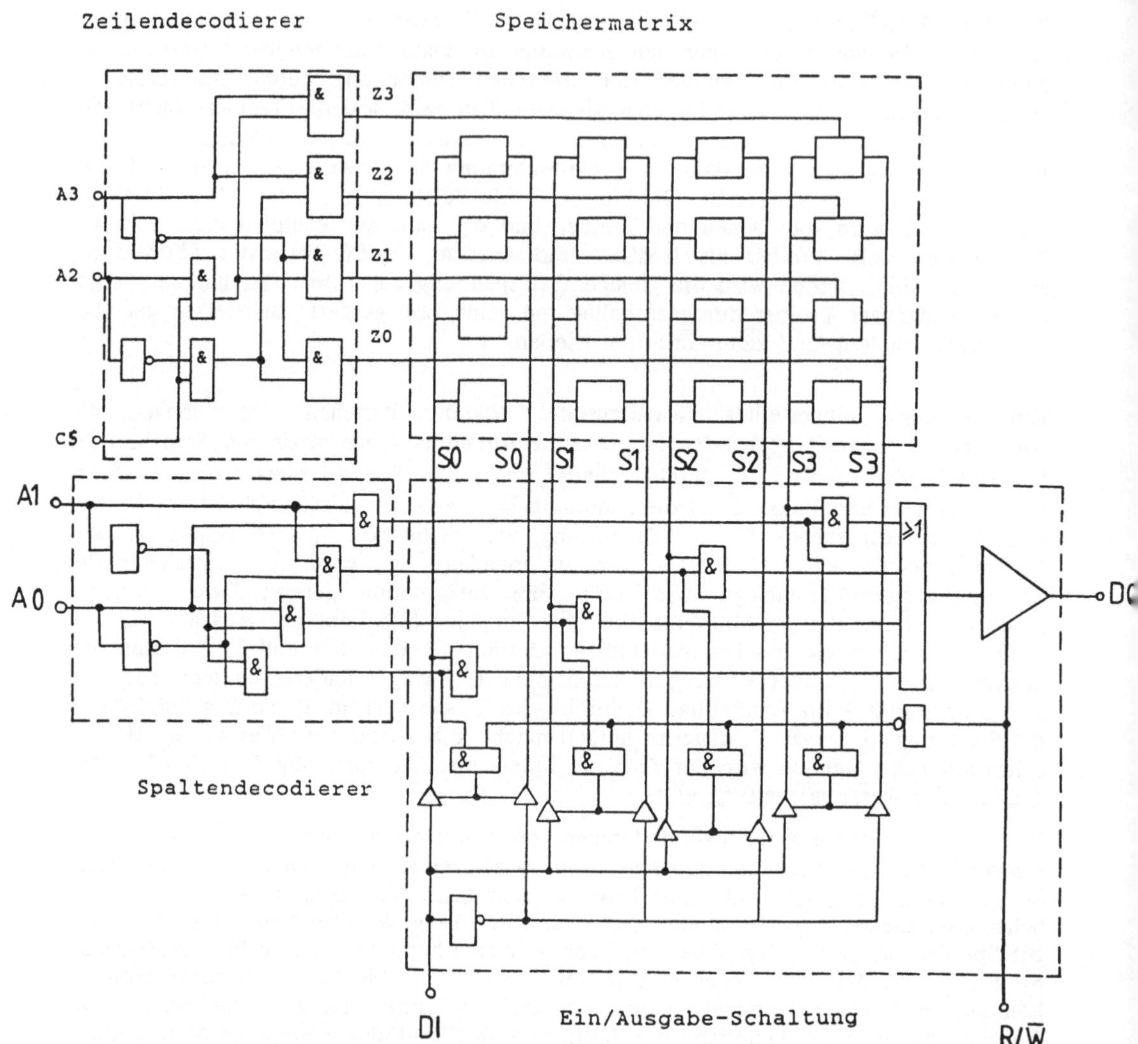

Bild 3-6: Speicher-Schaltkreis

besteht in unserem Beispiel aus dem Dateneingang Di, dem Datenausgang Do mit dem zugehörigen Tristate-Treiber und dem Eingang für das Schreib-/Lese-Signal(W/notR). Das Schreibsignal schaltet den Dateneingang auf das Spaltenleitungpaar, das durch die Adresse selektiert wurde. Beim Lesen wird der Ausgangstreiber freigegeben, der sonst immer hochohmig ist. Viele Hersteller verwenden einen bidirektionalen Datenanschluß anstelle zweier getrennter Di und Do.

Wir haben nun einen vollständigen Speicherbaustein mit einer 16x1-Bit-Organisation besprochen. Ebenso handelsüblich sind andere Organisationen, in unserem Fall etwa 8x2 Bit. Die Hersteller verwenden dabei die gleiche Speichermatrix. Geändert wird nur die -auf unserem Bild untere- Randelektronik. Die Adresse ist jetzt 3 Bit lang. Zwei Bit werden wie bisher für die Zeilenadresse benötigt, das dritte schaltet, wenn es "0" ist, die Spaltenleitungspaare 0 bis 1, im andern Fall die Paare 2 bis 3 zur entsprechend geänderten Ein-/Ausgabeschaltung durch.

Aus der großen Zahl der statischen Speicherelemente in bipolarer Technologie wollen wir nur das ECL-Flip-Flop besprechen, weil die damit realisierten Speicherbausteine die kürzesten Zugriffszeiten aufweisen. In **Bild 3-7** sehen Sie die Schaltung, die mit zwei Multiemittertransistoren aufgebaut ist. Die Betriebspannung und der Kollektorwiderstand werden so gewählt, daß der leitende Transistor nicht in die Sättigung geht. Ebenso wird vermieden, daß der gesperrte Transistor vollständig sperrt. Beide werden also im Verstärker-, nicht im Schaltbetrieb verwendet. Beides hat die oben erwähnte, kürzere Zugriffszeit zur Folge, die etwa eine Größenordnung kleiner als bei den MOS-Speichern ist.

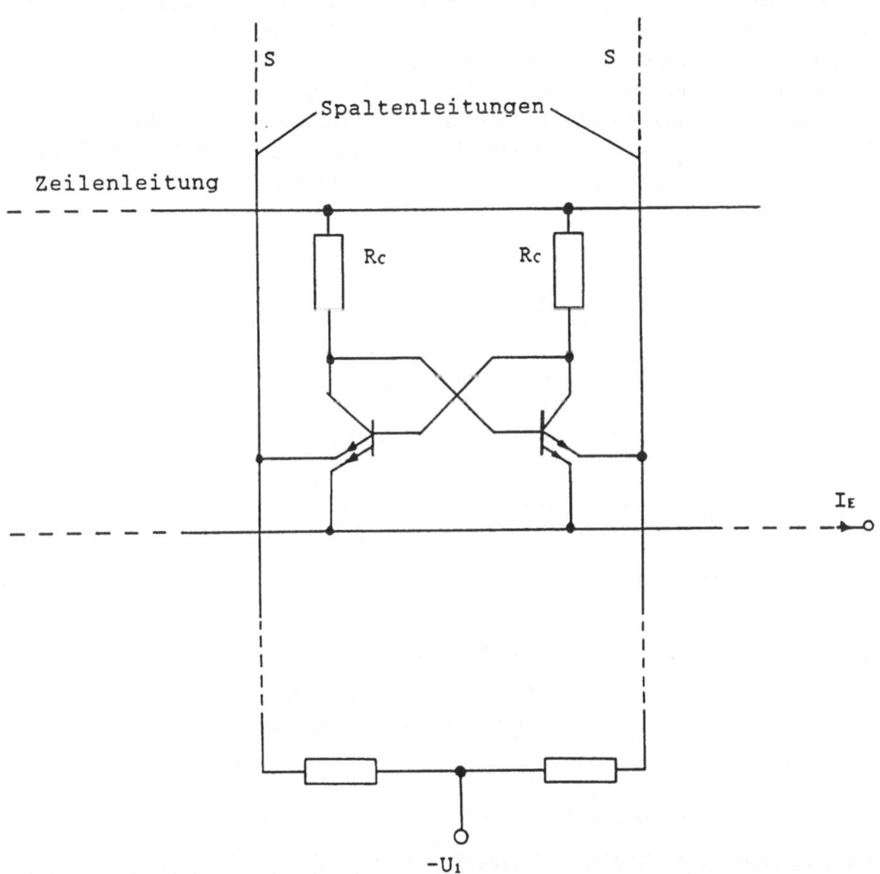

Bild 3-7: Statisches ECL-Speicher-Element

3.2.2 Die Schreib-Lese-Halbleiterspeicher mit Kondensator-Elementen (Dynamische RAM)

Bei diesen Speichern wird die Information in einem Kondensator je Bit gespeichert, dessen Elektrizitätsmenge eine "0" oder eine "1" repräsentiert. Es wurde im Laufe der Entwicklung dieses Speichertyps eine Reihe von Schaltungsvarianten mit 4, 3 und einem MOS-Transistor entwickelt. Wir wollen uns beschränken auf die Ein-Transitor-Zelle, weil sie wegen ihres einfachen Aufbaus die höchste Integrationsdichte erlaubt. So wurde 1986 mit der Produktion von 1 MBit-Chips begonnen (z.B. Siemens) und bald werden auch 4 MBit- und etwas später 16 MBit-Bausteine verfügbar sein. Alle Speicher-Elemente werden wieder wie bei den statischen RAM als Matrix angeordnet. Die Schaltung eines Elementes sehen Sie in **Bild 3-8**. Es ist mit einer Zeilenleitung und einer Spaltenleitung verbunden.Das Selektieren erfolgt wieder, indem vom Zeilendecoder eine Steuerspannung auf eine Zeilenleitung gelegt wird und damit alle Kondensatoren einer Zeile der Matrix mit ihrer Spaltenleitung verbunden werden. Welche Spaltenleitung mit der Ein-Ausgabe- Schaltung verbunden wird, bestimmt die am Spaltendecoder anliegende Adresse. Beim Einschreiben einer Information wird die betreffende Spaltenleitung auf das der "0" oder der "1" entsprechende Potential gebracht und der Kondensator entsprechend geladen. Das Hauptproblem beim Lesen liegt in dem geringen Spannungsunterschied zwischen einer "0" und einer "1", der nach dem Ansteuern einer Zeile auf einer Spaltenleitung entsteht; denn die auf dem Kondensator gespeicherte Elektrizitätsmenge verteilt sich dann auf die Kapazität von Speicherkondensator und Spaltenleitung. Da aber die Spaltenleitung eine wesentlich größere Kapazität hat als der Speicherkondensator, sind sehr empfindliche Leseverstärker erforderlich, die die gelesene Information auch zwischenspeichern.

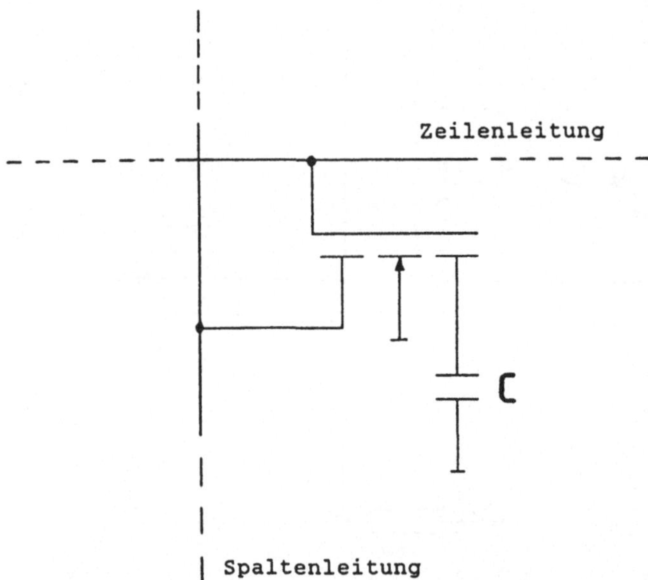

Bild 3-8: Dynamisches RAM-Speicher-Element

Das Ansteuern einer Zeile, gleichgültig, ob zum Lesen oder Schreiben, zerstört die Information aller Elemente dieser Zeile, weil ein Ladungsausgleich zwischen Speicherkondensatoren und Spaltenleitungen stattfindet. Daher werden alle Informationen einer Zeile gelesen, zwischengespeichert und anschließend wieder eingeschrieben, eventuell mit Ausnahme der einen Zelle, die von der Ein-Ausgabe-Schaltung eine neue Information erhalten hat.

Dieses notwendige Verfahren stellt kein besonderes Problem dar; denn zyklisches Wiederaufladen aller Speicherkondensatoren des Bausteins ist ohnehin nötig wegen der Ladungsverluste infolge des endlichen Isolationswiderstandes. Die übliche Zeit, in der der Speicherbaustein vollständig wiederaufgefrischt werden muß, beträgt etwa 2ms bis

4ms. Die Auffrischlogik befindet sich meist nicht auf dem Speicherbaustein selbst, sondern auf einem Schaltkreis, der die nötigen Signale für alle Speicherbausteine eines RAM-Speichers erzeugt. Die wesentlichen Bestandteile dieses DRAM-Steuerbausteins sind ein Zeitgeber, ein Dualzähler, der sog. "Auffrischzähler", dessen Aufgabe das Erzeugen aller Zeilenadressen nacheinander ist, und ein Signalgeber, der die Steuersignale für die vier Betriebsarten des Speichers erzeugt. Diese sind "Lesen","Schreiben", "Lesen-Ändern-Schreiben", und "Auffrischen". Wir wollen abschätzen, wie stark der normale Speicherbetrieb durch das notwendige Auffrischen belastet wird. Nehmen wir einen Speicher mit einer 8-Bit-Zeilenadresse an, also einer Matrix mit 256 Zeilen, und nehmen wir weiter an, daß jede Zeile innerhalb von 2ms einen Auffrischzyklus von 100ns benötigt, so gehen durch das Auffrischen 256 * 100ns = 25,6Mikrosekunden innerhalb von 2ms verloren. Das sind 1.28% der verfügbaren Zeit.

3.2.3 Die Festwert-Halbleiterspeicher

Da es sich bei ihnen ebenfalls um Speicher mit wahlfreiem Zugriff (random access) handelt, müßten sie eigentlich "read only RAM" heißen. Sie werden in bipolarer und unipolarer Technologie hergestellt und sind meistens wortorganisiert. Der Begriff "Programmierung" im Zusammenhang mit Festwertspeichern hat eine andere Bedeutung als die übliche. Er beschreibt das Übertragen der gewünschten Information in den Speicher.

Festwertspeicher werden angewendet z.B. als Programmspeicher in speicherprogrammierbaren Steuerungen, für den Urlader in Rechnern, der nach dem Einschalten

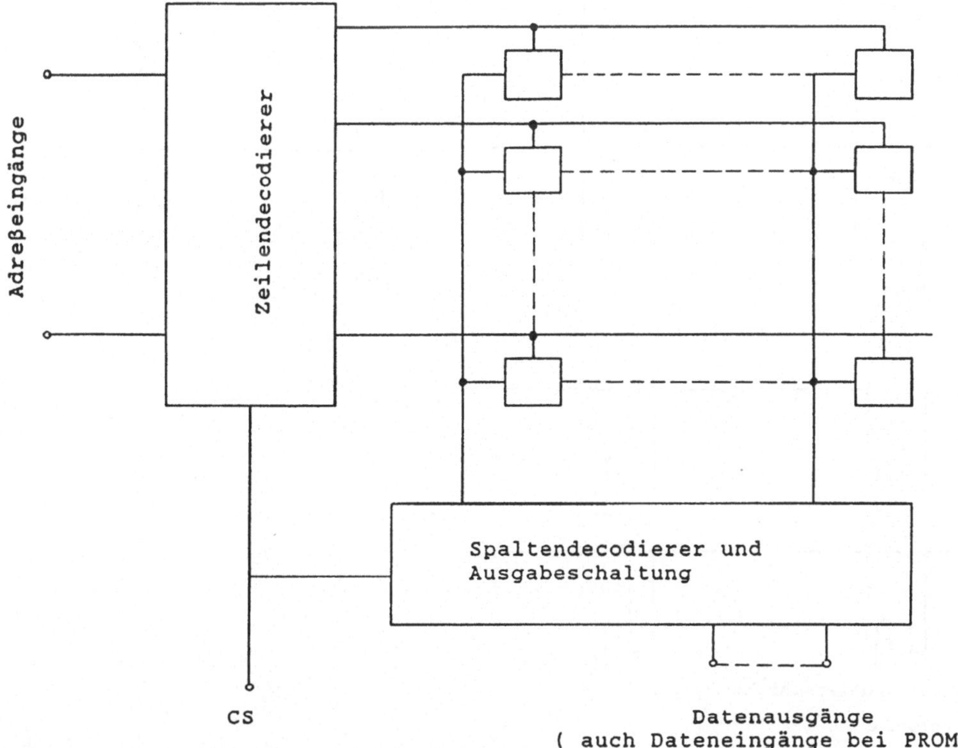

Bild 3-9: Organisation eines Festwertspeichers

der Stromversorgung das Betriebssystem in den Arbeitsspeicher lädt, als Zeichengenerator, als Kodierschaltung, als Mikroprogrammspeicher in Prozessoren usw. Sie sind unempfindlich gegen den Ausfall der Versorgungsspannung. In **Bild 3-9** sehen Sie den Aufbau eines wortorganisierten Festwertspeichers. Die einzelnen Speicherelemente sind wieder in einer Matrix angeordnet. Die Randelektronik besteht aus dem Zeilendekodierer und gegebenenfalls dem Spaltendekodierer, wenn die Zahl der Spalten größer als die Wortlänge des Speicherbausteins ist, sowie der Ausgabeschaltung, die bei den programmierbaren Typen auch die Eingabedaten aufnimmt.

3.2.3.1 Die vom Hersteller programmierten Festwertspeicher (ROM)

Die Bitmuster in diesem Speicher werden durch Maskierung bei der Herstellung des Schaltkreises erzeugt, indem eine leitende Verbindung zwischen einer Zeilenleitung und einer Spaltenleitung der Matrix hergestellt wird oder nicht. In **Bild 3-10** sehen Sie verschiedene Realisierungen, und zwar als Diodenmatrix, mit bipolaren und mit unipolaren Transistoren. Bei der MOS-Technologie erfolgt die Programmierung durch verschieden dicke Isolierschichten zwischen Gate und Substrat. Bei einer "dicken" Schicht kann sich trotz Steuerspannung am Gate kein leitender Kanal ausbilden. Bei beiden bipolaren Technologien wird ein Stück Leiterbahn weggelassen.

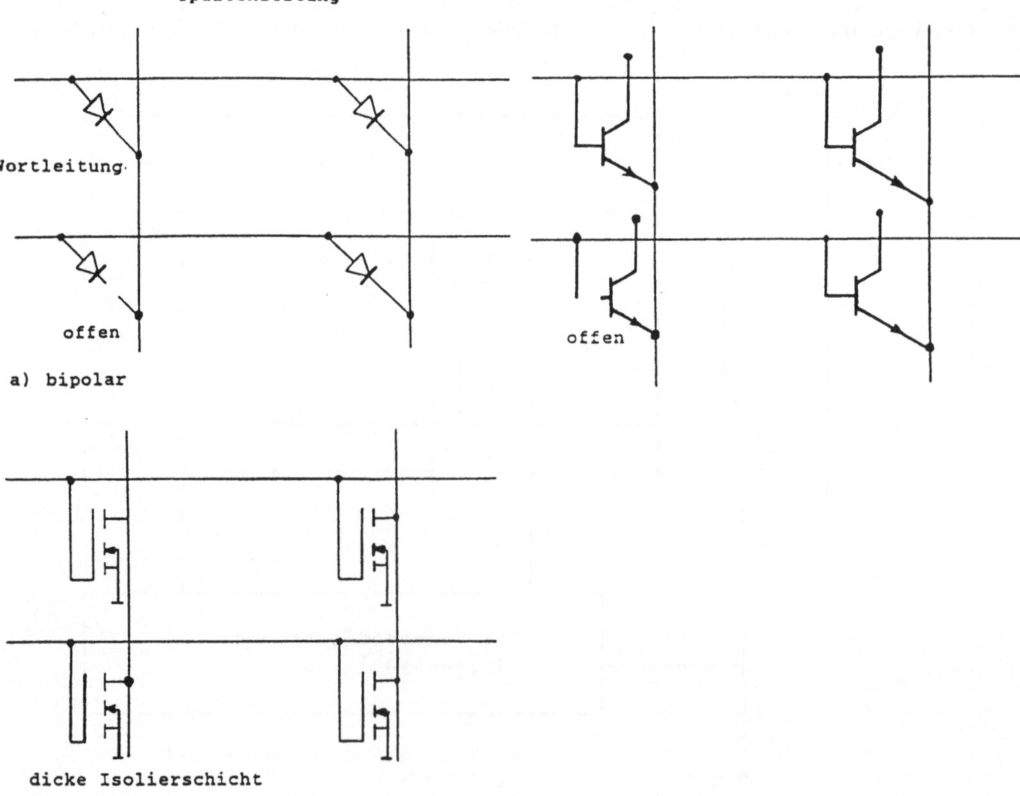

Bild 3-10: Schaltungstechniken von ROM-Speichern

Da der Hersteller von ROMs für jeden Speicherinhalt besondere Masken erzeugen muß, lohnt sich der Einsatz dieses Speichertyps erst bei großen Stückzahlen.

3.2.3.2 Die vom Anwender einmal programmierbaren Festwertspeicher (PROM)

Dies sind die am weitesten verbreiteten Festwertspeicherbausteine. Bei der "fusable link"-Technologie werden sie mit leitenden Verbindungen an allen Kreuzungspunkten von den Zeilen- zu den Spaltenleitungen der Speichermatrix geliefert,der Speicher ist also mit "1" in allen Bits gefüllt. Bei der Programmierung werden die Bits, die eine "0" enthalten sollen, dadurch erzeugt, daß die leitende Verbindung durch einen Stromstoß bestimmter Dauer und Stärke zerstört wird. Dieses Zerstören einer "Schmelzsicherung" (=fusable link) dauert je Bit einige Millisekunden. PROM-Schaltkreise mit dieser Methode gibt es in bipolarer Technologie als Dioden- oder als Transistor-Matrix sowie in unipolarer Technologie. **Bild 3-11** zeigt drei typische Speicherelemente.

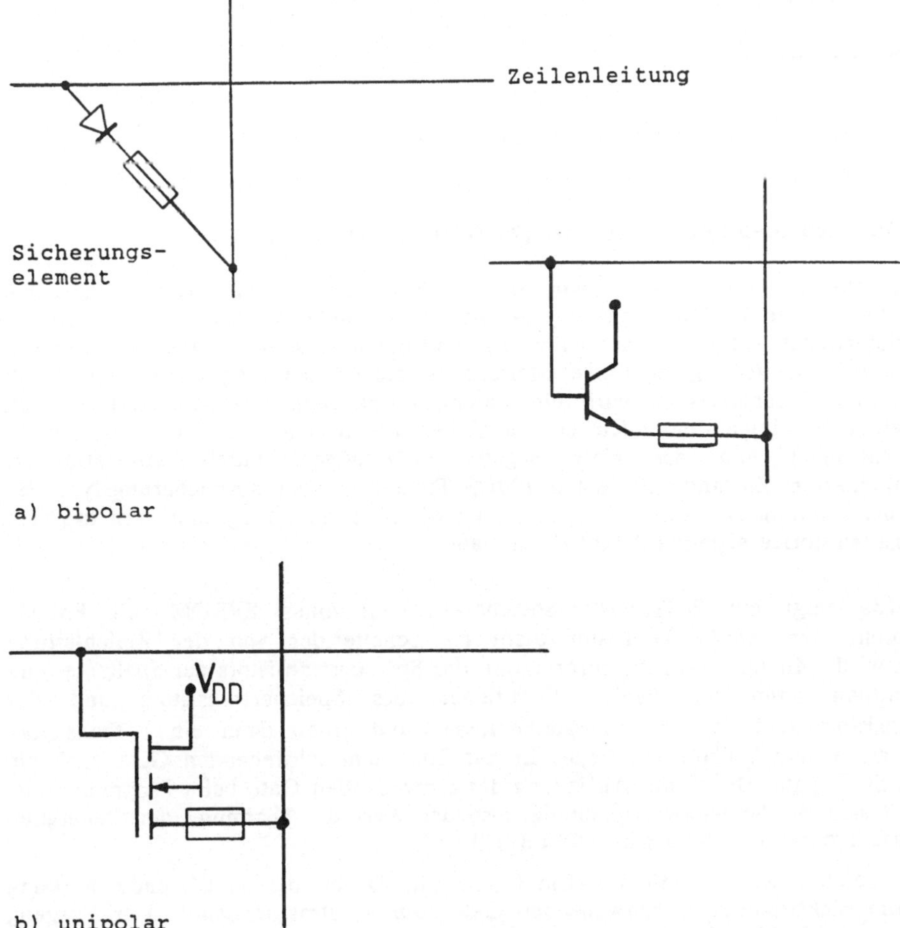

Bild 3-11: Schaltungstechniken von PROM-Speichern

Bei einem anderen Verfahren(AIM = avalanche induced migration) wird jeder Kreuzungspunkt der Speichermatrix mit einem bipolaren Transistor versehen, dessen Basis nicht angeschlossen ist (**Bild 3-12**). Der Transistor ist immer gesperrt, der Speicher im nicht programmierten Zustand also in allen Bits mit "0" gefüllt. Beim Programmieren wird eine Überspannung so angelegt, daß die Emitter-Basis-Diode in Sperrichtung bis zum Durchbruch belastet wird. Diese Diode wird dabei metallisch durchlegiert und verliert ihre Sperrwirkung. Somit bleibt die Kollektor-Basis-Diode als leitende Verbindung von Zeilen- und Spaltenleitung übrig.

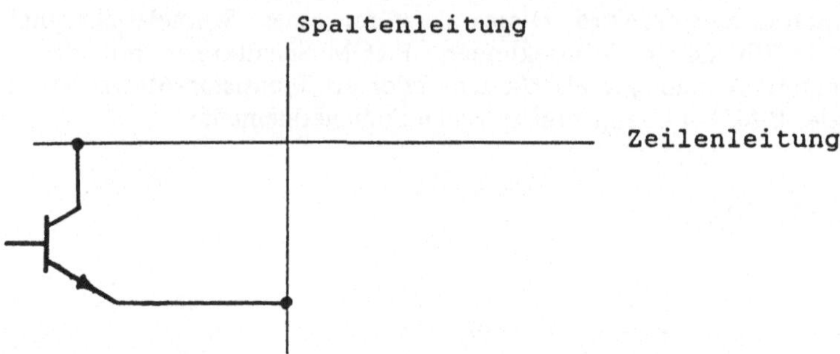

Bild 3-12: Schaltung eines AIM-PROM-Elementes

3.2.3.3 Die löschbaren Festwertspeicher (EPROM und EEPROM)

Diese Speicherbausteine gibt es nur in unipolarer Technologie. Das gemeinsame Kennzeichen dieser beiden Speichertypen ist das schwebende Gate, ein Gate, das keinen elektrischen Anschluß nach außen hat und daher in seinem Potential "schwebt" (=floating gate). Weiteres gemeinsames Merkmal ist die Art der Programmierung: Durch Anlegen einer Überspannung wird ein Lawinendurchbruch Drain-Substrat erzeugt. Dabei gelingt es einigen besonders energiereichen Elektronen, die Gate-Isolierschicht zu durchdringen und das Gate negativ aufzuladen. Hatten wir also im unprogrammierten Zustand z.B. einen PMOS-Transistor vom Anreicherungstyp, der ohne Steuerspannung am Gate sperrt, so haben wir nach dem Programmieren das zum Durchschalten nötige negative Potential am Gate.

Bild 3-13a zeigt ein 2-Transistor-Speicher-Element eines EPROM mit PMOS-Transistoren. Der zweite Transistor dient als Schalter,der von der Zeilenleitung gesteuert wird. Mit ihm wird die Information des Speichertransistors zur Spaltenleitung geschaltet.Man kann die beiden Funktionen des Speichertransistors und des Schalttransistors auch in einem zusammenfassen und erhält dann ein 1-Transistor-Element mit einem 2-Gate-Transistor. Er hat über dem schwebenden Gate noch ein normales Steuergate. Durch die Aufladung des schwebenden Gate beim Programmieren verschiebt sich die Schwellwertspannung, also der Wert der Spannung am Steuergate, bei der der Transistor leitend wird (**Bild 3-13b**).

EPROM-Speicher werden mit UV-Licht gelöscht. Durch die ionisierende Wirkung können die Elektronen vom schwebenden Gate zum Substrat abfließen. Der Vorgang dauert etwa 5 bis 20 Minuten. Anschließend ist der Schaltkreis neu programmierbar. Allerdings ist diese Prozedur umständlich, da sie mit dem Ausbau der Speicher-IC verbunden ist. Außerdem muß der Baustein komplett neu programmiert werden, selbst wenn nur ein Bit verändert werden soll.

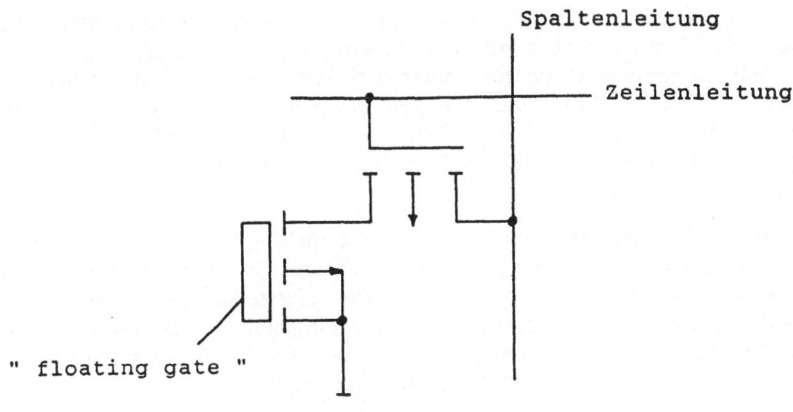

a) PMOS - EPROM - Element

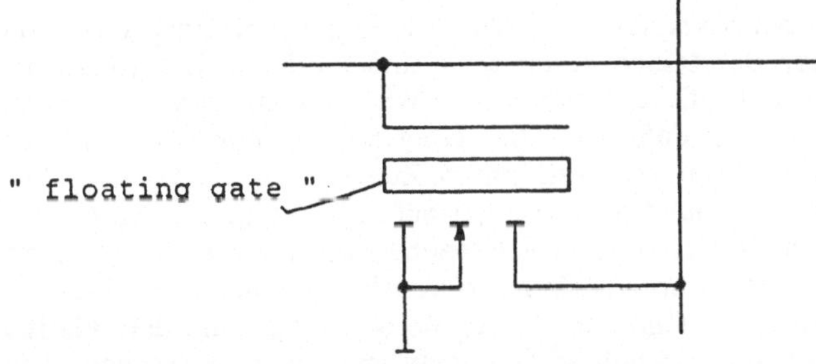

b) NMOS - EPROM - Element

Bild 3-13: Speicher-Elemente von EPROM-Speichern

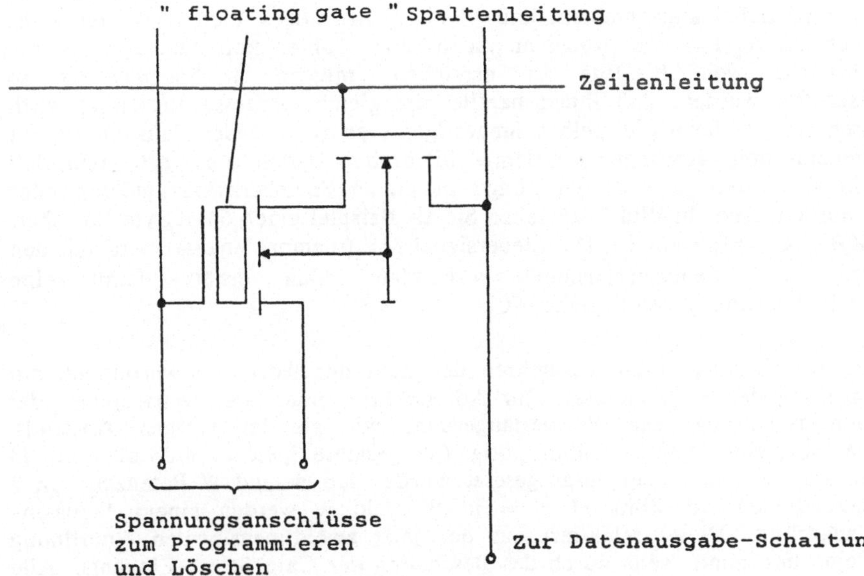

Bild 3-14: EEPROM-Speicherelement

Diese Nachteile vermeidet das EEPROM, weil es selektiv gelöscht werden kann. Es genügt, das zu ändernde Wort zu löschen und neu zu programmieren. Beim EEPROM-Speicherelement enthält der Speichertransistor außer dem schwebenden Gate immer ein Steuergate, mit dessen Hilfe es durch das Anlegen entsprechend hoher Spannungen geeigneter Polarität gelingt, das schwebende Gate mit Elektronen aufzuladen oder wieder zu entladen. **Bild 3-14** zeigt die Schaltung eines 2-Transistor -Elementes in NMOS-Technologie.

Zum Schluß noch zwei Bemerkungen zur Funktionsfähigkeit der mehrfach programmierbaren Festwertspeicher. Trotz des hohen Isolationswiderstandes entlädt sich ein programmiertes schwebendes Gate allmählich. Die Hersteller geben heute als garantierte Mindestdauer für die Lesbarkeit eines einmal eingegebenen Bitmusters zehn Jahre an. Auch die Programmierbarkeit nimmt mit der Zahl der Umprogrammierungen ab. Im allgemeinen werden etwa 104 Programmierungen garantiert.

3.2.4 Ein vollständiger Speicher

Trotz der Höchstintegration von Schaltkreisen wird der Arbeitsspeicher eines Rechners fast immer aus mehreren Speicher-Bausteinen bestehen, weil seine Kapazität größer als die auf einem Chip speicherbare Datenmenge ist. Wir wollen die folgenden Betrachtungen dadurch vereinfachen, daß wir die Übertragung der vollständigen Adresse zu einem Speicherbaustein zu einem bestimmten Zeitpunkt voraussetzen. Dies wird bei hochintegrierten Speicher-ICs häufig anders gemacht: Man teilt die Adresse in eine Zeilen- und in eine Spaltenadresse, die zeitlich nacheinander über die gleichen Leitungen und Anschlüsse übertragen werden. Dadurch werden die Bausteine kleiner, weil weniger Anschlüsse erforderlich sind, und die Verdrahtung auf der Platine erfordert weniger Leitungen. Diesen Vorteil erkauft man mit zwei Nachteilen. Die Speicherzykluszeiten werden größer, und es müssen noch zusätzliche Steuersignale erzeugt und übertragen werden, die dem Speicher-Baustein angeben, ob es sich um eine Zeilen- oder um eine Spaltenadresse handelt.

Wie sind gleiche Speicher-ICs mit w Wörtern zu je b Bit (Organisation des einzelnen Schaltkreises) zu einem Arbeitsspeicher mit W Wörtern zu je B Bit zusammenzuschalten? Es wird dabei angenommen, daß W ein ganzzahliges Vielfaches von w ist (W=m * w), ebenso sei B=n * b, wobei m und n ganze Zahlen sind. Um zunächst die richtige Wortlänge von B Bits zu erreichen, müssen n Speicher-ICs so zusammengeschaltet werden, daß ihnen parallel die gleiche Adresse zugeführt wird. Ebenso müssen sie gleichzeitig dieselben Steuersignale erhalten. Jeder Baustein ist mit seinen b Datenein- und -ausgängen mit dem B Bit breiten Datenbus so verbunden, daß insgesamt ein Wort der gewünschten Länge in einem Speicherzyklus gelesen oder geschrieben werden kann. In **Bild 3-15** sehen Sie als **Beispiel** einen 64-KByte-Speicher, der aus 64-KBit-ICs aufgebaut ist. Das Steuersignal ME (memory enable) wird mit den CS-Eingängen aller Speicherbausteine verbunden. Man erhält damit eine eindimensionale Anordnung von Speicher-ICs.

Die Kapazitätserweiterung durch Vermehren der Zahl der Wörter ist verbunden mit einer Verlängerung der Systemadresse. Zur Adressierung eines Speicherbausteins oder einer Zusammenschaltung, zur Wortverlängerung, wie sie im vorigen Abschnitt beschrieben wurde, sind ld w Adreßbits nötig. Der gesamte Speicher muß aber mit ld W Bits adressiert werden, wobei vorausgesetzt wurde, daß w und W Potenzen von 2 sind. Die zusätzlichen Adreßbits ld m = ld W - ld w werden einem 1-aus-m-Dekodierer zugeführt. Dieser selektiert aus der jetzt zweidimensionalen Anordnung (**Bild 3-16**) eine bestimmte Zeile durch das Beschalten der Chip-Select-Eingänge. Alle Speicherbausteine erhalten die gleiche Adresse, nämlich die niederwertigen ld w Bits

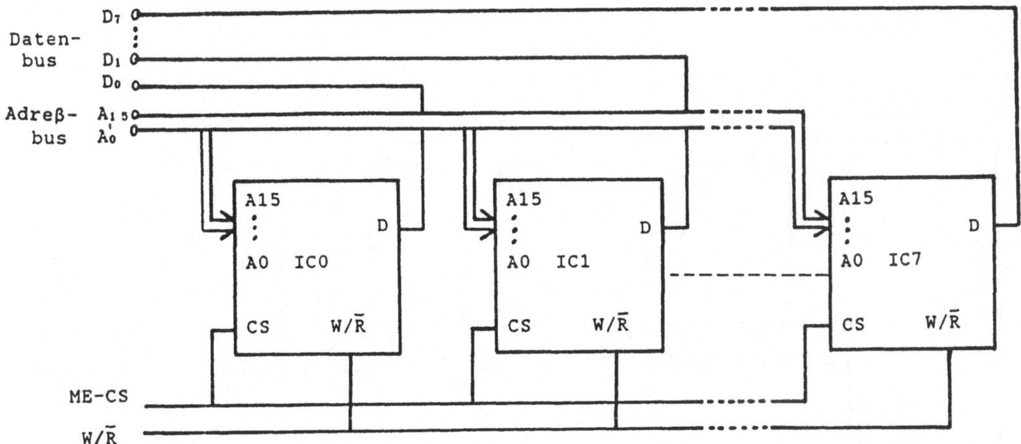

Bild 3-15: Zusammenschaltung von Speicherbausteinen zum Erzielen der gewünschten Wortlänge

der ld W Bit langen Sytemadresse. In **Bild 3-16** wurde das Beispiel aus **Bild 3-15** so erweitert, daß ein 256-KByte-Speicher entsteht. Das ME-Signal dient jetzt der Freigabe des 1-aus-4-Decodierers, der einen 64-KByte-Block des Speichers selektiert.

Insgesamt sind m * n Speicher-Schaltkreise erforderlich. Beim Entwurf des Systemspeichers ist darauf zu achten, daß der Schaltkreis, der die Adresse liefert, z.B. der Prozessor oder ein RAM-Steuerbaustein, so viele Eingänge als Belastung verträgt. Weiterhin müssen die Ausgänge der Speicher-ICs für ein Zusammenschalten vorgesehen sein, d. h. es können -je nach Schaltkreissystem- Tristate-Ausgänge oder Ausgänge mit offenem Kollektor sein.

Ein Systemspeicher wird häufig so entworfen, daß außer dem RAM-Speicher noch ein kleinerer PROM- oder EPROM-Teil vorgesehen wird, der das Betriebsystem oder Teile davon, Dienstprogramme usw. enthält.Dieser Festwertspeicher liegt dabei meistens auf niederwertigen Adressen des Gesamtspeichers. Dieser Adreßraum kann mit einem Teil des RAM-Speicher-Adreßraumes identisch sein. Dann wird nach dem Einschalten des Rechners der Inhalt des Festwertspeichers in die Stellen des RAM-Speichers mit gleichen Adressen umgeladen, und der Rechner arbeitet im normalen Betrieb mit dem Schreib-Lese-Speicher weiter.

3.2.5 Assoziativspeicher

Von den weniger weit verbreiteten Halbleiterspeichertypen wollen wir hier nur den Assoziativ- oder CAM-Speicher (CAM = contents adressed memory) besprechen, weil er bei verschiedenen Aufgaben, die wir im Zusammenhang mit der Verwaltung von Speichern kennenlernen werden, interessante Lösungsmöglichkeiten bietet. Alle in den vorhergehenden Kapiteln behandelten Speicher waren sogenannte **ortsadressierbare Speicher**. Bei diesen wird eine bestimmte Speicherstelle mit Hilfe einer Ortsangabe, der Adresse, angesprochen. Der Assoziativspeicher wird dagegen nach einer bestimmten Information durchsucht und zeigt durch ein Treffersignal an, ob die Suche erfolgreich war oder nicht. Man spricht daher von einem **inhaltsadressierbaren Speicher**. Das Bitmuster, nach dem gesucht wurde, der sogenannte " **Deskriptor**", ist im allgemeinen kürzer als die Wortlänge des Speichers. Falls es gefunden wurde, kann in einem

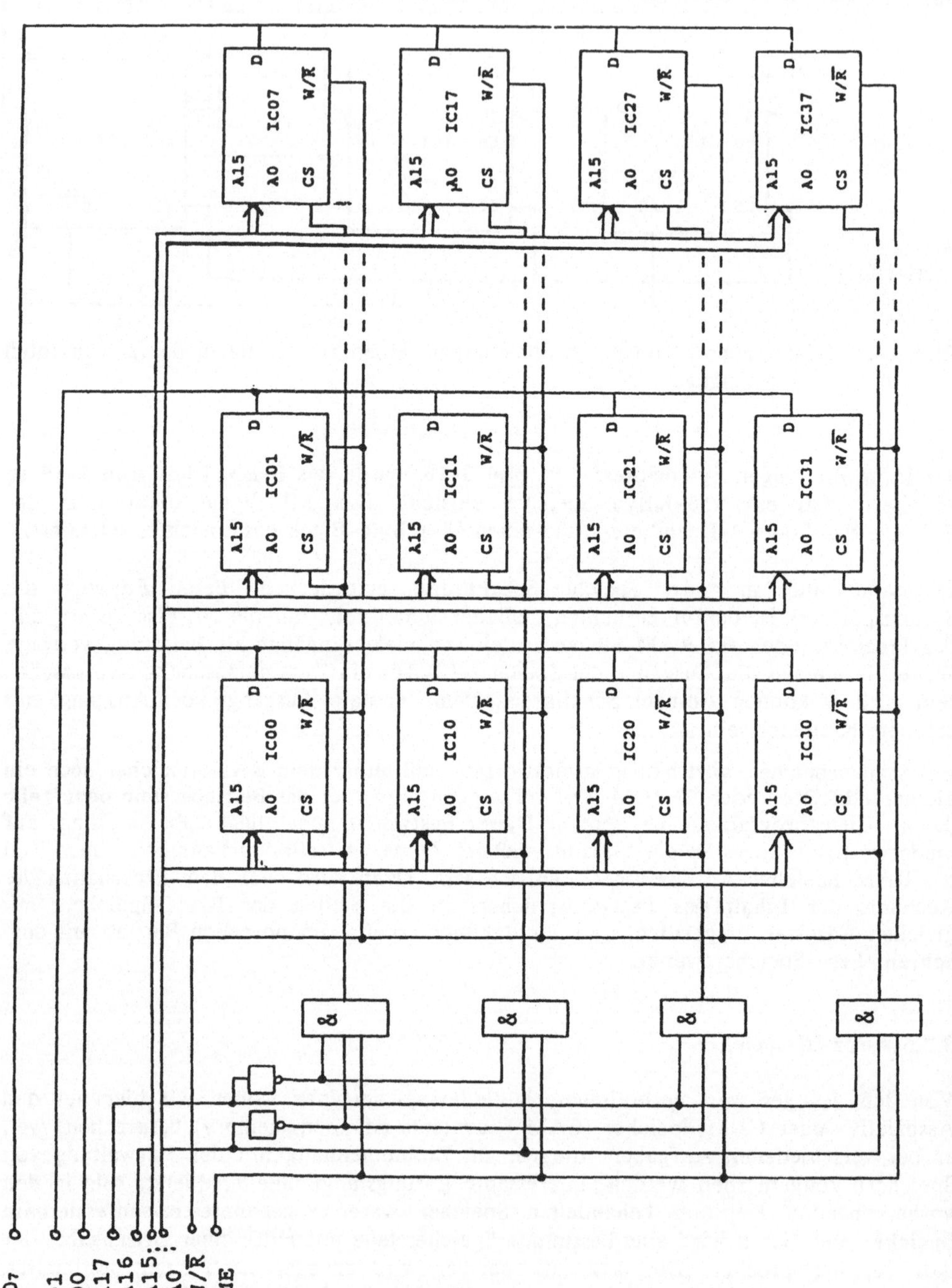

Bild 3-16: Zusammenschaltung von Speicherbausteinen zur Vermehrung der Zahl der Wörter

Lesezyklus wie bei RAM-Speichern das vollständige Wort gelesen werden.In **Bild 3-17** sehen Sie zwei 1-Bit-Speicherelemente in NMOS-Technologie, die Bestandteile eines längeren Wortes sein sollen. Der obere Teil jeder Zelle zeigt das von den statischen RAM-Speichern her bekannte 6-Transistor-Element. Der untere Teil ist der Vergleicher.

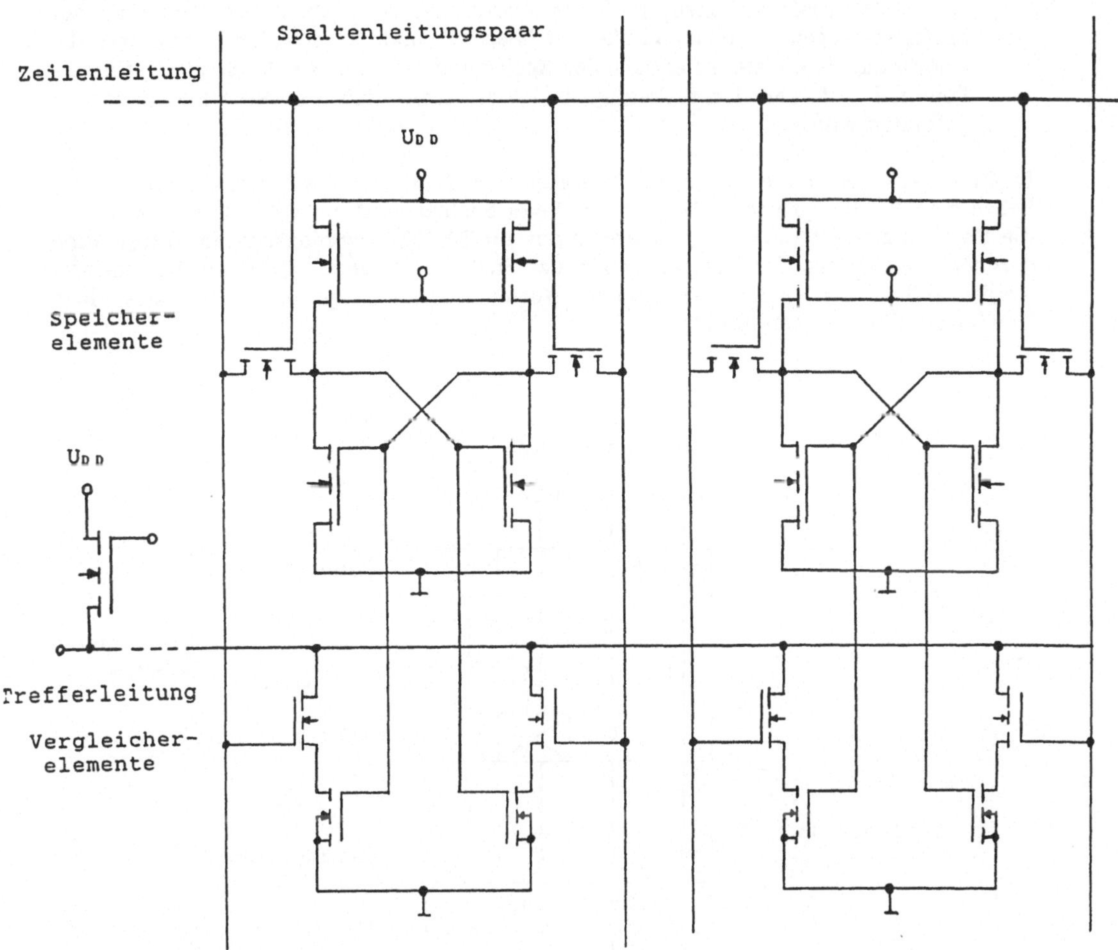

Bild 3-17: Zwei 1-Bit-Elemente eines Assoziativspeichers

Lesen und Schreiben erfolgen wie beim RS-Flip-Flop in Kapitel 3.2.1 beschrieben. Beim Suchen wird der Zustand der 1-Bit-Speicher mit den Spannungspotentialen auf den Spaltenleitungen-Leitungen verglichen. Dazu sind auf jeder Seite zwei Transistoren hintereinander geschaltet. Der im Bild untere wird vom Gatepotential eines Treibertransistors im Speicherelement, der andere vom Potential der betreffenden Spaltenleitung gesteuert. Wird einer der vier Wege durchgeschaltet, so geht die Trefferleitung von hohem(H) auf niedriges(L) Potential. Das bedeutet für den Suchvorgang folgendes:

- Sind beide Spaltenleitungen, die zu einem Bit gehören, auf L, so spielt der Zustand des RS-Speichers keine Rolle. Das Bit wird für das Suchen nicht verwendet, es wird "maskiert".
- Beim Suchen müssen sich die Spaltenleitungen eines Bits auf entgegengesetztem Potential befinden, was für die Gate-Potentiale der Speichertransistoren ohnehin zutrifft. Da bereits ein durchgeschalteter Weg genügt, um die Treffer-Leitung auf L-Potential zu ziehen, muß die Zuordnung der elektrischen Potentiale der Spaltenleitungen zu den logischen Größen "0" und "1" umgekehrt sein wie die Zuordnung der Gate-Potentiale der Speichertransistoren zu "0" und "1". Ein H-Potential auf der Trefferleitung bedeutet dann, daß das gesuchte Bitmuster gefunden wurde.

In **Bild 3-18** sehen Sie den organisatorischen Aufbau eines Assoziativspeichers. Wir haben eine Wortlänge von 4 Bit gewählt. Beim Suchen wird ein vollständiges Wort auf die Dateneingänge Di gegeben, außerdem auf die Maskierungseingänge die Information darüber, welche Bits des Suchwortes für das Suchen verwendet, bzw. welche maskiert werden sollen. Die beiden gezeichneten Wörter wurden so gewählt, daß eines einen Treffer anzeigt, das zweite nicht.

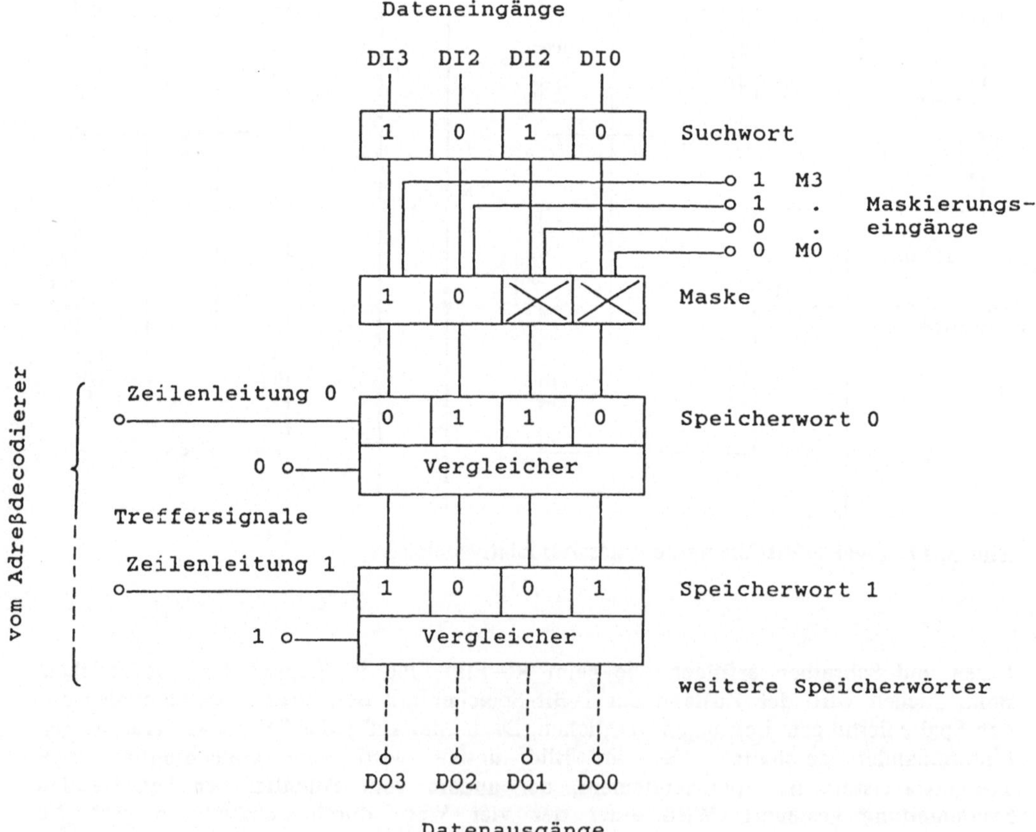

Bild 3-18: Organisatorischer Aufbau eines Assoziativspeichers

Würde man den Speicher als integrierten Schaltkreis so herstellen wie in **Bild 3-18** gezeichnet, so hätte man einen Baustein mit sehr vielen Anschlüssen. Datenein- und -ausgänge sowie Maskierungseingänge erfordern jeweils soviele Anschlüsse, wie es der Wortlänge des Speichers entspricht. Hinzu kommen die Adreßeingänge, Steuersignale, Spannungsversorgung und insbesondere die Trefferanzeigen, deren Zahl gleich der Anzahl der Speicherwörter ist. Die Zahl der Datenanschlüsse läßt sich vermindern, indem man sie bidirektional aufbaut. Außerdem kann man die Maske bei einem Suchzyklus zeitlich nach dem Suchwort über dieselben Anschlüsse übertragen. Problematisch bleiben die Trefferanzeigen. Baut man eine Verschlüsselungsschaltung ein, also einen Adreß-Encoder, der einen Treffer als Adresse ausgibt, so treten Schwierigkeiten bei Mehrfachassoziationen auf, wenn also bei einem Suchzyklus mehrere Treffer auftreten können. Ob das möglich ist, hängt vom Verwendungszweck des Speichers ab. Bei einem allgemein einsetzbaren CAM-Speicher muß man aber mit dem Auftreten mehrerer Treffer bei einem Suchvorgang rechnen. Die beschriebenen Schwierigkeiten haben bisher verhindert, daß der Assoziativspeicher verbreitet eingesetzt wird.

3.3 Die magnetomotorischen Speicher

Darunter versteht man die Speicher, bei denen eine magnetisierbare Oberfläche durch einen elektrischen Antrieb an einem Schreib-Lese-Kopf vorbeigeführt wird. Die wichtigsten Bauformen sind Platten-, Disketten-, und Bandspeicher. Als Magnetwerkstoffe werden neben anderen zur Zeit vorwiegend Eisenoxid oder Chromdioxid verwendet. Als Trägermaterial finden wir Kunststoffe oder nichtmagnetische Metallplatten. Der Vorteil dieser Speicher liegt in der Nichtflüchtigkeit der gespeicherten Daten und in den geringen Speicherkosten je Bit.

3.3.1 Aufzeichnungverfahren

Zur Speicherung werden die beiden Remanenzzustände von magnetisch harten Stoffen benutzt. **Bild 3-19** zeigt einen Schreib-Lese-Kopf über der Magnetschicht. Der Kopf besteht aus einem Weicheisenkern mit Luftspalt und einer Spule. Beim Schreiben wird ein Schreibstrom durch die Spule geschickt. Das damit verbundene Magnetfeld durchdringt am Luftspalt die sich vorbeibewegende Magnetschicht und erzeugt in ihr einen permanenten Magnetfluß. Wird die Richtung des Schreibstromes umgekehrt, so entsteht eine Änderung der Magnetisierungsrichtung, ein Flußwechsel. Beim Lesen wird in der Spule eine Spannung induziert,wenn ein Flußwechsel unter dem Schreib-Lese-Kopf vorbeigeführt wird. Die Polarität der Lesespannung wird von der Richtung des Flußwechsels bestimmt.

Durch ein Aufzeichnungsverfahren wird die Zuordnung der Richtung des Magnetflusses oder seines Wechsels zu den binären Informationen "0" und "1" festgelegt. Einige Verfahren sollen hier besprochen werden: Die Wechselschrift, die Richtungsschrift, die Richtungstaktschrift, und die Wechseltaktschrift, sowie die Gruppenkodierung in Verbindung mit der Wechselschrift. Den Bereich einer Spur, der der Speicherung eines einzelnen Bits dient, nennt man ein Spurelement.

Die **Wechselschrift** ist das einfachste Verfahren. Jeder zu schreibenden "1" wird ein Flußwechsel, einer "0" wird kein Flußwechsel zugeordnet. In **Bild 3-20** sehen Sie ein Beispiel, wie aus aufzuzeichnenden Daten der Schreibstrom zu steuern ist, welche Magnetisierung sich auf dem Datenträger ergibt und wie aus den Lesespannungsimpulsen die Daten gewonnen werden. Problematisch bei dieser Methode

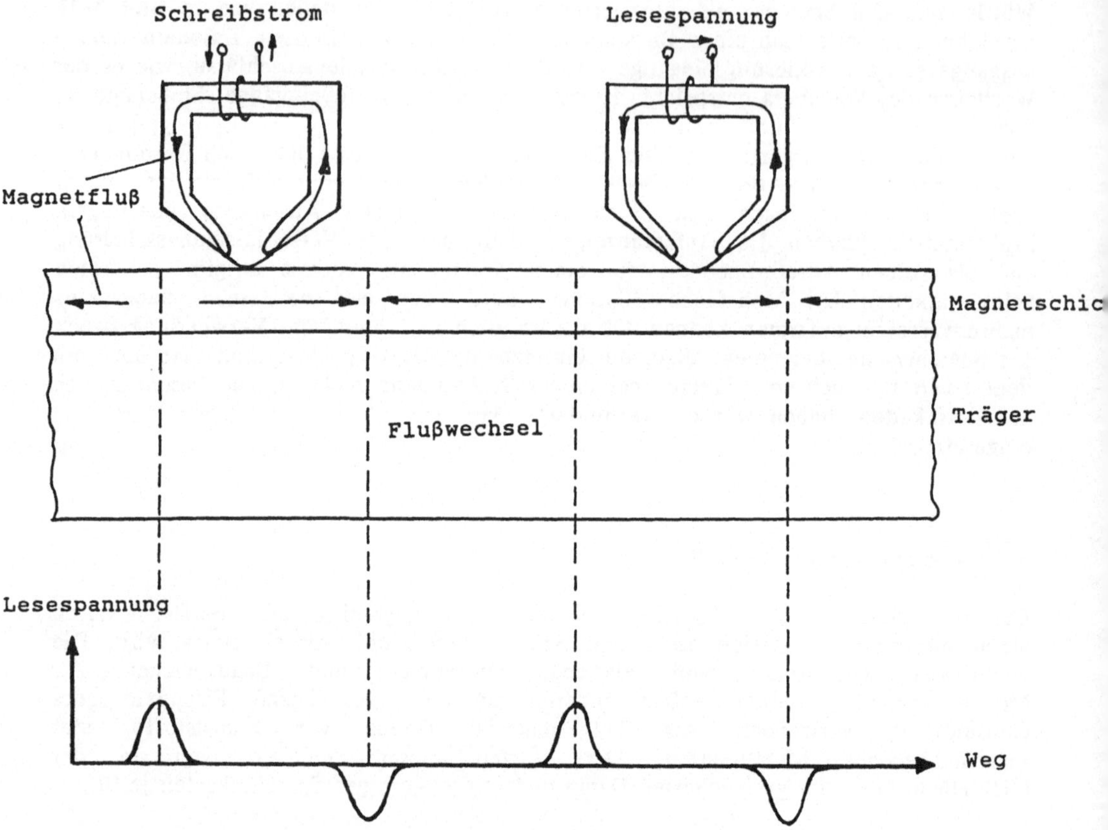

Schreibstrom
Lesespannung
Magnetfluß
Magnetschic
Träger
Flußwechsel
Lesespannung
Weg

Bild 3-19: Schreib-Lese-Kopf über Datenträger(schematisch)

Grenze der Spurelemente
Daten
1 1 1 0 0 0 1 0 1
Schreibstrom
Richtung des Magnetflusses
Lesespannung
Takt
Takt mit Lesespannungsimpuls =====> "1"
Takt ohne Lesespannungsimpuls =====> "0"

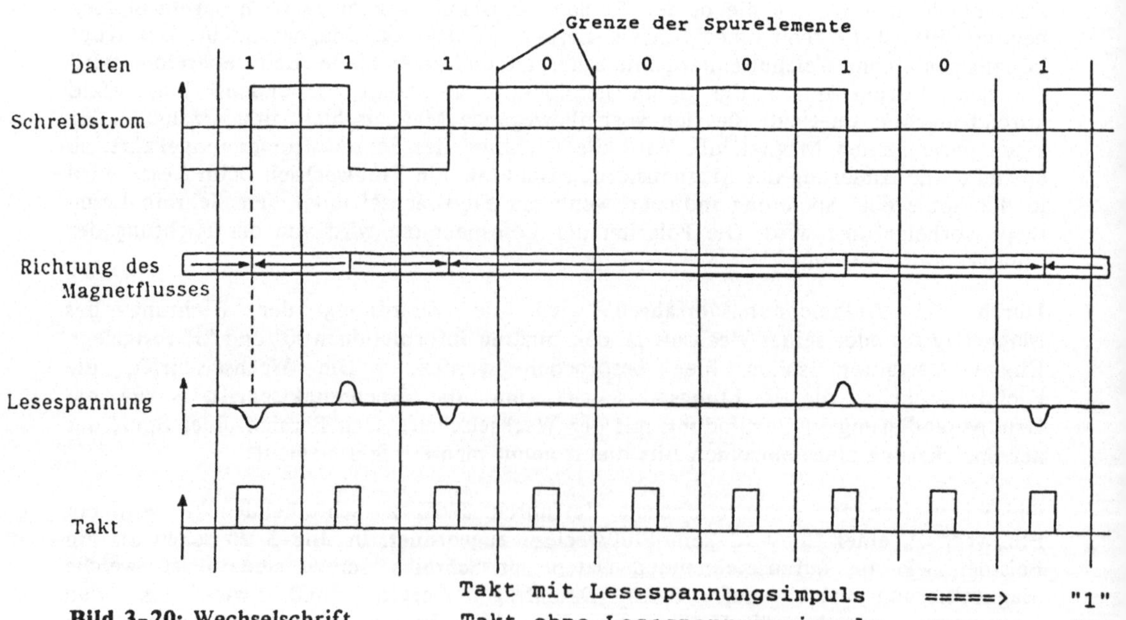

Bild 3-20: Wechselschrift

ist das Erkennen der "0". Zu ihr gehört keine Änderung der Magnetisierung, so daß sie nur mit Hilfe eines Taktes erzeugt werden kann. Tritt ein Takt zusammen mit einem Lesespannungsimpuls auf, so wird daraus eine "1" gewonnen, ein Takt alleine bedeutet eine "0". Der Takt kann auf zwei Arten gewonnen werden. Bei der ersten Methode wird der Datenträger mit einer separaten Taktspur und mit einem festen Schreib-Lese-Kopf für diese Taktspur ausgerüstet. Beim Schreiben muß dann die Taktfrequenz der Schreibelektronik mit dem Takt des Datenträgers synchronisiert werden, beim Lesen steht der Takt des Datenträgers für die Wiedergewinnung der Information direkt bereit. Die zweite Methode verzichtet auf den Aufwand einer Taktspur mit zusätzlichem Schreib-Lese-Kopf. Stattdessen wird eine selbstsynchronisierende Lese-Elektronik verwendet, die beim Lesen aus den Flußwechseln einer beim Formatieren aufgezeichneten Synchronisationsinformation eine Taktfrequenz erzeugt. Diese wird dann durch einen Phasenabgleich von Lesespannungsimpulsen zu Taktimpulsen nachgeregelt. Gleichwohl ist es schwierig, sehr viele "0" nacheinander sicher zu erkennen, so daß dieses Aufzeichnungsverfahren keine sehr hohe Schreibdichte ermöglicht.

Die **Richtungsschrift** ist ein binäres Schreibverfahren, bei dem die beiden Binärzeichen "0" und "1" durch entgegengesetzte magnetische Sättigung des Bereichs einer Spur, der einem Bit zugeordnet wird, dargestellt werden. In **Bild 3-21** sehen Sie ein Beispiel der Zuordnung eines Bitmusters zur Magnetisierung auf der Spur. Ebenso ist wieder schematisch der nötige Schreibstrom dargestellt und außerdem die Art und Weise, wie aus den Lesespannungsimpulsen und dem Takt das gespeicherte Bitmuster gewonnen wird. Die Probleme der sicheren Taktung sind ähnlich wie bei der Wechselschrift. Erst die beiden folgenden Schreibverfahren liefern eine so sichere Selbsttaktung,daß bei ihnen eine wesentlich höhere Schreibdichte möglich ist.

Die **Richtungstaktschrift** vermeidet die Schwierigkeiten bei der Synchronisation. Bei ihr wird jeder Information ein Flußwechsel zugeordnet. Ob eine "1" oder eine "0"

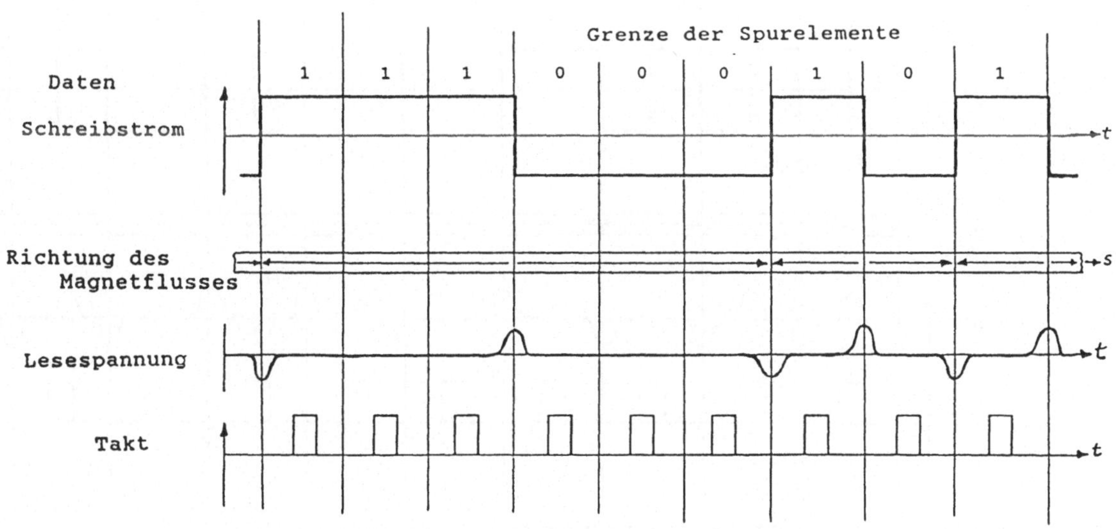

Bild 3-21: Richtungsschrift

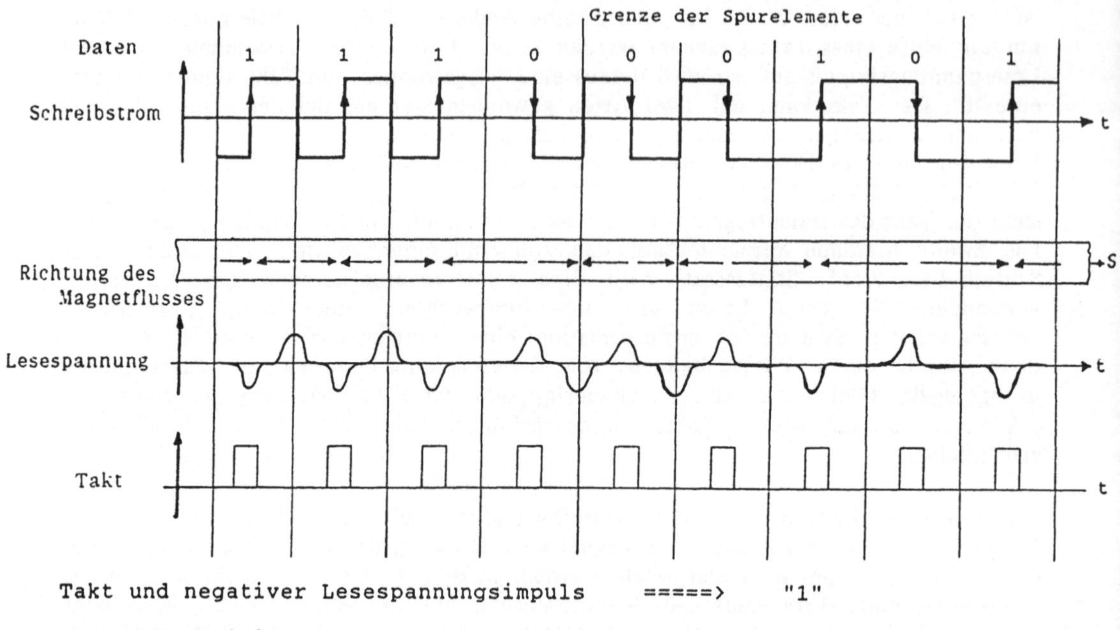

Bild 3-22: Richtungstaktschrift

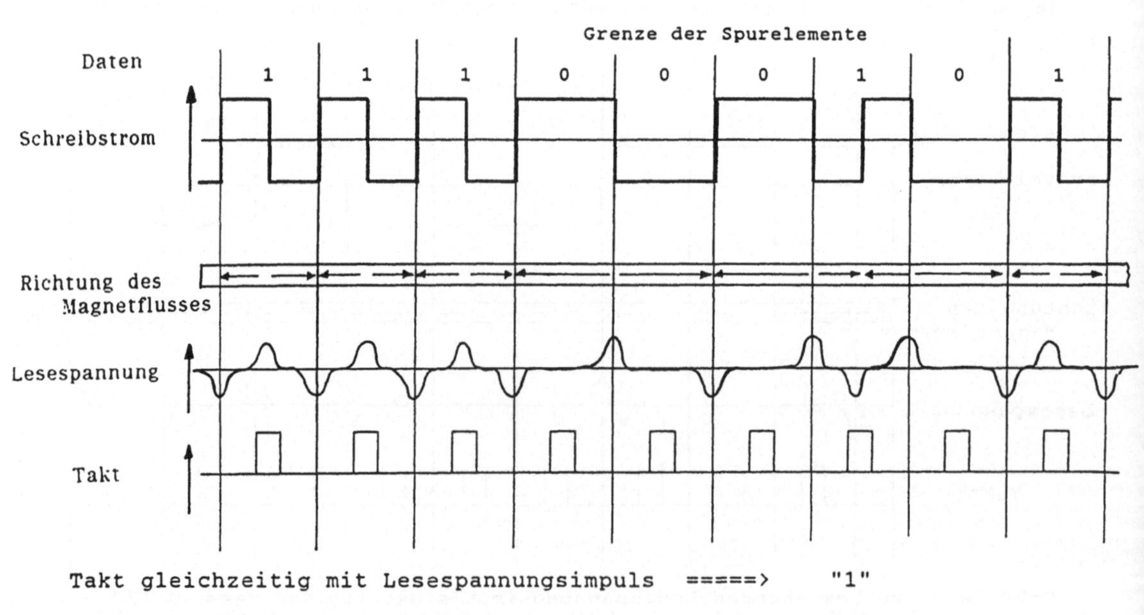

Bild 3-23: Wechseltaktschrift

aufgezeichnet wurde, ergibt sich aus der Richtung des Flußwechsels. In **Bild 3-22** sehen Sie das gleiche Bitmuster wie oben, den daraus zu erzeugenden Schreibstrom, die Magnetisierung des Datenträgers und die sich daraus ergebenden Lesespannungsimpulse. Sie erkennen, daß beim Aufzeichnen mehrerer gleicher Bits sogenannte Hilfsflußwechsel eingeschoben werden müssen. Da diese aber bereits nach einer halben Taktperiode auftreten, ist es leicht, sie beim Wiedergewinnen der Information zu unterdrücken. Verglichen mit der Wechselschrift, sind hier mehr Flußwechsel erforderlich, im ungünstigsten Fall doppelt soviele wie aufzuzeichnende Bits.

Auch die **Wechseltaktschrift** ist selbsttaktend. An den Grenzen der Spurelemente wird jeweils ein Flußwechsel aufgezeichnet. Bei einer gespeicherten "1" befindet sich in der Mitte des Spurelementes ein weiterer Flußwechsel, bei einer "0" dagegen nicht. In **Bild 3-23** sehen Sie das gleiche Beispiel wie oben für die Wechseltaktschrift. Die Hilfsflußwechsel an den Grenzen der Spurelemente werden wie bei der Richtungtaktschrift unterdrückt.

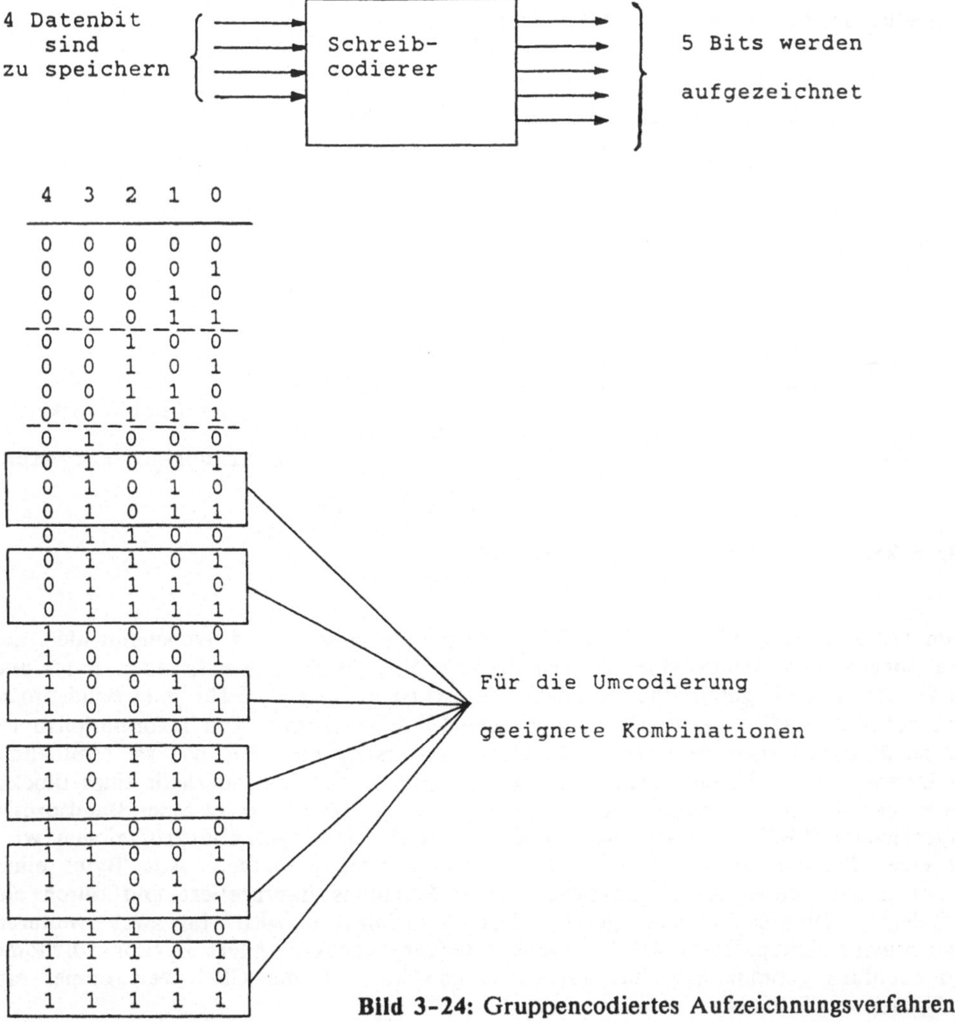

Bild 3-24: Gruppencodiertes Aufzeichnungsverfahren

Das **gruppenkodierte Aufzeichnungsverfahren** stellt den Versuch dar, die Einfachheit der Wechselschrift mit der sicheren Selbsttaktung der Richtungstaktschrift zu kombinieren. Man benutzt dabei die Wechselschrift, codiert aber die zu schreibenden Bitmuster so um, daß nie mehr als zwei "0" hintereinander aufzuzeichnen sind. Beim Umkodieren werden aus einer Gruppe von jeweils 4 Bit der zu speichernden Information 5 Bit erzeugt, die dann aufgezeichnet werden. Die Funktion des Codeumsetzers wird durch **Bild 3-24** beschrieben. Den 16 Werten des vierstelligen Bitmusters werden 16 von 32 möglichen des fünfstelligen so zugeordnet, daß bei den Bits 1, 2 und 3 höchstens zweimal hintereinander die "0", an seinem Anfang und seinem Ende aber nur einmal die "0" auftritt.

3.3.2 Datensicherungsverfahren

In Kapitel 3.1 haben wir die Datensicherung mit Hilfe der allgemeinen Paritätsprüfung besprochen. Diese Methode wird auch bei den magnetomotorischen Speichern angewandt. Hinzu kommt die Datensicherung aufgrund der Aufzeichnung eines Divisionsrestes. Wie die Verfahren eingesetzt werden, soll am Beispiel des Magnetbandes gezeigt werden (**Bild 3-25**).

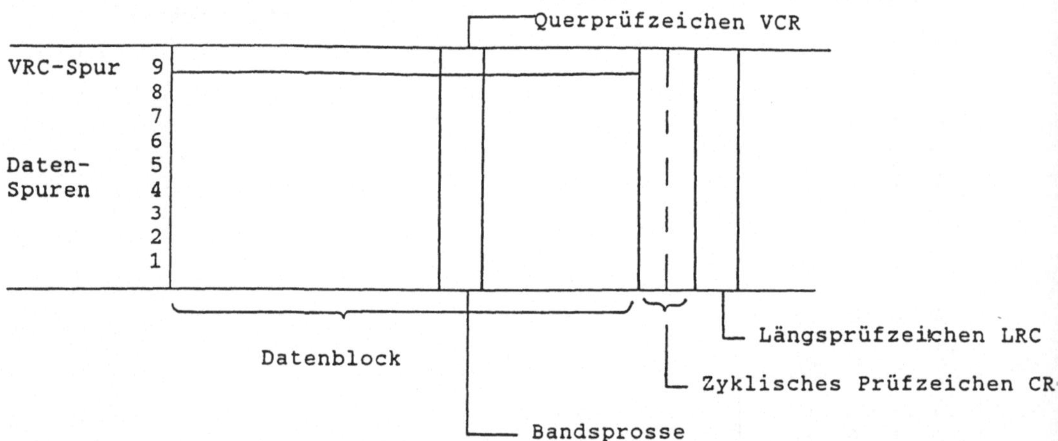

Bild 3-25: Datensicherung auf dem Magnetband

Beim 1/2-Zoll-Magnetband werden 9 Spuren parallel geschrieben. Nebeneinander, auf einer sogenannten Bandsprosse, können die acht Bits eines zu speichernden Bytes und ein Paritäts-Prüfbit geschrieben werden. Diese Querprüfung wird für jede Bandsprosse durchgeführt (**VRC = vertical redudancy check**). Eine Gruppe von Informationsbytes (bis zu 2KBytes) wird zu einem Datenblock zusammengefaßt. Die nächste Maßnahme zur Datensicherung ist ein Paritätsbit über alle Bits einer Spur innerhalb eines Blocks. Die so gewonnenen 9 Längsprüfbits werden am Ende des Blocks in einer Bandsprosse aufgezeichnet (**LRC = longitudinal redudancy check**). Das zyklische Prüfzeichen wird aus einer Polynomdivision modulo 2 als Divisionsrest gewonnen. Alle Bytes eines Blocks werden dabei als Koeffizienten eines Polynoms interpretiert und durch ein festgelegtes Divisor-Polynom geteilt. Der Divisionsrest wird in zwei weiteren Bandsprossen abgespeichert (**CRC = cyclic redudancy check**). Andere Divisor-Polynome sind ebenfalls gebräuchlich. Sie werden so gewählt, daß der CRC-Wert immer ein Vielfaches von 8 Bit ist.

Bei der Datensicherung auf Disketten- und Plattenspeichern benutzt man den LRC- und den CRC-Wert, häufig auch ausschließlich den letzten. Das Querprüfzeichen wird nicht verwandt, da keine Spuren parallel beschrieben werden.

3.3.3 Plattenspeicher

Sie werden als Sekundärspeicher dort eingesetzt, wo große Datenmengen mit kurzer Zugriffszeit verfügbar sein müssen. Wegen der hohen Übertragungsrate sind sie auch für das schnelle Laden von Programmen in den Arbeitsspeicher geeignet. Sie werden als Wechselplatten- oder als Festplattenspeicher gebaut. Beim Wechselplattenspeicher kann die Platte oder der Plattenstapel vom Anwender ausgetauscht werden. Der Speicher besteht aus dem eigentlichen Speichermedium, also den Platten, dem Laufwerk mit Antrieb, den Schreib-Lese-Köpfen mit der Positionier-Mechanik und allen elektronischen Bauteilen, z.B. Steuerung (Controller), Datenseparator, Schreib-/Leseverstärker, Schnittstellenbausteine usw.

Das Speichermedium ist eine Aluminiumplatte oder ein Stapel von Platten. Sie sind auf beiden Seiten mit einer Magnetschicht versehen und rotieren mit konstanter Drehzahl (1500...3600 /min) um ihre Achse. Eine Plattenoberfläche ist in konzentrische Spuren eingeteilt, jede Spur in eine vom Hersteller bestimmte Zahl von Sektoren, die eine jeweils gleiche Zahl von Informationsbits speichern können. Da aus organisatorischen Gründen die Zahl der Sektoren auf der innersten Spur ebenso groß ist wie auf der äußeren, ist die Aufzeichnungsdichte in Achsennähe am größten. Die auf verschiedenen Oberflächen übereinanderliegenden Spuren nennt man "Zylinder". Vor dem erstmaligen Gebrauch muß der Plattenstapel formatiert werden. Dabei werden alle Sektoren angelegt und mit Steuer- und Adreßinformationen beschrieben. Außerdem wird ein Test durchgeführt, bei dem durch das Schreiben und Lesen mit verschiedenen Bitmustern versucht wird, fehlerhafte Sektoren zu erkennen. Diese werden dann als nicht benutzbar markiert.

Bild 3-26 zeigt einige typische Formate eines Sektors, jedoch legt jeder Hersteller die genauen Steuerinformationen selbst fest. Das Identifikationsfeld enthält die physikalische Adresse des Sektors, bestehend aus Zylinder-, Kopf- und laufender Sektornummer, das Datenfeld die zu speichernde Information, jeweils durch Prüfbits abgesichert. Ein Sektor ist von den benachbarten Sektoren durch eine Lücke getrennt.

Format 1:

6	1	2	3	4	5	1	2	D a t e n	4	5	6	

Format 2:

6	1	2	3	4	D a t e n	4	5	6	

Bedeutung der einzelnen Felder

1 = Präambel

2 = Synchronisationsinformation

3 = Identifikationsfeld

4 = Zyklisches Prüfzeichen CRC

5 = Postambel

6 = Zwischenraum

Bild 3-26: Gebräuchliche Sektorformate bei Plattenspeichern

Bei fehlerhaften Sektoren wird eine Fehlerkennung in das ID-Feld eingetragen. Damit kann dieser Sektor von der Steuerung ausgeblendet werden. Für den Anwender wird dadurch lediglich die Lücke zwischen zwei brauchbaren Sektoren größer. Problematischer ist der Fall, wenn das ID-Feld selbst den Defekt enthält. Dann muß durch das Treiberprogramm des Betriebssystems ausblendet werden.

Für die Positionierung der Schreib-Lese-Köpfe wird entweder ein Schrittmotor oder ein Tauchspulsystem verwandt. Der Schrittmotor bewegt die Köpfe ohne Regelung der Position in festgelegten Schritten über die Oberflächen. Beim Tauchspulmotor wird die Position dagegen geregelt. Zu diesem Zweck wird eine der Oberflächen als "Servoplatte" zum Messen des Weg-Istwertes benutzt. Mit dem Lese-Kopf der Servoplatte kann während des Positionierens die Zahl der überschrittenen Spuren erkannt werden. Ist der Soll-Zylinder erreicht, so dient die Regelung dem genauen Einhalten der Spur. Mechanische Mängel des Laufwerks, z.B. durch thermische Ausdehnung, werden so ausgeglichen. Das Servosystem erlaubt eine höhere Schreibdichte als die Steuerung des Weges mit dem Schrittmotor.

Ein Schreib-Lese-Kopf besteht aus dem Magnetkörper mit Luftspalt und dem Gleiter. Der Gleiter bewirkt durch seine aerodynamische Form, daß der Kopf auf einem Luftpolster von etwa $0{,}5 * 10^{-6}$ m Dicke fliegt. Die genaue Dicke des Luftpolsters hängt von der Relativ-Geschwindigkeit zwischen Kopf und Plattenoberfläche ab. Daher ist der Abstand bei den äußeren Zylindern um ca. $0{,}1 * 10^{-6}$ m größer als bei den achsennahen. Beim Schreiben wird das berücksichtigt, indem die inneren Spuren mit kleinerem Schreibstrom betrieben werden.

Die Zugriffszeit wird im wesentlichen durch die Mechanik des Laufwerks bestimmt. Sie setzt sich zusammen aus der Positionierzeit für den Schreib-Lese-Kopf bis zur gewünschten Spur und dem anschließenden Suchen des adressierten Sektors. Beide Teile sind variabel. Daher wird sie nur als Mittelwert und als Maximalwert angegeben. Typische Werte für das Positionieren über eine Spur liegen bei 5 ms, für den Mittelwert der gesamtem Zugriffszeit bei 20..100 ms.

Bestimmte Funktionen sind allen Plattenspeichern gemeinsam, unabhängig vom Schreibverfahren. Beim Schreiben und Lesen muß zuerst das Positionieren auf den geforderten Zylinder und das Selektieren des richtigen Schreib/Lesekopfes erfolgen.

Die weiteren Funktionen unterscheiden sich beim Lesen und Schreiben. Bei einer Leseoperation sind es die folgenden:

1. Verstärken der Lesespannungsimpulse
2. Umformen der analogen Spannungsimpulse in eine Folge digitaler Impulse.
3. Erzeugen des Taktsignals aus der Impulsfolge.
4. Dekodieren der gelesenen Bitmuster mit Hilfe des Taktes.
5. Umwandeln der seriellen in parallele Datenblöcke von Bytelänge.
6. Erkennen der richtigen Bytegrenzen aufgrund der Format- Bitmuster
7. Erkennen des adressierten Sektors
8. Abtrennen der Adreß-, der Synchronisations-, der Fehlersicherungsinformationen von den gespeicherten Daten.
9. Überprüfen der Daten und gegebenenfalls Fehlerkorrektur.
10. Zwischenspeichern der gültigen Daten eines Sektors und Übertragen zum Arbeitsspeicher des Rechners.

Alle Plattenspeicher sind in zwei Komponenten geteilt, in das Laufwerk und in die Steuerung, den "Controller". Von den zehn Funktionen werden die beiden ersten immer im Laufwerk ausgeführt, ab 5. immer auf der Controller-Platine. Dazwischen sind die Grenzen, je nach Hersteller, fließend.

Die benötigten Funktionen für das Schreiben von Daten sind:

1. Übertragen der Daten vom Arbeitsspeicher zum Puffer der Steuerung.
2. Identifizieren des adressierten Sektors.
3. Hinzufügen der Synchronisations- und der Datensicherungsinformation.
4. Umwandeln der parallelen in serielle Daten.
5. Erzeugen des Schreibstromes aus dem aufzuzeichnenden Bitmuster und Senden zum selektierten Schreibkopf.

Sollen Daten vom Plattenspeicher zum Arbeitsspeicher übertragen werden, die mehr als einen Sektor belegen, so wird vom Controller des Laufwerks zunächst der Inhalt des ersten Sektors transferiert und im Arbeitsspeicher abgelegt. Dies kann unter Umständen so lange dauern, daß der unmittelbar folgende Sektor auf der Spur nicht sofort gelesen werden kann, weil er durch die Rotation der Platte inzwischen unter dem Kopf vorbeigewandert ist, während die Steuerung noch mit dem Transfer des vorigen Sektors beschäftigt war. Damit man nun nicht eine volle Umdrehung der Platte abwarten muß, können die logisch aufeinanderfolgenden Sektoren beim Formatieren so angeordnet werden, daß sie physikalisch nicht mehr hintereinander liegen, sondern ein Sektor oder mehrere dazwischenliegen. Der Abstand zweier logisch aufeinanderfolgender Sektoren (**Interleaving-Faktor**) wird durch die Zeitverhältnisse bei Laufwerk und Arbeitsspeicher bestimmt. Nur bei sehr schnellen Rechnern kann der Faktor gleich 1 sein.

Zum Schluß einige weitere typische Daten heute handelsüblicher Plattenlaufwerke:

Speicherkapazität:	10 MByte bis ...GByte
Zahl der Zylinder:	einige 100 bis einige 1000
Spurdichte:	ca. 50 Spuren pro mm
Schreibdichte:	ca. 500 Bits pro mm
Datenrate:	1 bis 3 MByte/s

3.3.4 Diskettenspeicher

Dieser Speichertyp ist wegen seiner Vorteile im Preis bei relativ rascher Zugriffsmöglichkeit auf kleinere Datenmengen im Bereich der Mikrorechner am weitesten verbreitet.

Die Diskette ist eine ein- oder zweiseitig beschichtete Kunststoffscheibe mit einem Durchmesser von 5 1/4 Zoll, seltener von 3 1/2 oder 8 Zoll. Sie befindet sich zum Schutz gegen Verunreinigungen in einer Hülle, die nur die Öffnungen für den Antrieb, die Sektorerkennung und die Schreib-Lese-Köpfe hat. In einem Laufwerk wird die Scheibe während eines Zugriffs mit 300 oder 360 Umdrehungen pro Minute gedreht. Die Speicherkapazität bei zweiseitigen 5 1/4-Zoll-Disketten mit hoher Schreibdichte geht heute bis zu 3 MByte. Die Zahl der Spuren liegt bei 40 bis etwa 100, jede Spur ist in eine Zahl von Sektoren unterteilt, die die kleinste auf dem Speicher adressierbare Einheit darstellen und die neben anderen Informationen 32, 64, 128 usw. Bytes, je nach System, speichern können.

Die Positionierung der Schreib-Lese-Köpfe erfolgt mit Schrittmotor. Im Gegensatz zum Plattenspeicher liegt der Kopf bei einem Zugriff auf der Oberfläche auf. Der Schrittmotor kann von einer Spur auf die danebenliegenden in einigen Millisekunden positionieren, die längste Zugriffszeit bei Positionierung über alle Spuren und

Abwarten einer vollen Umdrehung beträgt einige hundert Millisekunden. Die Datentransferrate, also die Übertragungsgeschwindigkeit vom Rechner zum Speicher oder umgekehrt kann bis zu einigen 100 KBytes/sec betragen.

3.3.5 Bandspeicher

Der Bandspeicher ist wegen der niedrigen Speicherkosten der am weitesten verbreitete Massenspeicher. Bei der Archivierung von Daten und Programmen sowie beim Datenaustausch spielt er eine überragende Rolle. Für den raschen Zugriff auf Daten oder Programme ist er ungeeignet, da er ein Speicher mit sequentiellem Zugriff ist.

Das Speichermedium ist ein Kunststoffband mit einseitiger Magnetbeschichtung von 1/2 Zoll Breite. Es wird mit neun parallelen Spuren beschrieben.

3.4 Optischer Speicher

Für den Einsatz als Sekundärspeicher von Rechnern wurden die Compact Disk 1985 auf den Markt gebracht, zunächst als Nur-Lese-Speicher, dann als einmal beschreibbarer Archivierungsspeicher. Zur Zeit ist die Entwicklung von der einmal zur mehrmals beschreibbaren CD noch in vollem Gange. Es haben sich bisher weder bei den Aufzeichnungsformaten noch bei den Interfaces Standards entwickelt. Der CD ist vor allem wegen ihrer sehr hohen Speicherkapazität der Durchbruch gelungen. So können auf einer 5 1/4" CD etwa 250 MByte, auf einer 12" CD etwa 2,5 GByte gespeichert werden. Die mittlere Zugriffszeit liegt bei einigen hundert Millisekunden, ist also noch eine Zehnerpotenz schlechter als bei Plattenspeichern. Die Aufzeichnung erfolgt nicht wie beim Plattenspeicher auf vielen konzentrischen Spuren auf jeder Oberfläche, sondern wie bei Schallplatten auf einer Spiralspur. Das Lesen der Informationen erfolgt durch Abtasten mit einem Laserstrahl geringer Intensität, das Schreiben dagegen mit hoher.

3.5 Speicherorganisation, Speicherverwaltung

In diesem Kapitel sollen zwei Dinge behandelt werden: Die Verwaltung eines einzelnen Speichers wie Arbeitsspeicher, Plattenspeicher usw. sowie die organisatorische Zusammenarbeit aller Elemente der Speicherhierarchie eines Rechners. Die dabei zu lösenden Aufgaben werden zum Teil durch die Betriebsystem-Software, zum Teil durch besondere Hardware-Einrichtungen erledigt.

3.5.1 Seitenadressierung

Zu den Aufgaben des Betriebssystems gehört heute im allgemeinen die Verwaltung des Arbeitsspeichers, eine Aufgabe, die früher meist vom Operator der Anlage erledigt werden mußte. Soll ein weiteres Programm oder ein zusätzlicher Datenblock von einem Sekundärspeicher geladen werden, ohne daß der bisherige Inhalt des Arbeitsspeichers überschrieben wird, so muß das Betriebsystem eine Buchführung über die freien bzw. belegten Zellen des ASP vornehmen, damit die Ladeadresse bestimmt werden kann.

Will man jede Zelle einzeln verwalten, so benötigt man ein Frei-/Belegt-Bit für jede Zelle. Die Gesamtheit dieser Bits wird bei einem Speicher mit der Wortlänge n eine Tabelle ergeben, die 1/n des Speichers belegt, z.B. bei einem Arbeitsspeicher von 1

MByte hätte die Tabelle eine Länge von 1 MBit = 128 KByte. Abgesehen von dem Aufwand an Speicherplatz hat dieses Verfahren noch den Nachteil, daß bei jedem Nachladen von Programmen oder Daten viel Zeit benötigt wird für das Durchsuchen einer so langen Tabelle nach einem Arbeitspeicherbereich ausreichender Länge.

Wesentlich günstiger ist es, den Arbeitsspeicher in Abschnitte gleicher Länge zu unterteilen und die Verwaltung für diese Teile, die man "Seiten" (**pages**) nennt, vorzunehmen. Der 1-MByte-Arbeitsspeicher aus dem letzten Beispiel wird dann in 1024 Seiten zu je 1024 Bytes oder in 2048 Seiten zu je 512 Bytes oder in 4096 Seiten zu je 256 Bytes eingeteilt. Die Frei-/Belegt-Tabelle muß dann nur 128, 256 oder 512 Bytes lang sein. Die Länge einer Seite wird vom Hersteller für einen Rechnertyp festgelegt. Er entscheidet unter dem Gesichtspunkt des vom Prozessor adressierbaren Speicherausbaus. Jedem Programm wird vom Betriebssystem eine ganze Seite oder, falls es länger ist, ein Vielfaches davon zugewiesen, ebenso jedem Datenbereich, der zu einem Hauptprogramm gehört. Am Ende einer Seite bleiben fast immer Zellen frei. Hat ein Prozessor einen Adreßraum von 64 K, so wird die Seitenlänge kürzer zu wählen sein als bei einem Adreßraum von 1 M, um den durch die Verwaltung belegten, aber nicht benutzten Speicherbereich klein zu halten.

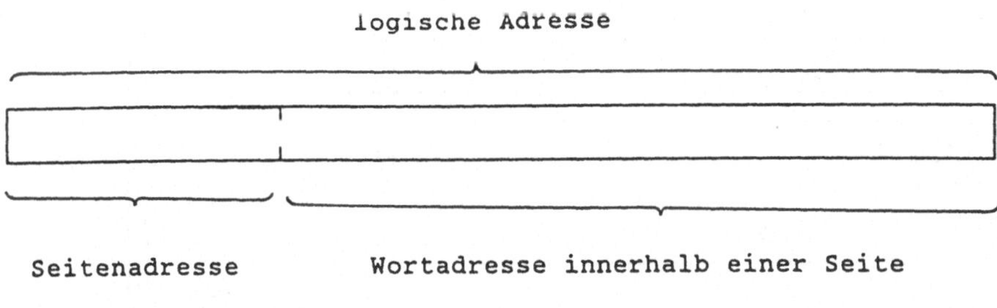

Bild 3-27: Seitenadressierung

Eine vollständige Arbeitspeicheradresse kann man sich zusammengesetzt denken aus einer Seitennummer und der relativen Wortadresse innerhalb der Seite. Beide Adreßteile, Seitenadresse S und Wortadresse W, werden durch Zusammenketten zu einer vollständigen Adresse: A = S,W. Diese Adressierungsart ist nicht zu verwechseln mit der Adressierung durch eine Basisadresse B und eine Verschiebung (offset, displacement) V, bei der die Teile addiert werden: A = B + V. Die Seitenadressierung wird von der Hardware mancher Prozessoren unterstützt. Sie besitzen ein Seitenregister, das beim Aufruf eines Programms mit der Seitenadresse des Datenbereichs geladen wird. Beim Referieren einer Zelle des Datenbereichs braucht der Befehl nur noch die Wortadresse zu enthalten, die vom Prozessor mit dem Inhalt des Seitenregisters zur vollständigen Arbeitsspeicheradresse verbunden wird. Das Programm wird dadurch kürzer, ebenso die Laufzeit des Programms, da weniger Adreßbytes in den Prozessor geladen werden müssen.
Die Seiteneinteilung des Arbeitsspeichers ist auch bei anderen Aufgaben zweckmäßig:

- Beim Einbau eines schnellen Pufferspeichers (cache) zwischen dem Hauptspeicher und dem Prozessor.
- Beim Ausbau des Hauptspeichers über den Adreßraum des Prozessors hinaus.
- Bei der Methode des "virtuellen Speichers".

3.5.2 Cache-Speicher

Unter einem Cache-Speicher versteht man einen sehr schnellen, deswegen teueren Pufferspeicher zwischen dem Zentralprozessor und dem Arbeitsspeicher des Rechners. Wegen der Kosten wird die Größe des Cache meistens auf eine Seite, eventuell auf 1/2 oder 1/4 Seite, beschränkt, jedoch findet man auch wesentlich größere Caches . Ziel des Einbaus ist es, die Verabeitungsgeschwindigkeit des Rechners zu steigern. Der Prozessor soll möglichst immer auf den Cache zugreifen, nur ausnahmsweise auf den Arbeitsspeicher. Das bedeutet, daß im Cache sozusagen vorausschauend die Daten und Befehle bereitgehalten werden sollen, die der Prozessor als nächstes verarbeiten wird. Wie kann die Zusammenarbeit von Cache und Arbeitsspeicher organisiert werden, damit dieses Ziel möglichst weit erreicht wird? Bei der Suche nach Antworten auf diese Frage soll der Grundsatz gelten, daß ein Programmierer, selbst wenn er in Assembler oder in Maschinencode schreibt, die Existenz des Cache nicht berücksichtigen muß. Nur durch einen geeigneten Aufbau der Hardware soll entschieden werden können, ob ein Wort, auf das der Prozessor zugreifen will, sich im Cache befindet oder nicht. Zwei Verfahren sollen besprochen werden: Cache mit Seitenadresse und Cache mit Assoziativspeicher.

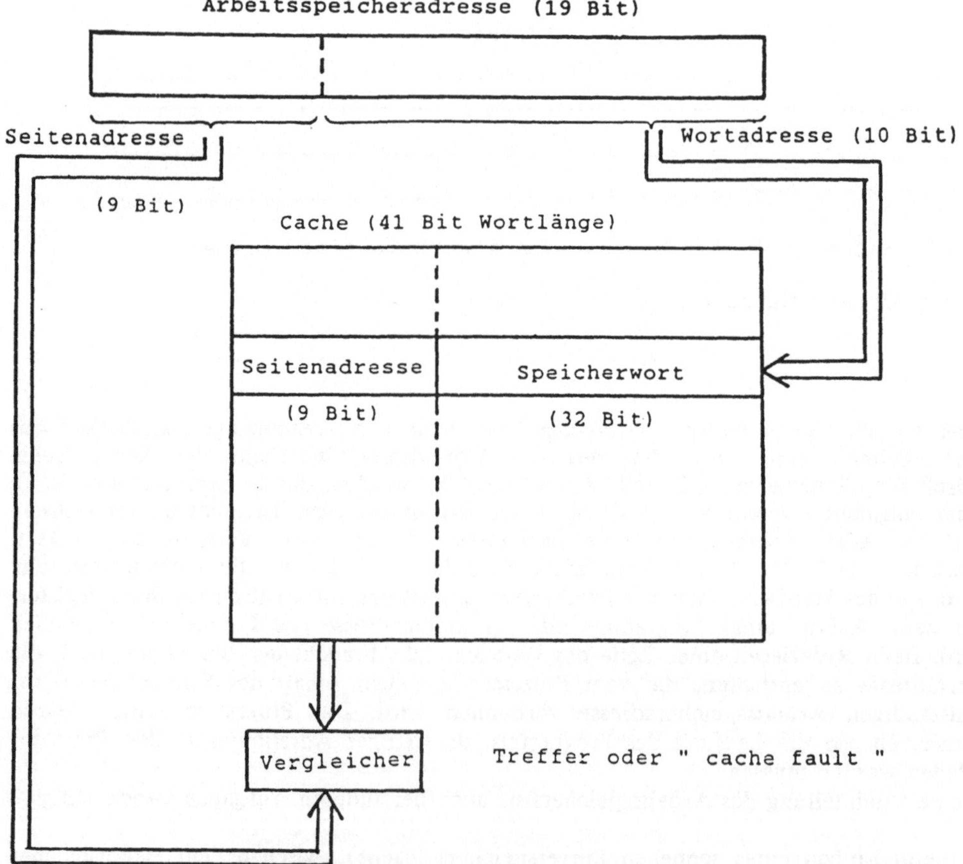

Bild 3-28: Adressierung bei Cache-Speicher mit Seitenadresse. Die Längen der Teiladressen gelten nur für das beschriebene Beispiel.

Am häufigsten wird der Cache mit einem schnellen Schreib-/Lese-Speicher aufgebaut, dessen Wortlänge um die Seitenadresse größer ist als die Wortlänge des Arbeitsspeichers. Diese Aussage gilt, wenn der Cache eine Seite lang ist. Wir werden bald sehen, daß diese Organisation auch für andere Größen des Cache möglich ist, wenn die Wortlänge modifiziert wird.

Als Beispiel wollen wir einen Rechner annehmen mit einem Arbeitsspeicher von 512 KWörtern zu je 32 Bit. Der Speicher sei in 512 Seiten zu je 1 K aufgeteilt. Die 19 Bit lange Speicheradresse ist demnach in eine 9 Bit Seitenadresse und in eine 10 Bit Wortadresse aufgeteilt. Der Cache ist 1K groß und wird dann mit einer Wortlänge von 41 Bit aufgebaut: Zusammen mit einer 32 Bit langen Information des Arbeitsspeichers wird die 9 Bit lange, zu dieser Information gehörende Seitenadresse abgespeichert. Wird ein Speicherwort angesprochen, so wird die vollständige Adresse in die Seitenadresse und die Wortadresse aufgespaltet. Mit der Wortadresse wird auf den Cache zugegriffen und aus ihm ein 41-Bit-Wort gelesen. In einem Parallelvergleicher wird dann geprüft, ob die gewünschte Seitenadresse mit der Seitenadresse aus dem Cache übereinstimmt. Falls beide gleich sind, so war die Date im Cache die gesuchte, andernfalls haben wir einen "cache fault", d. h. die gewünschte Date befindet sich nicht im Cache und ein Arbeitsspeicherzugriff ist nötig.

Der Cache kann bei dieser Organisation im einen Extremfall genau eine bestimmte Seite des Arbeitsspeichers aufnehmen oder im anderen Extremfall aus jeder Seite gleichviele Wörter (in unserem Beispiel zwei). Die Auswahl der Wörter ist leider nicht beliebig, sondern unterliegt der Einschränkung, daß jedes Wort aus einer Arbeitsspeicherzelle mit einer anderen Wortadresse stammen muß.

Will man einen Cache mit einer anderen Größe aufbauen, z.B. mit zwei Seiten oder einer halben Seite, so sind die Längen der Adreßinformationen entsprechend anzupassen. Bei unserem **Beispiel** muß bei einem Cache von einer halben Seite die vollständige 19 Bit Speicheradresse anders aufgeteilt werden: Die niederwertigen 9 Bits dienen der Adressierung der 512 Wörter des Cache. Die höherwertigen 10 Bit, bestehend aus der 9-Bit-Seitenadresse und dem höchstwertigen Bit der Wortadresse, müssen als Adreßinformation im Cache gespeichert und bei einem Zugriff verglichen werden. Die Wortlänge des Cache ist also von 41 auf 42 Bit zu vergrößern. Der Vergleicher muß statt bisher nur die Seitenadresse auch noch das höchstwertige Bit der Wortadresse vergleichen, um festzustellen, ob die Date im Cache nicht nur aus der richtigen Seite des ASP stammt, sondern auch aus der richtigen Hälfte der Seite.

Die allgemeine Forderung, daß das Verhältnis der Zahl der Arbeitsspeicherzugriffe zur Zahl der Cache-Zugriffe möglichst klein sein soll, wird am besten erfüllt, wenn der Cache möglichst groß ist. Außerdem wird bei einem "cache fault" nicht nur die eine Information aus dem ASP nachgeladen, sondern es werden, während der Prozessor mit der nachgeladenen arbeitet, also zeitlich überlappend, einige weitere Wörter mit aufeinanderfolgenden Adressen in den Cache transferiert; denn die Wahrscheinlichkeit, daß als nächstes ein Zugriff mit einer um 1 erhöhten Adresse erfolgt, ist größer, als die Wahrscheinlichkeit, daß dies nicht der Fall ist. Damit das Nachladen nicht lediglich mit der Arbeitsgeschwindigkeit des Hauptspeichers, sondern mit der des Cache erfolgen kann, wird der Hauptspeicher zuweilen "verschränkt" aufgebaut. Hat dieser eine Zykluszeit von z.B. 200 ns, der Cache eine von 50 ns, so können Befehls- oder Datenwörter mit der höchsten Rate transferiert werden, wenn der Arbeitsspeicher in vier Blöcke unterteilt wird, von denen Block 0 die Adressen 0, 4, 8, 12, ..., Block 1 die Adressen 1, 5, 9, 13, ..., Block 2 die Adressen 2, 6, 10, 14, ... und Block 3 die Adressen 3, 7, 11, 15, ... enthält. Die Zyklen für die vier Blöcke werden nacheinnander im Abstand von jeweils 50 ns gestartet. Voraussetzung ist natürlich, daß die Bandbreite des Speicherbusses ausreicht.

Eine elegantere aber auch teurere Cache-Realisierung ist mit einem Assoziativ-Speicher möglich. Die oben notwendige Einschränkung, daß keine Informationen mit gleicher Wortadresse aus unterschiedlichen Seiten des Arbeitsspeichers gleichzeitig im Cache stehen können, entfällt hier. Außerdem tritt das am Ende von Kapitel 3.2.5 angesprochene Problem der Mehrfachassoziationen bei CAM-Speichern bei der vorliegenden Verwendung nicht auf. Der Cache wird mit einer solchen Wortlänge aufgebaut, daß in einem Cache-Wort außer dem gespeicherten Arbeitsspeicherwort noch dessen vollständige Arbeitsspeicheradresse abgelegt werden kann. Wird dann eine Speicheradresse vom Prozessor referiert, so wird die ganze Adresse als Suchschlüssel für den Assoziativspeicher verwendet. Nach einem erfolgreichen Suchzyklus muß in einem Lese-Zyklus das Cache-Wort mit der Trefferanzeige gelesen werden. Ein vergeblicher Suchzyklus, ein "cache fault", führt auch hier wieder zu einem Arbeitsspeicherzugriff, bei dem die Date sowohl zum Prozessor wie auch -zusammen mit einigen Zellen mit konsekutiven Adressen- zum Cache übertragen wird. Wo soll eine Date zusammen mit ihrer Arbeitsspeicheradresse im Cache abgelegt werden? Man überschreibt Cache-Zellen, die lange nicht mehr benutzt wurden, weil man annimmt, daß die dort vorhandenen Informationen nicht mehr aktuell sind. Dieses Verfahren nennt man **"LRU-Strategie"** (LRU = least recently used). Man kann die LRU-Strategie auf mehrere Arten durch Hardware-Einrichtungen realisieren. Wir wollen eine Möglichkeit besprechen, die Benutzungszähler. Jedem Wort des Cache wird ein dualer Rückwärtszähler zugeordnet, der bis auf Null zählt, aber bei weiteren Zählimpulsen auf Null bleibt. Die Länge des Zählers richtet sich nach der Größe des Cache. Hat der Cache z.B. 1024 Wörter, so kann man 10-Bit-Zähler oder auch kürzere verwenden. Wird auf eine Cache-Zelle zugegriffen, so wird ihr Zähler auf die größte Zahl, also 1...1, gesetzt, alle anderen Zähler werden um eins vermindert. Die Wirkung des Verfahrens wollen wir uns am **Beispiel** mit einem 10-Bit-Zähler klarmachen. Im einen Extremfall wird bei jedem Cache-Zugriff ein anderes Wort angesprochen, bis alle einmal referiert wurden.Dann wird es einen und nur einen Zähler geben, der auf null

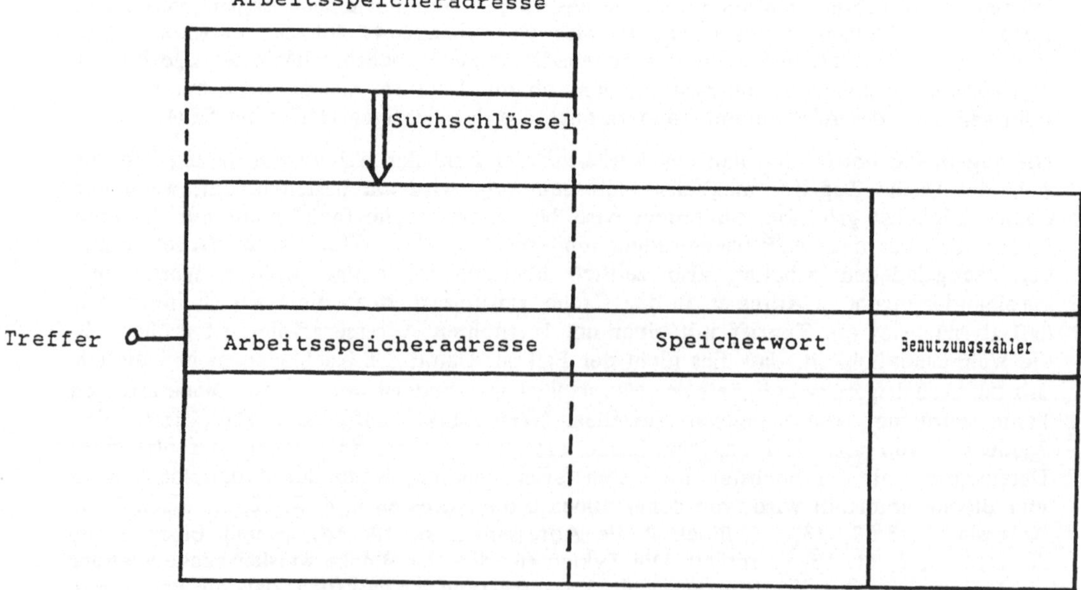

Bild 3-29: Cache mit Assoziativspeicher

ist, nämlich den Zähler jenes Cache-Wortes, auf das am längsten nicht zugegriffen wurde. Im zweiten Extremfall wird immer dieselbe Cache-Zelle benutzt. Nach 1023 Zugriffen sind alle Zähler bis auf den einen auf null. In der Praxis wird man einen Zählerzustand zwischen den beiden Extremen finden. Das Nachladen des Cache erfolgt in ein Wort, dessen Benutzungszähler null ist. Da man bei Bedarf nicht erst nach einer solchen Zelle suchen will, installiert man ein Zeigerregister, das immer die Adresse einer solchen Zelle enthält.

Ein Problem tritt bei Systemen auf, bei denen ein direkter Arbeitsspeicherzugriff (**DMA = direct memory access**) durch Ein/Ausgabe-Bausteine möglich ist. Nach einem Schreib-Zugriff auf Arbeitsspeicher-Zellen, deren Inhalt zu diesem Zeitpunkt auch im Cache gespeichert war, ist der Cache-Zustand nicht mehr gültig. Zur Lösung des Problems gibt es die Möglichkeit, den Inhalt durch einen Such- und gegebenenfalls sich anschließenden Schreibzyklus zu aktualisieren. Mit weniger Aufwand kann man jedem Wort des Cache ein Gültigkeitsbit zuordnen, das bei einer Veränderung des Arbeitsspeicherwortes gelöscht wird. Ein gelöschtes Gültigkeitsbit führt dann ebenso zu einem "cache fault" wie ein nicht gefundenes.

3.5.3 Mapping

Nachdem die spezifischen Speicherkosten, d.h. die Speicherkosten pro Bit, in den letzten Jahren rasch gesunken sind, besteht der Wunsch nach immer größeren Arbeitsspeichern. Die Adreßlänge für den Speicher wird häufig die Zahl der vom Prozessor gelieferten Adreßbits übersteigen. Wenn der Prozessor z.B. 16 Bit lange Adressen erzeugt, so könnte man ohne besondere Maßnahmen nur 64 K adressieren. Mit Hilfe besonderer Hardware-Bausteine, die man Speicherverwalter (**MMU = memory managing unit**) nennt, gelingt es, wesentlich größere Arbeitsspeicher zu nutzen. Der Speicherverwalter muß den kleineren Prozessor-Adreßraum auf den größeren physikalischen Adreßraum des Arbeitsspeichers abbilden. Die Abbildung erfolgt über eine Adressentabelle (**MM = memory map**). Um die Adressentabelle nicht ebenso groß machen zu müssen wie den Prozessoradreßraum, benutzt man auch hier wieder die Seiteneinteilung für den Speicher. Wie Sie in **Bild 3-30** sehen, teilt man die Prozessoradresse in die Wortadresse und die logische Seitenadresse auf. Mit deren Hilfe greift man auf die Adressentabelle zu und entnimmt ihr die physikalische Seitenadresse für den Speicherzugriff, die mit der Prozessorwortadresse zur vollständigen Arbeitsspeicheradresse zusammengesetzt wird. Die Adressentabelle muß nur soviele Wörter haben,wie der Prozessor Seiten adressieren kann, und die Wortlänge muß der physikalischen Seitenadreßlänge des Arbeitsspeichers entsprechen.

Mit einer bestimmten Füllung der Adreßtabelle kann man natürlich nur soviele Seiten des Arbeitsspeichers ansprechen, wie der Prozessor adressieren kann. Zur Adressierung weiterer Seiten muß die Adreßtabelle umgeladen werden. Insbesondere bei Rechnern, die von mehreren Teilnehmern benutzt werden, geht man einen anderen Weg: Es werden so viele Adreßtabellen installiert, wie Benutzer vorhanden sind. Jedem wird ein individueller Bereich des Arbeitsspeichers zugewiesen. Eine gegenseitige Störung ist nicht möglich, wohl aber ein Datenaustausch, wenn allen Benutzern eine Seite gemeinsam zugewiesen wird.

Bei manchen Systemen findet man eine Hierarchie von Adreßtabellen und in einem Speicherrefenzbefehl entsprechend viele Distanzfelder. Mit der logischen Seitenadresse wird dann auf die in der Hierarchie oberste Tabelle zugegriffen. Aus ihr wird die Anfangsadresse der zweiten Tabelle entnommen. Zu dieser Anfangsadresse wird die im ersten Distanzfeld gespeicherte Zahl hinzuaddiert. So erhält man die Anfangsadresse

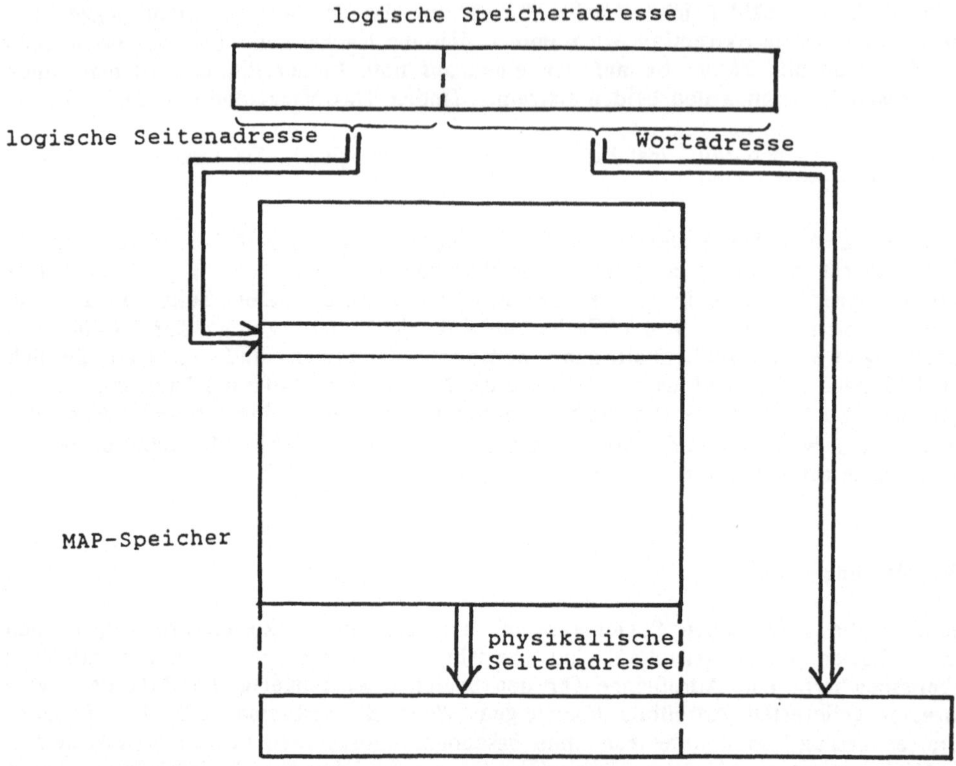

Bild 3-30: Mapping

der nächsten Tabelle usw., bis aus der letzten Tabelle schließlich die physikalische Seitenadresse entnommen und mit der Wortadresse zusammengesetzt wird.

3.5.4 Virtuelle Speicher

Das umgekehrte Problem wie im vorhergehenden Kapitel tritt auf, wenn der installierte Arbeitsspeicher eines Rechners kleiner ist als der vom Prozessor adressierbare Adreßraum, aber dieser voll genutzt werden soll. Der Programmierer kann so tun, als hätte er den gesamten Adreßraum zur Verfügung. In Wirklichkeit befinden sich Teile seines Programms oder seiner Daten auf dem Sekundärspeicher. Die Zusammenarbeit von Arbeits- und Sekundärspeicher ist so zu organisieren, daß sie möglichst wenig Zeit beansprucht. Daher kommt es nicht in Frage, etwa nur einzelne Zelleninhalte in den Arbeitsspeicher zu holen, wenn sie benötigt werden, sondern immer ganze Seiten. Dies bedeutet, daß sowohl der Arbeitsspeicher als auch der Sekundärspeicher in gleich große Abschnitte, "Seiten", unterteilt wird, wobei die Seitenlänge zweckmäßig noch ein ganzzahliges Vielfaches der Sektorlänge des Sekundärspeichers ist.

Die vom Prozessor gebildeten logischen Adressen sind wieder zusammengesetzt aus der logischen Seitenadresse und der Wortadresse. Bei der Ausführung eines Befehls wird zunächst geprüft, ob die angesprochene Seite sich zur Zeit in einer physikalischen Seite des Arbeitsspeichers befindet. Falls es so ist, wird, wie beim "Mapping," die logische Seitennummer durch die physikalische ersetzt. Der Unterschied zum "Mapping" besteht darin, daß hier die logische Seitenadresse länger als die physikalische ist. Falls die benötigte Seite sich nicht im Arbeitsspeicher befindet, muß sie zunächst vom Sekundärspeicher nachgeladen werden. Dann kann die logische Seitennummer wieder durch die physikalische ersetzt und anschließend das Programm weiterbearbeitet werden.

Das Nachladen einer Seite aus dem Sekundär- in den Arbeitsspeicher kann im allgemeinen nur so erfolgen, daß eine Seite, die sich zur Zeit im Arbeitsspeicher befindet, durch die jetzt benötigte Seite überschrieben wird. Welche Seite das sein soll, wird mit der sogenannten LRU-Strategie entschieden, das heißt, es wird die am längsten nicht mehr benutzte Seite des Arbeitsspeichers durch die neue Seite ersetzt, weil vermutet wird, daß sie nicht mehr aktuell ist (LRU = least recently used = am wenigsten kürzlich benutzt). Ein Verfahren zur Realisierung der LRU-Strategie haben wir in Kapitel 3.4.2 beim Cache-Speicher kennengelernt. Es gibt weitere Methoden, auf die hier nicht näher eingegangen werden kann.

Wie kann die logische Seitennummer durch die physikalische ersetzt werden? Man kann eine arbeitsspeicherresidente Tafel verwenden, die so viele Einträge enthält wie der virtuelle Adreßraum Seiten hat. Mit der logischen Seitennummer greift man auf diese Tafel zu und findet die physikalische Seitenadresse, falls sie sich im Arbeitsspeicher befindet, andernfalls die Adresse der Seite auf dem Sekundärspeicher. Der Nachteil dieses Verfahrens ist einleuchtend: Selbst wenn die angesprochene Date sich zur Zeit im Arbeitsspeicher befindet, sind zwei Speicherzugriffe nötig. Abhilfe ist möglich durch die Installation eines besonderen, sehr schnellen Speichers zur Aufnahme der Tafel.

Eine elegantere Möglichkeit bietet ein schneller Assoziativspeicher, der wesentlich kleiner sein kann als die Tafel aus dem vorigen Abschnitt; denn er muß nur so viele Einträge aufnehmen wie der Arbeitsspeicher physikalische Seiten hat. In jedem Wort des Assoziativspeichers wird eine physikalische und die dazugehörende logische Seitennummer gespeichert. Mit der logischen Seitenadresse wird der Assoziativspeicher durchsucht. Nach einem erfolgreichen Suchen kann die physikalische Seitennummer ausgelesen werden, andernfalls muß ein Zugriff auf den Sekundärspeicher zum Nachladen der referierten Seite erfolgen und die neue Zuordnung muß in den Assoziativspeicher eingetragen werden.

3.5.5 Segmentierung

Bei der Speichersegmentierung wird der logische und der physikalische Adreßraum in Unterräume unterschiedlicher Größe eingeteilt. Einem Programm können mehrere Segmenttypen mit verschiedenen Funktionen zugeordnet werden, etwa ein Codesegment für das Speichern der Maschinenbefehle, ein Datensegment, das die Datenobjekte aufnimmt und ein Stapelsegment, das als Stapelspeicher dient. Das Betriebssystem führt die Speicherverwaltung durch, indem es für jedes Programm in einer Segmenttafel die Zahl und die Typen der zugewiesenen Segmente, ihre Basisadressen und die Segmentlängen einträgt. Weitere Einträge für jedes Segment sind möglich und können z.B. Zugriffsrechte für Lesen und Schreiben betreffen.

Von manchen Prozessoren wird die Segment-Verwaltung des Speichers durch besondere Segmentregister unterstützt, etwa bei den INTEL 8086/88/286. Wir finden dort außer den oben erwähnten Typen für Daten, Befehle und Stapel noch ein "Extrasegment" für Zeichenketten (strings). Die physikalische Adresse des Arbeitsspeichers wird aus der logischen Prozessoradresse gemäß **Bild 3-31** berechnet.

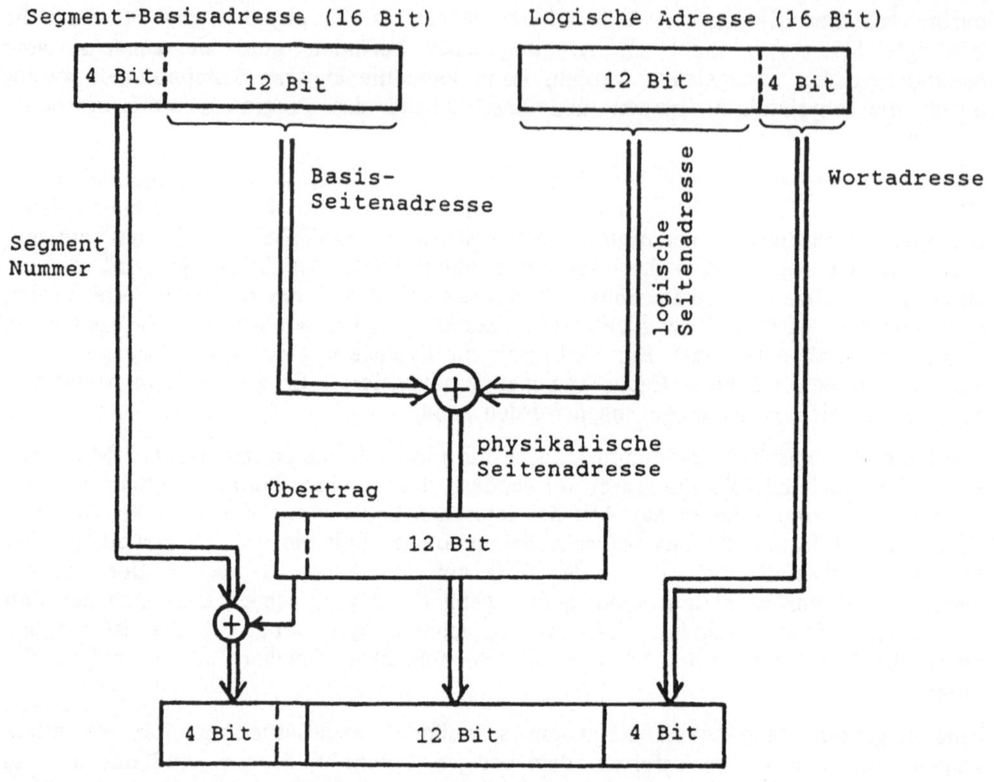

Bild 3-31: Segmentierung am Beispiel INTEL 8086/88/286

4 Steuerwerk

Die Aufgabe des Steuerwerkes (Leitwerk) besteht darin, das als Information gespeicherte Programm in Steuersignale umzusetzen und mit diesen alle Einheiten eines Datenverarbeitungssystems zu betreiben.

Um die Arbeit des Steuerwerkes verständlich zu machen, wollen wir uns an dieser Stelle mit der groben Struktur des Rechners und seiner Arbeitsweise befassen.

Wie arbeitet ein Rechner?
Dem Rechner werden das Programm und die Daten eingegeben, z.B. durch die Tastatur (Eingabegerät). Programm und Daten werden von der sogenannten Zentraleinheit in den Arbeitsspeicher aufgenommen. Mit Hilfe des Steuerwerkes werden die einzelnen Arbeitsanweisungen analysiert und das Rechnersystem gesteuert. Die eigentliche Verarbeitung wird im Rechenwerk ausgeführt. Als Ergebnis der Verarbeitung werden vom Rechner Daten ausgegeben, z.B. mittels Drucker (Ausgabegerät).

Die Zentraleinheit wird vom Steuerwerk, Rechenwerk und Arbeitsspeicher gebildet. Jeder dieser drei Teile hat seine spezifischen Aufgaben.

Fast alle konventionellen elektronischen Datenverarbeitungsanlagen (EDVA) basieren auf dem "programmgespeicherten" Konzept, das allgemein dem Mathematiker John von Neumann (1903-1957) zugeschrieben wird. Man versteht darunter ein System, das mittels eines gespeicherten Programms automatisch Daten verarbeiten kann. Ein solches System in seiner einfachsten Version wird auch als Fundamentalsystem bezeichnet. **(Bild 4-1)**

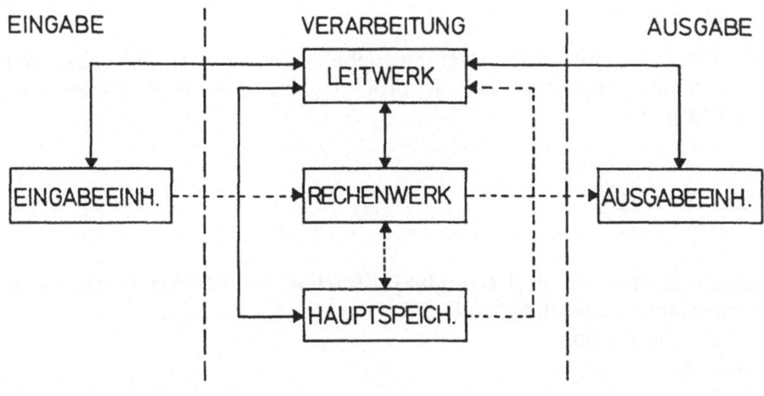

Bild 4-1: Prinzip des Fundamentalsystems

Mit Hilfe dieses **Fundamentalsystems** ließe sich zum Beispiel nach **Bild 4-2** die Verarbeitung von n gleichartigen Daten durch ein Programm wie folgt ausführen:
Die erste Date wird durch ein Eingabegerät eingelesen; die dazu benötigte Zeit ist durch den mit E_1 bezeichneten Balken dargestellt. Danach wird die Date verarbeitet, was ebenfalls eine bestimmte Zeit (V_1) erfordert. Schließlich kann die eben verarbeitete Date ausgegeben werden; das geschieht in der Zeitspanne A_1. Damit ist die erste Date in der "Gesamtverarbeitungszeit" T (Zeit für Eingabe, Verarbeitung und Ausgabe) durch die EDV geschleust worden und die zweite Date kann in die EDV-A eingegeben (E_2), verarbeitet (V_2) und ausgegeben (A_2), werden usw. Insgesamt dauert die Ausführung des Programms zur Verarbeitung von n Daten n * T Zeiteinheiten.

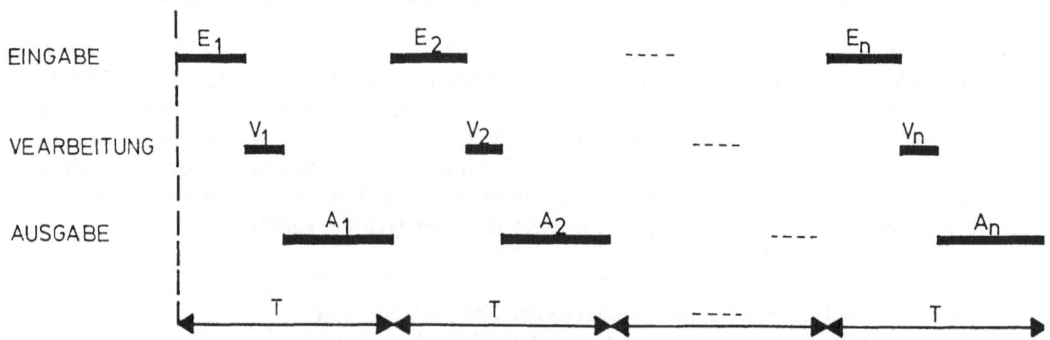

Bild 4-2: Arbeitsweise des Fundamentalsystems im Raum-Zeit-Diagramm

4.1 Befehle und Programmstatus

Das den Verarbeitungsablauf steuernde Programm setzt sich aus Befehlen (Anweisungen) zusammen. Sie werden vom Leitwerk nacheinander abgerufen und lösen dort bestimmte Steuerungsfunktionen aus. Die Reihenfolge der Befehle kann durch unbedingte ("GOTO")-Anweisungen, die in mehreren Programmiersprachen an Bedeutung verlieren oder bedingte (z.B. "IF"-) Verzweigungsbefehle sehr flexibel gestaltet sein. Die bedingten Befehle tragen Bedingungen Rechnung, die sich erst aus dem Verarbeitungsablauf ergeben.

Alle Programme zeichnen sich durch eine einheitliche logische Struktur aus. Jede Programmlogik läßt sich zurückführen auf Kombinationen von drei **elementaren Programmstrukturen (Bild 4-3)**:

Reihenfolge
Verzweigung (IF)
Wiederholung ("DO-WHILE")

Unabhängig davon unterscheiden wir **drei Grundbefehlsarten**, die für die Funktion der Zentraleinheit von elementarer Bedeutung sind:

logische und arithmetische Befehle
Ein- bzw. Ausgabefehle
Verzweigungsbefehle.

Wie sieht nun die **Struktur** der einzelnen **maschinenorientierten Befehle** aus? Zunächst beschränken wir uns auf sogenannte Einadreßrechner.

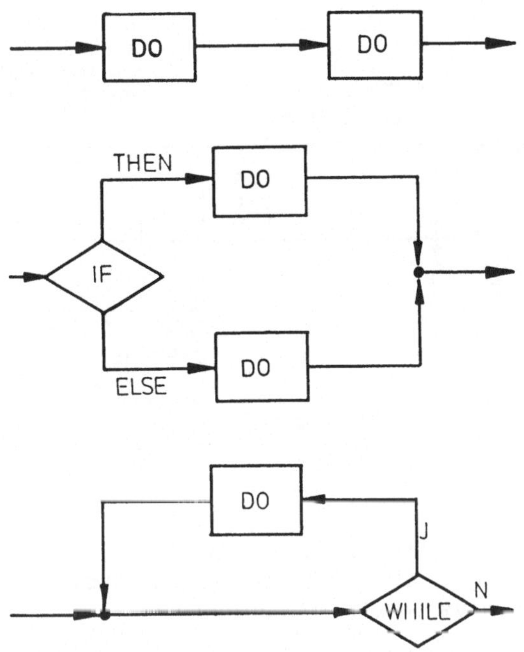

Bild 4-3: Elementare Programmstrukturen
Ein Viereck repräsentiert z.B. eine arithmetische Anweisung

Jeder Befehl hat zwei wesentliche Bestandteile: **Operationsteil** und einen **Operandenteil.** Der Operationsteil enthält die funktionelle Anweisung ("WAS zu tun ist") kodiert als Operations- oder Befehlscode. Der Operandenteil beinhaltet sogenannte Operanden, also die Adressen der Daten, die zu verarbeiten sind bzw. die Adressen der Befehle, die bei Programmverzweigungen nach der Verzweigung zuerst angesprochen werden.

Zu jedem Zeitpunkt übt das Leitwerk die Kontrolle über das es steuernde Programm aus. Hierzu dient der sogenannte **Programmstatus.** Dieser Programmstatus wird als Information in speziellen Speicherstellen oder in einem Register festgehalten. Er gibt Aufschluß über den Befehl, der gerade ausgeführt wird. Zum Programmstatus gehören Informationen über das Ergebnis logischer und arithmetischer Operationen (sogenannte Bedingungsschlüssel "gleich", "größer", "kleiner", "positiv", "Null", "negativ" usw.). Sie dienen bei der nächsten bedingten Verzweigung des gerade bearbeiteten Programms der Entscheidungsfindung über die "Richtung" der Verzweigung. Aber auch weitere Informationen, wie z.B. Unterbrechung, Überlauf, Übertrag, etc. können in den einzelnen hierfür vorgesehenen Bits des Statusregisters abgespeichert werden. In **Bild 4-4** haben wir alle diese Bits in einem Bedingungsschlüssel (BS) zusammengefaßt.

Weitere wichtige Bestandteile des Programmstatusworts (**Bild 4-4**) neben dem bereits erwähnten Bedingungsschlüssel sind:

Der **Zustandsschlüssel**, der folgende Zustände festhalten kann:

Wartezustand (WZ), d.h. das Steuerwerk ist augenblicklich untätig. Es wartet z.B. auf die Bereitsstellung von Eingabedaten.

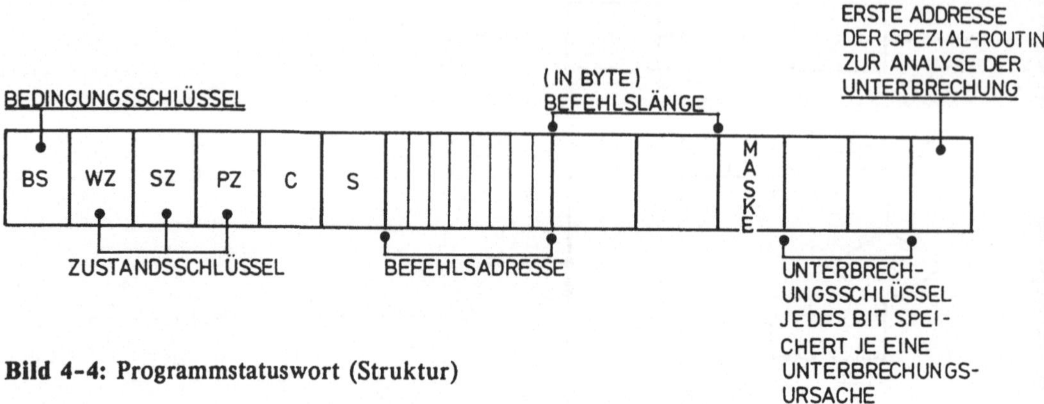

Bild 4-4: Programmstatuswort (Struktur)

Supervisorzustand (SZ), d.h. das Steuerwerk ist in der Lage, sog. privilegierte Befehle durchzuführen, die der Systemkontrolle dienen und daher nur vom Betriebssystem benutzt werden dürfen.

Problemzustand (PZ), d.h. das Steuerwerk befindet sich in normalem Betrieb

Codeschlüssel (C), z.B. EBCDI- oder ASCII-Code

Speicherschutzschlüssel (S), definiert für bestimmte Hauptspeicherbereiche eine Schreib- bzw. Lesesperre zum Schutz von Daten und Programmen

eventuell **Befehlsadresse** des nächsten auszuführenden Befehls

Befehlslänge, gibt die Anzahl von Bytes an, die der augenblickliche Befehl einnimmt

Unterbrechungsschlüssel, für das Festhalten von Unterbrechungen

Adresse der Unterbrechungsroutine

Maske für Festlegung der Zulässigkeit/Nichtzulässigkeit von Unterbrechungen

Nach erfolgreicher Ausführung des Maschinenbefehls zeigt ein Register, meist Befehlszähler genannt, die Adresse des nächsten auszuführenden Befehls an. Das ist in einem sequentiellen Programm, bei dem aufeinanderfolgende Befehle unter fortlaufenden Adressen abgespeichert sind, die Adresse der Speicherstelle in der der nächste auszuführende Befehl steht. Nur bei Verzweigungsbefehlen wird die Speicherstelle des "logisch" nächsten Befehls angesprochen, die ja im Falle der erfüllten Bedingung für die Verzweigung nie mit der des ausgeführten Befehls folgenden Speicherzelle identisch werden darf.

4.2 Grundsätzliche Arbeitsweise des fundamentalen Systems

Jeder Befehl wird im allgemeinen in zehn Elementarprozessen (Elementarschritten) durchgeführt. Die Elementarprozesse lassen sich zusammenfassen in :

A) Steuerungsphase
B) Verarbeitungsphase (**Bild 4-5**).

A Steuerungsphase

A1 Die Ausführung eines Befehls beginnt mit der Befehls-Adressierung. Dabei wird gemäß dem Inhalt des Befehlszählers (BZ) (nächste Befehlsadresse) der nächste Befehl im Hauptspeicher lokalisiert.

A2 Darauf folgt der Befehls-Abruf, wobei der adressierte Befehl aus dem Speicher ausgelesen und in das Befehlsregister BR desLeitwerks übertragen wird.

Mit Hilfe des **Bildes 4-6** können wir uns den o.g. Vorgang aus der Sicht der Steuerwerksregister noch einmal anschauen:

In der Steuerungsphase gelangt ein Befehl vom Hauptspeicher (0), in dem er mittels seiner im Befehlszähler BZ (1) stehenden Adresse über das Adreßregister (2) lokalisiert wurde, zunächst in ein Lese-Schreibregister (3). Von dort wird er über einen Datensammelweg (Bus) ins Befehlsregister (4) übertragen. Anschließend erfolgt die Befehls-Decodierung, d.h. die Entschlüsselung des Operationsteils des Befehls über einen Dekodierer (5).

Der Dekodierer setzt die kodierte Funktionsanweisung in Steuerinformationen (Bits) um, die in einem Steuerregister der Ablaufsteuerung (6) gespeichert werden. An seinem Ausgang erzeugen diese Steuerbits Steuersignale, die über Signalleitungen das Rechenwerk (hier durch Akkumulator repräsentiert) (7) und die Wegeschalter für den Datenfluß am Datenbus (z.B. für Ein- und Ausgabe) steuern.

Nun zurück zu **Bild 4-5**.

A3 Eventuell notwendige Adressenveränderungen werden durchgeführt, d.h. es findet eine Adreßmodifikation statt, falls das Indexregister (in **Bild 4-6** als Nr.8 bezeichnet) einen Wert beinhaltet, welcher zu der Operandenadresse im Befehlsregister "zugezählt" werden soll. Erst durch diese Operation erhält man die endgültige Adresse. Ansonsten gibt die angegebene Adresse die Speicherstelle an, in der sich als Inhalt der Operand (der "Wert" der Adresse) befindet.

A4 Das Leitwerk prüft, ob der gelesene Befehl ein Verzweigungsbefehl ist. Bei einem bedingten Verzweigungsbefehl muß zusätzlich durch die Prüfung der entsprechenden Bits des Programmstatusworts festgestellt werden, ob die Verzweigung "gültig" ist. Ist die Bedingung erfüllt oder liegt eine unbedingte Verzweigung vor, so wird die Anfangsadresse der neuen Befehlskette, die im Verzweigungsbefehl angegeben ist, in das Befehlszählerregister transportiert. Damit ist die Verzweigungsoperation erfüllt; hiernach folgt wieder Phase A1. Ist bei einem bedingten Verzweigungsbefehl die Verzweigungsbedingung nicht erfüllt, wird die Phase A7 aufgesucht und der Aufruf des nächsten Befehls vorbereitet.

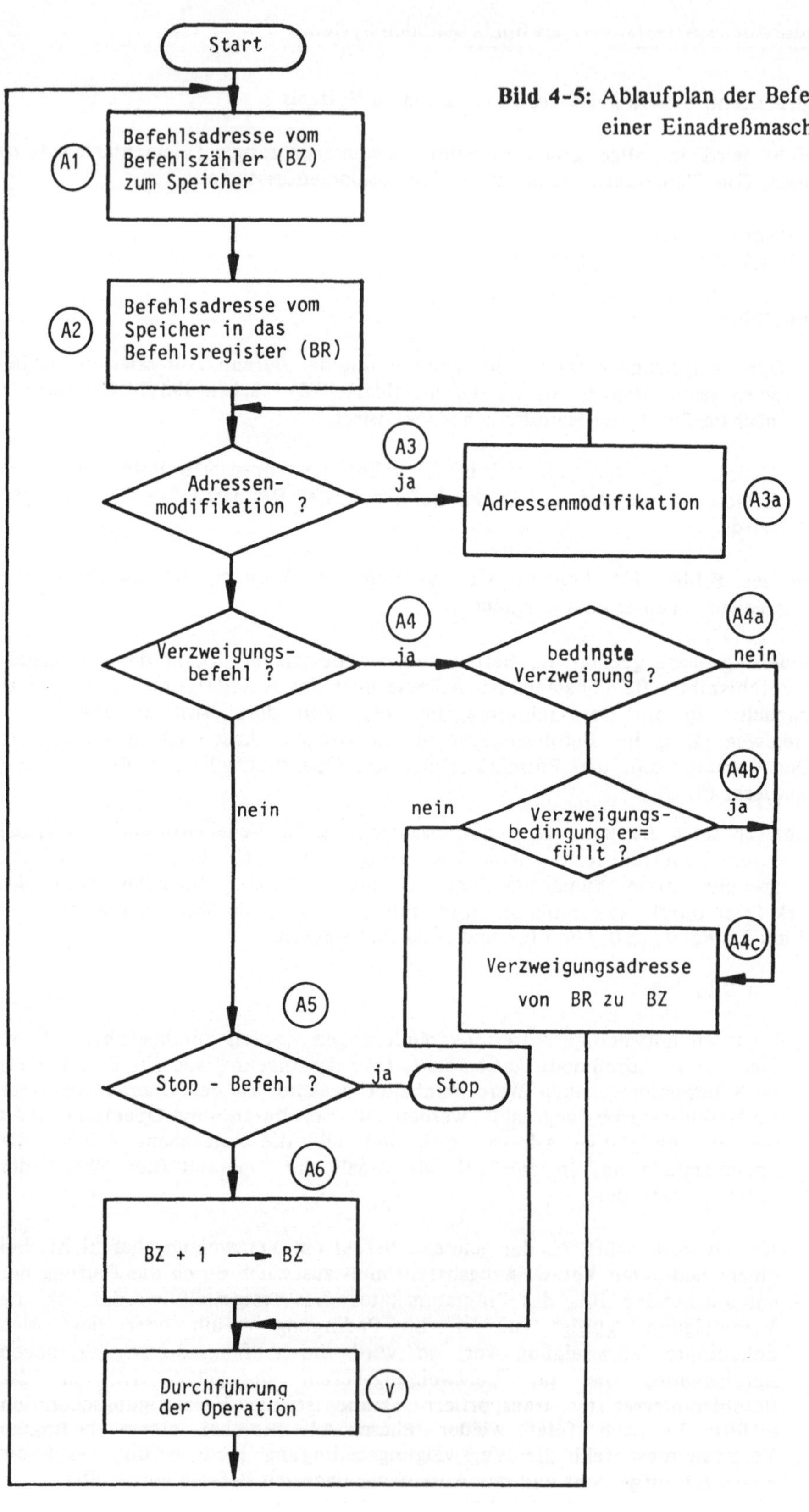

Bild 4-5: Ablaufplan der Befehlsphasen einer Einadreßmaschine

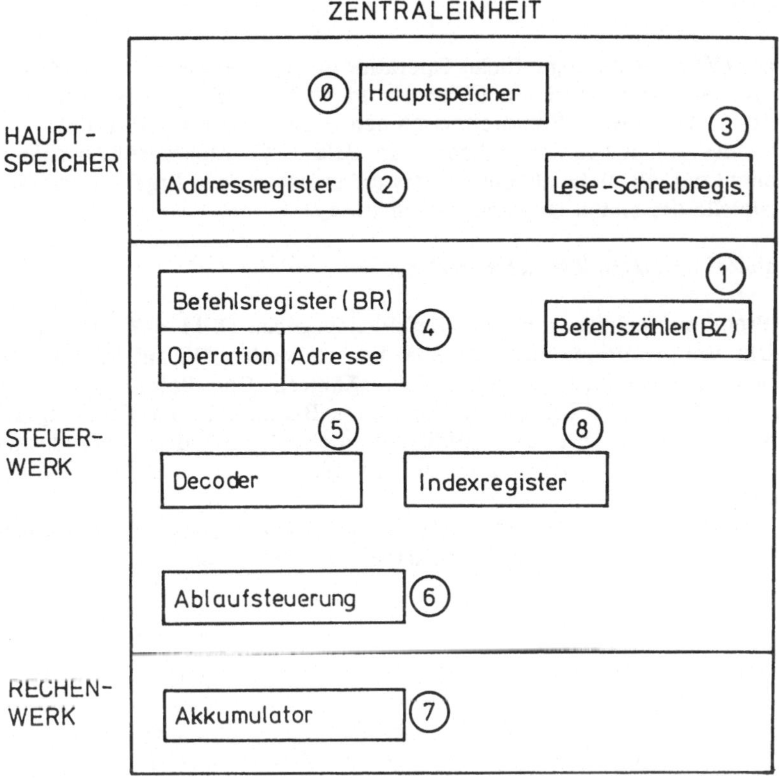

Bild 4-6: Struktur der Zentraleinheit und ihrer Register

A5 Das Leitwerk prüft, ob ein Stopbefehl vorliegt. Ist dies der Fall, so wird der Arbeitsablauf unterbrochen. Liegt kein Stopbefehl vor, so wird zur **Verarbeitungsphase** (V) übergegangen.

A6 Der Inhalt des Befehlszählerregisters wird um 1 erhöht; es enthält dann die Adresse des nächsten Befehls, da ja die Befehle normalerweise hintereinander mit aufeinanderfolgenden Adressen im Speicher stehen.

A7 In Abhängigkeit vom Befehlskode wird die Operanden-Adressierung, d.h. die Lokalisierung des Operanden im Speicher auf Grund der vom Befehlsregister in das Adreßregister übertragenen Adresse, in ähnlicher Weise durchgeführt, wie wir es bei der Befehlsadressierung gesehen haben.

A8 Dann wird der Operand aus der adressierten Zelle des Hauptspeichers geholt, die im zweiten Teil des Befehlsregisters (Operanden-Teil) stand. Sie konnte allerdings entsprechend dem Inhalt des Indexregisters modifiziert worden sein.

Mit der Ausführung des Schrittes A8 sind nun alle Schritte der Befehlsphase beendet. Wir folgen den Steuerwerksoperationen und befassen uns jetzt mit der Verarbeitungsphase.

B Verarbeitungsphase:

Während dieser Phase (V) wird die eigentliche Operation im Rechenwerk durchgeführt, die der Befehl in seinem Operationskode ("Was ist zu tun?") verlangt. Es wird z.B. addiert, subrahiert, etc. Bei Einadreßmaschinen bleibt das Resultat im Ergebnisakkumulator des Rechenwerkes stehen (7 in **Bild 4-6**). Mehradreßmaschinen (d.h., der Operandenteil enthält mehr als eine Adresse) speichern das Ergebnis auf der Adresse der Speicherstelle des ersten Operanden (Schritt A9).

Beispiel: "Zählerschleife" an einem **Zweiadreßrechner**:

Es sei eine Programmschleife von zwei Befehlen gegeben (**Bild 4-7**). Der erste Befehl bewirkt die Addition einer im Speicher stehenden "1" auf den Inhalt eines im Speicher stehenden Ergebnisfeldes (Zähler). Der Befehl habe den symbolischen Befehlscode "ADDIERE". Der zweite Befehl sei eine Verzweigung nach Adresse 0, wo erneut die Addition, diesmal auf den veränderten Zählerinhalt, durchgeführt wird. Der Befehlscode des zweiten Befehls sei "VERZWEIGE".

Der Zähler habe zu Beginn den Wert "0". **Tabelle 4.1** zeigt, wie die einzelnen Elementarprozesse ablaufen und die Daten dabei verarbeitet werden.

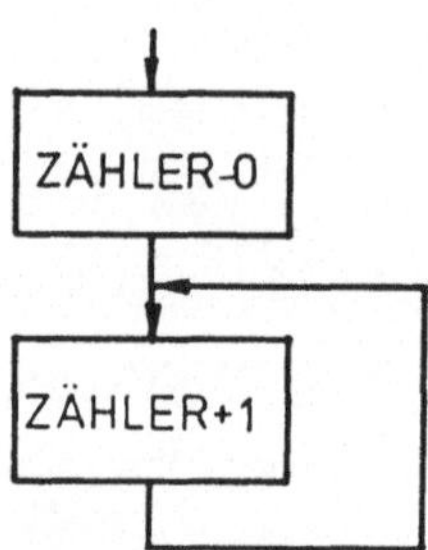

Bild 4-7: Beispiel zur Programmsteuerung einer Zweiadreßmaschine

Tabelle 4.1: Symbolisches Maschinenprogramm zu **Bild 4-7**

Speicheradresse	Feldlänge in Byte	Feldinhalt	Bedeutung
Befehle:			
0	3	ADDIERE 6,7	Addiere Inhalt von 7 zu Inhalt von 6
3	2	VERZWEIGE 0	Verzweige nach 0
Daten:			
6	1	0	Zähler, Anfangswert = 0
7	1	1	Inkrement

Es sind je nach Befehlsart in der Regel mehrere Operanden in einem Befehl adressierbar, die sowohl in Registern als auch im Hauptspeicher stehen können.

Das Befehlsformat bei PC's und Mikrorechnern ist das Ein-Adreßformat. Dabei stellt immer der Inhalt eines im Rechenwerk befindlichen Akkumulators den zweiten impliziten Operanden dar. Solche Befehle erlauben, ein Leitwerk mit einem Minimum an Hardware-Registern herzustellen, was früher bei teurer Hardware bedeutungsvoll war und heute wieder in sogenannten RISC-Rechnern eine Renaissance findet (Siehe Kap.7). Allerdings benötigte man auch mehr Befehle, z.B. für eine Addition drei, während in einem Zwei-Adreßsystem ein Befehl genügt.

Beispiel: "Zählschleife" mit Ablaufverfolgung an einem **Einadreßrechner**

Tabelle 4.2: Befehlsfolge im symbolischen Maschinenprogramm:

Speicheradresse	Feldlänge in Byte	Feldinhalt	Bedeutung
Befehle:			
0	1	CLEAR	Lösche Inhalt des Akkumulators
1	2	ADDIERE 7	Addiere Inhalt der der Speicheradresse 7 zum Akkumulator
3	2	VERZWEIGE 0	Verzweige zu Adresse 0
Daten:			
7	1	1	Inkrement (+1)

Jeder Befehl besteht aus einem Operationsteil (1 Byte groß) und eventuell einem Adreßteil (1 Byte groß). **Beispiel** für **Binäre Operationskodes** (1 Byte):
CLEAR: 00000001
ADDIERE: 00000010
VERZWEIGE: 00001010

Die Ablaufverfolgung in **Tabelle 4.3** zeigt im einzelnen den ersten Durchlauf durch die Zählerschleife ab dem 2. Additionsbefehl, d.h. wie auf den Zwischenwert = 0 des Akkumulators eine "1" addiert wird, sodaß als neuer "Zwischenwert" "1" entsteht.

Tabelle 4.3: Schema der Leitwerksteuerung einer Einadreßmaschine (s. **Bild 4-5** und **4-6**)

Takt	Befehls-schritt	Befehl	Ablaufsteuerung (aktive Wegeschalter-signale zu Registern)						Inhalte der Register (Hexa-Kode)						Elementarprozeß
			1	2	3	4	5	7	1	2	3	4	5	7	
1	1		1	1					$\underline{00}$	$\underline{00}$	-	-	-	-	Befehlsadressie-rung; A1
2	2				1	1			00	00	$\underline{01}$	$\underline{01}$	-	-	Befehlsabruf; A2
3	3	CLEAR				1	1		00	00	01	01	$\underline{01}$	-	Befehlsdekodie-rung: CLEAR
4	4		1					1	$\underline{01}$	00	00	01	01	$\underline{00}$	Operandenverknüp-fung
1	1		1	1					$\underline{01}$	$\underline{01}$	00	01	01	00	Befehlsadressie-rung; A1
2	2				1	1			01	01	$\underline{02}$	$\underline{02}$	01	00	Befehlsabruf; A2
3	3	ADDIERE				1	1		01	01	02	02	$\underline{02}$	00	Befehlsdekodie-rung: ADDIERE
4	4		1	1		1			$\underline{02}$	$\underline{07}$	02	$\underline{07}$	02	00	Operandenadres-sierung; A7
1	5				1			1	02	07	$\underline{01}$	07	02	$\underline{01}$	Operandenabruf;A8
2	6		1					1	$\underline{03}$	07	01	07	02	$\underline{01}$	Operandenverknüp-fung; V
3	1		1	1					$\underline{03}$	$\underline{03}$	01	07	02	01	Befehlsadressie-rung; A1
4	2				1	1			03	03	$\underline{0A}$	$\underline{0A}$	02	01	Befehlsabruf; A7
1	3	VERZWEI-GE				1	1		03	03	0A	$\underline{0A}$	$\underline{0A}$	01	Befehlsdekodie-rung: VERZWEIGE
3	5		1						$\underline{00}$	03	0A	00	0A	01	Befehlszähler
							9								laden; A4c

Bemerkung: Unterstrichene Hexa-Kode stellen den im jeweiligen Befehlsschritt entstandenen neuen Registerinhalt dar.

4.3 Adressierungsarten

Im Operandenteil des Befehls steht die Adresse eines Operanden. Sie kann von verschiedenen Arten sein.

Bei den Unviversalrechnern hat sich das Prinzip der sogenannten relativen Adressierung durchgesetzt. Dabei werden Hauptspeicheradressen aus zwei bzw. drei Anteilen aufgebaut:

$$A = B + D (+ I)$$

wobei

A = **effektive Operandenadresse** (real bzw. virtuell).
B = **Basisadreßregister**, (B = O bedeutet kein Basisadreß-register),
D = **Distanz**, z.B.:0 D 4095,
I = **Indexregister**, I = Inhalt des Indexregisters.

Die relative Adressierung dient dazu, Programme im Speicher verschiebbar (relocatable) zu machen, ohne sie ändern zu müssen. Dazu werden die Operandenadressen nicht mehr absolut angegeben wie wir es im vorherigen Beispiel gesehen haben, sondern nur in ihrer Distanz zu einem Ausgangspunkt, der Basis. Diese Basis kann in einem dafür vorgesehenen Basisadreßregister gespeichert werden, dessen Inhalt zur Berechnung der sog. effektiven Adresse wie folgt herangezogen wird:

a) effektive Operandenadresse = Basisadreßregister + Distanz

oder

b) mit **zusätzlicher Indizierung**:
effektive Adresse =Basisadreßregister + Distanz +
Indexregister

Bei Angabe von 0 für Basisadreßregister B wird kein Register herangezogen, sodaß nur die Distanz als **direkte Adresse** dient.

Bei einem Befehl mit Bezug auf das Indexregister wird dessen Inhalt zur Distanz der Operandenadresse hinzuaddiert.

Indirekte Adressierung bedeutet, daß auf einer Speicherstelle, zu der man mittels einer Adresse im Operandenteil eines Befehles gelangt, noch nicht ein Operand, sondern erst nochmals eine Adresse steht, die dann erst zur Auffindung des Operanden an einer anderen Stelle dient. Die Adresse im Operandenteil muß erst noch durch eine andere Adresse ersetzt werden.

Als weitere Adressierungsart sei die **unmittelbare Adressierung** erwähnt: Hierbei steht im Operandenteil des Befehls nicht die Adresse des Operanden, sondern bereits sein Wert als Konstante.

Daneben gibt es Adressierungsarten, bei denen der Befehl keine Operandenadresse enthält, obwohl ein Operand verwendet wird. Dieser befindet sich in einem Register des Zentralprozessors. Diese **inhärente Adressierung** wird bei Registeroperationen implizit angewandt. Als Beispiele betrachten wir einige Befehle des Prozessors MOTOROLA 6809. So werden z.B. bei der Addition ABX der aktuellen Inhalte der Register X und B im ein Byte langen Operationscode des Befehls nicht nur die Operationssteuerung sondern auch die Adressen der beiden Operanden angesprochen. Ähnlich verhält es sich mit dem Multiplikationsbefehl MUL, bei dem keine Operanden angegeben werden, da immer die Inhalte der beiden Akkumulatoren A und B miteinander multipliziert werden und das Produkt im 16-Bit-Akkumulator D abgelegt wird.

4.4 Operationssteuerung

Wie wir bereits gesehen haben, enthält der erste Teil des Befehls ("Was zu tun ist") die Information zur Operationssteuerung und zwar in binärer Form. Aus dieser Information können die erforderlichen Steuersignale auf drei unterschiedliche Weisen erzeugt werden:

1) Funktionsbitsteuerung
In diesem Fall werden die Bits des Operationsteils direkt am Ausgang des Befehlsregisters für Steuersignale verwendet. Man nimmt in Kauf, daß es nur so viele Steuersignale geben kann, wie die Zahl der Bits im Operationsteil beträgt.

Diese unverhältnismäßig große Einschränkung kann behoben werden durch die kodierte Steuerung.

2) Kodierte Steuerung

Der Operationsteil wird dabei über einen Decodierer in Steuersignale umgesetzt: Aus n Bits des Operationsteils sind 2^n verschiedene Steuerfunktionen erzeugbar.

3) Mikroporgrammsteuerung

Diese Art der Operationssteuerung hat die gesamte informatorische Steuerung in Computern erweitert. Die im Operationsteil enthaltene Information wird dabei als direkte oder indirekte Adreßinformation behandelt, die den Anfang eines gespeicherten Mikroprogramms angibt. Jedem Maschinenbefehl ist ein Mikroprogramm zugeordnet, das den Befehl interpretiert und die zur Durchführung des Befehls erforderlichen Steuersignale erzeugt (**Bild 4-8**).

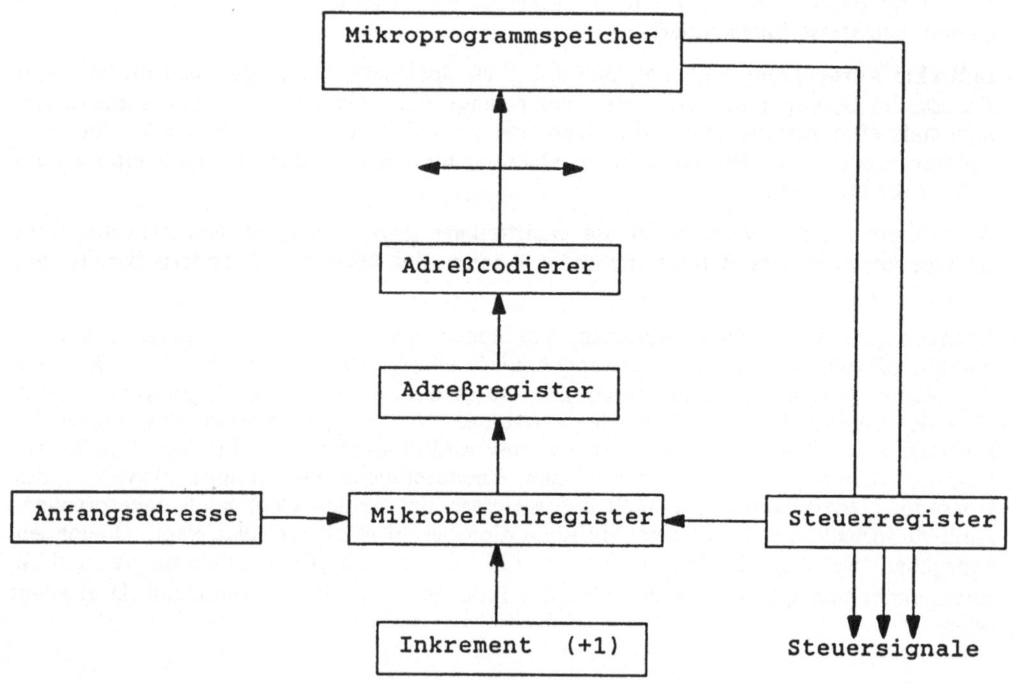

Bild 4-8: Mikroprogrammsteuerung

Jeder Befehl des Maschinenprogramms wird durch mehrere Mikrobefehle so realisiert, daß die Bits der einzelnen Mikrobefehle ohne Decodierung in Steuersignale umgesetzt werden können.

Die Gesamtheit aller Mikrobefehle, Firmware genannt, stellt damit im Prinzip eine informatorische Speicherung aller Steuerimpulse dar.

Mikroprogramme können in Festspeichern (ROM, PROM, etc.), in speziellen Programm- oder Pufferspeichern oder im Hauptspeicher gespeichert sein. Die Mikroprogrammsteuerung selbst ist ähnlich einem normalen Leitwerk aufgebaut (**Bild 4-9**).

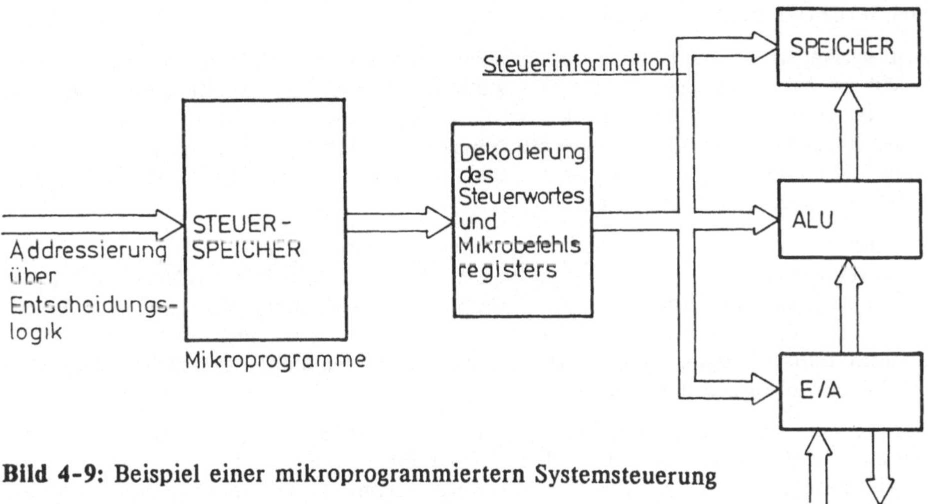

Bild 4-9: Beispiel einer mikroprogrammiertern Systemsteuerung

Jede Ausführung eines Maschinenbefehls beginnt mit einer speziellen Mikroprogrammroutine zum Abruf und Decodieren des jeweiligen Maschinenbefehls (**Bild 4-8**):

- Automatisches Setzen der Anfangsadresse der Befehlsroutine in den Steuerspeicher.
- Weiterleiten der Anfangsadresse in das Adreßregister des Mikroprogrammspeichers, Dekodieren der Adreßinformation und Ansteuern des entsprechenden Speicherplatzes.
- Einlesen des ersten Mikrobefehls in das Steuerregister; die einzelnen Bits dienen nun am Ausgang des Steuerregisters als Steuersignale für die Operationssteuerung.
- Bei sequentieller Mikrobefehlsfolge Erhöhung des Mikrobefehlszeigers um die Länge des Mikrobefehls oder
- Bei Verzweigungs-Mikrobefehlen Übertragung der Verzweigungsadresse vom Steuerregister in den Mikrobefehlszeiger.

Nach Durchlauf des Mikroprogramms wird zum Anfang des Mikroprogramms zurückgesprungen und damit das Holen des nächsten Maschinenbefehls eingeleitet.

Durch Auswechseln der Mikroprogramms ist ein Wechsel des Maschinenbefehlsvorrates möglich. Ein Mikroprogramm, das in dieser Weise z.B. eine alte Maschinenarchitektur auf einer modernen Anlage simuliert, heißt Emulator.

Bei den meisten mikroprogrammierten Rechnern ist der Steuerspeicher ein Nur-Lesespeicher (ROM). Es gibt aber auch Maschinen, bei denen der Mikroprogrammspeicher ein beliebig beschreibbarer Speicher (RAM) ist. Eine solche Maschine nennt man "dynamisch mikroprogrammierbar", da man hier im Prinzip jederzeit neue Mikroprogramme in den Steuerspeicher laden kann. Dazwischen gibt es die "statisch mikroprogrammierbare" Maschine, bei der das Mikroprogramm in einem programmierbaren Lesespeicher (PROM) steht. Um das Programm notfalls modifizieren zu können, führt man den PROM als "erasable, programmable read-only memory" (EPROM = löschbare programmierbare Nur-Lesespeicher) aus.

Bei großintegrierten Prozessoren befindet sich der ROM oder EPROM in der Regel auf demselben VLSI-Chip wie die anderen Funktionseinheiten des Prozessors. Die Herstellungskosten (mehr Masken) können dabei allerdings das Kosten/Leistungsverhältnis negativ beeinflussen.

Die Alternative hierzu ist, den Steuerspeicher und das Steuerwerk zur Abarbeitung eines Mikroprogramms als getrennte Einheit (Chips) unterzubringen. Bei der gegenwärtig bestehenden Begrenzung der Zahl der Anschlüsse ist es nicht möglich, neben den unbedingt benötigten Anschlüssen zur Verbindung des Prozessors mit dem Datenbus und dem Adreßbus noch bis zu 64 weitere Anschlüsse für die Mikroprogrammierung aufzubringen.

Eine Abhilfe bietet die Einführung einer Zwischenebene der sogenannten **Nanoprogrammierung**. Der Nanoprogrammspeicher ist jetzt ein ROM oder EPROM, das sich auf dem Prozessor-Chip befindet. Durch diese Maßnahme wird die Anzahl der Befehle in der Firmware erweitert. Ein Programmbefehl wird in Nanooperationsanweisungen umgesetzt, wobei einer Nanooperationsanweisung nun mehrere **Picoanweisungen** entsprechen.

Die Ebene der Nanoprogrammierung erleichtert den Aufbau hochintegrierter Prozessoren. Sie hat jedoch den Nachteil, daß jetzt zwischen die Mikrobefehlsinterpretation und die Ausführung der damit verbundenen Picooperationen noch der Zugriff zu dem Nanoprogrammspeicher zwischenzuschalten ist. Das kann zusätzliche Zeit kosten .

Die Mikroprogrammsteuerung hat sich bewährt, da mit einem einheitlichen Aufbau der Hardware unterschiedliche Funktionen realisiert werden können. **Vorteile** sind:

- **Flexibilität und Anpassungsfähigkeit**
  Beim Entwurf der Rechenanlage können Veränderungen im Mikroprogramm jederzeit realisiert werden. Modifizierungen und Änderungen sind noch kurz vor Fertigstellung möglich. Der Befehlsvorrat kann speziellen Anforderungen im Nachhinein noch angepaßt werden.

- **Erleichterungen bei Wartung und Prüfung**
  Es können spezielle Mikroprogramme zur Fehlererkennung und Fehlerlokalisierung sowohl im Prüffeld als auch beim Anwender verwendet werden.

- **Kompatibilität (Verträglichkeit)**
  Es kann die Kompatibilität des Mikrobefehlsvorrates bei durchaus unterschiedlicher Hardware erzielt werden. Dadurch kann ein Hersteller Anlagen mit unterschiedlicher Leistungsfähigkeit bei einer für den Benutzer weitgehend identischen Betriebssystem-Funktion anbieten. Dieser Gesichtspunkt hat bei der Konzeption von Rechnerfamilien eine außerordentlich große Bedeutung.

Nachteile sind:

- **Zeitverlust**
  Gegenüber festverdrahteten Steuerungen entsteht ein zusätzlicher Zeitbedarf durch den Zugriff zum Mikroprogrammspeicher. Bei den heute zur Verfügung stehenden schnellen Speichern ist dieser Nachteil jedoch nicht mehr sehr groß.

- **Aufwand**
  Für einfache Steuerungen ist die Mikroprogrammsteuerung zu aufwendig. Deren Möglichkeiten werden hierbei kaum ausgenutzt, so daß die Anordnung in hohem Maße Teile enthält, die während des Ablaufes keine Funktion zu erfüllen haben. Man spricht dabei von hochgradig redunanten Anordnungen.

4.5 Programmunterbrechung (Interrupts)

Die Hauptkriterien für die Effektivität der Unterbrechung sind

- die Reaktionszeit,
  wie schnell auf eine Unterbrechungsanforderung reagiert werden kann, sowie

- die Prioritätszuordnung beim gleichzeitigen Vorliegen mehrerer Unterbrechungsanforderungen.

Programmunterbrechungen finden wir in allen Arten von Rechnern. Da nicht alle Unterbrechungsursachen gleich bedeutungsvoll sind, ordnen wir ihnen Dringlichkeitsstufen (Prioritäten) zu.

Es ist üblich, die Prioritäten so festzusetzen, daß die Priorität Nr.1 die höchste Stufe hat, und daß mit steigender Numerierung die Priorität abnimmt. Programme mit niedrigen Prioritäten können von solchen unterbrochen werden, die ein dringlicheres Ereignis als Ursache haben ("Kaskaden" von Unterbrechungen).

Das **Beispiel** einer Ablauffolge von Unterbrechungsroutinen (Interrupt Service Routine ISR) zeigt **Bild 4-10**.

Die Reihenfolge der Diagrammebenen gibt die Priorität an, nach der **gleichzeitige** Unterbrechungen angenommen werden:

1 **Kritische Maschinenfehler (interne Unterbrechung)**
in **Bild 4-10** ruft dieser Fehler ISR 3.

2 **Supervisoraufruf**
Dient zum Übergang vom Problemzustand in den Supervisorzustand zur Durchführung einer Supervisorfunktionen z.B. Starten einer Ein- bzw. Ausgabeoperation. (ISR 2 und ISR 5)

3 **Programmbedingte Unterbrechung**
Ungültige Befehle oder Daten, Verletzung von Speicherschutzvorkehrungen, etc. (ISR 4)

4 **Ein- bzw. Ausgabe**
Mitteilung, daß gewisse Operationen bei Datenein- bzw. -ausgabe beendet sind, so daß ein wartendes Programm wieder bearbeitet werden kann. (ISR 1/ISR 6)

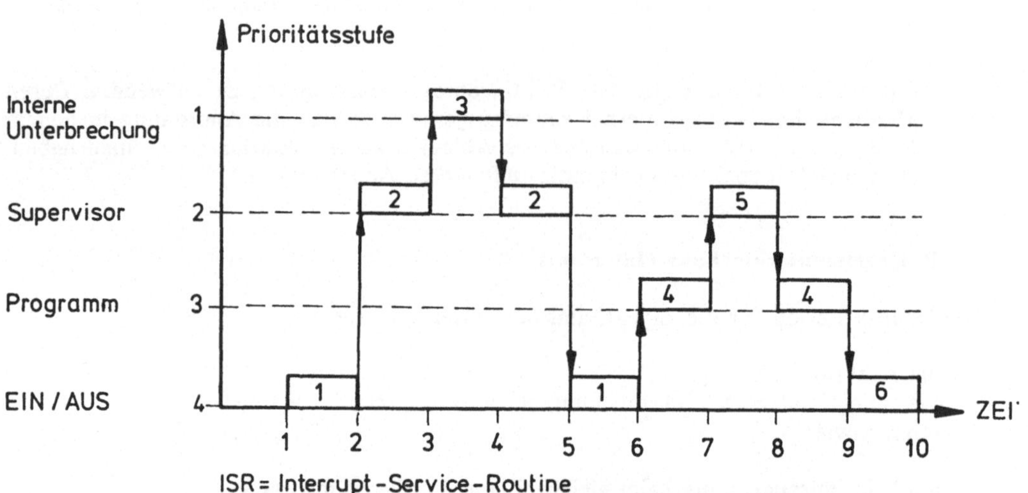

Bild 4-10: Ablauffolge von Programmen mit unterschiedlichen Prioritäten

Bestimmte Unterbrechungsanforderungen können durch Maskierungen des Unterbrechungsschlüssels (**Bild 4-11**) gesperrt werden. Das ist nötig, wenn die Bearbeitung einer Unterbrechung durch eine weitere nicht gestört werden darf. Die "letzte" Unterbrechungsanforderung wird zuerst verzögert und erst später bedient. Hierbei spielt das Programmstatuswort (**Bild 4-4**) eine wichtige Rolle. Wir unterscheiden zwischen drei verschiedenen Programmstatuswörtern (**Bild 4-11**):

- **Laufendes Programmstatuswort (PSW)**
  Beschreibt die gerade laufende Funktion.

- **Altes Programmstatuswort**
  Bei einer Programmunterbrechung wird das laufende PSW als altes PSW weggespeichert. Es enthält alle Informationen, die das unterbrochene Programm kennzeichnen und eine spätere Programmfortsetzung ermöglichen.

- **Neues Programmstatuswort**
  Es ist der Unterbrechungsursache zugeordnet. Im Unterbrechungsschlüssel befinden sich die Informationen über die Unterbrechungsursache, sowie die Adresse des ersten Befehls einer Spezialroutine im Supervisor zur Analyse des Unterbrechungsschlüssels und Behandlung der Unterbrechung.

Bei verschachtelten Unterbrechungen bilden das laufende und die alten PSW den Stapel eines Stapelspeichers.

1 Eintragen des gerade eingetroffenen Unterbrechungssignals in das Interruptregister
2 Zuendeführen des gerade in Arbeit befindlichen Befehls

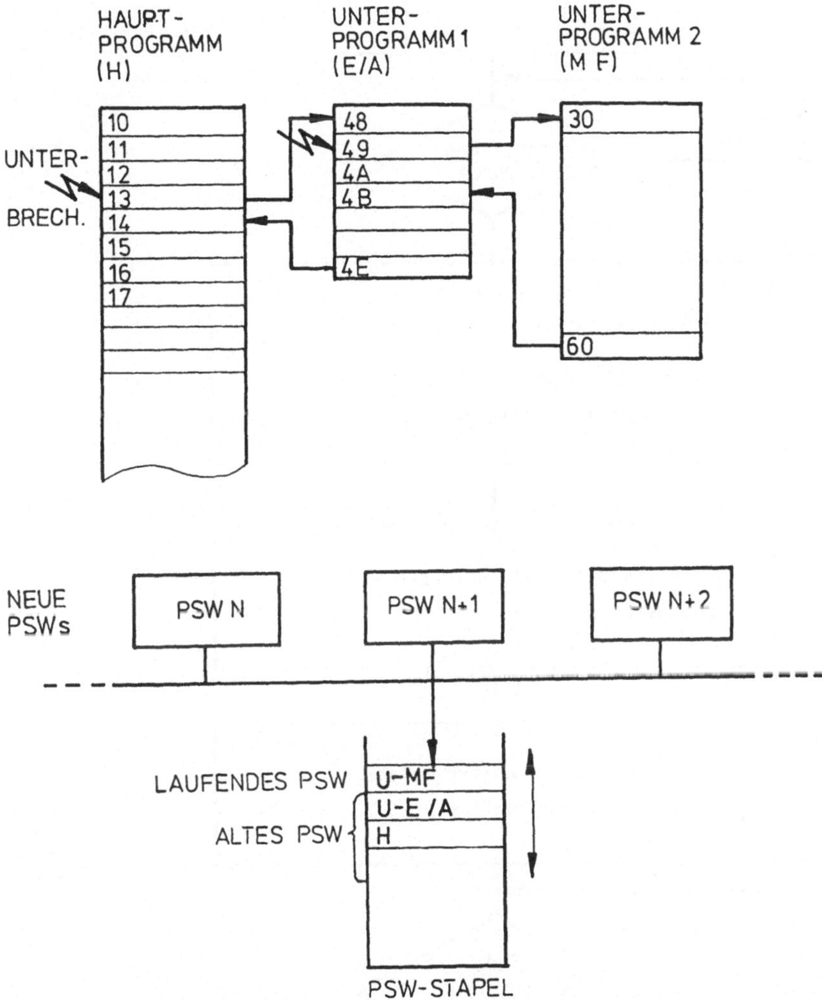

Bild 4-11: Programmstatusworte bei Unterbrechungen

3 Unterbrechung des laufenden Programms, Aufbewahren sämtlicher Statusinformationen und Registerinhalte sowie der Rückkehradresse zur späteren Weiterführung des unterbrochenen Programms in einem Kellerspeicher, Stapel (Stack), etc.
4 Identifizieren der Unterbrechungsursache mit Hilfe des Unterbrechungsschlüssels
5 Verzweigen zu einem Unterprogramm zur Behandlung der Unterbrechungsursache
6 Wiederherstellung des ursprünglichen Status am Ende dieses Unterprogramms und Rücksprung in das unterbrochene Programm.

Beispiel für Unterbrechungsbehandlung bei Mikrorechnern:

Sind an einen Mikroprozessor mehrere E/A-Geräte angeschlossen, so gibt es theoretisch zwei Möglichkeiten, diese Geräte vom Mikroprozessor bedienen zu lassen.

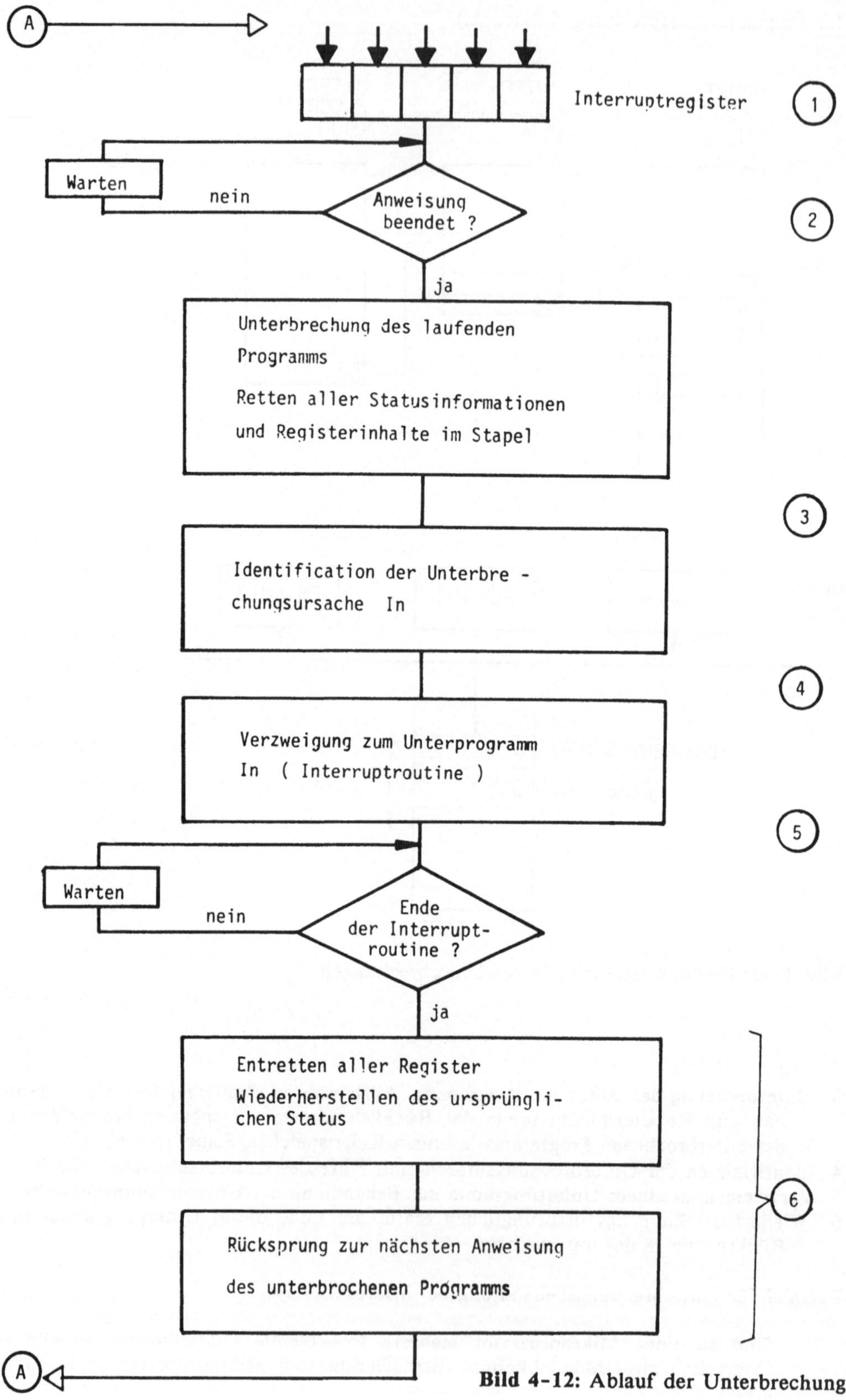

Bild 4-12: Ablauf der Unterbrechung

a) Wir könnten den Mikroprozessor bei entsprechender Schaltungsauslegung so steuern, daß **nacheinander alle E/A-Geräte** in einem festen Zeittakt **abgefragt** werden, ähnlich einer Meßstellenumschaltung. Da bei diesem Verfahren alle E/A-Geräte vom Mirkoprozessor bedient werden, auch die, die im Moment keine Bedienung erfordern, wird die Bearbeitungszeit des Hauptprogrammes unnötig verlängert.

b) Aus diesem Grund wird dieses Bedienungsverfahren heute in der Mikrorechnertechnik durch das effektivere Interrupt-Verfahren ersetzt.

Die Ein/Ausgabe-Einheit erzeugt ein Signal, mit dem das laufende Programm unterbrochen wird. Der Mikroprozessor hat dafür einen oder mehrere Anschlüsse, die Interrupt-Eingänge (INT) oder die Interrupt-Request-Eingänge (IRQ, INTR). Das Interrupt-Signal setzt normalerweise ein internes Interrupt-Flip-Flop, mit dessen Hilfe dann ein entsprechendes Quittungssignal (INTA-Interrupt-Acknowledge) erzeugt wird. Durch die Übernahme der Interrupt-Anforderung in das interne Unterbrechungs-Flip-Flop wird sichergestellt, daß eine Programmunterbrechung erst dann wirksam wird, wenn der laufende Befehlszyklus beendet ist.

Mikroprozessoren enthalten häufig nur einen Interrupt-Eingang (INT, INTR), über den die Interrupt-Anforderung aufgenommen werden kann. Das reicht normalerweise jedoch nicht aus, weil unter Umständen eine Vielzahl peripherer Geräte zu bedienen ist. Es ist daher häufig erforderlich, die Interrupt-Möglichkeiten durch eine entsprechende Logik zu erweitern. Bei größeren Systemen wird man dazu auf die programmierten Interrupt-Bausteine zurückgreifen.

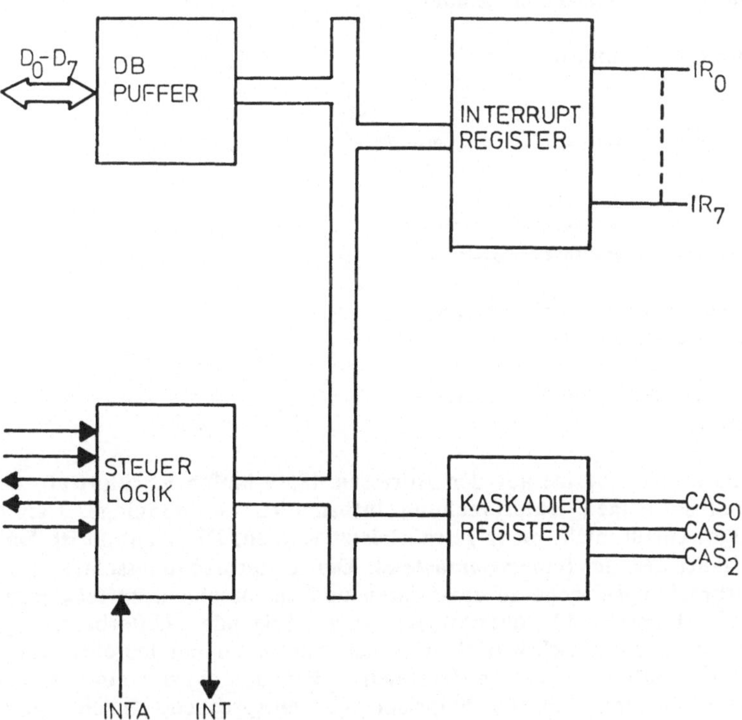

Bild 4-13: Programmierbarer Interrupt-Steuer-Baustein (Programmable Interrupt Controller - PIC)

Die prinzipielle Wirkungsweise dieses Bausteins besteht darin, daß über ihn mehrere Interrupt-Request-Leitungen an den Mikroprozessor angeschlossen werden, deren Prioritätsebenen durch Programmierung festgelegt werden können.
Der PIC besteht im wesentlichen aus vier Schaltungsblöcken. Dazu gehört der bei allen Interface-Schaltungen obligatorische Datenbus-Puffer, die Steuerlogik, ein Register-Block und eine Kaskadierlogik.

Beispiel: Ablauf einer verschachtelten Unterbrechung

An einem **Beispiel (Tabelle 4.5)** soll der Ablauf einer verschachtelten Programm-Unterbrechung genau verfolgt werden.

Es wird ein Hauptprogramm (H) gezeigt, das durch eine Ein/Ausgabe-Unterbrechung gefolgt von einer Unterbrechung wegen Maschinenfehler (U-MF) unterbrochen wird. Das Unterprogramm, das die Ein/Ausgabeunterbrechung bedient (U-E/A), ist eine Weile maskiert, so daß die nächste Unterbrechung erst verzögert behandelt werden kann.

Der Einfachheit halber werden alle Befehle ein Wort lang und ein vereinfachtes Programmstatuswort (**Tabelle 4.4**) angenommen. Im Hauptprogramm werden zuerst die beiden Befehle auf den Adressen 10,11,12,13 durchgeführt. Sie laufen im **Problemzustand** und **unmaskiert** ab, sind also unterbrechbar. Damit kann eine Unterbrechung infolge der Beendigung einer Ein/Ausgabeoperation ausgeführt werden. Das (augenblickliche) Programmstatuswort des Hauptprogramms H mit der nächsten Befehlsadresse 1 wird damit vom laufenden zum alten Programmstatuswort (**Bild 4-5**), und ein neues Statuswort, das die Ein/Ausgabeendprüfungsroutine adressiert, wird als laufendes Statuswort in den Stapelspeicher geladen.

Tabelle 4.4: Vereinfachtes Programmstatuswort

```
M   Z   U   X
|   |   |   | hexadezimale Adresse des nächsten
|   |   |   | Befehls
|   |   |
|   |   | Unterbrechungsschlüssel U: erlaubt
|   |   | Analyse der Unterbrechungsursache
|   |
|   | Zustandsschlüssel Z: S = Supervisor,
|   | P = Problemprogramm usw.
|
| Unterbrechungsmaske M: verhindert weitere
| Unterbrechung
```

Die ersten Befehle dieser Routine auf den Adressen 48,49 laufen **maskiert ab**, da bei einer weiteren sofortigen Unterbrechung Information verlorenginge. Damit könnte der richtige Ablauf nicht mehr gewährleistet werden. Die Routine ist Teil des Supervisors, läuft also im **Supervisorzustand**. Der Unterbrechungsschlüssel U erlaubt die Unterbrechungsursache zu analysieren und entsprechend zu reagieren. Der Befehl auf Adresse 49 entmaskiert eine folgende Unterbrechung, hervorgerufen durch einen Maschinenfehler.Dieser war schon bei Durchführung des Befehls auf Adresse 48 aufgetreten. Erneut wird ein neues Programmstatuswort geladen und der Stapelspeicher entsprechend "nach unten gedrückt".

Tabelle 4.5: Ablaufverfolgung einer verschachtelten Programmunterbrechung

Programm	Befehlsadresse	Programmstatuswort neues	laufendes	altes	älteres	Maske	Bemerkung
H	10		P 10			nein	
	11		P 11				
	12		P 12				
	13		P 13				
	14	MSU 48	P 14	P 14	P 14		E/A-Unterbr.
			MSU 48	P 14		ja	Holen neues PSW
U-E/A	4E	MSU 30	MSU 49	P 14		ja	Maschinen-fehler-Unterbr.
	49	MSU 30	SU 4A	P 14		nein	Entmaskierung
			MSU 30	SU 4A	P 14	ja	Holen neues PSW
U-MF	30		MSU 31	SU 4A		ja	
	31		MSU 32	SU 4A			
	32		MSU 33	SU 4A			
	.		. .	. .			
	.		. .	. .			
	.		. .	. .			
	59		MSU 60	SU 4A	P 14		
	60		SU 4A	P 14			holen altes PSW
U-E/A	4A		SU 4B				
	4B		SU 4C				
	.		. .				
	.		. .				
	.		. .				
	4E		SU 4F				
	4F		P 14				holen altes PSW
H	14		P 15				
	15		P 16				
	.		. .				
	.		. .				
	.		. .				

Die Behandlungsroutine für Maschinenfehler beginnt auf Adresse 30. Es handelt sich ebenfalls um eine maskierte Supervisorroutine, die zuerst den Unterbrechungsschlüssel U' analysiert. Im Anschluß an die Durchführung dieser Routine wird das alte Programmstatuswort wieder geholt und die Verarbeitung beim Befehl auf Adresse 4A fortgesetzt. Gleichzeitig wird das "ältere" Programmstatuswort wieder zum alten. Am Ende wird wieder ins Hauptprogramm zurückverzweigt durch Holen des ursprünglichen, nun alten Statuswortes, das damit wieder zum laufenden wird.

5 Busse, Eingabe, Ausgabe

In diesem Kapitel wollen wir den Rechner unter dem Gesichtspunkt der Datenübertragung betrachten. Die Eigenschaft, Daten senden und empfangen zu können, gehört zu den grundsätzlichen Fähigkeiten jeder Datenverarbeitungsanlage. Erst die Möglichkeit zur Kommunikation zwischen dem Rechner und anderen technischen Einrichtungen gestattet dem Menschen die sinnvolle Nutzung des Werkzeugs "Rechner". Wir wollen aber nicht nur den Datentransport zwischen dem Zentralprozessor und den angeschlossenen Ein- und Ausgabegeräten behandeln, sondern zunächst mit den möglichen Bus-Strukturen zur Datenübertragung innerhalb des Zentralprozessors (CPU) selbst beginnen. Anschließend sollen dann die verschiedenen Organisationsformen des Datenverkehrs zwischen CPU und Arbeitsspeicher, Sekundärspeicher, Drucker, Bildschirm, usw. behandelt werden.

5.1 Interne Busstrukturen

Die wesentlichen Bestandteile eines Zentralprozessors sind das Steuerwerk mit dem Befehlszähler, dem Befehlsregister und dem Befehlsdecodierer mit seiner Ablaufsteuerung sowie das Rechenwerk mit dem Akkumulator bzw. einem Satz von allgemein verwendbaren Rechenwerksregistern. Außerdem gehören als Verbindung zum Ein/Ausgabe-Bus noch das Adreßregister und ein Datenpufferregister zur Grundausstattung. Dazu können noch weitere Register wie Statusregister, Indexregister, Basisadreßregister, Seitenregister usw. kommen, die wir aber bei den folgenden Betrachtungen außer acht lassen wollen, da es uns in diesem Kapitel auf die grundsätzlichen Kommunikationsstrukturen innerhalb der CPU ankommt. Zu deren Erläuterung reicht aber die Ausstattung mit den zuerst erwähnten Registern aus.

Die Bestandteile des Zentralprozessors müssen Informationen miteinander austauschen. Dieser Austausch kann auf vielfältige Weise organisiert werden, und die physikalische Gestaltung der inneren Datenwege entspricht der gewählten Organisation. In **Bild 5-1** sehen Sie eine solche Struktur. Alle Register des Zentralprozessors sind über einen einzigen allgemeinen Bus miteinander verbunden. Dieser Bus ist ein interner Bus der CPU und hat über das Adreßregister und das Datenpufferregister eine Verbindung mit dem Ein/Ausgabe-Bus. Die beiden zuletzt genannten Register und die beiden vorher noch nicht erwähnten Register, das Operanden-Hilfsregister und das Ergebnisregister, sind transparent, d.h. sie sind für die Funktion des Systems nötig, aber der Programmierer braucht von ihrer Existenz nichts zu wissen, weil es keinen Maschinenbefehl gibt, der direkt eine Operation mit ihnen ausführt. Das Operanden-Hilfsregister speichert bei einem Rechenwerksbefehl den ersten möglichen Operanden vorübergehend zwischen, während der zweite dem Akkumulator bzw. einem Allzweckregister entnommen und dem Rechenwerk zugeführt wird, das Ergebnisregister die Ausgangsdaten der ALU vor ihrem Abspeichern im Zielakkumulator.

Die Ein-Bus-Struktur aus **Bild 5-1** und auch die weiter unten noch zu besprechenden Mehr-Bus-Strukturen müssen in der Lage sein, die folgenden Operationen auszuführen, die wir aber zunächst nur unter dem Gesichtspunkt der internen Abläufe betrachten wollen:

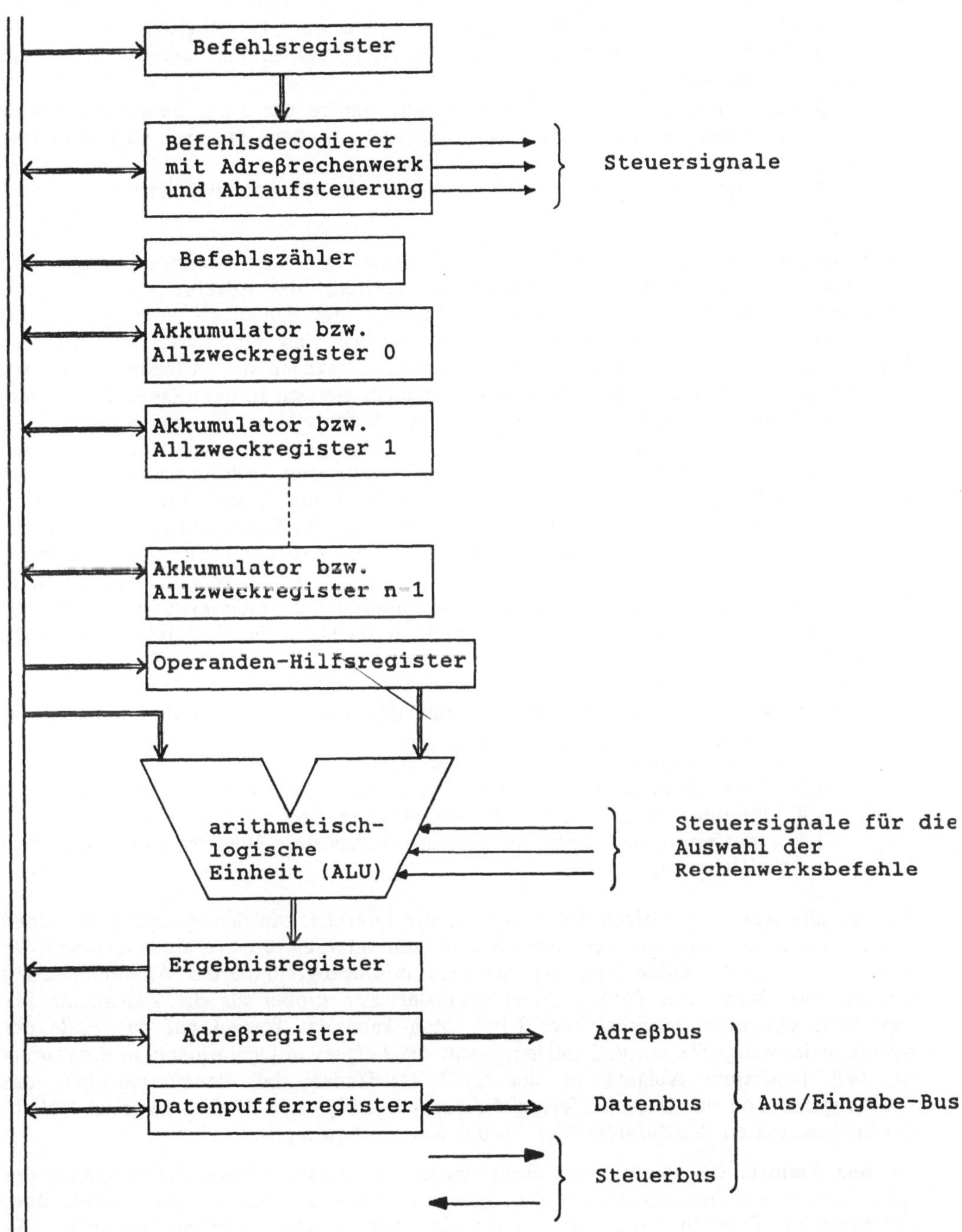

Bild 5-1: Zentralprozessor mit interner Ein-Bus-Struktur

1. Hole den Inhalt einer Arbeitsspeicherzelle in ein CPU-Register.
2. Transferiere den Inhalt eines CPU-Registers in ein anderes oder zum Rechenwerk.
3. Führe eine Rechenwerksoperation aus, indem der ALU beide Operanden zugeführt werden und das Ergebnis wieder in ein CPU-Register abgespeichert wird.
4. Speichere den Inhalt eines CPU-Registers in eine Arbeitsspeicherzelle.

Im Arbeitsspeicher werden die einzelnen Zellen über ihre Adressen angesprochen. Um den ersten der vier Punkte zu erfüllen, muß zunächst das Adreßregister mit einer Arbeitsspeicheradresse geladen werden, d.h. die CPU muß den Inhalt des Registers, das die Adresse enthält, in das Adreßregister umladen und ein Lesesignal auf den Ein/Ausgabe-Bus senden. Aus welchem Prozessor-Register die Adresse genommen wird, hängt vom Zustand der Maschine ab. Befindet sie sich in dem Zustand, bei dem der nächste Befehl geholt wird, so wird der Befehlszähler in das Adreßregister transferiert, sonst, wenn ein Operand aus dem Speicher geholt werden soll, so kann die Adresse aus dem Befehlsregister oder bei der indizierten Adressierung aus einem Index- oder Allzweckregister entnommen werden. Nach dem Laden des Adreßregisters und dem Senden des Lesesignals auf eine Steuerleitung des Ein/Ausgabe-Busses wartet der Prozessor, bis auf einer weiteren Steuerleitung vom Arbeitsspeicher angezeigt wird, daß die Daten auf dem externen Datenbus gültig sind. Dann wird die Information in das Datenpufferregister übernommen und anschließend zum Zielregister innerhalb der CPU übertragen. Im einzelnen sind also zeitlich nacheinander folgende Abläufe zu erzeugen:

1.1. Schalte Register mit Adresse auf den internen Bus und veranlasse das Adreßregister, die Information zu übernehmen.
1.2. Sende Lesesignal auf den externen Bus.
1.3. Warte, bis Signal auf externem Bus die Gültigkeit der Daten anzeigt.
1.4. Übernimm die Daten in das Datenpufferregister.
1.5. Transferiere den Inhalt des Datenpufferregisters über den internen Bus in das Zielregister.

Die für alle Aktionen nötigen Steuersignale, die internen, die den Ausgang des einen Registers und den Eingang des anderen mit dem internen Bus verbinden, sowie das externe Lesesignal werden von der meistens mikroprogrammierten Ablaufsteuerung erzeugt. Die Dauer von Punkt 1.3 ist normalerweise größer als die Zeitspanne für irgendeine Operation innerhalb der CPU. Man kann das Warten auf das Ende des Arbeitsspeicherzugriffs sinnvoll nutzen, wenn die Folge von Operationen so organisiert ist, daß bestimmte Abläufe in der CPU stattfinden, bei denen natürlich das Adreßregister und das Datenpufferregister nicht beteiligt sein dürfen. So ist es üblich, das Inkrementieren des Befehlszählers in die Wartezeit zu legen.

Für den Transfer des Inhalts eines Registers in ein anderes müssen die Ausgänge des Quellregisters auf den allgemeinen Bus geschaltet werden. Das Schalten erfolgt über elektronische Einrichtungen, die sich wie mechanische Schalter verhalten: In geschlossenem Zustand können sie den Spannungspegel für die logische "0" oder "1" übertragen, in geöffnetem Zustand sind die Ausgänge der einzelnen Flip-Flops des Registers nur noch hochohmig mit den Leitungen des Busses verbunden, also praktisch von ihnen abgetrennt. Ein Ausgang, der die drei Zustände "0", "1" und hochohmig annehmen kann, heißt **Tristate-Ausgang. Bild 5-2** zeigt die Verbindung einer Leitung des allgemeinen Busses mit einem Flip-Flop eines Registers am Eingang und am Ausgang. Die genaue schaltungstechnische Realisierung von Tristate-Ausgängen sowie

Bild 5-2: Verbindungen zwischen Bus und einem Regi
a) Bisherige Darstellung in **Bild 5-1**
b) Darstellung mit Ein- und Ausgangsgatter
c) Elektrische Schaltung für ein Bit

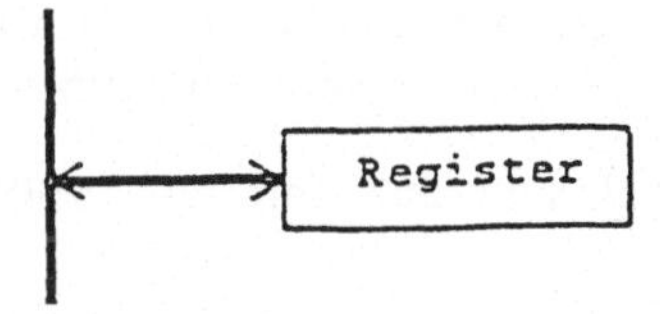

a) Vereinfachte Darstellung

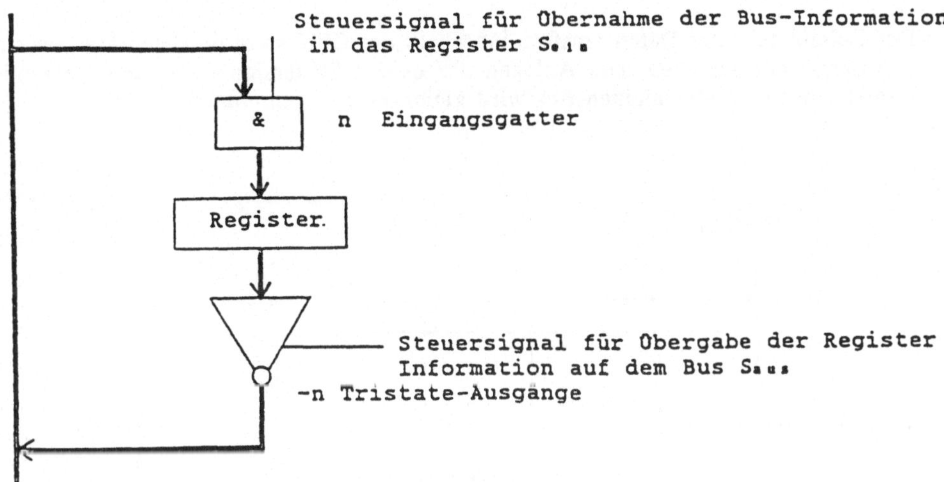

b) Darstellung mit Eingang- und Ausgangsgattern

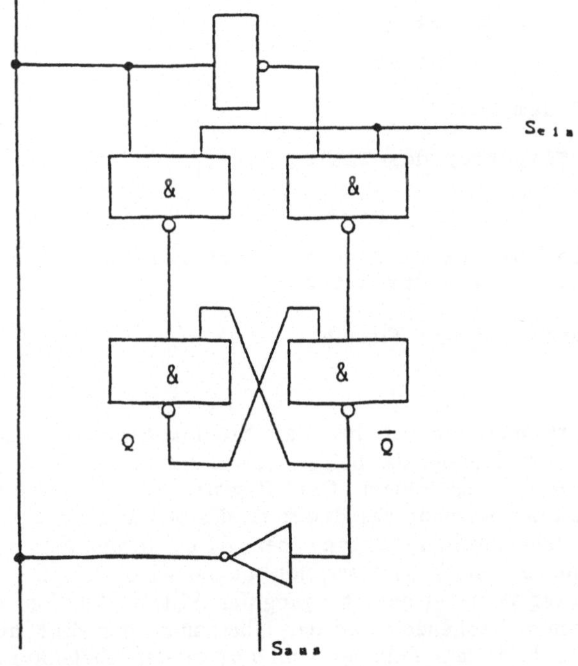

c) Schaltung für 1 Bit mit RS-Flip-Flop aus NAND-Gattern

die seltener angewandte Technik der Schaltungen mit offenem Kollektor oder in MOS-Technologie mit offenem Drain möge der Leser Elektronik-Lehrbüchern entnehmen.

Für den Register-Register-Transfer innerhalb der CPU sind nun folgende Abläufe erforderlich:

2.1 Schalte die Ausgänge des Quellregisters auf den allgemeinen Bus.
2.2 Verbinde die Eingänge des Zielregisters mit dem allgemeinen Bus.

Der Zeitablauf eines Datentransfers innerhalb der CPU kann demnach etwa wie in **Bild 5-3** dargestellt aussehen. Das Anlegen der beiden Steuersignale für das Verbinden der Register mit dem allgemeinen Bus wird gleichzeitig angenommen.

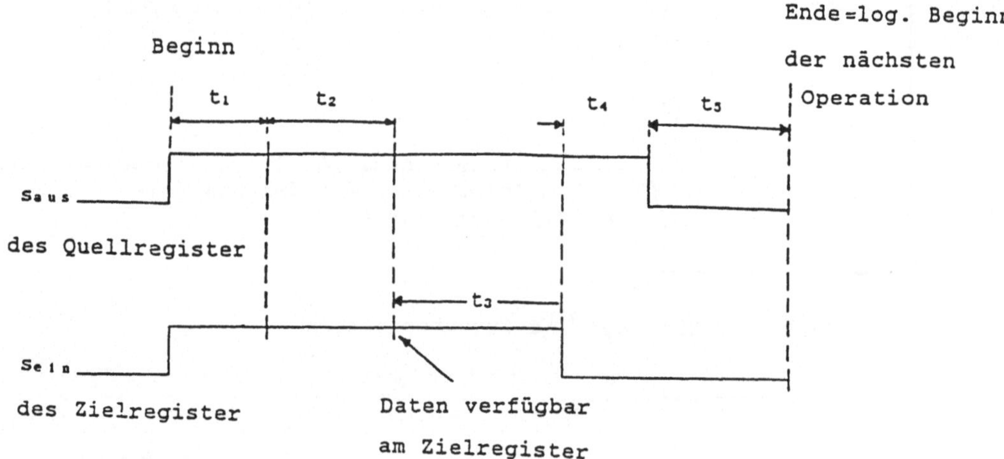

t_1 : Schaltzeit der Tristate - Ausgänge

t_2 : Übertragungszeit auf dem Bus

t_3 : Zeit zum Setzen der Flip-Flop des Zielregister

t_4 : Halte-Zeit

t_5 : Verzögerung durch die Ablaufsteuerung zur Vorbereitung der Signale für die nächste Operation.

Bild 5-3: Zeitablauf beim Register-Register-Transfer

Der Ablauf einer Rechenwerksoperation ist bei der Ein-Bus-Struktur wesentlich komplizierter, denn es müssen nacheinander die beiden Operanden zur ALU übertragen werden. Zuerst wird Operand 1 aus einem CPU-Register in das Operanden-Hilfsregister übertragen, danach der Ausgang des Registers, das den zweiten Operanden enthält, über den Bus mit dem zweiten Eingang der ALU verbunden und das Steuersignal für die gewünschte arithmetische Operation an die ALU gelegt. Zugleich kann der Eingang des Ergebnisregisters mit dem Ausgang der ALU verbunden werden. Nach dem Ablauf der eigentlichen Rechenzeit und der Übernahme des Ergebnisses in das dafür vorgesehene Register folgt der Transfer von dort in den Zielakkumulator. Folgende Schritte sind demnach auszuführen:

3.1 Übertrage ersten Operanden in das Hilfsregister entsprechend den Punkten 2.1 und 2.2.
3.2 Schalte den Ausgang des Registers, das den zweiten Operanden enthält, auf den allgemeinen Bus und verbinde den zweiten Operandeneingang der ALU mit dem Bus.
3.3 Lege Steuersignal der auszuführenden Operation an die ALU und gib Eingänge des Ergebnisregisters frei.
3.4 Übertrage das Ergebnis in den Zielakkumulator entsprechend den Punkten 2.1 und 2.2.

Der Ablauf beim Schreiben einer Date aus einem CPU-Register in eine Arbeitsspeicherzelle ist ähnlich dem Lesen. Der Unterschied besteht nur darin, daß nach dem Transfer der Adresse in das Adreßregisters auch das Datenpufferregister noch mit dem abzuspeichernden Inhalt des CPU-Registers geladen werden muß. Anschließend wird ein Schreibsignal auf den Ein/Ausgabe-Bus gesendet, und der Zentralprozessor wartet dann auf die Rückmeldung vom Arbeitsspeicher, daß der Schreibzyklus ausgeführt wurde. Folgende Schritte sind im einzelen nötig.

4.1 Lade das Adreßregister mit der Adresse der zu referierenden Arbeitsspeicherzelle.
4.2 Lade das Datenpufferregister mit dem abzuspeichernden Registerinhalt.
4.3 Sende Schreibsignal auf externen Ein/Ausgabe-Bus.
4.4 Warte auf Rückmeldung vom Arbeitsspeicher.

Die Operationen 4.1 und 4.2 sind unabhängig voneinander. Sie können ebenso in umgekehrter Reihenfolge ausgeführt werden. Sie könnten aber auch gleichzeitig ausgeführt werden, falls die Architektur der CPU dies zuließe. Bei der bisher vorgestellten Ein-Bus-Struktur nach **Bild 5-1** ist diese elementare Parallelarbeit offensichtlich aber nicht möglich.

Die Ein-Bus-Struktur stellt nur eine von vielen Möglichkeiten dar, den internen Datenverkehr des Zentralprozessors zu organisieren, und die beiden folgenden Beispiele sollen nicht mehr mit der gleichen Ausführlichkeit besprochen werden. In **Bild 5-4** ist eine Zwei-Bus-Struktur dargestellt. Einer der beiden Busse, wir haben in der Zeichnung den linken angenommen, ist ein Bus, der mit den Eingängen aller CPU-Register verbunden werden kann, während man den rechten mit allen Ausgängen verbinden kann. Wir haben also einen Registereingangsbus und einen Registerausgangsbus. Damit nun Daten von einem Register in ein anderes übertragen werden können, existiert ein Busschalter, der bei Bedarf durch ein Steuersignal geschlossen werden kann und dann beide Busse miteinander verbindet. Als zweite Datenquelle ist der Ausgang der ALU mit dem Registereingangsbus verbunden. Das bei der Ein-Bus-Struktur noch nötige Ergebnisregister kann hier entfallen, da über den linken Bus das Ergebnis der Rechenoperation sofort in den Zielakkumulator geschrieben werden kann.

Eine weitere Möglichkeit stellt die in **Bild 5-5** gezeichnete Drei-Bus-Struktur dar. Bei dieser Organisationsform wird den drei für den inneren Datenverkehr der CPU wichtigsten Datenquellen jeweils ein eigener Bus zur Verfügung gestellt. Als Datenquelle gelten dabei das mit dem externen Ein/Ausgabe-Bus verbundene Datenpufferregister, der Ausgang der ALU und der Ausgang des Akkumulators oder der Allzweckregister. Man könnte auch jedem Allzweckregister einen eigenen Bus zur Datenausgabe zuordnen. Dann wäre ein gleichzeitiger Datenverkehr zwischen allen Bestandteilen des Prozessors möglich, jedoch wird der Aufwand dafür nicht lohnen.

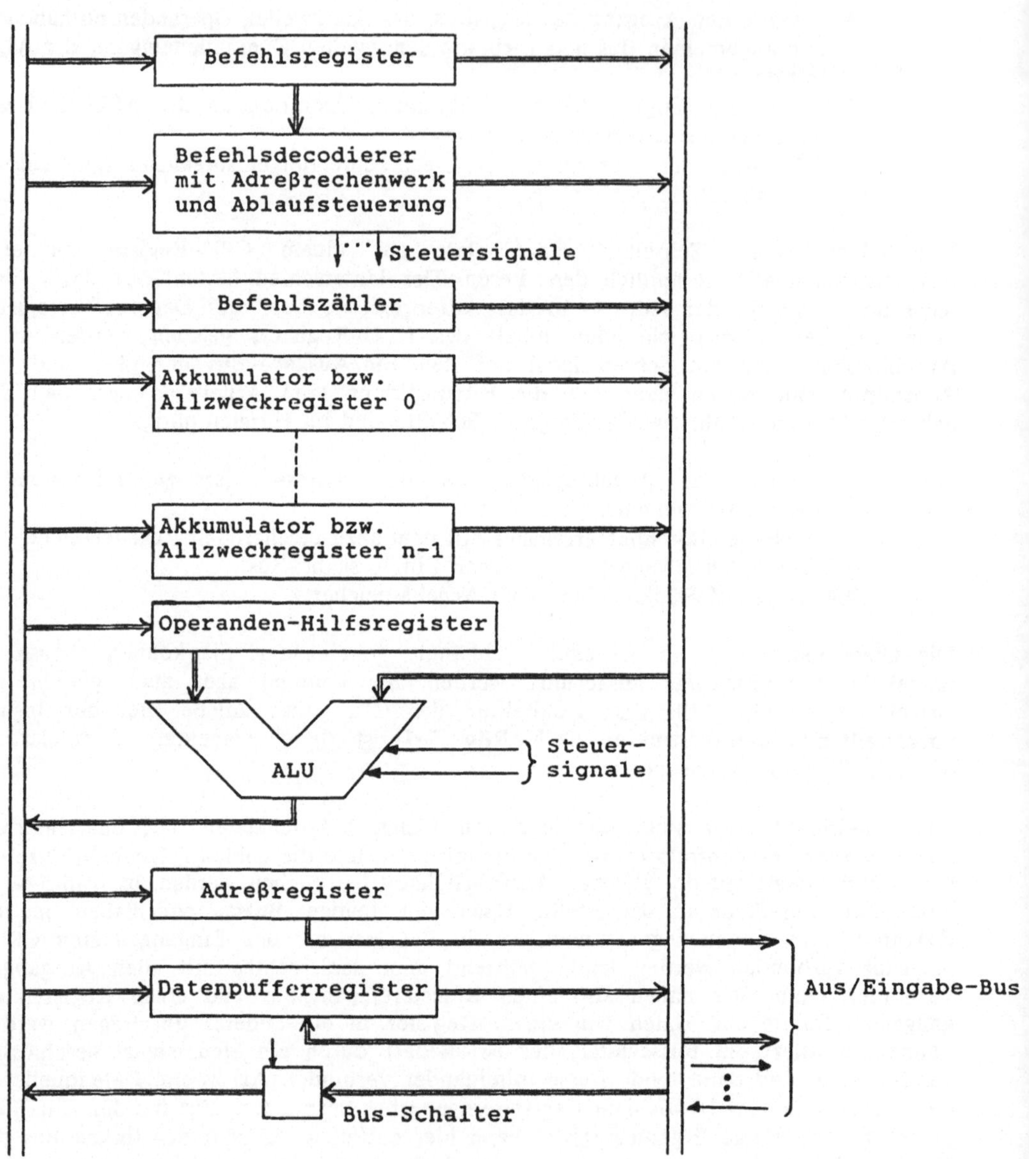

Bild 5-4: Zentralprozessor mit Zwei-Bus-Struktur

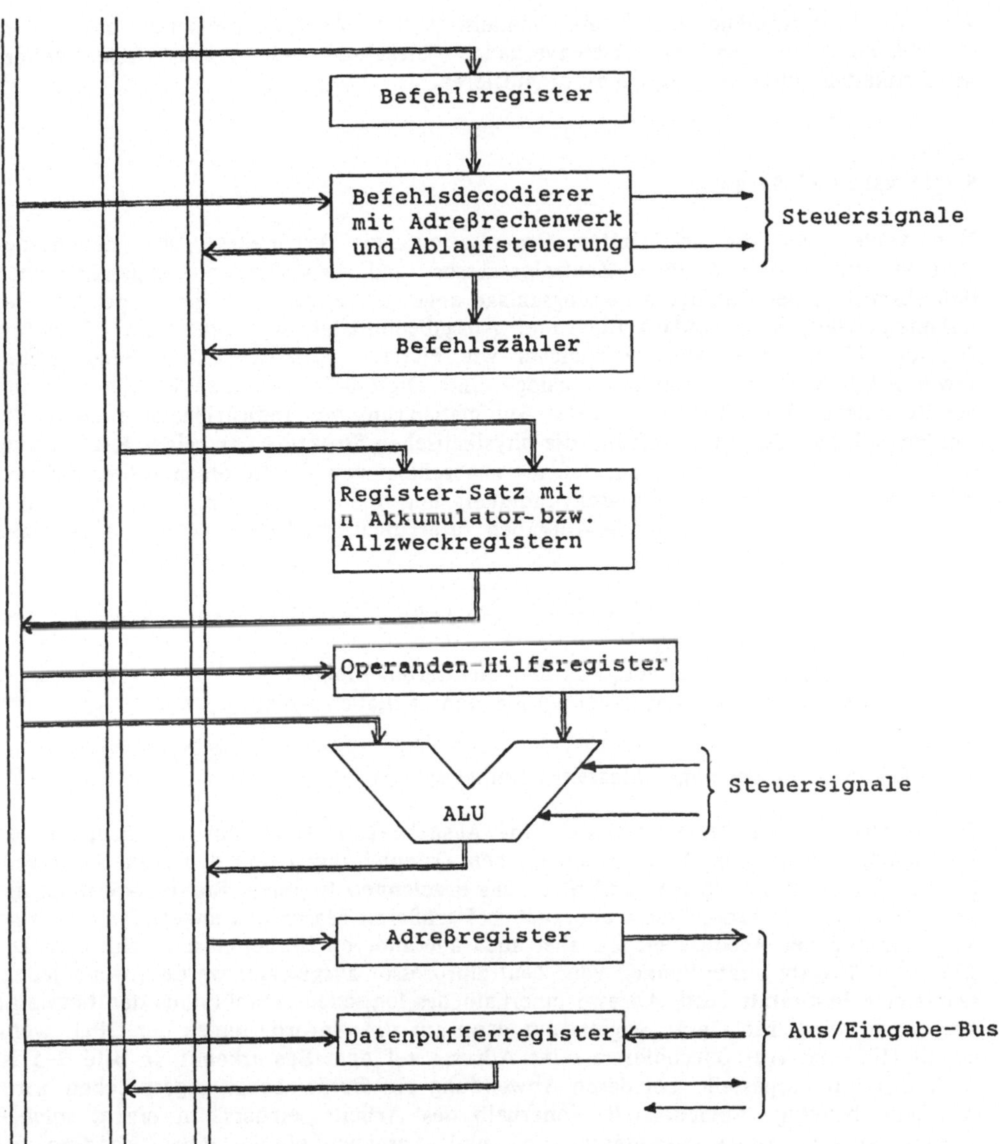

Bild 5-5: Zentralprozessor mit Drei-Bus-Struktur

Wer die Strukturpläne der heute handelsüblichen Zentralprozessoren unter dem Gesichtspunkt des internen Datenverkehrs betrachtet, wird noch viele weitere Möglichkeiten entdecken, diesen zu organisieren.

5.2 Eingabe und Ausgabe

Nun wollen wir die wichtigsten Organisationsarten besprechen, mit denen der Datenverkehr zwischen dem Zentralprozessor und den anderen angeschlossenen Betriebsmitteln der Datenverarbeitungsanlage abgewickelt wird. Zu diesen gehören der Arbeitsspeicher, die Standard-Ein- und Ausgabeeinheiten wie Bildschirm, Tastatur, Drucker, Plotter, die externen Speicher wie Platten-, Disketten- und Bandspeicher sowie möglicherweise besondere Analog- und Digital-Ein/Ausgabe-Einheiten, wenn der Rechner als Prozeßrechner bei der Automatisierung von Industrieanlagen eingesetzt werden soll. Der Datenverkehr und die physikalischen Strukturen zu seiner Realisierung sind offenbar so zu organisieren, daß die angeschlossenen Geräte einen weiten Bereich im Hinblick auf ihre Arbeitsgeschwindigkeit und die Menge der zu übertragenden Daten umfassen dürfen. Folgende Aufgaben zu erfüllen, muß der Rechner in der Lage sein:

1. Auswahl bzw. Adressierung einer bestimmten Einheit für die vorgesehene Datenübertragung.
2. Datentransfer zu oder von der selektierten Einheit.
3. Koordinierung der dabei anfallenden zeitlichen Abläufe.

5.2.1 Adressierung der angeschlossenen Einheiten

Der in Abschnitt 5.1 schon erwähnte **Ein-/Ausgabe-Bus** besteht aus drei Gruppen von Leitungen, nämlich den Adreßleitungen, den Datenleitungen und den Steuerleitungen, kurz auch als **Adreß-, Daten- und Steuerbus** bezeichnet. In einem **Ein-Bus-System**, das bei den meisten Mikrorechnern und auch bei größeren Maschinen anzutreffen ist, sind an diesen Bus der Arbeitsspeicher, aber auch alle anderen Einheiten angeschlossen. Die Ein- und Ausgabegeräte können vom Zentralprozessor ausgewählt werden, wenn jedem Gerät eine bestimmte feste Adresse innerhalb des logischen Adreßraums der Maschine zugeordnet wird. Ein Gerät reagiert nur dann auf die Anforderungen der CPU, wenn es mit Hilfe des Adreßdecodierers seine Adresse auf dem Bus erkennt. In **Bild 5-6** ist diese Struktur dargestellt, bei deren Anwendung ein Gerät ebenso angesprochen wird, wie jede beliebige Speicherstelle innerhalb des Arbeitsspeichers. In einem solchen System wird es keine besonderen Ein- und Ausgabe-Befehle geben, sondern die Arbeitsspeicher-Referenzbefehle dienen zugleich auch dem Datenverkehr mit den

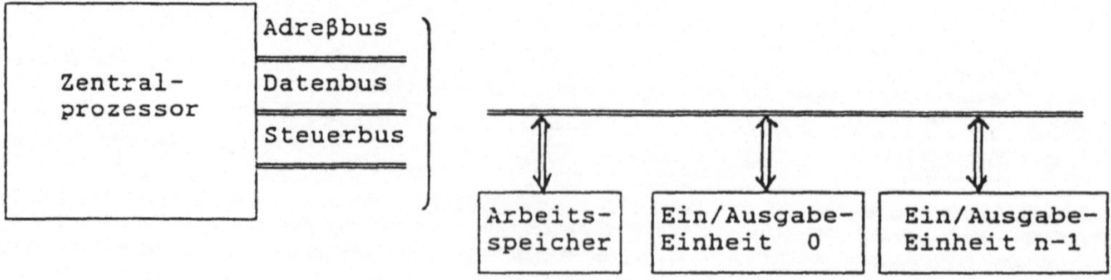

Bild 5-6: System mit Universalbus für Arbeitsspeicher und Ein-/Ausgabe

Ein/Ausgabe-Einheiten. Meistens wird diesen ein Block aufeinanderfolgender Adressen zugeordnet. Das Verfahren hat demnach den Nachteil, daß ein Teil des Adreßraums der CPU nicht für den Speicher verwendet werden kann, was den organisatorischen Aufbau des Arbeitsspeichers etwas erschwert. Bei einigen Prozessoren wurde diese Einschränkung umgangen, indem beim Senden einer Adresse ein zusätzliches Signal auf dem Steuerbus anzeigt, ob es sich um eine Speicheradresse oder um die Adresse eines Peripheriegerätes handelt, was natürlich besondere Ein/Ausgabe-Befehle erforderlich macht.

Eine andere Möglichkeit bietet das **Zwei-Bus-System** nach **Bild 5-7**. Der **Speicherbus** dient ausschließlich dem Datenverkehr CPU-Arbeitsspeicher. Man spricht in diesem Fall von einem zugeordneten Bus, während der **Ein-/Ausgabe-Bus**, der von vielen Teilnehmern benutzt wird, ein nicht zugeordneter Bus ist. Auch bei dieser Organisation müssen besondere Ein/Ausgabe-Befehle von der CPU ausgeführt werden. Die Zahl der Adreßleitungen des Ein/Ausgabe-Busses ist hier wegen der geringen Zahl der auszuwählenden Geräte wesentlich kleiner als im vorigen Beispiel.

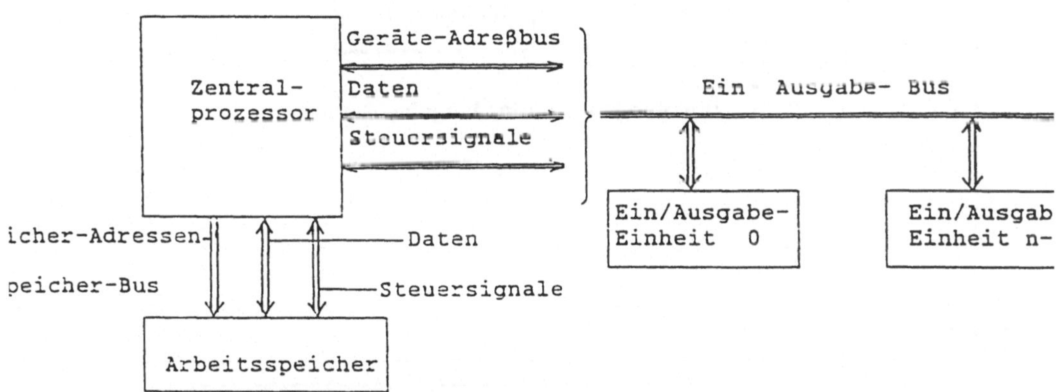

Bild 5-7: System mit Arbeitsspeicherbus und Ein/Ausgabebus

Schließlich sei noch erwähnt, daß der Zentralprozessor die Ein/Ausgabe-Geräte nicht nur in codierter Form, das heißt durch Senden einer Adresse, selektieren kann. In **Bild 5-8** ist der Adreßbus für die Ein/Ausgabe-Einheiten weggelassen und stattdessen zu jedem Gerät eine besondere Anwahl-Leitung geführt, die man als Teil des Steuerbusses ansehen kann. Damit kann die Anschlußelektronik aller Geräte einfacher gebaut werden, da in jeder Gerätesteuerung der Adreßdecoder entfällt. Dieser Vorteil wird jedoch durch einen aufwendigeren Zentralprozessor erkauft, der jetzt selbst die einzelnen Anwahl-Leitungen steuern muß. Nicht zuletzt die beschränkte Zahl von Anschlüssen der CPU macht dieses Verfahren weniger flexibel als die vorher besprochenen.

5.2.2 Die Datenübertragung

Wir wollen nun sehen, wie Daten von dem Pufferregister eines Gerätes zu einem CPU-Register bzw. einer Arbeitsspeicherzelle oder umgekehrt übertragen werden können. **Bild 5-9** zeigt die Anschlußelektronik eines Gerätes, das byte- oder wortweise Daten

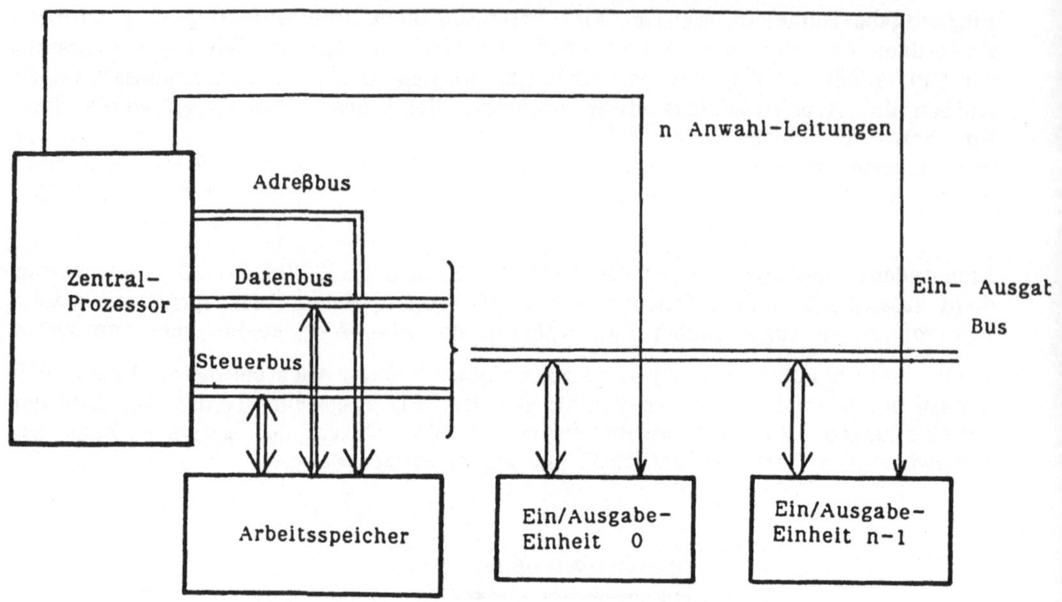

Bild 5-8: System mit Anwahlleitungen für Ein/Ausgabe-Einheiten

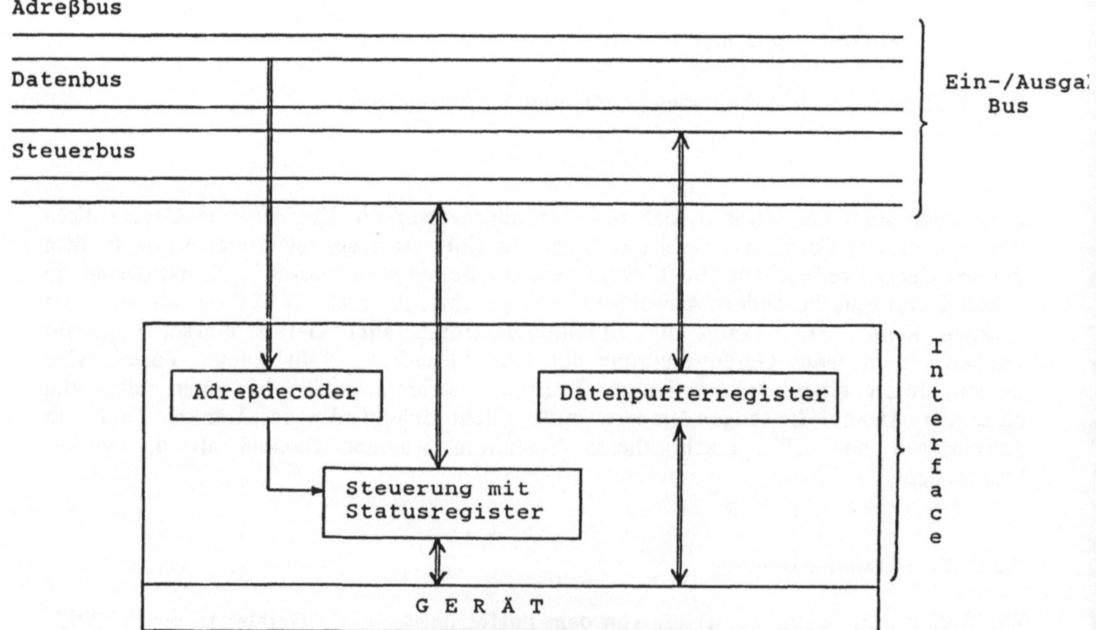

Bild 5-9: Anschluß eines Gerätes an den Ein/Ausgabe-Bus

transferieren kann. Sie besteht aus dem Adreßdecoder, dem Datenpuffer, dem Statusregister und der Steuerung. Alle Teile werden unter dem Begriff **"Interface"** zusammengefaßt. Das Statusregister gibt Auskunft über den Betriebszustand des Gerätes, und es enthält demnach Bits, die anzeigen, ob das Gerät betriebsbereit, wartend, beschäftigt, mit einem Auftrag fertig ist usw.

Bei der programmgesteuerten Ein/Ausgabe wird bei jedem Ein/Ausgabe-Befehl ein Byte oder ein Wort vom Gerät zur CPU oder umgekehrt übertragen. Auf den genauen zeitlichen Ablauf werden wir weiter unten noch eingehen. Soll mehr als eine Date transferiert werden, so ist bei Geräten mit diesem Interface eine Schleife zu programmieren. Sie könnte als Maschinenprogramm etwa aus den folgenden Befehlen bestehen, wenn z.B. eine Zeile mit 80 Zeichen auf dem Drucker ausgegeben werden soll, wobei vorausgesetzt wird, daß der Drucker eingeschaltet und betriebsbereit ist:

1. Lade ein Indexregister mit der Speicheradresse des ersten Zeichens.
2. Lade ein Rechenwerksregister mit der Zahl der Zeichen 80.
3. Teste Betriebszustand des Druckers.
4. Falls arbeitend, weiter bei 3.
5. Hole mit Indexadresse das nächste Zeichen aus dem Arbeitsspeicher in den Prozessor.
6. Gib das Zeichen an den Drucker aus.
7. Erhöhe Indexregister um 1.
8. Vermindere Rechenwerksregister = Zeichenzähler um 1.
9. Falls Zählerstand > 0 weiter bei 3.
10. Ende

Die Schleife zwischen den Befehlen 3 und 9 muß für jedes Zeichen einmal durchlaufen werden. Sie besteht aus sieben Befehlen. Selbst wenn das Lesen eines Befehls in einem Speicherzyklus erfolgen sollte, sind für das Ausgeben eines Zeichens demnach acht Arbeitsspeicherzugriffe nötig. Noch schlimmer wirkt sich die programmgesteuerte Ein/Ausgabe aus, wenn der Drucker keinen Datenpuffer für mindestens 80 Zeichen hat, sondern vielleicht nur ein Zeichen speichern kann und das nächste Zeichen erst übertragen werden kann, wenn das vorhergehende auf dem Papier ist. Dann wird der größte Teil der verfügbaren CPU-Zeit in der Warteschleife zwischen den Befehlen 3 und 4 vergeudet. Der Gebrauch der programmgesteuerten Ein/Ausgabe ist in diesem Fall also sehr unzweckmäßig, in anderen Fällen, insbesondere bei der Übertragung großer Datenmengen mit schnell arbeitenden Geräten wie Platten- und Bandspeichern, ist er physikalisch unmöglich. Deren Datenrate ist so groß, daß die Bearbeitungszeit der programmierten Schleife länger ist als die Zeit, die der Externspeicher für den Transfer eines Zeichens oder Wortes benötigt. Die Arbeitsweise dieser Speichermedien ist zwar taktgesteuert, aber unabhängig vom CPU-Takt.

Die erwähnten Nachteile werden vermieden durch die Verlagerung der im oben angeführten Programm vorhandenen "Intelligenz" in die Anschlußelektronik und durch das Einführen von **Programmunterbrechungen (Interrupts)** in den Ein/Ausgabeverkehr.

In **Bild 5-10** sehen Sie ein Interface, das alle Funktionen des Ein/Ausgabe-Programms selbständig ausführen kann. Es besitzt zusätzlich zu den Bestandteilen der Einrichtung aus **Bild 5-9** noch den Adreßzähler für den Arbeitsspeicher und den Wortzähler. Diese beiden Zähler erlauben dem Interface, nachdem es von der CPU einmal versorgt und gestartet wurde, den Transfer zwischen Arbeitsspeicher und dem angeschlossenen Gerät selbständig auszuführen. Es handelt sich um einen Anschluß mit direktem **Arbeitsspeicherzugriff (direct memory access = DMA)**, der als DMA-Contoller bezeichnet wird. Soll eine Ein/Ausgabe-Operation gestartet werden, muß die CPU ein

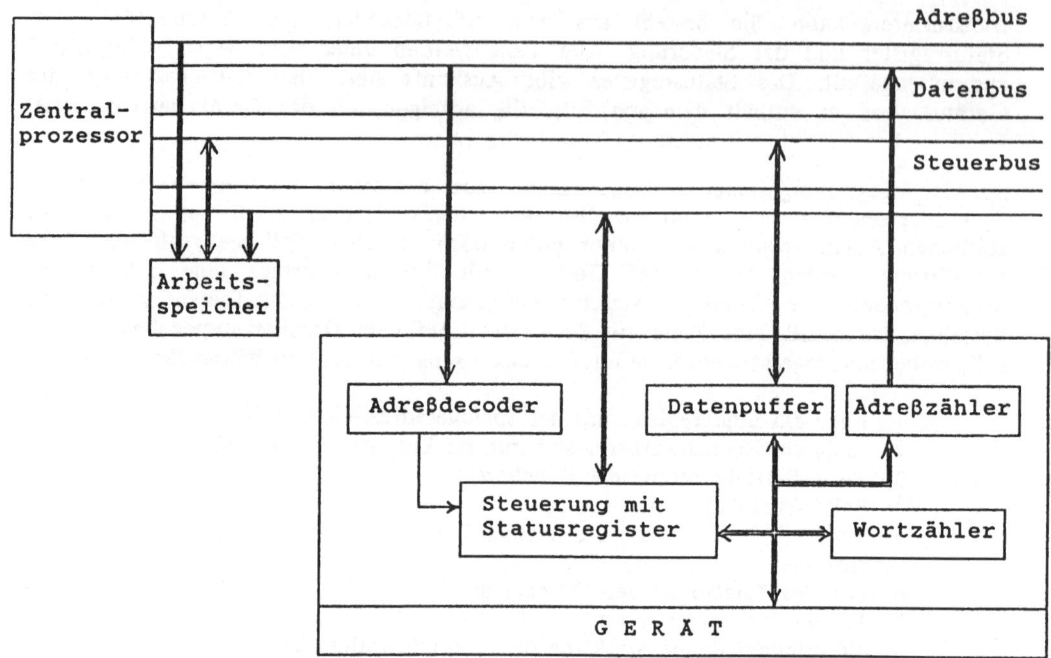

Bild 5-10: DMA-Controller in einem Ein-Bus-System

Programm bearbeiten, das im DMA-Controller den Speicheradreßzähler lädt, den Wortzähler lädt, der Steuerung die Art der Operation (Schreiben oder Lesen) übermittelt und schließlich den Transfer startet. Während der Datenübertragung kann es zu Zugriffskonflikten auf den Arbeitspeicher zwischen dem Zentralprozessor und dem DMA-Controller kommen. Diese werden meistens gelöst, indem der Controller grundsätzlich Priorität vor der CPU erhält. Da die CPU wegen ihrer höheren Arbeitsgeschwindigkeit die meisten Arbeitsspeicherzyklen erhalten wird, entzieht der Controller dem Zentralprozessor die von ihm benötigten Arbeitsspeicherzyklen **(cycle stealing)**. Bei Systemen mit mehreren DMA-Controllern kann man mit besonderen Bussteuerungen ein sinnvolles Prioritätsschema festlegen.

5.2.3 Programmunterbrechungen

Das Verfahren, das Ende einer Datenübertragung durch **dauerndes Abfragen (polling, status checking)** des Statusregisters im Interface abzuwarten, wie es in 5.2.2 dargestellt wurde, ist wegen der dafür nötigen CPU-Zeit nur bei Geräten vertretbar, deren Arbeitsgeschwindigkeit annähernd so groß ist wie die der CPU. Um den Zentralprozessor des Rechners während eines länger dauernden Datentransfers, gleichgültig ob programmgesteuert oder mit DMA-Controller, nicht auf das Ende der Ein/Ausgabe-Operation warten zu lassen, verwendet man die Technik der Programmunterbrechung (Interrupt), die bereits in Kapitel 4 (Steuerwerke) vorgestellt wurde. Wir wollen uns hier erneut mit Interrupts beschäftigen und dabei auf die verschiedenen Anschlußstrukturen für die externen Geräte eingehen. Bei der interruptgesteuerten Ein-/Ausgabe setzt die CPU nach dem Starten der Datenübertragung ein arbeitsbereites Programm fort, wartet also nicht in einer programmierten Schleife. Nachdem die Operation abgeschlossen ist, fordert das Externgerät durch ein Signal auf der dafür vorgesehenen Leitung des Steuerbusses eine Programmunterbrechung (**interrupt request** = **INTR**) an. Falls der Zentralprozessor die Anforderung annimmt, wird das Gerät durch das dann gestartete Programm, die Interrupt-Service-Routine, bedient.

Der Ablauf einer Programmunterbrechung kann die folgenden Schritte umfassen:

1. Der gerade bearbeitete Befehl wird zu Ende ausgeführt.
2. Der Prozessorstatus ist zu retten, damit das unterbrochene Programm später fortgesetzt werden kann. Weitere Unterbrechungsanforderungen werden nicht angenommen.
3. Es muß festgestellt werden, welches der angeschlossenen Geräte die Anforderung gestellt hat.
4. Dem Gerät muß mitgeteilt werden, daß seine Anforderung akzeptiert wurde. Das Gerät stellt daraufhin seine Anforderung ab.
5. Das Gerät muß durch die Service-Routine bedient werden.
6. Der ursprüngliche Prozessorzustand muß wieder hergestellt werden. Unterbrechungsanforderungen werden wieder zugelassen. Damit wird das unterbrochene Programm fortgestzt.

Einige Aspekte dieses Ablaufs wollen wir näher untersuchen. Eine Eigenschaft aller Zentralprozessoren besteht in der Möglichkeit, bestimmte Unterbrechungsanforderungen zuzulassen oder nicht. Da ein Programmierer die Möglichkeit haben muß, die Abläufe innerhalb des Systems jederzeit zu kontrollieren, findet man bei allen Prozessoren Maschinenbefehle, mit denen Interrupts zugelassen oder maskiert werden können. Wir wollen zuerst den Fall betrachten, daß eine Unterbrechungsanforderung durch ein einziges Gerät auf dem Steuerbus zur CPU gesendet wird. Das Gerät wird diese Anforderung so lange senden, bis es vom Zentralprozessor angesteuert wird. Das heißt, das Anforderungssignal steht noch an, wenn die Service-Routine gestartet wird. Es muß aber verhindert werden, daß das gleiche Signal sofort einen weiteren Interrupt anfordert. Drei Verfahren sind dafür gebräuchlich:

1. Die CPU ignoriert durch ihre Hardware für die Dauer der Ausführung des ersten Befehls der Service-Routine die Anforderungsleitung des Steuerbusses. Der erste Befehl muß dann die Interrupt-Leitung maskieren. Dieser Zustand bleibt erhalten, bis durch einen weiteren Maschinenbefehl Interrupts von dieser Leitung wieder zugelassen werden. Dieser Befehl darf frühstens ausgeführt werden, wenn das Gerät seine Anforderung abgestellt hat, nachdem von der CPU die Annahme signalisiert wurde. Er muß spätestens der letzte Befehl der Service-Routine sein.

2. Durch ihre Hardware reagiert die CPU nur auf die steigende Flanke des Anforderungssignals, während ein statisches Signal keinen Interrupt bewirkt.

3. Beim Start der Service-Routine werden automatisch alle Interrupts maskiert. In gleicher Weise werden sie am Ende durch den Rückkehr-Befehl wieder zugelassen.

Bei den meisten Prozessoren findet man im Prozessorstatus-Wort ein Bit, das angibt, ob **Interrupts** zur Zeit **zugelassen** oder **maskiert** sind. Hat ein Prozessor mehrere Signaleingänge für das Anfordern von Unterbrechungen, so kann jeder Eingang einzeln maskiert oder aktiviert werden, und das Statuswort hat eine entsprechende Zahl von Anzeige-Bits, es sei denn, einer der Eingänge ist ein sogenannter nicht maskierbarer Interrupt. Dieser wird nur für besonders zeitkritische Abläufe benutzt.

Jetzt wollen wir den Fall betrachten, daß mehrere mit der CPU verbundene Ein/Ausgabe-Einheiten Interrupts anfordern können. Dabei muß der Prozessor zunächst die Quelle der Anforderung feststellen können, dann muß er die zugehörige Service-Routine bearbeiten. Eine einfache Methode festzustellen, welches der angeschlossenen Geräte den Interrupt verursacht hat, ist das sequentielle Abfragen der Statusregister der Interfaces am Beginn einer allgemeinen Service-Routine. Dasjenige Gerät, in dessen Steuerung das "Fertig"-Bit gesetzt ist, wartet offenbar auf eine Bedienung durch die CPU. Ist die Einheit gefunden, so kann in die spezielle, nur für dieses Gerät bestimmte Unterroutine verzweigt werden. Das Verfahren hat den Vorteil, daß durch die Reihenfolge des Abfragens sehr einfach **Prioritäten** festgelegt werden können, falls zwei oder mehr Geräte gleichzeitig eine Anforderung an die CPU senden. Es hat aber den wesentlichen Nachteil des Zeitaufwandes für das Abfragen im ungünstigsten Fall aller Geräte, bis die Quelle gefunden ist.

Bei einem System, das es den Geräten ermöglicht, sich selbst gegenüber der CPU zu identifizieren, wenn sie einen Interrupt angefordert haben, entfällt der Abfrageaufwand. Sofort nach dem Annehmen der Unterbrechungsanforderung kann mit dem Start der speziellen Service-Routine begonnen werden. Wenn der Steuerbus des Prozessors so viele Anforderungsleitungen hat, wie Einheiten angeschlossen sind, kann eine Startadresse jeder Leitung zugeordnet werden. Die Tabelle, in der diese Zuordnung von Interruptquelle zu Startadresse der entsprechenden Service-Routine gespeichert ist, nennt man den **Interrupt-Vektor**. Sie erkennen aber, daß damit eine starre Obergrenze für die Zahl der anschließbaren Geräte festliegt. Um diesen Nachteil zu vermeiden, läßt man den Anschluß einer kleinen Zahl von Einheiten an eine von mehreren Anforderungsleitungen zu und installiert somit eine Mischform zwischen den beiden bisher vorgestellten Verfahren, eine Interruptquelle zu bestimmen. Wird jetzt auf einer bestimmten Leitung ein Interrupt angefordert, so muß nur der Status der mit dieser Leitung verbundenen Geräte abgefragt werden.

Das häufigste Verfahren der Identifikation der Interruptquelle besteht darin, daß das fragliche Gerät einen speziellen Code zur CPU sendet, aus dem diese das Gerät eindeutig erkennt. Diese Identifikationsnummer darf erst gesendet werden, wenn die CPU bereit ist, sie zu empfangen, also wenn die Interruptanforderung von ihr angenommen wurde. Die notwendige Koordinierung erreicht man durch ein weiteres Steuersignal auf dem Bus (**Interrupt acknowledge = INTA**), das die CPU sendet, wenn die Service-Routine gestartet werden soll. Beim Empfang dieser Quittierung sendet die Ein/Augabe-Einheit ihre Identifikationsnummer, die von der CPU als Adresse oder Teiladresse für einen Arbeitsspeicherzugriff benutzt wird. Aus der so adressierten Arbeitsspeicherzelle wird die Startadresse für die Service-Routine entnommen und in den Befehlszähler geladen. Bei vielen Maschinen umfaßt dieser Interruptvektor außer der Startadresse noch ein neues Prozessorstatuswort, das in das Statusregister der CPU geladen wird. Dadurch erhält der Programmierer die Möglichkeit, neue Prioritäten festzulegen, weitere Anforderungen zuzulassen oder zu maskieren usw.

Eine Frage im Zusammenhang mit den Interrupts haben wir bisher noch nicht behandelt: Wie kann das Problem gelöst werden, wenn zwei oder mehr Einheiten gleichzeitig eine Programmunterbrechung anfordern? Gleichzeitig bedeutet, daß der zeitliche Abstand zwischen beiden Ereignissen so gering ist, daß die CPU wegen ihrer beschränkten Arbeitsgeschwindigkeit nicht in der Lage ist, sie als getrennte Ereignisse zu erkennen. Bei dem Aufbau mit einer separaten Interruptrequest-Leitung für jedes Gerät kann durch ein Prioritätsschaltnetz den einzelnen Leitungen eine bestimmte

Priorität zugeordnet werden. Die CPU nimmt nur die Anforderung mit der jeweils höchsten Priorität an (**Bild 5-11**).

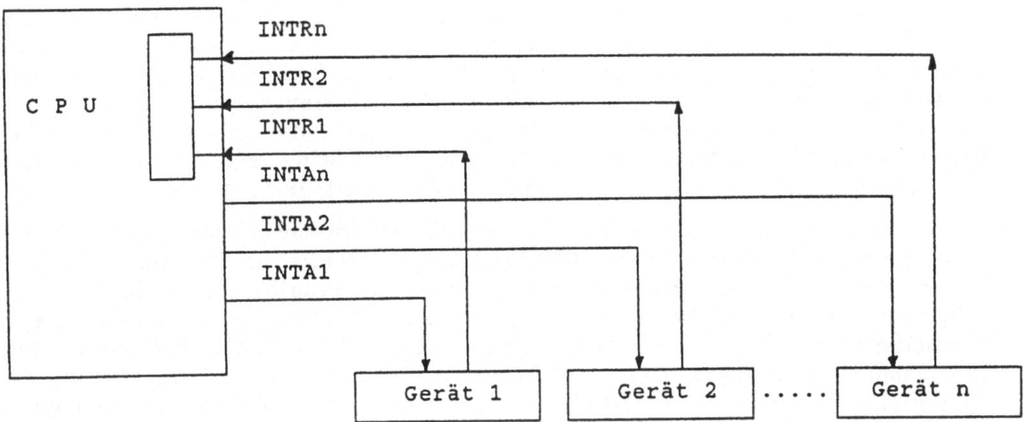

Bild 5-11: Prioritätszuweisung bei Interrupt-Anforderungen auf mehreren Leitungen

Wenn mehrere Einheiten eine Anforderungsleitung benutzen und die Interruptquelle durch Abfragen der Geräte bestimmt wird, so kann mit der Reihenfolge, in der der Zustand der "Fertig"-Bits in den einzelnen Steuerungen getestet wird, sehr einfach durch das Programm ein Prioritätsschema festgelegt werden. Bei Systemen, in denen die Geräte eine Identifikationsnummer zur CPU senden, wenn sie das Quittierungssignal INTA empfangen haben, wird die Priorität offenbar festgelegt durch die Reihenfolge, in der das Signal zeitlich nacheinander von den Einheiten empfangen wird. Die gebräuchlichste Methode ist die **Reihung (daisy chain)** nach Bild 5 12. Der Prozessor sendet das INTA-Signal zu Gerät 1. Falls dieses keine Programmunterbrechung angefordert hatte, gibt es das Signal weiter zu Gerät 2 usw. Hatte Gerät 1 aber eine Unterbrechung beantragt, so blockiert es die Weitergabe des INTA-Signals und sendet seinen Erkennungscode zur CPU. Die Reihung erzeugt also ein Prioritätsschema, bei dem das elektrisch der CPU nächstliegende Gerät die höchste, das folgende die zweithöchste Priorität besitzt usw. Wegen ihrer Einfachheit ist die "Daisy chain" sehr weit verbreitet, sie besitzt aber zwei wesentliche Nachteile. Sie ist strukturell fehleranfällig. Wenn ein Gerät mit hoher Priorität gestört ist, können u. U. alle nachfolgenden von der Interruptbearbeitung ausgeschlossen sein, weil das INTA-Signal nicht mehr weitergegeben wird. Außerdem sind die Prioritäten starr durch den physikalischen Aufbau des Busses festgelegt, und der Programmierer hat keine Möglichkeit, die Prioritäten zu ändern, auch wenn es für seine Aufgabe sinnvoll wäre. Vorteilhaft ist dagegen, daß es keine strukturelle Begrenzung der Zahl der anschließbaren Geräte gibt.

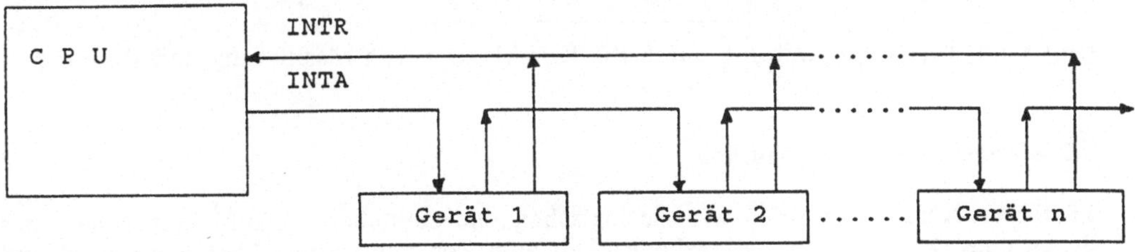

Bild 5-12: Prioritätszuweisung durch Reihung (daisy chain)

Bisher wurde die Interruptbearbeitung so betrachtet, daß eine einmal gestartete Service-Routine fertig bearbeitet wird, auch wenn während der Bearbeitungszeit eine weitere Anforderung auf Programmunterbrechung gestellt wird, die erst dann von der CPU angenommen wird, wenn die zuerst gestartete Routine abgeschlossen ist. Falls ein System aber mehrere maskierbare Interrupteingänge hat wie z.B. in **Bild 5-11**, so wird üblicherweise ein Prioritätsschema installiert, bei dem Service-Routinen während ihrer Ausführung unterbrochen werden können durch Anforderungen von Geräten, denen eine höhere Priorität zugewiesen wurde als demjenigen, das gerade von der CPU bedient wird. Wird dagegen eine Anforderung von einem Gerät gestellt, das eine niedrigere Priorität hat, so wird die laufende Routine zuerst fertig bearbeitet.

Wir wollen die Betrachtung von Interrupts abschließen mit einem Prioritätsschema, wie es in Rechnern verschiedener Hersteller, z.B. DEC, anzutreffen ist (**Bild 5-13**). Im Prozessorstatuswort sind 3 Bits vorgesehen, in denen die Priorität des gerade laufenden Programms in codierter Form angegeben ist, d.h. die Maschine unterscheidet acht Prioritätsebenen 0...7. Sie besitzt acht Leitungen zum Anfordern von Programmunterbrechungen INTR0...INTR7 und diesen Leitungen zugeordnet die Quittierungsleitungen INTA0...INTA7. An ein Leitungpaar INTRn und INTAn können mehrere Geräte angeschlossen werden, die dann alle die gleiche Priorität besitzen und bei denen das INTA-Signal nach Art der "Daisy chain" weitergegeben wird. Ankommende Anforderungen auf Programmunterbrechung werden von der CPU mit der in ihrem Statuswort gespeicherten Priorität verglichen und die laufende Routine wird nur dann unterbrochen, wenn die Anforderung auf einer Leitung mit höherer Priorität erfolgte. Dann wird das zugehörige INTA-Signal gesendet, und der Befehlszählerstand und der Inhalt des Prozessorstatusworts (PSW) werden auf den Systemstapel gerettet. INTA veranlaßt ein Gerät, die Adresse des entsprechenden Interruptvektors an die CPU zu senden. Dieser besteht aus der Startadresse der zugeordneten Service-Routine, die in den Befehlszähler geladen wird, und aus einem neuen Statuswort, das in das PSW-Register gespeichert wird. Dieses neue PSW enthält unter anderem die neue Priorität, so daß die dann gestartete Service-Routine nur von einer Anforderung noch höherer Priorität unterbrochen werden kann.

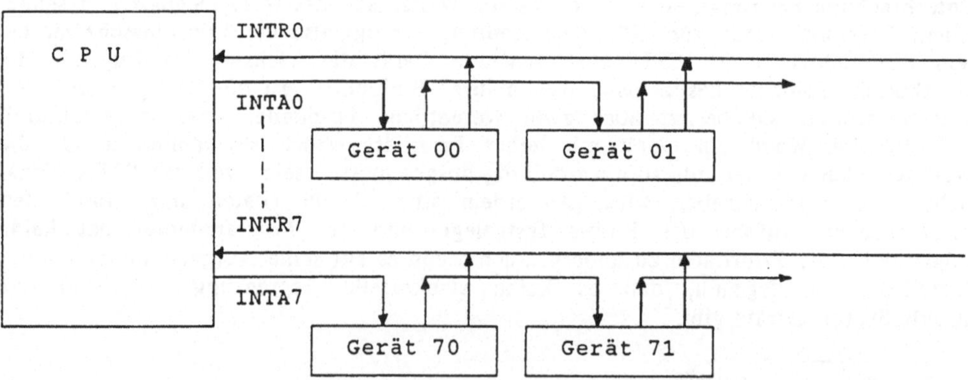

Bild 5-13: Prioritätszuweisung durch die Kombination von Maskierung und Reihung

5.2.4 Kommunikationstechniken

In diesem Abschnitt werden wir die logischen und zeitlichen Abläufe besprechen, mit denen eine Date von einer Eingabe-Einheit zum Zentralprozessor übertragen wird und im Fall der Ausgabe von der CPU zu einem Ausgabe-Gerät. Die genaue Beschreibung der dabei verwendeten Busleitungen und der übertragenen Signale, ihrer Bedeutung und ihrer Wirkung nennt man das "**Busprotokoll**". Aus der großen Zahl der heute anzutreffenden Protokolle wollen wir die zwei extremen Realisierungen besprechen: die **synchrone** und die **asynchrone Kommunikation**. In der Praxis findet man neben diesen beiden eine Vielzahl von Zwischenstufen. Der Ein/Ausgabe-Bus besteht aus drei Gruppen von Leitungen, dem Adreßbus, dem Datenbus und dem Steuerbus. Einige Leitungen des Steuerbusses haben wir im Zusammenhang mit den Interrupts im vorhergehenden Kapitel besprochen, die für den Transfer einer Date sollen nun folgen.

Bei einem Bus für **synchrone Übertragung** wird der Transfer durch ein **Taktsignal** gesteuert, das für alle am Bus angeschlossenen Teilnehmer verfügbar ist. Wir brauchen also einen zentralen Taktgeber und eine Leitung für das Übertragen des Bustaktes. Dieser bestimmt, zu welchen Zeitpunkten der Prozessor oder die Ein/Ausgabe-Einheiten Signale, seien es Adressen, Daten oder Steuersignale, auf die anderen Leitungen des Busses schalten dürfen, und wann sie sie wieder abschalten müssen. Ein weiteres Steuersignal zeigt an, ob es sich um eine Eingabe oder um eine Ausgabe aus der Sicht der CPU handelt. Führt das Read-Signal die "1" so soll eine Date eingelesen werden. Der Ablauf bei einer Eingabe ist in **Bild 5-14a** dargestellt. Wir nehmen willkürlich an, daß ein Buszyklus mit der steigenden Flanke des Taktes beginnt. Zu diesem Zeitpunkt t0 schaltet die CPU die Adresse des Gerätes und das Read-Signal auf die entsprechenden Busleitungen. Mit der fallenden Flanke des Taktes zur Zeit t2 schaltet das Eingabe-Gerät seine Date auf den Bus, um sie zur CPU zu senden. Da mit der nächsten steigenden Flanke des Taktes bei t4 bereits der nächste Buszyklus beginnen soll, muß die CPU die Date vom Bus dazwischen, etwa zur Zeit t3, in ihr Datenpufferregister übernehmen.

Wir wollen die einzelnen Zeitabschnitte näher betrachten. Zwischen t0 und t2 müssen zuerst die von der CPU gesendeten Signale stabil werden. Nach diesem Einschwingvorgang, dessen Dauer von den physikalischen Eigenschaften des Busses bestimmt wird, etwa zur Zeit t1, muß jedes Gerät die Adresse decodieren und die adressierte Einheit erkennt das Read-Signal als Auftrag, den Inhalt ihres Datenpuffers bei t2 auf den Bus zu schalten. Nun spielt sich ein Einschwingvorgang auf dem Datenbus ab. Zur Zeit t3 seien die Signale stabil. Dann kann die CPU die Daten übernehmen. Die Zeit bis t4 muß ausreichen, um die Flip-Flops des Datenpufferregisters der CPU zu setzen, denn bei t4 beginnt der nächste Buszyklus. Sie erkennen, daß die Zeitpunkte t1 und t3 nicht durch den zentralen Bustakt vorgegeben sind. Man kann sie durch separate Verzögerungsschaltungen in den einzelnen Einheiten einschließlich CPU erzeugen. Eine häufige anzutreffende Variante benutzt ein zweites, um eine Viertelperiode dem Haupttakt nacheilendes, Taktsignal.

Ähnlich verläuft die Ausgabe bei einem synchronen Bus. Die CPU sendet zur Zeit t0 Adresse, Date und das negierte Read-Signal. Das adressierte Gerät übernimmt die Date zur Zeit t3 in seinen Datenpuffer (**Bild 5-14b**).

Die Kommunikation über einen synchronen Bus ist sehr einfach, die erforderlichen Interface-Schaltungen wenig aufwendig. Dem stehen zwei Nachteile gegenüber. Der für alle angeschlossenen Einheiten gemeinsame Bustakt muß sich in seiner Frequenz nach dem langsamsten Gerät richten. Dies kann sich insbesondere bei Erweiterungen mit einem langsamen Interface so auswirken, daß auch die Takterzeugung geändert werden muß. Der Transfer zwischen schnellen Geräten und der CPU bleibt unter den physikalischen Möglichkeiten und beeinträchtigt damit den Datendurchsatz des Gesamtsystems. Der zweite Nachteil besteht in der Fehleranfälligkeit des Verfahrens. Wird z.B. ein Adreßsignal falsch übertragen, so daß keines der angeschlossenen Geräte seine Adresse erkennt, so wird die CPU dies nicht bemerken. Im Falle der Eingabe wird sie bei t3 die Signale vom Datenbus übernehmen, welche auch immer das sein

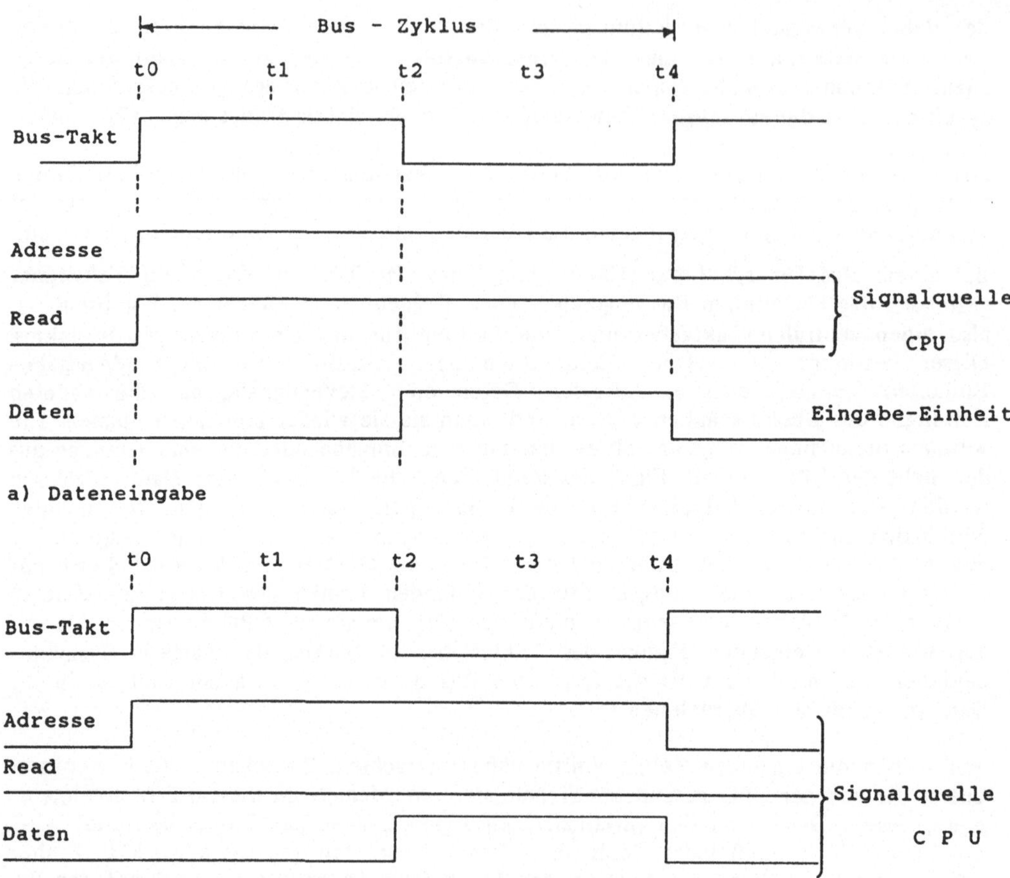

Bild 5-14: Datenübertragung auf einem synchronen Bus

mögen, und bei einer Ausgabe würde sie nicht erkennen, daß kein Gerät die von ihr gesendete Date übernommen hat.

Alle diese Nachteile vermeidet die **asynchrone Kommunikation** auf Kosten eines etwas höheren Hardware-Aufwandes. Es gibt bei ihr keinen synchronisierenden Takt, sondern auf jede Anforderung, die einer der beiden Partner stellt, antwortet der andere mit einem Quittierungssignal. Diese Methode wird als "Handshake" bezeichnet. In **Bild 5-15a** ist die Takt-Leitung ersetzt durch die beiden Signalleitungen IOR (input/output request) und IOACK (input/output acknowledge).

Wir wollen zunächst einen Lesezyklus betrachten. Bei t0 schaltet die CPU die Adresse und das Read-Signal auf den Bus und nach einer Verzögerung bei t1 IOR. Die Verzögerung soll sicherstellen, daß die Einschwingvorgänge beendet sind und die Adresse vom Interface decodiert ist, d.h. IOR zeigt die Gültigkeit von Adreßsignalen und des Read-Signals an. Bei t2 quittiert das Interface die Anforderung durch Senden von IOACK. Gleichzeitig werden die Daten auf den Bus geschaltet. Wenn die CPU das IOACK-Signal bei t3 empfängt, übernimmt sie die Daten in ihr Pufferregister und schaltet IOR ab. Nach einer Verzögerung bei t4 nimmt die CPU Adresse und READ vom Bus. Diese Verzögerung soll sicherstellen, daß auch bei unterschiedlichen Signallaufzeiten keine fehlerhaften Zwischenzustände auftreten. Würde die CPU Adresse und IOR gleichzeitig abschalten und hätte IOR bis zu irgendeinem Interface

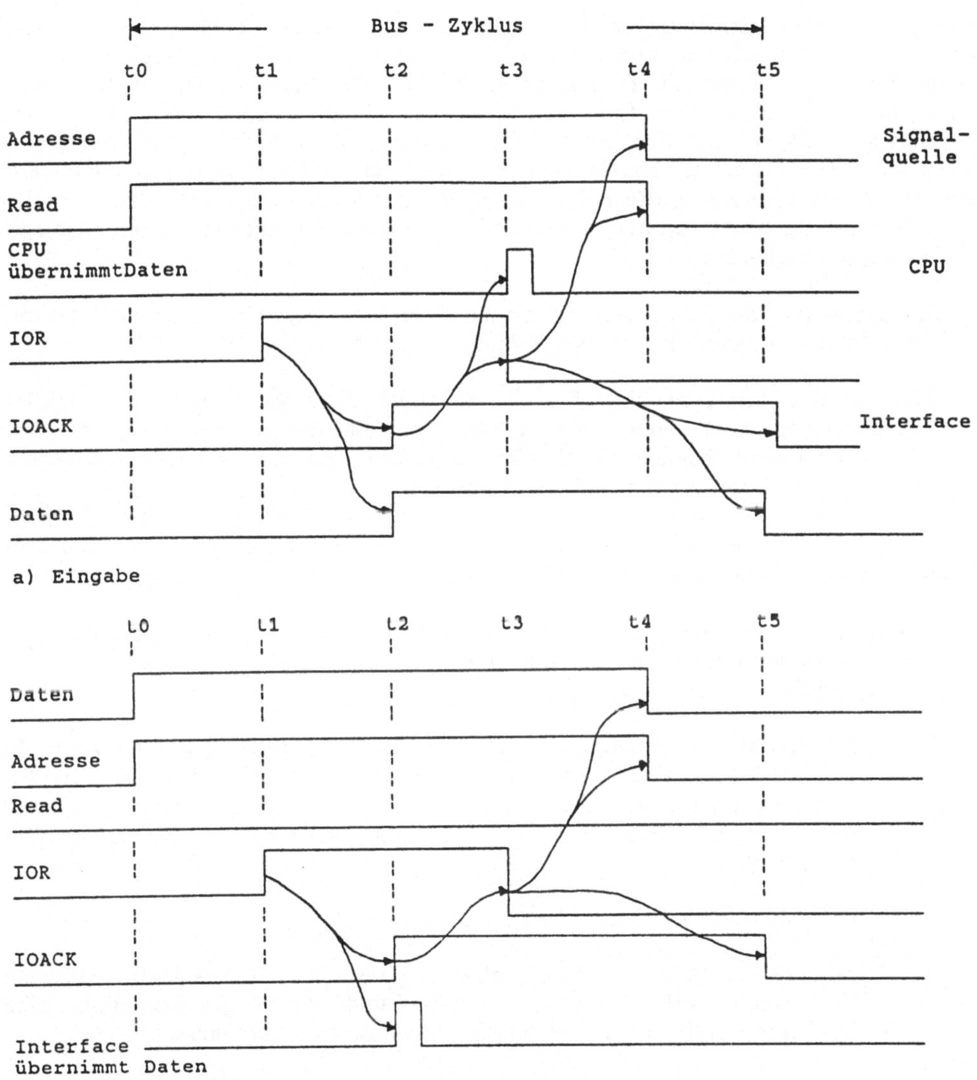

Bild 5-15: Datenübertragung auf einem asynchronen Bus

eine etwas größere Laufzeit, so könnte dieses Interface eine Eingabe-Operation beginnen. Schließlich reagiert die Eingabe-Einheit bei t5 mit dem Abschalten von IOACK.

Ähnlich verläuft das Ausgeben einer Date von der CPU, wie es in **Bild 5-15b** dargestellt ist, mit dem Unterschied, daß die CPU zugleich mit der Adresse auch die Date auf den Bus schaltet.

5.2.5 Parallele und serielle Anschlüsse

Eine Anschlußelektronik, das "Interface", besteht aus den elektrischen Schaltungen, die nötig sind, um ein Ein/Ausgabe-Gerät im engeren Sinn mit dem Ein/Ausgabe-Bus zu verbinden. In den Betrachtungen der vorhergehenden Abschnitte haben wir zwischen dem eigentlichen Gerät und seiner Anschlußelektronik nicht näher unterschieden. Hier wollen wir näher auf das Interface eingehen. Auf der Bus-Seite finden wir die Signale zur Kommunikation über den Ein/Ausgabe-Bus des Systems, also Adreß-, Daten- und Steuersignale entsprechend dem Busprotokoll. Auf der anderen Seite, der Geräteseite, haben wir einen Datenweg und Steuersignale, die den Transfer zwischen dem Gerät und seinem Interface ermöglichen. Die physikalische Realisierung und die Organisation dieser Verbindung hängt von dem anzuschließenden Gerät ab, aber man kann allgemein zwei Arten unterscheiden:

- Ein **paralleles Interface** überträgt Daten bitparallel, z.B. ein Byte oder mehrere gleichzeitig zu oder von dem angeschlossenen Gerät.

- Ein **serielles Interface** überträgt die zu einer Date gehörenden Bits zeitlich nacheinander vom oder zum Gerät. Da die Kommunikation mit dem Ein/Ausgabe-Bus bei allen Einheiten die gleiche sein muß, wandelt das serielle Interface die Date in ein paralleles Format um.

Bevor wir je ein **Beispiel** besprechen, wollen wir die Funktionen der Interface-Schaltung noch einmal aufzählen:

1. Sie muß durch die CPU adressierbar sein. Sie ist also mit den Adreßleitungen des Ein/Ausgabe-Busses zu verbinden und hat einen Adreßdecodierer.

2. Sie besitzt ein Statusregister, das von der CPU gelesen werden kann. Es enthält Informationen über den Betriebszustand, wie z.B. ein Bit für "untätig", ein Bit für "fertig", das bei einer Ausgabe der CPU anzeigt, daß der Datenpuffer leer ist, bei einer Eingabe, daß eine Date im Datenpuffer bereitsteht, usw.

3. Sie besitzt einen Datenpuffer für mindestens eine Date.

4. Sie muß den Datenverkehr mit allen erforderlichen Steuersignalen zwischen CPU und Gerät abwickeln können und dabei gegebenenfalls eine Formatumwandlung parallel-seriell und umgekehrt vornehmen.

5. Sie muß, falls das vorgesehen ist, die im Zusammenhang mit Interrupts nötigen Operationen ausführen. Dazu gehört das Senden des INTR-Signals, wenn das "Fertig"-Bit im Statuswort gesetzt wird, und das Empfangen und Verarbeiten des INTA-Signals.

In **Bild 5-16** sehen Sie ein paralleles Interface für den Anschluß an einen asynchronen Bus, wie er in Abschnitt 5.2.4 beschrieben wurde. Die Schaltung besitzt für die Eingabe und die Ausgabe jeweils getrennte Datenpuffer DEIN und DAUS sowie Statusregister SEIN und SAUS. Da diese vier Register von der CPU aus einzeln adressierbar sein müssen, wird das niederwertige Adreßbit A0 des Ein/Ausgabe-Busses in Verbindung mit dem READ-Signal zur Auswahl verwendet. Die Zahl der Statusbits in DEIN und DAUS ist nicht festgelegt, ebenfalls ist nicht angegeben, mit welchen Leitungen des Datenbusses sie verbunden sind, jedoch sollte SEIN wenigstens ein "Fertig"-Bit besitzen, das anzeigt, wenn eine Date im Puffer DEIN zum Lesen durch die CPU bereitsteht. Das Setzen dieses Bits erfolgt, wenn die Date vom Eingabegerät in den Puffer transferiert wurde, und zurückgesetzt wird es, wenn DEIN selektiert wird,

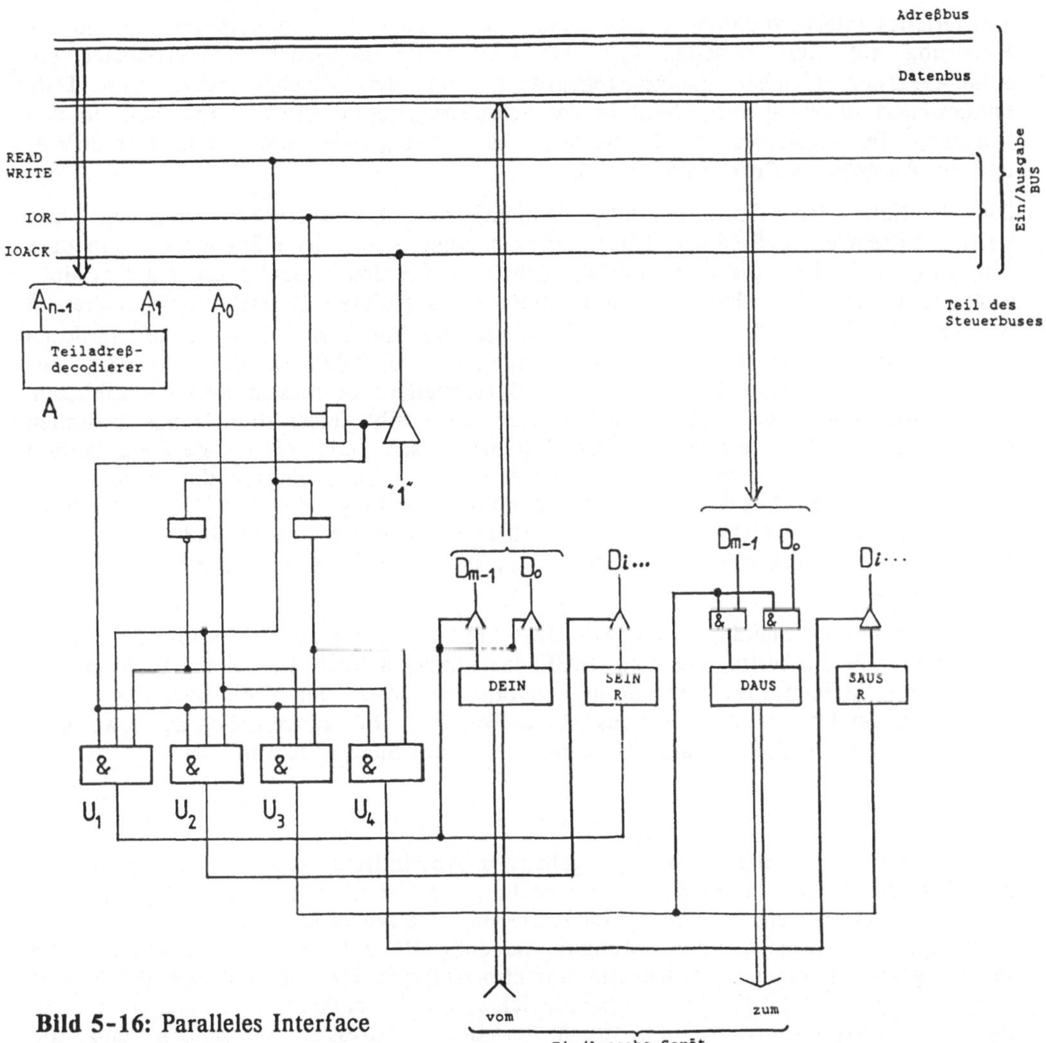

Bild 5-16: Paralleles Interface

die Date also in die CPU transferiert wird und DEIN die nächste aufnehmen kann. Die Steuerleitungen für den Datentransport zwischen Interface und Gerät sind weggelassen. Entsprechendes gilt für die Ausgabe. Bei der interruptgesteuerten Kommunikation wird das Setzen des Fertigbits zum Anfordern einer Programmunterbrechung benutzt.

Wir wollen sehen, wie eine Date gemäß dem Zeitablauf in **Bild 5-15a** eingelesen wird. Es wird vorausgesetzt, daß sie in DEIN steht. Zuerst sendet die CPU die Adresse mit A0 = "0" und das READ-Signal. Das Interface decodiert die Adresse. Das Ausgangssignal A des Decoders wird aber erst freigegeben, wenn die CPU mit IOR anzeigt, daß die Adresse gültig ist. Daraufhin wird durch das Interface IOACK zur CPU gesendet, die Tristate-Bustreiber von DEIN werden niederohmig, die Date also auf den Bus gegeben, und das Fertigbit in SEIN wird zurückgesetzt. Nach dem Abschalten von IOR durch die CPU nimmt das Interface das IOACK vom Bus, der Transfer ist abgeschlossen. Für das Ausgeben einer Date nach DAUS sowie für die Abfrage der beiden Statusregister durch den Zentralprozessor gilt der Ablauf sinngemäß.

Ein serielles Interface enthält die gleichen Einrichtungen zur Adressierung und für die Steuerung auf der Busseite. Auf der Geräteseite ist jedem Pufferregister ein Schieberegister gleicher Länge zugeordnet. Bei der Eingabe wird eine Date taktgesteuert bitseriell vom Gerät in das Schieberegister übertragen und dann in den Eingabepuffer umgespeichert. Der weitere Ablauf erfolgt wie beim parallelen Interface, und die Ausgabe verläuft entsprechend.

Die Vielfalt der Gestaltungsmöglichkeiten des Datenverkehrs zwischen den Betriebsmitteln eines Rechners führt dann zu einer schwierigen Situation, wenn eine Ein/Ausgabe-Einheit, die eine Interface-Schaltung für den Anschluß an den Bus eines bestimmten Herstellers hat, an den Rechner eines anderen Herstellers angeschlossen werden soll, dessen Bus anders organisiert ist. Soll die Entwicklung einer sinnlosen Vielzahl unterschiedlicher Anschlußschaltungen vermieden werden, können nur standardisierte Schnittstellen Anwender und Hersteller vor diesem Problem schützen. Ein **Schnittstellen-** oder **Interface-Standard** beschreibt dabei die Grenze zwischen mindestens zwei Teilnehmern an einem Datenaustausch und umfaßt eine Spezifikation der organisatorischen, elektrischen und mechanischen Eigenschaften der Verbindung. Entwickelt der Rechnerhersteller eine Anschlußschaltung, die den "Nichtstandard" seines Ein/Ausgabe-Busses an einen Schnittstellen-Standard anpaßt und verfährt der Hersteller von Peripherie-Geräten ebenso, so sollte eine problemlose Kommunikation möglich sein.

Bekannte Interface-Standards sind RS-232-C, auch bekannt als V.24-Schnittstelle, für die serielle Datenübertragung und IEEE-488, hauptsächlich für den Anschluß von Geräten mit kleinen Transferraten in Laboratorien, sowie der VME-Bus, der S-Bus, der Q-Bus, der Unibus, der Multibus (IEEE-796) usw. Für Einzelheiten der jeweiligen Busprotokolle verweisen wir auf die Normen bzw. auf Spezialliteratur.

5.2.6 Bussteuerung

Bei den Betrachtungen in den vorhergehenden Abschnitten wurde angenommen, daß der Zentralprozessor immer die Kontrolle über den Ein/Ausgabe-Bus ausübt, gleichgültig, ob es sich um eine Eingabe oder um eine Ausgabe handelt und daß nur er berechtigt ist, Adressen und bestimmte Steuersignale auf den Bus zu senden. Die Steuerung aller Vorgänge auf dem Bus war also Aufgabe der CPU. Soll der gleiche Bus in einem System mit direktem Arbeitsspeicherzugriff verwendet werden, so müssen auch die DMA-Kontroller das Recht erhalten, Adressen zu senden und die Steuerleitungen des Busses in gleicher Weise zu benutzen wie die CPU. Auch beim Verwenden von Interruptvektoren kann der Adreßbus zum Senden der Identifikation eines Gerätes verwendet werden. Um die entstehenden Zugriffskonflikte zu lösen, wird häufig eine Bussteuerung außerhalb der CPU installiert und die Zahl der Steuerleitungen des Busses ergänzt um **Anforderungsleitungen (bus request)** und um die gleiche Zahl von **Zuteilungsleitungen (bus grant)**. Es kann auch hier geschehen, daß mehrere Teilnehmer gleichzeitig den Bus benutzen wollen. Die Bussteuerung wird dann den Bus im allgemeinen nach einem Prioritätsschema zuweisen. Da die dann verwendeten Verfahren zur Zuteilung genau denen bei der Interrupt-Bearbeitung entsprechen, wollen wir nicht näher darauf eingehen.

5.2.7 Der Unibus

Zum Abschluß von Kapitel 5 wollen wir den Unibus besprechen, wie er als Ein/Ausgabe-Bus in VAX-Rechnern und anderen Maschinen verwendet wird. Er umfaßt insgesamt 72 Leitungen. Davon dienen 16 der Stromversorgung. Ebensoviele

Leitungen D0 bis D15 hat der Datenbus, während der Adreßbus mit A0 bis A17 18 Bit breit ist. Die Bedeutung dieser Leitungen ist klar, so daß wir uns auf den Steuerbus und seine Signale beschränken können. Die 22 Signale kann man aufgrund ihrer Funktion in folgende Gruppen einteilen:

1. Datenübertragung mit den Signalen C0, C1, MSYN, SSYN, PA und PB. C0 und C1 legen dabei Lesen oder Schreiben eines Bytes oder eines 16-Bit-Wortes fest. MSYN entspricht dem IOR-Signal (input/output request) und SSYN dem IOACK (input/output acknowledge) aus Abschnitt 5.2.4. Mit PA und PB kann eine Ein/Ausgabe-Einheit einen Fehlercode an den Zentralprozessor senden.

2. Interrupt-Bearbeitung und Bussteuerung mit den Signalen BR4 bis BR7 und NPR, BG4 bis BG7 und NPG, BBSY, SACK, INTR. Die Bussteuerung erfolgt nicht durch die CPU sondern durch eine besondere Bussteuer-Einheit. Bei ihr kann ein angeschlossener Teilnehmer, so auch der Zentralprozessor, wenn er einen Transfer einleiten will, die Kontrolle über den Bus anfordern. Dazu dienen die Signale BR4 bis BR7 (BR = bus request) und NPR (nonprocessor request), die nach einem vorgegebenen Prioritätsschema berücksichtigt werden, wenn mehrere Anforderungen zugleich gestellt werden. Die Priorität wird bei den Leitungen BRi nach dem gleichen Verfahren zugewiesen, wie es in Kapitel 5.2.3 bei der Interrupt-Anforderung mit mehrerem INTR-Leitungen beschrieben wurde. Das Signal NPR hat stets die höchste Priorität und wird von zeitkritischen Teilnehmern wie z.B. Plattenspeichern in Verbindung mit DMA-Kontrollern benutzt. Jedem Bus Anforderungs-signal entspricht ein Bus-Zuweisungsignal BGi (bus grant) und NPG. Jeder Teilnehmer, der die Buskontrolle erhält, setzt das BBSY-Signal (bus busy) auf "1", bis der von ihm eingeleitete Transfer beendet ist. Damit die Übergabe der Kontrolle nicht erst begonnen wird, wenn der abgebende Teilnehmer BBSY abschaltet, sondern mit dem kleinsten Zeitverlust erfolgen kann, wurde das Signal SACK (selection acknowledge) eingeführt. In **Bild 5-17** sehen Sie den logischen Ablauf der Kontrollübergabe. Während Teilnehmer 1 (T1) die Buskontrolle ausübt, sendet Teilnehmer 2 (T2) zu einem beliebigen Zeitpunkt t0 eine Anforderung BRi zur Bus-Steuer-Einheit. Falls keine höherrangige Anforderung vorliegt, wird mit BGi T2 mitgeteilt, daß er als

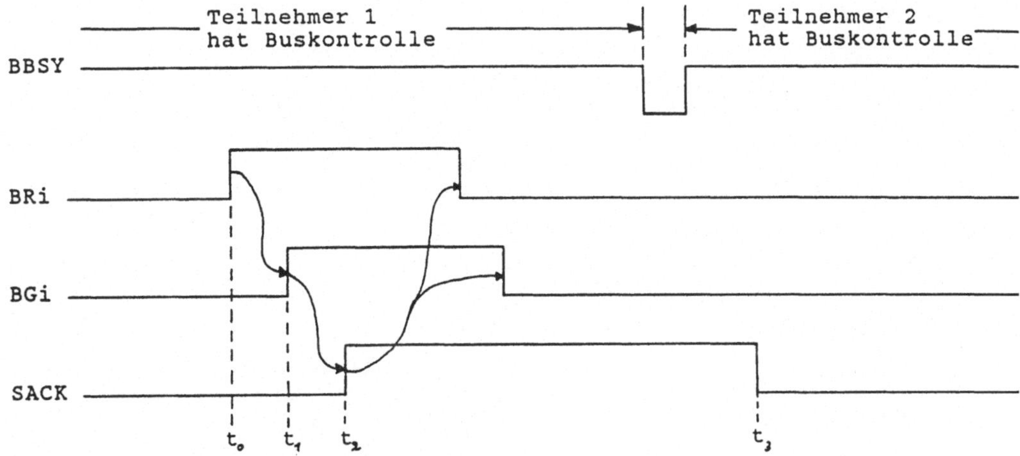

Bild 5-17: Kontollübergabe beim UNIBUS

nächster die Kontrolle über den Bus erhalten wird. T2 quittiert den Empfang von BGi durch Senden von SACK bei t2 und durch Abschalten von BRi, woraufhin auch BGi von der Bus-Steuereinheit auf Null gesetzt wird. SACK inaktiviert die Steuereinheit gegenüber weiteren Anforderungen. Sobald T1 BBSY abschaltet, wird es von T2 wieder gesendet. Danach, einige Zeit, bevor T2 die Kontrolle wieder abgeben wird, wird SACK bei t3 abgeschaltet, so daß eine neue Zuweisung erfolgen kann.

Will ein Teilnehmer eine Programmunterbrechung anfordern, so muß er zuerst die Buskontrolle beantragen, weil für den Start der Interrupt-Routine die Adresse des Interrupt-Vektors vom Teilnehmer zur CPU zu übertragen ist. Sobald der Vorgänger BBSY abgeschaltet hat, wird die Vektor-Adresse auf den Datenbus gesendet, anschließend INTR. Die CPU quittiert mit SSYN, wodurch eine INTA-Leitung nicht nötig ist.

3. Systemstart und Stromausfall mit den Signalen INIT, ACLO UND DCLO. Mit INIT werden nach einem RESET-Befehl oder nach dem Einschalten des Systems alle Einheiten auf einen Anfangszustand gesetzt. ACLO zeigt den Ausfall der Stromversorgung auf der Wechselspannungsseite an, DCLO auf der Gleichspannungseite der Stromversorgung. Beide Signale können zum Retten von Daten auf den Plattenspeicher verwendet werden.

6 Die von-Neumann-Architektur

In diesem Kapitel sollen Sie die wichtigste Architektur kennenlernen, nach der die meisten Rechner in der Vergangenheit gebaut wurden und die noch heute den Bauplan der meisten Rechner bestimmt. Der Begriff **Architektur** im Zusammenhang mit Datenverarbeitungsanlagen mag dabei zunächst etwas ungewohnt erscheinen, jedoch hat er sich aus dem Bauwesen mit einer gewissen Einschränkung auf den Bereich der Computer übertragen. In der Baukunst wird mit den bekannten Konstruktionselementen wie Mauern, Decken, Bögen, Stürzen usw. ein Gebäude unter den drei Gesichtspunkten der Zweckmäßigkeit, der Haltbarkeit und der Schönheit entworfen.

Bei der Konzeption einer Datenverarbeitungsanlage stehen dem Computerarchitekten ebenfalls Konstruktionselemente zur Verfügung: Es sind dies die Logikbausteine, die Speicherbausteine vom Register bis zum höchstintegrierten Megabit-Chip, Interface-Bausteine für die Ein- und Ausgabe sowie für den Anschluß der externen Massenspeicher, Verbindungselemente, usw. Auch der Computerarchitekt muß bei seinem Entwurf bestimmte Gesichtspunkte berücksichtigen. Ebenso wie der Baumeister muß er die gewünschte Funktion mit seinem Plan erfüllen, ebenso wie dieser muß er auf die Haltbarkeit seiner Anlage achten. Während die Schönheit beim Festlegen einer Computerarchitektur keine Rolle spielt, können andere Gesichtspunkte hinzutreten: Die Erweiterbarkeit des Systems, die Wartungsfreundlichkeit, die Universalität oder Beschränkung auf Spezialaufgaben, usw.

Ebenso wie in der Baukunst haben auch in der Rechnerarchitektur die zum Zeitpunkt des Entwurfs verfügbaren Technologien entscheidenden Einfluß auf das Produkt. Erst durch die atemberaubenden Geschwindigkeitssteigerungen bei gleichzeitige Preissenkungen, durch die immer höher werdende Integrationsdichte bei gleichzeitiger Verminderung der elektrischen Verlustleistung kann man heute darangehen, innovative Entwürfe von Rechnern in einem Maße zu Realisieren, das noch bis zur Mitte der siebziger Jahre undenkbar schien. Zuvor wollen wir uns aber mit der Archtitektur beschäftigen, die das Feld etwa drei Jahrzehnte beinahe vollständig beherrscht hat, der Von-Neumann-Architektur.

6.1 Die physikalischen Strukturen

Die meisten Datenverarbeitungsanlagen beruhen auf einem Konzept, das vor etwa vierzig Jahren von Burks, Goldstine und Von Neumann entwickelt wurde und das wegen seiner Einfachheit und Anpassungsfähigkeit die technologische Entwicklung von den Röhrenrechnern bis zu heutigen Rechnern mit ihren hochintegrierten Schaltkreisen überdauert hat.

Im einfachsten Fall besteht ein solches System aus einem Zentralprozessor, dem Arbeitsspeicher, der Eingabe- und der Ausgabe-Einheit sowie Verbindungseirichtungen zwischen diesen Teilen. Der Zentralprozessor (CPU = central processing unit) enthält das Steuerwerk, auch als Befehlsprozessor bezeichnet, und das Rechenwerk bzw. den Datenprozessor (ALU = arithmetic logic unit). Ein elementarer Von-Neumann-Rechner wurde bereits im Kapitel 4 (Steuerwerke) vorgestellt.

Das **Steuerwerk** übt die **zentrale Kontrolle** über die gesamte Anlage aus. Seine wesentlichen Funktionen sind: Es liest die Befehle des gerade laufenden Programms zeitlich nacheinander aus dem Arbeitsspeicher und interpretiert sie. Bestimmte Gruppen von Befehlen (z.B. Sprungbefehle, Prozessorzustandsbefehle) führt es selbst aus. Bei anderen Befehlen veranlaßt das Steurwerk deren Ausführung durch das Rechenwerk, soweit es sich um Rechenwerksbefehle handelt, oder durch die Ein-Ausgabe-Einheiten. Bei Befehlen, die Speicherstellen im Arbeitsspeicher ansprechen, führt es häufig eine Adreßrechnung durch.

Das **Rechenwerk** führt die **arithmetischen Operationen** wie Addieren, Subtrahieren, Multiplizieren und Dividieren aus, dazu die logischen Verknüpfungen wie UND, ODER, NICHT, usw., die Schiebeoperationen und die Vergleichsoperationen, mit deren Hilfe bestimmte Bedingungen überprüft werden können, die dann den weiteren Ablauf des Programms beeinflussen. Eine Auswahl von Rechenwerks-Befehlen und ihre Hardware-Realisierung haben Sie in Kapitel 2 kennengelernt.

Der **Arbeitsspeicher** enthält das auszuführende **Maschinenprogramm** und seine **Daten**. Er besteht häufig aus einem Festwertspeicher, der immer wieder benutzte Programmodule (z.B. des Betriebssystems) und Konstanten enthält, und aus dem Schreib-Lese-Speicher, der die veränderlichen Programme und Daten aufnimmt und damit die Anpassung des Rechners an immer neue Aufgaben ermöglicht. Alle Informationen, also Programme und Daten, müssen im Arbeitsspeicher stehen, wenn sie durch das System verarbeitet werden sollen. Sie gelangen durch die Eingabeeinheit dorthin. Jede Zelle des Speichers besitzt eine Adresse, so daß die dort gespeicherte Information vom Prozessor durch das Senden der Adresse an den Speicher lokalisiert werden kann. Aufgabe der Verarbeitung von Daten ist die **Transformation des Speicherinhaltes** durch Rechnen, Sortieren, Verknüpfen, usw. Die wichtigsten Bau- und Organisationsformen von Speichern wurden in Kapitel 3 behandelt.

Die Datenverarbeitungsanlage besitzt für das Eingeben von Programmen und Daten sowie für das Ausgeben der Verarbeitungsergebnisse mindestens eine Eingabe- und eine Ausgabe- Einheit, die ebenfalls vom Prozessor gesteuert werden. Bei einfachen Systemen fand und findet der Datentransport von der Eingabeeinheit in den Speicher über ein Register des Prozessors statt, ebenso der Transport nach der Verarbeitung aus dem Speicher zur Ausgabeeinheit.

Mit einem solchen System läßt sich die Verarbeitung von n gleichartigen Daten durch ein Programm so organisieren, daß man erst alle n Daten einliest, dann alle verarbeitet und schließlich alle ausgibt. In Kapitel 4 wurde auch gezeigt, wie durch das zeitliche Überlappen von Eingabe, Verarbeitung und Ausgabe verschiedener Daten der gesamte Datendurchsatz erhöht werden kann. Diese **Leistungssteigerung** ist nur möglich, wenn die Eingabe und die Ausgabe durch selbständige **Ein-/Ausgabe-Prozessoren** unterstützt werden. Diese erhalten zwar ihre Arbeitsaufträge vom Zentralprozessor, wickeln sie aber dann selbsttätig ab und belasten den Zentralprozessor nur am Beginn und am Ende ihrer Aktivität. Die Gesamtzeit zur Behandlung einer Date ist dabei unverändert geblieben.

Das zunächst angenommene Primitivsystem muß also erweitert werden, wenn die Eingabe und die Ausgabe wenigstens weitgehend simultan zu den Verarbeitungs-Aktivitäten des Zentralprozessors stattfinden sollen. Ein weiterer Nachteil ist der beschränkte Speicherplatz im Arbeitsspeicher. Die Größe dieses Speichers wird durch die spezifischen Kosten beschränkt. Wir wollen daher unser System um einen Sekundärspeicher erweitern, der mit seiner hohen Kapzität bei relativ geringen Speicherkosten je Bit auch die Lösung umfangreicher Probleme ermöglicht. Bei Mikrorechnern wird als Sekundärspeicher der Diskettenspeicher und vielleicht ein kleiner Plattenspeicher eingesetzt, darüberhinaus nur der Plattenspeicher. Wir erhalten dann ein erweitertes System mit Sekundärspeicher, der ebenfalls über einen Ein-/Ausgabe-Prozessor angeschlossen wird. Die Informationen, sowohl Programme wie auch Daten, werden in Dateien auf dem Sekundärspeicher abgelegt. Damit stehen auch größere Programme und Datenmengen in kurzer Zeit zur Verfügung und brauchen nicht jedesmal über langsame Eingabe-Geräte hereingeholt zu werden, wenn das System für die Bearbeitung eines Problems benutzt werden soll.

Die Systemarchitektur des erweiterten Rechners weist neben dem Zentralprozessor drei weitere Prozessoren auf, deren Aufgabe aber auf den Datenfluß zum oder vom Hauptspeicher beschränkt ist und die diesen Datenfluß, ohne das Rechenwerk im Zentralprozessor zu belasten, weitgehend selbständig organisieren sollen. Diese Ein-/Ausgabe-Prozessoren sind Hilfssteuerwerke, an die der Zentralprozessor spezielle Aufgaben delegiert: Er überträgt an diese "Untergebenen" Befehle mit der Angabe von Quelle, Ziel und Menge der zu übertragenden Daten. Die E/A-Prozessoren führen den Auftrag dann selbständig aus und melden dem Zentralprozessor dann den Abschluß des Datentransfers.

Das Konzept, die Eingabe von Daten in den Arbeitsspeicher, ihre Verarbeitung im Zentralprozessor und die Ausgabe der Ergebnisse simultan vorzunehmen, wurde bereits in den ersten Jahren der Anwendung von Rechnern eingeführt. Es liegt daher nahe, die Leistungsfähigkeit eines Systems nicht nur dadurch zu steigern, daß man Eingabe, Verarbeitung und Ausgabe überlappt bzw. parallel vornimmt, sondern auch durch das Einführen von **parallelarbeitenden Strukturen** bei der Verarbeitung selbst. Die dabei angewandten Architekturen sind keine "Von-Neumann"-Architekturen mehr. Sie werden in Kapitel 7 näher behandelt.

Der Vergleich zwischen dem Primitivsystem aus Kapitel 4 und dem erweiterten System zeigt noch einen wesentlichen Unterschied: Die Verbindung zwischen den "Betriebsmitteln" wurde geändert. Bei dem erweiterten System haben wir die einzelen Bestandteile des Rechners durch einen Bus miteinander verbunden. Diese Art der Kopplung ist wegen des minimalen Hardware-Aufwandes sehr verbreitet. Sie erkennen aber, daß diese Verbindungstechnik die **Gleichzeitigkeit von Datenübertragung** verhindert. Falls die Leistungfähigkeit der Quellen und Zieleinrichtungen von Daten so groß wird, daß der Bus zu einem Engpaß wird, muß man man versuchen, durch andere Verbindungsnetzwerke Abhilfe zu schaffen. Auf die **leistungsfähigeren Verbindungsstrukturen** gehen wir in Kapitel 8 ein.

Ein weiteres Konzept zur Leistungssteigerung besteht im Einführen der **Puffertechnik**. Die verschiedenen Hardware- Bestandteile eines Systems haben oft sehr unterschiedliche Arbeitsgeschwindigkeiten. Besonders deutlich ist dies im Vergleich von Betriebsmitteln, bei denen mechanische Teile bewegt werden, zu den rein elektronisch arbeitenden. So werden z.B. die Zugriffszeiten auf Plattenspeicher immer um viele Größenordnungen länger sein als die Zugriffszeiten auf den Arbeitsspeicher. Aber auch bei den rein elektronischen Betriebsmitteln bestehen zum Teil beträchliche Unterschiede. So ist heute die Leistungsfähigkeit der Prozessoren so groß, daß die Zugriffszeit zum Arbeitsspeicher als Engpaß bei der Verarbeitung anzusehen ist. Um die Geschwindigkeitslücken zwischen den unterschiedlich schnellen Hardware-Bestandteilen zu überbrücken benutzt man **Pufferspeicher**. Im Falle des Arbeitsspeichers war das der in Kapitel 3 behandelte Cache-Speicher. Ebenso können Sekundärspeicher, Drucker und andere Teile der Anlage mit eigenen Pufferspeichern ausgerüstet werden. Strukturell gesehen, handelt es sich in allen Fällen um den Versuch, durch den Zwischenspeicher den schnelleren von zwei an einem Datenaustausch beteiligten Partnern nicht durch den langsameren in seiner Arbeit behindern zu lassen. Wir haben aber schon beim Cache gesehen, daß es nicht genügt, nur die physikalische Struktur zu ändern, sondern daß noch geeignete Algorithmen hinzukommen müssen, um das angestrebte Ziel zu erreichen.

6.2 Das Operationsprinzip

Eine Rechnerarchitektur wird nicht nur bestimmt durch die **physikalische Struktur** des Aufbaus aus den einzelnen Hardware-Betriebsmitteln sondern auch durch das sogenannte Operationsprinzip. Darunter versteht man das **funktionelle Verhalten** der Architektur. Dieses wird festgelegt durch die folgenden Komponenten:

1. Durch die Arten von Informationen und ihre Darstellung im Rechner.
2. Durch die Menge der mit diesen Informationen durchführbaren Operationen.
3. Durch das Festlegen von Algorithmen, wie die Informationen zu interpretieren und zu transformieren sind.

Grundsätzlich ist als kleinste Informationseinheit in einem Rechner ein Bitmuster anzusehen, das einen **Informationstyp** repräsentiert. Im Von-Neumann-Rechner kann ein solches Bitmuster drei Bedeutungen haben:

1. Es kann einen Maschinen-Befehl darstellen, also eine Anweisung an die Hardware des Rechners.
2. Es kann eine Date darstellen, also Zahlen, Zeichen usw.
3. Es kann eine Adresse eines Speicherplatzes oder eines Peripheriegerätes darstellen.

In anderen Architekturen können noch weitere Informationstypen auftreten. In der Von-Neumann-Maschine kann man einem Bitmuster im Speicher nicht ansehen, um welchen der drei möglichen Informationstypen es sich handelt, denn diese sind nicht selbstbeschreibend. Die Unterscheidung kann die Maschine nur durch den Zustand vornehmen, in dem sie sich selbst zum Zeitpunkt der Interpretation des Bitmusters befindet. Sie tut dies nach dem folgenden Schema:

- Wird mit dem Befehlszählerinhalt als Adresse auf eine Speicherzelle zugegriffen, so wird das geholte Bitmuster als Befehl oder als Teil eines Befehls interpretiert und in ein Register des Befehlsprozessors (Steuerwerk) geladen.

- Wird mit der im Befehl gefundenen Adresse, die gegebenenfalls noch durch eine Adreßrechnung modifiziert werden kann, direkt auf eine Speicherzelle zugegriffen, so wird ihr Inhalt als Date interpretiert und in ein Register des Datenprozessors geladen.

- Wird mit der im Befehl gefundenen Adresse bei indirekter Adressierung auf eine Speicherzelle zugegriffen, so wird deren Inhalt als Adresse interpretiert und für einen erneuten Zugriff auf den Speicher verwendet.

Die **drei Informationstypen** der Von-Neumann-Rechner weisen **zwei verschiedene Strukturen** auf. Für die **Befehle** eines Programms gilt, daß sie wenigstens **teilweise geordnet** sind, wegen der Struktur des Steuerwerks geordnet sein müssen. Das bedeutet, daß die zeitliche Reihenfolge der Abarbeitung mit der räumlichen Speicherung im Arbeitsspeicher übereinstimmt. Diese partielle Ordnung wird nur durch Verzweigungsbefehle unterbrochen. Dagegen weist die Speicherung von Daten und Adressen keine für die Maschine erkennbare Struktur auf. Daten und Adressen können **chaotisch** gespeichert werden. Wenn sie dennoch geordnet abgespeichert werden, so erfolgt das durch den Programmierer bei der Herstellung eines Programms, jedoch wird diese Ordnung weder von der Architektur des Systems erzwungen, wie bei den Befehlen, noch von der Maschine zur Kenntnis genommen.

Das Operationsprinzip des Von-Neumann-Rechners hat einen typischen Befehlsablauf zur Folge, das **Zwei-Phasen-Schema.** In der ersten Phase, der Hole-und-Interpretiere-Phase, wird mit dem Befehlszählerinhalt auf den Arbeitsspeicher zugegriffen. Das aus dem Arbeitsspeicher gelesene Bitmuster wird in das Befehlregister des Steuerwerks geladen. Der Rechner nimmt an, daß es sich bei dem Bitmuster um einen Befehl handelt, der dann decodiert wird. Der Befehlszählerinhalt wird auf die Adresse des nächsten Befehls aktualisiert. Falls ein Speicherreferenz-Befehl vorliegt, erfolgt ein weiterer Zugriff z.B. zum Lesen eines Operanden. In der zweiten Phase, der Ausführungsphase, wird entsprechnend der durch den Befehl gegebenen Vorschrift "verarbeitet". Der Zentralprozessor führt zu einem Zeitpunkt einen Befehl aus und kann dabei einen Datenwert erarbeiten. Rechner mit dieser Eigenschaft werden als **SISD-Rechner (single instruction-single data)** bezeichnet.

In der Praxis sind die beiden Phasen häufig komplizierter. Wenn der Befehl länger als ein Speicherwort ist, so sind zum Holen des Befehls mehrere Arbeitsspeicher-Zugriffe nötig. Häufig wird zur Adressierung des Operanden noch eine Adreßrechnung durchgeführt. Auch das Holen des Operanden kann mehrere Speicherzugriffe erfordern. Die grundsätzliche Arbeitsweise wird davon nicht berührt.

Aufgabe eines Rechners ist, von der selbstverständlichen Ein- und Ausgabe einmal abgesehen, die Verarbeitung von Daten im Speicher. Der Anfangszustand des Speichers soll in einen der Aufgabenstellung entsprechenden Endzustand transformiert werden. Daß dieser Zweck in einem Von-Neumann-Rechner nur erfüllt werden kann, wenn die Daten in die Verarbeitungeinheit transportiert werden, liegt auf der Hand. Ein sehr großer Teil des Verkehrs zwischen Zentralprozessor und Speicher besteht aber nicht aus den nützlichen Daten, sondern aus Befehlen und Adressen von Daten oder gar aus Adressen von Adressen. Der Verbindungsweg zwischen Speicher und CPU wird daher als **"Von-Neumann-Flaschenhals"** bezeichnet. Ein wesentliches Ziel der in Kapitel 7 vorgestellten innovativen Architekturen ist die Abschaffung oder wenigstens die Milderung des Von-Neumann-Flaschenhalses.

6.3 Die Mindestausstattung eines von-Neumann-Zentralprozessors und ihre Erweiterung

Bild 6-1 stellt den Prozessor einer älteren Anlage dar. Wir sehen darin die zum Befehlsprozessor gehörenden Register Befehlszähler, Befehlsregister und Speicheradreßregister. Die anderen Register gehören zum Datenprozessor. Es sind der Akkumulator, ein Hilfsregister zum Zwischenspeichern des zweiten Operanden bei zweistelligen Rechenwerksoperationen sowie das Kennzeichen- oder Statusregister, das bei sehr einfachen Systemen lediglich aus dem Übertrags-Flip-Flop bestand.

Der Akkumulator spielt die zentrale Rolle bei der Ausfürung der Rechenwerksbefehle. Operationen, die auf einen Operanden angewandt werden, sogenannte einstellige Operationen, werden immer auf den Inhalt des Akkumulators ausgeführt. Beispiele für einstellige Operationen sind Negieren, Komplementieren, Verschieben, usw. Bei zweistelligen Operationen, wie Addition, Subtraktion usw., wird der Inhalt des Akkumulators mit einem Operanden aus dem Arbeitsspeicher verknüpft. Das Ergebnis steht wieder im Akkumulator. Selbst die Befehle für zweistellige Operationen enthalten bei dieser Organisationsform nur eine Operandenadresse. Daher nennt man einen solchen Rechner auch eine **Einadreß-Maschine.**

Der wesentliche Nachteil der Maschine mit nur einem Akkumulator ist vor allem der notwendige Datentransport zum Retten und Laden jedes Zwischenergebnisses im

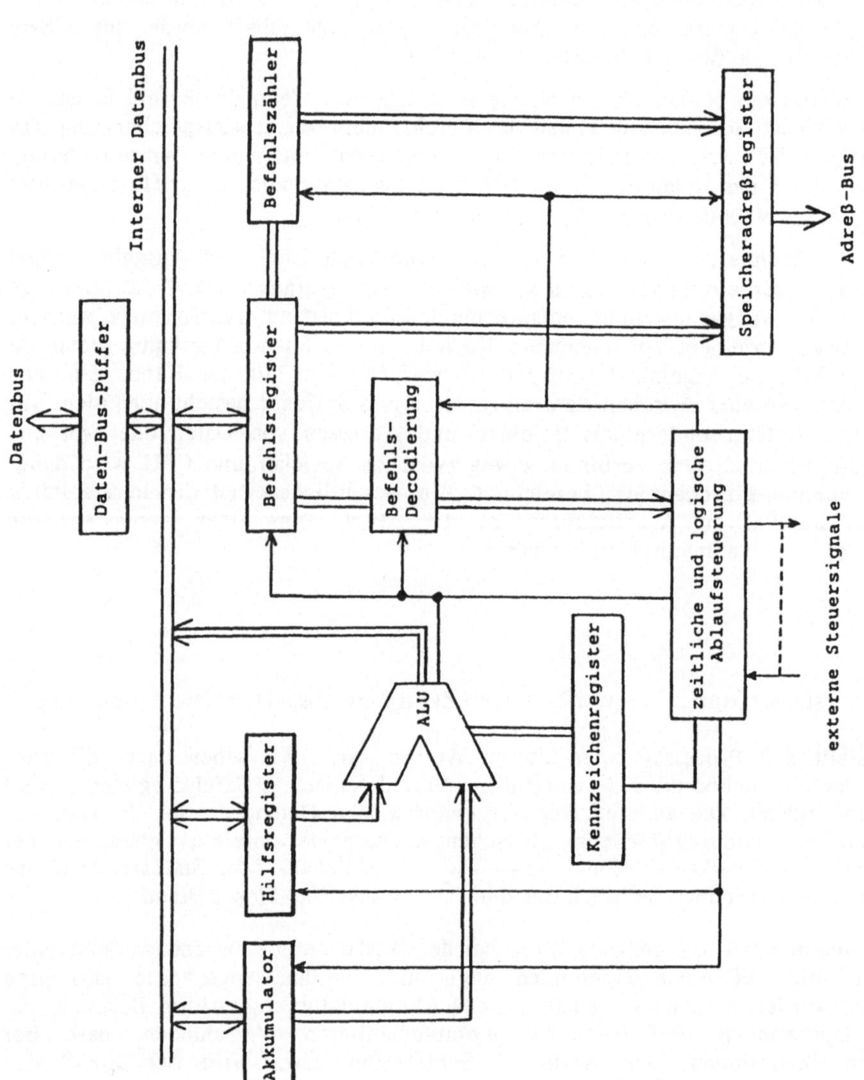

Bild 6-1: Elementarer Zentralprozessor

Speicher. Da die Speicherzykluszeiten größer sind als die Operationszeiten selbst der komplizierteren Verknüpfungen wie Multiplikation und Division werden heutige Rechner mit mehr Registern ausgestattet. Selbst bei den schon etwas älteren Mikroprozessoren findet man zwei oder vier Akkumulatoren. Andere Maschinen verfügen üblicherweise über acht, 16 oder 32 Universalregister, die sowohl als Akkumulator wie auch zur Speicherung von Zwischenergebnissen wie auch zur Adressierung des Arbeitsspeichers verwendet werden können.

Diese Erweiterung der Zahl der Register im Zentralprozessor zu sogenannten **"Register-Bänken"** hat ihre Auswirkung auf die Befehlsstruktur. Typisch für den Ein-Akkumulator-Prozessor ist der Einadreß-Befehl bei der Verknüpfung von zwei Operanden und der Befehl ohne Operandenadresse bei der Transformation nur eines Operanden, da der nicht explizit angegebene Operand immer im Akkumulator stehen muß. Bei Mehrregister-Maschinen muß ein Befehl für einstellige Operationen mindestens eine Registeradresse enthalten, er kann auch zwei enthalten, wenn als Quelle und als Ziel verschiedene Akkumulatoren verwendet können. Zweistellige Operationen müssen zwei und können drei Adressen enthalten. Bei einem Befehlsformat mit zwei Adressen wird einer der beiden Operanden zwangsläufig mit dem Ergebnis überschrieben. Es hat aber gegenüber dem Drei-Adreß-Befehl den Vorteil des geringeren Speicherplatzbedarfs. Stehen die Operanden bei **Zwei-** oder **Drei-Adreß-Befehlen** in CPU-Registern, so kann man noch ein festes Befehlsformat verwenden, da die Register-Adressen bei der kleinen Zahl von Registern kurz sind und sich leicht zwei oder drei davon in einem Befehl unterbringen lassen. Das **feste Befehlsformat** kann aber nicht beibehalten werden, wenn Befehle mit einer, zwei oder drei Operanden-Adressen im Arbeitsspeicher vorgesehen werden. Wegen der Länge der Adressen und ihrer unterschiedlichen Anzahl von 1 bis 3, je nach Befehlstyp, findet man in Systemen mit Byte-Adressierung z.B. Befehle mit einer Länge von einem bis fünf oder sechs Bytes, bei Systemen mit größerer Wortlänge Halbwort-, Wort- und eventuell Doppelwortbefehle

6.4 Programmstrukturen und ihre Auswirkungen auf die Prozessorarchitektur

Die Folge von Operationen zur Ausführung einer bestimmten Aufgabe im Rechner ist ein Programm. Durch den überragenden Einfluß des Befehlszählers auf den Programmablauf im Von-Neumann-Rechner, müssen die in einer Programmiersprache geschriebenen Anweisungen in derselben Reihenfolge als Maschinenbefehle im Rechner abgelegt werden und werden dann in dieser Reihenfolge auch ausgeführt. Diese Ordnungsregel wird nur durch Sprungbefehle verletzt. Bei einer **Architektur ohne Befehlszähler** müsste ein Maschinenbefehl jeweils die Adresse des nächsten Befehls enthalten. Eine Programmiersprache für einen derartigen Rechner enthielte in jeder Anweisung explizit die Angabe darüber, welche Anweisung als nächste auszuführen wäre. Die in der Maschinensprache der Von-Neumann-Rechner so wichtige Klasse der Sprungbefehle wäre hinfällig und die Maschinenbefehle könnten chaotisch gespeichert werden.

Die durch den Inhalt des Befehlszählers ausgeübte Kontrolle über den Programmablauf bedingt durch den Inkrementiervorgang eine Ordnung der Maschinenbefehle. Abweichungen von dieser Ordnung, die mit dem Umladen des Befehlszählers auf einen neuen Wert verbunden sind, können in folgenden Fällen auftreten:

1. Bei unbedingten oder bedingten Sprüngen, falls die Sprungbedingung erfüllt ist, wird der Befehlszähler mit der als Sprungziel angegebenen Adresse geladen. Hierzu zählt auch das Anspringen eines Unterprogramms.

2. Auf den letzten Befehl eines wiederholt zu durchlaufenden Programmabschnittes kann der erste Befehl desselben Abschnittes folgen. Wir haben eine programmierte Schleife, die so oft wiederholt wird bis eine Bedingung zu ihrem Verlassen erreicht wird.

3. Dem letzten Befehl eines Unterprogramms folgt der Nachfolger desjenigen Befehls im übergeordneten Programm, der das Unterprogramm aufgerufen hat.

4. Irgendeinem Befehl des gerade laufenden Programms folgt als nächster ein Befehl, der mit der Ablaufkontrolle des Programms nichts zu tun hat. Es liegt eine Programmunterbrechung vor (Interrupt).

Ein Programm wird dadurch strukturiert, das man es in Teile zerlegt, die hinsichtlich der Ablaufkontrolle eine Einheit bilden. Die höheren Programmiersprachen unterstützen die Strukturierung durch die Möglichkeit, **Prozeduren** zu definieren. Auf der Ebene der Assembler- oder Maschinensprache sind die **Unterprogramme** das geeignete Mittel. Beim Anspringen eines Unterprogamms gibt das aufrufende Programm die Kontrolle vorübergehend an das aufgerufene ab, das Unterprogramm gibt sie nach seiner Beendigung zurück. Dazu muß beim Aufruf die Rückkehradresse, also der bereits inkrementierte Inhalt des Befehlszählers, gerettet werden. Dies hat zum Ausbau des Registersatzes des Zentralprozessors um einen **Stapelzeiger (stack pointer)** geführt. Der Stapelzeiger adressiert einen Bereich des Schreib-Lese-Speichers, der als Stapelspeicher benutzt werden soll. Kennzeichen der Speicherung auf einem Stapel ist die Tatsache, daß die zuletzt abgelegte Information als erste wieder entnommen wird. Der Stapelzeiger verwaltet demnach eine arbeitsspeicherresidente Tabelle, bei der der Zugriff immer nur an einem Ende stattfindet **(LIFO-Speicher= last in -first out). Bild 6-2** zeigt den Register-Satz des Prozessors 68000. Er besitzt zwei Stapelzeiger, den Supervisor- und den Anwender-Stapelzeiger.

Wird von einem Programm ein Unterprogramm aufgerufen, so wird die Rückkehradresse auf dem Stapel abgelegt und bei der Rückkehr von diesem wieder entnommen. Die **hierarchische Struktur** von aufrufendem zu aufgerufenem Programm läßt sich mit Hilfe des Stapelspeichers theoretisch beliebig weit vertiefen. Praktisch ist die Schachtelung von Unterprogrammen nur durch den für den Stapel reservierten Speicherbereich begrenzt. Auf den Stapel kann man bei einem Unterprogrammauruf außer der Rückkehradresse auch die Zustände aller CPU-Register retten, soweit sie durch das Unterprogramm verändert werden und diese Veränderung nicht der Schnittstellen-Definition entspricht. Wenn ein Parameter in einem Register A vom aufrufenden Programm an das Unterprogramm übergeben wird und das Verarbeitungsergebnis im gleichen Register zurückgelangt, aber während der Verarbeitung das Register B durch das Unterprogramm benutzt und somit verändert wird, so muß auch das Register B auf den Stapel gerettet werden, damit das UP keine unerwünschten Nebeneffekte erzeugt.

Mit dem Stapelzeiger und dem dazugehörenden Speicherbereich kann man leicht **eintrittsinvariante (reentrant)** Unterprogramme erzeugen. Darunter versteht man Unterprogramme, von denen nur eine Kopie im Arbeitsspeicher steht, die aber von mehreren aufrufenden Programmen benutzt werden können. Dies ist wichtig in einem System, in dem Programmunterbrechungen (interrupts) zugelassen sind. So kann die Interruptroutine dasselbe Unterprogramm aufrufen, das soeben unterbrochnen wurde, ohne daß es zur Beschädigung des unterbrochenen Prozesses kommt. Eintrittsinvariante Unterprogramme bestehen immer aus einem unveränderlichen Programmteil ohne

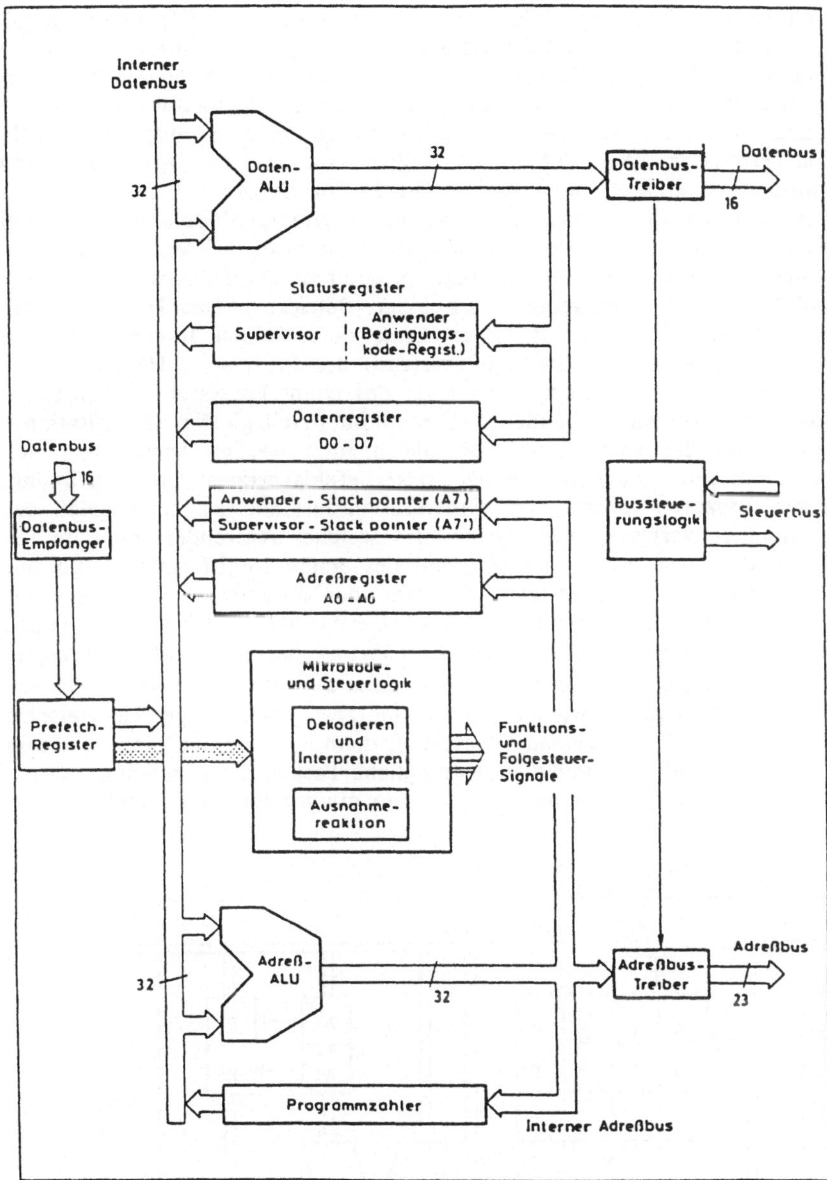

Bild 6-2: Registersatz des Prozessors 68000

interne temporäre Speicherung von Zwischenergebnissen. Die Übergabe von Parametern und Ergebnissen sowie das Speichern von Zwischenergebnissen müssen in CPU-Registern oder über Stapelzeiger im Arbeitsspeicher erfolgen.

Wird einem gerade arbeitenden Programm die Kontrolle "gewaltsam" entzogen, indem es durch einen Interrupt unterbrochen wird, so muß im allgemeinen der vollständige Prozessorzustand des unterbrochenen Programms gerettet werden. Beim bisher betrachteten Aufbau der CPU bedeutet das, daß alle Registerinhalte in den Arbeitsspeicher, z.B. auf den Stapel transferiert werden müssen. Bei Maschinen mit vielen Registern dauert es dann wegen der notwendigen Speicherzugriffe relativ lange, bis nach dem Akzeptieren einer Unterbrechungsanforderung die Interrupt-Routine bearbeitet werden kann. Um vor allem bei zeitkritischen Anwendungen schneller von der Bearbeitung des unterbrochenen Programms zur Interrupt-Bearbeitung umschalten zu können, hat man Prozessoren mit **zwei vollständigen Registersätzen** ausgestattet. **Bild 6-3** zeigt den Prozessor Z80, der einen Registersatz für das Ausführen von Anwenderprogrammen verwendet, einen zweiten für die "privilegierte" Bearbeitung von Betriebssystemroutinen, zu denen auch die Interruptprogramm-Module gehören. Bei Prozessoren dieses Typs spricht man vom Anwenderzustand, wenn der erste Registersatz benutzt wird und damit ein Anwenderprogramm ausgeführt wird. Aus dem **Anwenderzustand** kommt man entweder durch einen Betriebssystemaufruf innerhalb des Anwenderprogramms oder, wie schon erwähnt, durch einen Interrupt in den zweiten, den **Organisationszustand** (Supervisorzustand) des Prozessors. Häufig ist der Wechsel des Registersatzes mit einer Änderung des vom Prozessor ausführbaren Vorrates an Maschinenbefehlen verbunden. Während im privilegierten Organisationszustand die Gesamtheit der vorhandenen Befehle benutzt werden kann, steht den Anwenderprogrammen nur eine Untermenge des Befehlsvorrates zur Verfügung. Befindet sich der Prozessor einmal im Organisationszustand, so entscheidet das Betriebssystem, wann er verlassen wird, wann also welches Anwenderprogramm die Kontrolle über den Prozessor erhält. Der Zustand des ersten Registersatzes muß nur dann in den Arbeitsspeicher gerettet werden, wenn der aufgetretene Interrupt zur Bearbeitung eines anderen Anwenderprogramms als des vorher unterbrochenen führt, der Zustand des zweiten, wenn während der Ausführung der Interrupt-Routine ein weiterer Interrupt mit höherer Priorität auftritt, der dann zunächst bearbeitet wird, ehe der erste zuende geführt wird. Obwohl der Prozessor zwei vollständige Registersätze hat, ist es noch immer eine Von-Neumann-Maschine, denn noch immer kann zu einem Zeitpunkt nur eine Aktivität stattfinden. Eine mögliche Parallelarbeit scheitert daran, daß andere dazu nötige Betriebsmittel nach wie vor nur einmal vorhanden sind.

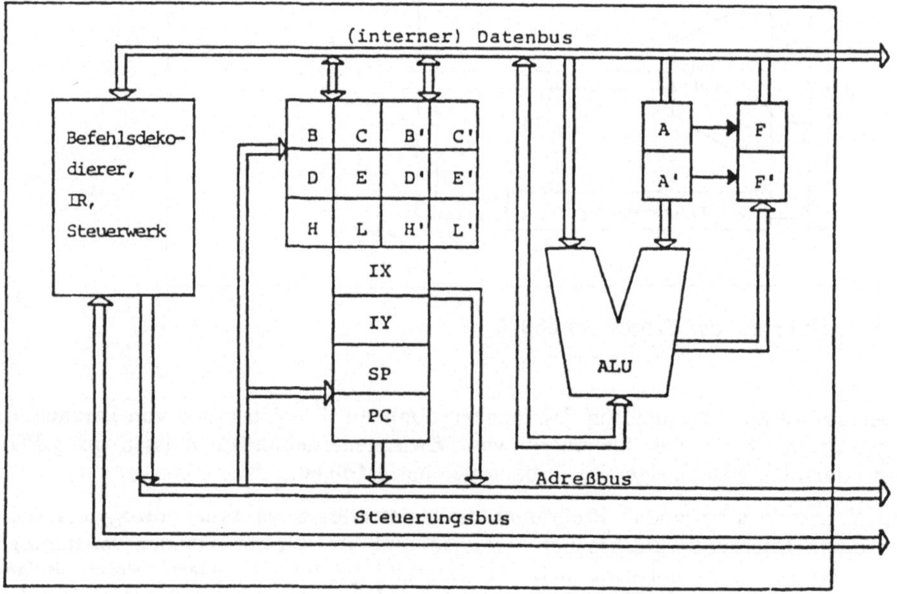

Bild 6-3: Registersatz des Prozessors Z 80

Wir haben bis jetzt zwei Arten von Kontrollübergaben und ihre möglichen Auswirkungen auf die Prozessorarchitektur besprochen. Die hierarchische, bei der die Kontrolle von einem übergeordneten, aufrufenden Programm, vorübergehend an ein untergeordnetes, aufgerufenes Programm abgegeben wird und die "gewaltsame", bei der einem Programm die Kontrolle über den Prozessor entzogen wird, wenn das System eine Anforderung auf Programmunterbrechung annimmt. Als dritte Möglichkeit gibt es die **gleichberechtigte Kontrolle**, bei der mehrere arbeitsbereite Programme im Speicher stehen. Zunächst wird ein Programm 1 die Kontrolle über das System ausüben,danach das zweite Programm, anschließend das dritte usw. bis das erste wieder an der Reihe ist und so fort. Diese Strategie stellt einem Programm das Betriebsmittel "Prozessor" nur bis zu einem bestimmten Ereignis zur Verfügung, danach folgt das nächste Programm. Ist das erwähnte Ereignis der Ablauf einer bestimmten Zeit, so spricht man von einer **Zeitscheiben-Strategie.** Angewandt wird die Methode z.B. bei den sogenannten **Timesharing-Betriebssystemen.** Wird dabei von einem Anwender-Programm zum nächsten umgeschaltet, so muß im allgemeinen der vollständige Prozessorzustand gerettet werden, ohne den das Programm, welches die Kontrolle abgeben muß, nicht fortgesetzt werden kann. Der zeitraubende organisatorische Aufwand, den dieses Verfahren erfordert, läßt sich beträchtlich vereinfachen, wenn man dazu übergeht, den Prozessor nicht nur, wie weiter oben beschrieben, mit zwei vollständigen Registersätzen auszurüsten, sondern mit sovielen, wie man konkurrierende Programme zulassen will. **Konkurrierende Programme** sind solche, bei denen es mindestens einen Zeitabschnitt gibt, während dem beide gestartet und beide noch nicht beendet sind. Der Hardware-Aufwand wächst damit weiter an. Er ist aber so klein, daß das Verfahren heute selbst bei Mikroprozessoren angewandt wird. Bild 6-4 zeigt den Prozessor 80 199. Er hat acht Registersätze, die aber nicht vollständig sind, sondern einige Register werden von jeweils zwei Programmen benutzt. Nur Befehlszähler und Statusregister sind achtmal vorhanden, die anderen Register viermal. Damit ist eine Kommunikation zwischen vier

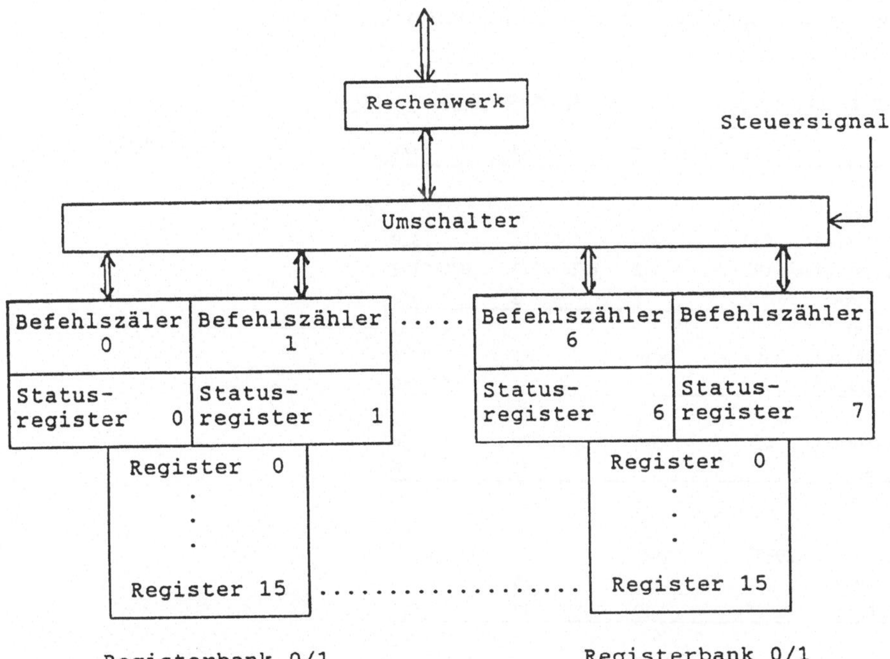

Bild 6-4: Registersatz des Prozessors 80199

Paaren von Anwendungen möglich, ohne daß die gemeinsamen Daten jeweils in den Speicher transportiert werden müßten. Das Umschalten von einer Anwendung zu einer anderen kann bei einem Prozessor dieser Art natürlich nicht nur zu bestimmten Zeitpunkten erfolgen, sondern von anderen Ereignissen abhängig gemacht werden, insbesondere von Interrupts, was bei Systemen mit häufigen Programmunterbrechungen etwa in der Realzeitdatenverbeitung zu einer beachtlichen Leistungssteigerung führen kann.

6.5 Das IBM-System /370

Nachdem wir die Beispiele in den vorhergehenden Abschnitten dieses Kapitels aus dem Bereich der **monolithischen Prozessoren** gewählt hatten, wollen jetzt das System /370 vorstellen, das etwa ab 1970 das Vorgängersystem /360 abgelöst hat. Es handelt sich dabei um eine "Rechnerfamilie", d.h. um eine Vielzahl von Modellen mit sehr unterschiedlicher Leistungsfähigkeit. Alle Mitglieder der Familie sind gekennzeichnet durch:

- Eine hierarchische Speicherstruktur mit hoher Kapazität
- Das Konzept des virtuellen Speichers
- Mikroprogrammierbare Prozessoren
- Einen mächtigen Befehlssatz
- Eine große Zahl von Datenformaten
- Ein Ein-/Ausgabesystem sehr hoher Leistungsfähigkeit durch die Parallelarbeit vieler Kanäle
- Grundsätzliche Möglichkeit zur Bildung von Multiprozessor-Systemen

Die folgende **Tabelle** zeigt die Eigenschaften einiger ausgewählter Modelle. Die Wortlänge bei den Speichern ist ohne Paritätsbits angegeben.

Tabelle 6.1: Eigenschaften einiger IBM-Rechner der Serie /370

Modell	115	125-2	148	168
Hauptspeicher				
Zykluszeit(nsec)	480	480	405/540	320
Kapazität(KByte)	64-192	96-512	1024-2048	1024-8192
Wortlänge(Byte)	2	2	8	8*4
Cachespeicher				
Kapazität(KByte)	entf.	entf.	entf.	8-16
Zykluszeit(nsec)				80-160
Rechenwerk				
Zykluszeit(nsec)	480	320	180-270	80
Wortlänge(Byte)	1	2	4	8
Mikroprogramm-speicher				
Kapazität(KWort)	20-28	16-24	32	5
Zykluszeit(nsec)	480	320	180	80
Wortlänge(Bit)	20	19	32	105

Die nächste **Tabelle** stellt die Befehlsformate für Datentransportbefehle des Systems /370 dar. Dabei bedeutet OP den Operationscode. Er hat im Maschinenbefehl eine Länge von 8 Bit. Die Buchstaben R, X und B stehen für ein allgemeines Register, ein Indexregister und ein Basisadreßregister. Die Länge Registerfelder beträgt jeweils 4 Bit. D gibt die Distanz in einem 12-Bit-Feld an. L beschreibt die Länge der zu übertragenden Operanden und I steht für den Direktwert.

Tabelle 6.2: Symbolische Befehlsformate der /370-Rechner

Befehlstyp, Erklärung	Länge (Byte)	Symbolisches Format
RR, Register-Register	2	OP R1,R2
RX, Register-Speicher mit Index	4	OP R1,D2+<X2>+<B2>
RS, Register-Speicher	4	OP R1,R3,D2+<B2>
SI, Speicher-Direktoperand	4	OP D1+<B1>,'I'
SS, Speicher-Speicher	6	OP D1+<B1>(L1),D2+<B2>(L2)
SS, Speicher-Speicher	6	OP D1+<B1>(L),D2+<B2>

Beim RX-Typ ergibt sich z.B.durch die Addition von Distanz und der Inhalte von Basisadreßregister und Indexregister ein 32 Bit langes Wort, von dem die unteren 24 Bit verwendet werden. Dies ist die **virtuelle Adresse**, mit der ein Adreßraum von 16 MBytes referiert werden kann. Es sind vier verschiedene Betriebssysteme für das /370-System verfügbar, die die Verwaltung des Speichers zum Teil unterschiedlich lösen. Einmal kann man einen einzigen Adreßraum von 16 MBytes anlegen, den sich mehrere Programme im Mehrprogrammbetrieb teilen. Andererseits ist es möglich das Betriebssystem so zu gestalten, daß im Teilnehmerbetrieb jedem Benutzer ein ganzer 16 MByte-Adreßraum zur Verfügung steht.

Zur Abbildung des virtuellen Adreßraums auf die physikalische Speicherhierarchie werden zunächst einmal Seiten von zwei oder vier KBytes gebildet. Zusätzlich wird der Adreßraum segmentiert. Die maximale Segmentlänge beträgt je nach Betriebssystem 64 KBytes oder 1 MByte, jedoch ist sie immer ein Vielfaches der Seitengröße. Da Segmente immer bei einem Vielfachen der Maximalgröße beginnen, können sich ungenutzte Seiten ergeben.

Die Zuordnung der physikalischen Seitenadresse zu einer logischen Seitenadresse erfolgt nach ähnlichen Methoden, wie sie in Kapitel 3.4 bereits beschrieben wurden. Die **LRU-Strategie** wird hier bei einigen Maschinen durch **Benutzungszähler**, bei anderen durch eine sogenannte "**Alterungsmatrix**" realisiert.

7 Nichtsequentielle Rechnerarchitekturen

In der Digital- und Datentechnik haben wir uns mit den Bausteinen befaßt, aus denen der Rechner besteht. Dort wurden die Hardware-Betriebsmittel und Methoden vorgestellt, mit welchen sich Geräte der Datenverarbeitung entwerfen und bauen lassen.

Der Entwurf wird dabei aus rein logischer Sicht betrieben. Ein Rechner wird zunächst als ein "Schwarzer Kasten" (Black Box) betrachtet, der nur durch sein Verhalten charakterisiert werden kann. Wir suchen nun nach Bausteinen, die, in die Black Box eingebaut, das nach außen sichtbare Verhalten des Rechners ermöglichen. Dies ist eine Methode des "Bottom-Up"-Vorgehens.

In diesem Kapitel wollen wir uns dem Gesamtaufbau von nichtsequentiellen Rechnern widmen, nachdem die "klassischen" sequentiellen Rechnerarchitekturen bereits zuvor behandelt worden sind.

Hierbei bedienen wir uns der "Topdown"-Methode: Es werden zunächst die nicht sequentiellen Architekturen klassifiziert und ihre Strukturen vorgestellt werden. Danach bringen wir einige Beispiele von nichtsequentiellen Rechnern, die derzeit einen gewissen "Standard" darstellen.

7.1 Klassifikation von nichtsequentiellen Rechnerarchitekturen

In Kapitel 6 wurde das Grundprinzip des konventionellen Von-Neumann-Rechners vorgestellt. Bei seinem zweistufigen Ablauf, der streng seriell zu erfolgen hat, spielt die Zeit, die benötigt wird

- zur Interpretation des Befehls und zum Lesen des Operanden aus dem Speicher (Fetch-Phase)
- zum Ausführen des Befehls und zum Ablegen des Ergebnisses im Speicher (Execution-Phase)

eine große Rolle.

Bei einer der ersten Realisierungen eines Von-Neumann-Rechners (UNIVAC 1) kostete die Befehlsausführung die meiste Zeit. Heute wird der Zeitbedarf von den Speicherzugriffszeiten dominiert. Die Ausführungszeit eines Befehls im Prozessor beträgt heute nur noch einen Bruchteil der Zeit, die benötigt wird, um einen Speicherinhalt zu lesen und über den Bus zur CPU zu übertragen bzw. umgekehrt. Daher spricht man von einer schwachen Kommunikation zwischen der CPU und dem Speicher, vom **Von-Neumannschen Flaschenhals** (engl.: bottleneck). In der Vergangenheit sind sehr unterschiedliche Rechnerarchitekturen vorgeschlagen worden, um den "Flaschenhals" der klassischen Rechner zu beseitigen. Im Grunde genommen lag diesen Entwürfen die Vervielfachung von unterschiedlichen Funktionseinheiten eines Rechners zugrunde, die gleichzeitig zu betreiben waren. Das führte zur Entwicklung von sogenannten Multifunktionssystemen.

Sind in einer Datenverarbeitungsanlage mehrere Leit- oder Rechenwerke vorhanden und kann zu einem Zeitpunkt mehr als eine dieser Einheiten aktiv sein, so sprechen wir von einer (nichtsequentiellen) parallelen Rechnerstruktur.

Die Entwicklung solcher Rechnerstrukturen hat in den letzten Jahren durch die Fortschritte in der Mikroelektronik und mit dem damit verbundenen Preisverfall für die Rechnerhardware stark an Bedeutung gewonnen. Im wesentlichen sprechen zwei Gründe für eine wachsende Bedeutung nichtsequentieller Architekturen:

- Die **Leistung** einer DV-Anlage kann nur auf **zweierlei Art erhöht** werden. Eine Geschwindigkeitssteigerung der einzelnen Komponenten erfordert die Entwicklung neuer Technologien. Innerhalb einer Technologie kann die Verbesserung der Struktur bzw. der Organisation der DV-Anlage eine Steigerung des Durchsatzes bewirken. Im vergangenen Kapitel wurde gezeigt, wie die verschiedenen Speicherorganisationen dazu beitragen können. Eine weitere wesentliche Steigerung der Leistung wird in vielen Fällen durch den Einsatz mehrerer **parallelarbeitender Leit- bzw. Rechenwerke** ermöglicht.

- Die steigenden Anforderungen an die Verfügbarkeit und Fehlerfreiheit von DV-Anlagen sind ein weiterer Grund für die Entwicklung paralleler Rechnerstrukturen. Erst die **vollständige Redundanz** der gesamten Hardware erlaubt es, Systeme zu realisieren, die den Ausfall einzelner Komponenten ohne Schaden verkraften (tolerieren) können ("Fehlertoleranz").

Mehrfach vorhandene Verarbeitungseinheiten können nur dann gleichzeitig genutzt werden, wenn genügend Aufgaben (Operationen) existieren, die gleichzeitig ausgeführt werden können. Dies ist dann der Fall, wenn diese **Operationen datenunabhängig** sind oder wenn **komplexe Aufgaben** in **mehrere Teilaufgaben** zerlegt werden können

1) Datenunabhängige Operationen

Zwei Operationen heißen datenunabhängig, wenn die Ergebnisse der einen Operation von der anderen nicht benötigt werden.
Bild 7-1 zeigt für den arithmetischen Ausdruck A zur Berechnung des Polynoms P(x) die Datenabhängigkeit der einzelnen Operationen in grafischer Form. Wenn wir den Ausdruck A2 betrachten, so finden wir datenunabhängige Operationen:

A2: P(x) = (((a3 * x) * (x * x)) + (a2 * x) * x) + (a1 * x + a0)

Alle Operationen auf einer Ebene (Ebene I, Ebene II, Ebene III) sind datenunabhängig und können somit gleichzeitig ausgeführt werden.

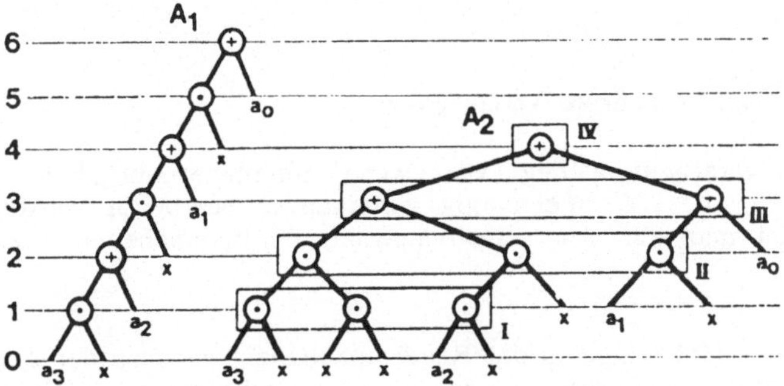

Bild 7-1: Äqivalente arithmetische Ausdrücke mit unterschiedlichem Parallelitätsgrad

Bei A2 können demnach bis auf die Ebene IV mehrere Operationen gleichzeitig ausgeführt werden. Ein Rechner mit **mindestens** 4 Rechenwerken benötigt zur Berechnung von A nur 4 Operationszeiten, wenn man annimmt, daß die Ausführung aller Operationen gleich lang dauert und alle Operationen einer Ebene gleichzeitig berechnet werden.

Andererseits würde bereits ein Rechner mit 3 Rechenwerken genügen, um A2 in 4 Operationszeiten auszuwerten, wenn man die Berechnung in der Reihenfolge I-IV aus **Bild 7-1** wählt. Auch dieser Rechner ist bei der Auswertung von A2 nicht vollständig ausgelastet, da in den Schritten III und IV nur 2 bzw. nur 1 Rechenwerk beschäftigt werden können.

Bereits dieses einfache **Beispiel** verdeutlicht einige Probleme, die für einen parallelen Rechner gelöst werden müssen:

- Die Aufgabenstellung muß so gelöst werden können, daß mehrere Operationen gleichzeitig ausführbar sind.

- In der Regel ist jeweils nur ein Teil der Operationen voneinander datenunabhängig (alle Operationen einer Ebene). Für datenabhängige Operationen muß die korrekte Ausführungsreihenfolge garantiert werden. Diesen Vorgang nennt man **Synchronisation.**

- Werden datenabhängige Operationen von verschiedenen Hardware-Einheiten ausgeführt, so müssen Ergebnisse von einer Einheit zur nächsten übergeben werden; man spricht von **Kommunikation.**

- Sollen außer der absoluten Rechenzeit zur Lösung einer Aufgabe auch die notwendigen Kosten minimiert werden, so müssen während der gesamten Bearbeitungszeit die vorhandenen **Betriebsmittel optimal genutzt** werden. Das ist bei der Berechnung von A2 nicht möglich, da der Grad der Parallelität von Ebene zu Ebene abnimmt.

Es gibt eine Vielzahl meist sehr rechenintensiver Aufgaben, die sich für eine parallele Bearbeitung sehr gut eignen. Den höchsten Parallelitätsgrad weisen Probleme auf, bei denen große, regelmäßig strukturierte Datenmengen verarbeitet werden müssen. Hierbei sind insbesondere hervorzuheben: Verarbeitung großer Matrizen; Lösung gewöhnlicher und partieller Differentialgleichungssysteme (Wettervorhersage, Simulation); Bildverarbeitung (Transformationen, Filterungen). In diesen Anwendungen wird der Einsatz von Rechnern mit bis zu mehreren tausend oft einfachen Prozessoren erwartet, die meistens die gleichen Operationen auf unterschiedlichen Datenteilmengen ausführen müssen.

2) Zerlegung komplexer Aufgaben in mehrere Teilaufgaben

Eine andere Art der Parallelverarbeitung liegt vor, wenn komplexe Aufgaben in mehrere Teilaufgaben zerfallen, die z.T. unabhängig voneinander bearbeitet werden können. Diese Situation findet man auf den verschiedensten Programmebenen einer DV-Anlage.

a) Mehrere **Benutzerprogramme** (Jobs) sind in der Regel unabhängig voneinander und können problemlos gleichzeitig ausgeführt werden. Der Parallelitätsgrad auf dieser Ebene ist allerdings niedrig und abhängig von der Anzahl der Benutzer.

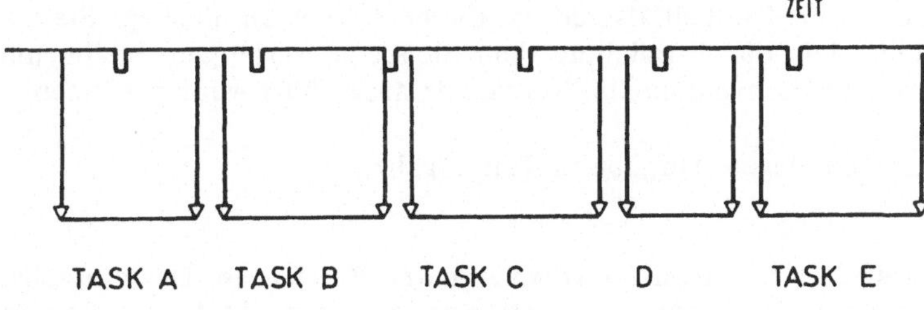

Bild 7-2a: Sequentilelle Verarbeitung

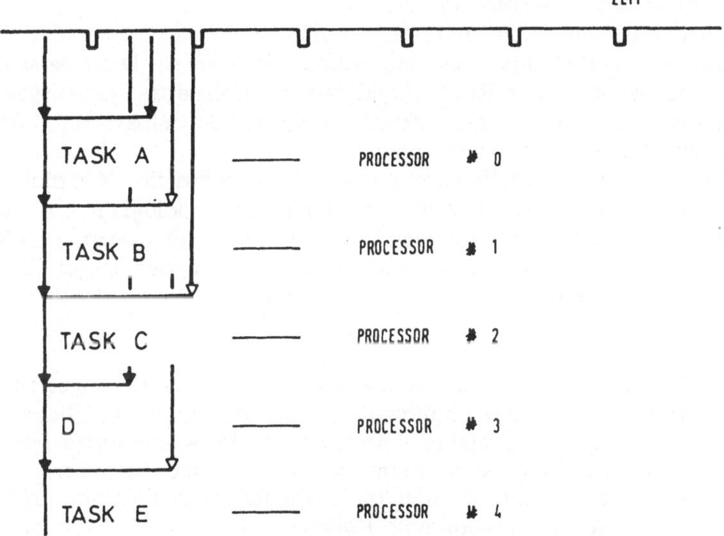

Bild 7-2b: Parallele Verarbeitung unabhängiger Prozesse (Idealfall)

b) Oft besteht ein Benutzerprogramm aus mehreren Funktionsblöcken (Prozesse, Tasks) mit geringen gegenseitigen Abhängigkeiten (**Bild 7-2b**). Die parallele Bearbeitung dieser Programmteile erfordert gelegentliche Kommunikation und Synchronisation. Fast alle Aufgaben der Prozeßdatenverarbeitung, insbesondere die Prozeßsteuerung, fallen in diese Klasse.

c) Auch auf der Ebene der Anweisungen einer Programmiersprache kann parallel gearbeitet werden. Es gibt Versuche, diese Parallelität in gewöhnlichen Sprachen (FORTRAN) automatisch zu bestimmen und Vorschläge für Spracherweiterungen bzw. neue Programmiersprachen, die diese Parallelität unterstützen (Concurrent Pascal, CHILL, ADA). In diese Gruppe fällt die parallele Auswertung von arithmetischen Ausdrücken und die parallele Bearbeitung von Programmschleifen. Der Parallelitätsgrad ist niedrig bis mittel. Untersuchungen von gewöhnlichen FORTRAN-Programmen haben z.B. ergeben, daß darin bis zu 35 Verarbeitungseinheiten sinnvoll genutzt werden können.

d) Auf der untersten Ebene werden elementare Operationen weiter unterteilt und in einzelnen Schritten verarbeitet. Hierzu zählen die Zerlegung von Gleitkommaoperationen und die Trennung von Datenadressierung und

Datentransformation. Der Parallelitätsgrad in dieser Klasse ist niedrig. Sie hat jedoch den Vorteil, daß die Parallelität dem Benutzer verborgen bleibt und deshalb auch vorhandene konventionelle Programme ausgeführt werden können.

Beispiel: Zerlegung einer komplexen Aufgabe in Teilaufgaben

zu a):

Diese Art der Zerlegung trifft man im **kommerziellen Bereich** an. Der einfachste Schritt ist, Multiprocessing (Mehrprozsessorbetrieb) statt Multiprogramming einzuführen. Die einzige Abhängigkeit ist dann innerhalb eines "Jobs" gegeben: falls eine task (Programm) vor den anderen abgeschlossen sein muß oder wenn gemeinsame Ressourcen geteilt werden müssen.
Ein weiterer Schritt ist, eine Anwendertask weiter zu zerlegen, indem alle Ein/Ausgabe-Routinen parallel zum "Rechnen" ausgeführt werden. Dazu passende Rechnerarchitekturen haben in der Regel intelligente spezialisierte Ein/Ausgabe-Prozessoren und ein auf mehrere Prozessoren verteiltes Betriebssystem. Diese Zerlegung erfolgt auf Anwendersoftware-Ebene.
Da in diesem Bereich der Parallelitätszerlegung relativ schwache Kopplungen vorhanden sind, gibt es hier eine Vielzahl von möglichen Topologien, z.B. **lose gekoppelte Bürosysteme** (Knoten werden hier Server genannt, z.B. Xerox-, CTM-Rechner). Die Programmierung der Zerlegung wird dabei in der Regel durch einfache Sprachkonstrukte (wait/nowait-messages) unterstützt

zu b):

In diesem Bereich sind die **objektorientierten Architekturen** angesiedelt. Aufgaben (Programme) werden sprachunterstützt auf prozeduraler Ebene in Teilaufgaben zerlegt. Der globale Speicher verschwindet, die Kommunikation ist messageorientiert. Zusätzlich sind aber auch Sprachkonstrukte zur Zerlegung durch den Programmierer zugelassen. Da hier die Datenabhängigkeit schon größer ist, spielt die Verbindungstopologie schon eine Rolle.
Lokalitäseigenschaften werden zur Zerlegung herangezogen, um den Datentransport nicht zum Engpaß werden zu lassen. Im Forschungsbereich wird oft der Transputer (s. Kap.7.3.7) für derartige Architekturen benutzt.

zu c):

Zu diesem Bereich gehören die sogenannten **Datenflußrechner** (data-driven, demand-driven). Auf die Datenflußarchitektur soll später noch genauer eingegangen werden. Dabei wird das Prinzip des "demand-driven" ebenfalls erläutert (s. Kap.7.2.3.2).

zu d):

Zu diesem Bereich gehören die sogenannten "Supercomputer". Dabei werden die Programme selbst (z.B. Fortran) (fast) nicht zerlegt, sondern die Daten: Bei den **Vektorrechnern** (SIMD) werden die Daten als Vektor, bei einem MIMD-Rechner in Form einer Teilmatrix angegeben. Im Prinzip ist es denkbar, daß diese Art der Zerlegung auch auf datenintensive kommerzielle Programme anzuwenden wäre. So könnten ja alle Sätze einer sequentiellen Datei mit demselben Programm parallel abgearbeitet werden, wenn man sie nicht sequentiell lesen würde. Meistens macht das aber keinen Sinn, weil man die Datenausgabe wieder sequentiell haben möchte.

Rechnerarchitekturen werden unterschiedlichen Klassen zugeordnet. Dabei spielt meistens die Anzahl der gleichzeitig bearbeiteten Befehle und Daten eine Rolle.

Tabelle 7.1: Flynn-Notation (1972):

		Befehle einfach	Befehle mehrfach
Daten	einfach	Single Instruction Single Data	Mutliple Instruction Single Data
	mehr-fach	Single Instruction Multiple Data	Multiple Instruction Multiple Data

SISD (single instruction, single data). Diese Rechner verarbeiten einen Datenstrom entsprechend einem Befehlsstrom, es sind die konventionellen sequentiellen Rechner **(Von-Neumann-Prinzip).**

SIMD (single instruction, multiple data). Hier werden mehrere Datenströme gleichzeitig nach einem Befehlsstrom bearbeitet. In diese Klasse fallen alle **Array-Prozessoren.**

MISD (multiple instruction, single data). In dieser Klasse wird ein Datenstrom durch mehrere Befehlsströme manipuliert. Für die Klasse MISD lassen sich z.Zt. keine praktischen Beispiele finden.

MIMD (multiple instruction, multiple data). In der allgemeinsten Form werden mehrere Datenströme nach mehreren Befehlsströmen bearbeitet. Diese Klasse ist am wenigsten spezifiziert und umfaßt u.a. alle **Multiprozessoren und verteilten Systeme.**

Beispiele für Rechnerarchitekturen nach der Flynnschen Klassifikation:

SISD (eine Funktionseinheit): PDP VAX11/780
SISD (mehrere Funktionseinheiten): IMB 370; IBM 38; CDC Cyber-205
SIMD (word-slice processing): Illiac-IV
SIMD (bit-slice processing): STARAN; MPP; DAP; AMD 2901-Microprocessor
MIMD (loosely coupled): IBM 370/168 MP; Tandem; IBM 3081/ 3084; C.m*
MIMD (tightly coupled): C.mmp; Cray-2; PDP VAX11/782

Weitere Klassifikationen, z.B. die von Händler, beschreiben außer der Anzahl der Steuer- und Rechenwerke auch z.T. deren Organisation (parallel, pipelining) und die Wortbreite der verschiedenen Einheiten. Sie sind jedoch nicht so weit verbreitet und bekannt wie die Klassifikation von Flynn.

Klassifikation nach Händler

Aspekte: Paralellität
Pipelines

Ebenen: PCU processor control unit
ALU arithmetic logic unit
BLC bit level circuit

Ein Rechner C wird durch folgendes Tripel (T) beschrieben:

T(C) = <K x K', D x D', W x W' + ... +...>

wo:

K Anzahl der Prozessoren
D Anzahl der ALU's (arithmetisch - logischem Einheiten) unter einem Prozessor
W Verarbeitungsbreite einer ALU
W' Anzahl der Pipeline-Stufen einer ALU

Instruktions-Phase: D' Anzahl der ALU's, die einen Befehl eines Programmes parallel abarbeiten

Makro-Phase: K' Anzahl der Prozessoren, die Teile eines Programmes parallel abwickeln.

Beispiel: Klassifikation nach HÄNDLER

Sequentielle Rechner:	K,K',D,D',W,W': = 1
Multiprozessor:	K > 1
Arrayprozessor:	D > 1
Prozessor-Pipeline:	K' > 1 mehrere Programm-Teile
Befehls-Pipeline:	D' > 1 mehrere Instruktionen
Phasen-Pipeline:	W' > 1 eine Instruktion

Beispiel:

T(VAX)	=	<1x1, 1x1, 32x1>
T(8086)	=	<1x1, 1x1, 16x2>
T(ILLIAC)	=	<1x1, 64x1, 64x1>
T(Cray-1)	=	<1x1, 12x8, 64x14>

Auf dem Übergang von "klassischen" Rechnerarchitekturen zu den hier abzuhandelnden "innovativen" Rechnern seien zwei Entwicklungen zu erwähnen:

- Heute sind zunehmend Kombinationen aus im Vordergrund und im Hintergrund arbeitenden Rechnern, den sogenannten **Front- und Back-End-Rechnern** (Vorrechner und Hauptrechner) anzutreffen: Ein oder mehrere Front-Ends, bei denen es sich um "gewöhnliche" Universalrechner handelt, arbeiten dabei im

Verbund mit mehreren Back-Ends, welche auf die effiziente Durchführung spezieller Aufgaben hin ausgelegt sind. (**Beispiel: Datenbankmaschinen**, welche den Hostrechner von der Verwaltung großer Datenbestände entlasten).

- Dedizierte Prozessoren der in Japan in Entwicklung befindlichen "**5th Generation Computer**. Sie sollen einer neuen Generation von lernfähigen ("Interferenz-Maschinen", Expertensysteme) und gleichzeitig leichter zu bedienenden (z.B. durch Spracheingabe) Rechnern angehören.

- Aber auch die Reduzierung der Befehlsanzahl des Rechners (sogenannte RISC-Rechner) ist ein später Versuch um höhere Verarbeitungsgeschwindigkeit.

Die zunehmende Verwendung der VLSI-Technologie ermöglicht aber nicht nur die Entwicklung neuer Höchstleistungsrechner; sie ist auch Voraussetzung für die Realisierung von **Multimikroprozessorsystemen**, welche in wenigen Jahren auf einem Chip verfügbar sein werden (z.B. Transputer).

Es gibt zahlreiche Anstrengungen, den Von Neumann Flaschenhals von der Software-Seite in den Griff zu bekommen. Der Flaschenhals hängt nämlich eng zusammen mit dem in vielen höheren Programmiersprachen anzutreffenden Konzept der Variablen. Alternativen hierzu bieten **applikative** sowie **deskriptive Programmiersprachen**, die verschiedentlich zur Grundlage innovativer Rechnerentwicklungen (Spracharchitekturen) wurden. Wesentlich ist dabei ein gegenüber dem Von-Neumann-Rechner verändertes Operationsprinzip.

Ein solches Prinzip besteht z.B. darin, die Daten **selbstidentifizierend** zu machen, so daß der Zugriff **assoziativ**, d.h. inhaltsorientiert (anstatt über Adressen) erfolgen kann. Des weiteren können Daten **selbstbeschreibend** gemacht werden, was Anlaß zu Rechner-Architekturen gegeben hat, die eine Typerkennung von Daten hardwaremäßig unterstützen (Datentyp oder Datenstruktur - Architektur).

7.2 Struktur parallel verarbeitender Rechner

Nichtsequentielle Architekturen werden wir in Aufbau und Arbeitweise nachfolgend beschreiben. Dabei wird unterschieden zwischen:

- Fließband-Prozessoren (Pipeline Processing) Kap.7.2.1
- Feldrechner (Array-Prozessoren) Kap.7.2.2
- Mehrprozessoren (Multiprozessoren) Kap.7.2.3
  - verteilte Systeme
  - Datenflußrechner

Ein Zusammenhang der Architekturklassen nach Floyd mit den Prozessor- und Kommunikationsstrukturen zeigt **Bild 7-3**.

Sie spiegelt die verschiedenen Arten und Ebenen der Parallelverarbeitung.

7.2.1 Fließbandprozessoren (Pipeline-Prozessoren)

Die Pipeline-Verarbeitung ist die überlappte Ausführung von Verarbeitungs- und Ein-/Ausgabeoperationen. Unter dem Begriff des **Pipelining** (Fließbandverarbeitung) versteht man die Zerlegung einer bestimmten Aufgabe oder allgemeiner eines Prozesses

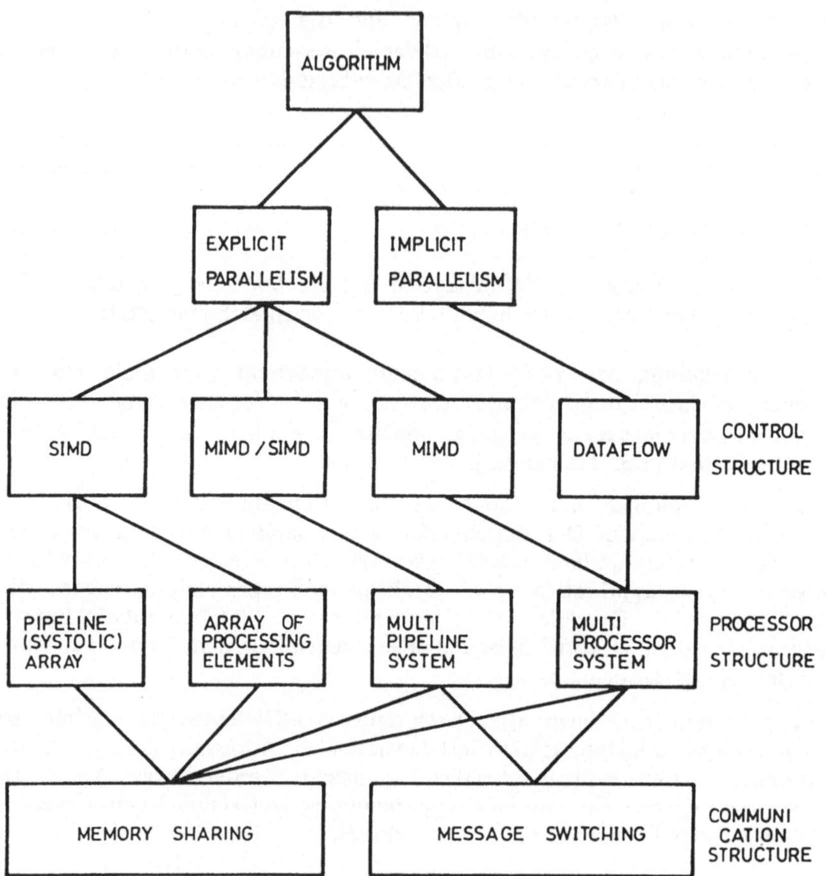

Bild 7-3: Zusammenhang zwischen Rechnerklassifikation nach Floyd und Prozessor- sowie Kommunikationsstruktur

in mehrere Teilaufgaben bzw. Teilprozesse, welche dann in einer linearen Anordnung spezialisierter Prozessoren taktsynchron bearbeitet werden. Es gibt zwei Typen von Pipelines, die Datenpipeline und die Befehlspipeline.

Datenpipeline

Daten werden nacheinander in die Pipeline "geschoben". Jedes Element in der Pipeline erledigt eine Teilaufgabe und reicht das Ergebnis an einen Nachbarn weiter.
Wir gehen davon aus, daß eine Folge von Operationen auf einem Strom von Daten ausgeführt werden soll. Steht für jede Operation eine eigene Ausführungseinheit zur Verfügung, so können diese Einheiten gleichzeitig verschiedene Elemente des Datenstroms bearbeiten. Während z.B. die n-te Date verarbeitet wird, können autonome Datenkanäle die (n+1)-te Date einlesen und die (n-1)-te ausgeben.

Bei den Pipeline-Prozessoren wird dieses Prinzip auf sehr niedriger Ebene erfolgreich eingesetzt. Hier werden die arithmetischen Opeationen in mehrere Teiloperationen etwa gleicher Länge zerlegt, die nacheinander ausgeführt werden können. Eine arithmetische Einheit besteht dann aus mehreren Segmenten (S1 ... Sk), die jeweils eine Teiloperation realisieren. **Bild 7-4** zeigt den Ablauf der Verarbeitung einer Zahlenfolge Zi, (i = 1, ..., n) durch eine 5stufige Arithmetik-Pipeline (k = 5) im Raum-Zeit-Diagramm.

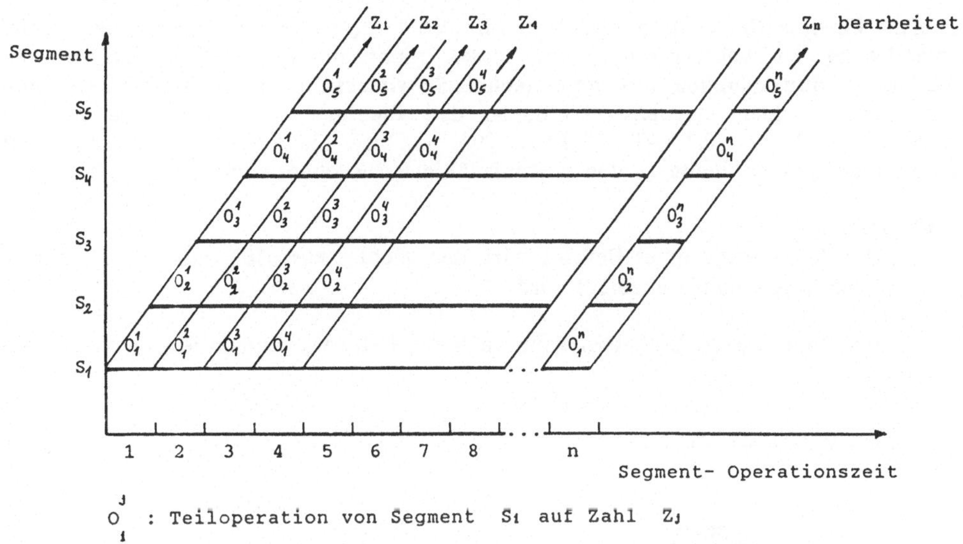

Bild 7-4.a: Prinzip der Fließbandverarbeitung (Datenfließband)

Beispiel: Leistungssteigerung durch Datenpipeline

Zum Vergleich der Leistungsfähigkeit eines Pipeline-Rechners mit der eines konventionellen Rechners betrachten wir die komponentenweise Multiplikation zweier Vektoren mit n Komponenten. Wir können davon ausgehen, daß der Durchlauf eines Operandenpaares durch die **k Segmente** einer Multiplikationspipeline der **Ausführungszeit tm** einer Multiplikation in einer konventionellen Arithmetikeinheit entspricht. Außerdem ist die Operationszeit tS aller Segmente gleich groß: tm = k * tS. Die Ausführungszeit aller n Multiplikationen auf dem konventionellen Rechner ist dann:

TS = n * tm = n * k * tS.

Die Pipeline-Einheit dagegen liefert nach einer Anlaufzeit von (k-1) Schritten nach jeder Operationszeit tS ein Ergebnis.

TP(k) = ((k-1) + n) * tS.

Das Verhältnis dieser Zeiten

SP(k) = TS/TP(k) = (n * k * tS)/((k - 1 + n) * tS)

nennt man den **speed up einer Pipeline** mit k Segmenten gegenüber dem seriellen Rechner. Für n = 1 ist SP(k) = 1 und für n >> k ist SP(k) = k. Der speed up SP(k) gibt an, um welchen Faktor die Pipeline-Einheit schneller ist.

Wie man an den Beispielen für n = 1 und n >> k sieht, ist dieser Faktor abhängig von der Länge der Zahlenfolge und damit von der Aufgabenstellung. Werden nur jeweils 2 Zahlen multipliziert (n = 1), so bietet die Pipeline keinen Vorteil gegenüber einem konventionellen Rechner; müssen jedoch im Verhältnis zur Segmentzahl große Vektoren multipliziert werden (n >> k), so liefert die Pipeline die k-fache Leistung.

Will man Pipeline-Prozessoren also sinnvoll einsetzen, so ist man gezwungen, seine Problemlösung zu vektorisieren, was leider nicht immer möglich ist. In den **numerischen Anwendungen** aus dem **technisch-wissenschaftliche Bereich** ist diese Voraussetzung jedoch meistens erfüllt, so daß Pipeline-Prozessoren, wie bei den Rechnern CRAY-1, CRAY-2, CYBER 203, CYBER 205 oder die Systeme von Floatingpoint Systems, heute zu den leistungsfähigsten Rechnern zählen.

Befehlspipeline
Während der Ausführung eines Befehls wird der nächste auszuführende Befehl bereits in der Befehlswarteschlange abgelegt wird.

Neben den arithmetischen Einheiten kann auch das Leitwerk segmentiert werden (siehe **Bild 7-4.b**).

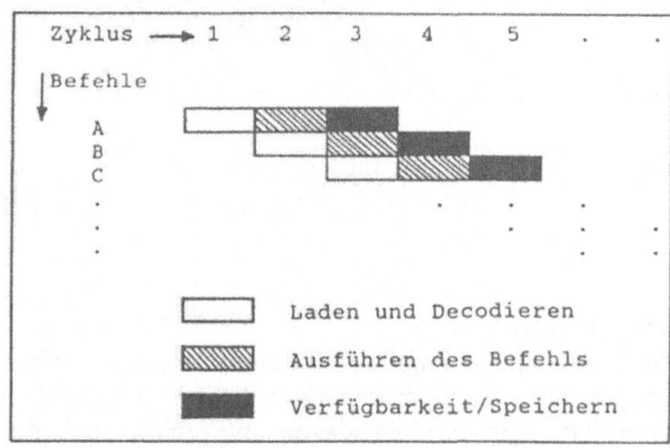

Bild 7-4b:
Prinzip der Fließbandverarbeitung (Befehlsfließband)

Die einzelnen Segmente realisieren dann z.B. die Operationen: "Instruktion aus dem Speicher lesen" und "dekodieren", "Operation ausführen", "Ergebnisse speichern". Wenn in jedem Zyklus ein Befehl begonnen wird, steht ab dem dritten Zyklus auch jeweils ein Ergebnis zur Verfügung. Die Befehlsabarbeitung würde dann bei einer Taktrate von z.B. 80ns 240 ns dauern.

Allerdings ist darauf zu achten, daß die Effizienz des Pipelining bei Verzweigungsbefehlen einiges zu wünschen übrig läßt. Die dem Verzweigungsbefehl folgende Anweisung - die ja schon in die Pipeline geholt und u.U. auch bereits dekodiert wurde - muß zurückgestellt werden , wenn die Verzweigungsbdingung erfüllt ist und die Verzweigung zu einem anderen Befehl erfolgen muß. Dieses Problem ist heute mit Hilfe von "optimierenden" Compilern (s. RISC-Rechner - Kap.7.3.1) gelöst. Diese Möglichkeit bieten z.B. die Mikroprozessoren Z8000 von Zilog, bzw. 80286 von Intel.

Internes Pipelining des Mikroprozessors 80286
Der 80286 Mikroprozessor hat ein internes Pipelining. Der Prozessor besteht aus vier Subeinheiten, die die CPU-Leistung maximieren. Die Zeiten für das Holen eines Befehls (Bus-Einheit), dessen Decodierung (Befehls-Einheit), dessen Ausführung (Ausführungs-Einheit) und die Zeit für die effektive Adreßberechnung (Adreß-Einheit) überlappen sich.

Zu jedem Zeitpunkt können sich vier separate Befehle in verschiedenen Stufen der Decodierung oder Ausführung innerhalb des 80286 befinden, wodurch die Ausführungszeit einer Instruktion verkürzt wird.

Der "Prefetcher" - eine Einrichtung die den nächsten Befehlscode "vorausschauend" aus dem Speicher holt- benutzt zum Holen der nächsten Befehlsbytes jene Prozessorzyklen, die der 80286 zur internen Datenmanipulation braucht. Parallel zueinander werden ausgeführt:

- das Auffüllen der sechs Byte tiefen Prefetch-Queue (erster Teil der Befehlspipeline) durch den Prefetcher,
- die Entnahme der Befehls-Bytes aus der Prefetch-Queue,
- die Decodierung der nächsten Instruktion, die in die drei Byte tiefe Instruction-Queue (zweiter Teil der Befehlspipeline) eingespeist wird.

Die Zeit für das Holen bzw. die Decodierung eines Befehls ist deshalb in den meisten Fällen unbedeutend.
Durch das sogenannte "Pipelined Address Timing" am lokalen Bus werden die Buszyklen bei Speicher- oder Ein/Ausgabe-Zugriffen überlappt, um einen möglichst hohen Busdurchsatz zu erreichen.

Bei bisherigen Prozessoren wird die Addresse am Anfang des Buszyklus zur Verfügung gestellt und ist dann während der ganzen Busperiode gültig. Im Gegensatz dazu legt der 80286 die Adressen für den nächsten Buszyklus schon an, bevor die vorherige Busoperation beendet wurde. Diese Überlappung aufeinanderfolgender Buszyklen gewährt dem Speichersystem eine längere Zugriffszeit, um die Daten der CPU bereitzustellen.

Ein schneller lokaler Bus, kombiniert mit einer relativ langen Zugriffszeit für den Speicher ist somit ausschlaggebend für ein leistungsfähiges und dennoch kostengünstiges System-Design.

7.2.2 Feldrechner

Bei der Pipeline-Verarbeitung werden die unterschiedlichen Operationen gleichzeitig auf verschiedenen Elementen des Datenstroms ausgeführt, gleiche Operationen hingegen zeitlich nacheinander.Im Gegensatz dazu werden beim Feldrechner (Array-Prozessor) gleiche Operationen gleichzeitig auf mehreren Datenströmen ausgeführt und verschiedenartige Operationen zeitlich nacheinander.

Der Feldrechner besteht aus mehreren Rechenwerken, die unter der Kontrolle eines gemeinsamen Leitwerks mehrere Datenströme gleichzeitig bearbeiten. Zum Austausch von Daten sind die Rechenwerke durch ein Verbindungsnetzwerk miteinander verbunden. Dabei ist in der Regel jeweils ein Rechenwerk mit seinen Nachbarn verbunden, wodurch sich eine gitterförmige Anordnung (Array) ergibt.

Die wichtigsten Anwendungsgebiete des Feldrechners sind die Bild- und die Matrizenverarbeitung. Hier kann im Idealfall jedem Bildpunkt bzw. jedem Element einer Matrix ein Rechenwerk zugeordnet werden, so daß alle Elemente gleichzeitig verarbeitet werden können. In der Bildverarbeitung wird dabei die Eigenschaft ausgenutzt, daß bei vielen Algorithmen zur Berechnung eines neuen Bildpunktes nur Informationen aus dessen Nachbarschaft benötigt werden, was der gitterförmigen Verbindungsstruktur entgegenkommt.

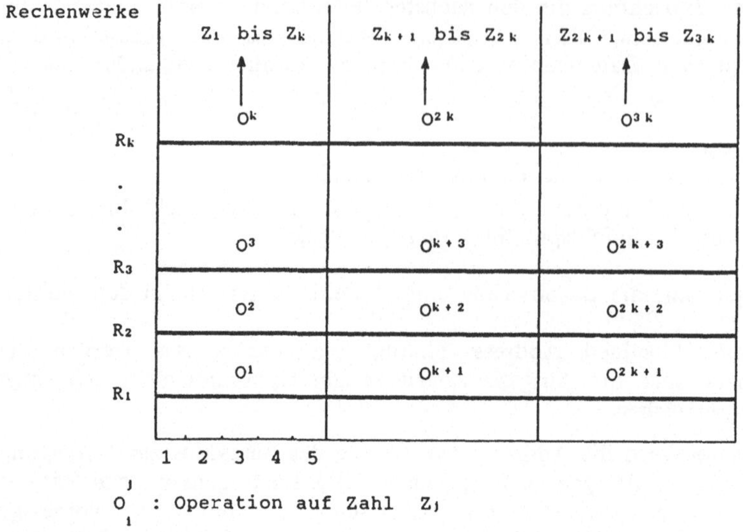

Rechenwerke

	Z_1 bis Z_k ↑ O^k	Z_{k+1} bis Z_{2k} ↑ O^{2k}	Z_{2k+1} bis Z_{3k} ↑ O^{3k}
R_k			
. . .	O^3	O^{k+3}	O^{2k+3}
R_3	O^2	O^{k+2}	O^{2k+2}
R_2	O^1	O^{k+1}	O^{2k+1}
R_1			

1 2 3 4 5

O^j_i : Operation auf Zahl Z_j

Bild 7-5: Prinzip der Arrayverarbeitung (Vektorverarbeitung)

Bild 7-5 zeigt den Verarbeitungsablauf der Zahlenfolge auf einem Array-Prozessor mit k Rechenwerken.
Für die Multiplikation zweier Vektoren mit n Elementen beträgt die Ausführungszeit mit dem array:

$$TA(k) = n/k * tm \text{ falls } n >> k \text{ ist.}$$

Der speed up des Array-Prozessors ist dann

$$SA(k) = TS/TA(k) = = [n * tm]/[n/k * tm] = k$$

Ist die Anzahl der Rechenwerke gleich der Anzahl der Segmente eines Pipeline-Prozessors, so erhält man die gleiche Leistungssteigerung. In der Praxis ist die Anzahl der Rechenwerke jedoch wesentlich größer. Der um 1972 realisierte Array-Prozessor ILLIAC IV der Firma Burroughs enthielt 64 Rechenwerke, der distributed array processor (DAP) von ICL ist ausbaufähig bis zu 4096 Rechenwerken. Zur Zeit bietet Goodyear Aerospace den "massively parallel processor" (MPP) mit 128x128 Rechenwerken, der zum Beispiel zur Verarbeitung von Satellitenaufnahmen (digitale Bildverarbeitung) eingesetzt werden soll.

Der hohe Parallelitätsgrad von Array-Prozessoren schränkt ihre Universalität gegenüber Pipeline-Prozessoren jedoch stark ein. So wird die maximale Leistungsfähigkeit z.B. nur bei Anwendungen erreicht, bei denen die Anzahl der zu verarbeitenden Daten ein Vielfaches von k ist, was für große k oft nicht erfüllt ist. Außerdem ist es oft schwierig, den notwendigen Datenaustausch über das eingeschränkte Verbindungsnetzwerk effektiv zu realisieren.Im Vergleich zu Array-Prozessoren sind die Pipeline-Prozessoren die preiswertere und universellere Lösung.

Eine Teilklasse der Feldrechner bilden die sogenannten **Assoziativrechner**. Deren wesentliches Charakteristikum ist das Vorhandensein eines assoziativen Speichers. Dabei erfolgt der Zugriff auf die gespeicherten Daten nicht über eine Adresse, sondern über die Daten selbst oder Teile davon. Bis heute haben sich nur solche Speicher durchgesetzt, bei denen der Zugriff entweder bit-seriell (und wort-parallel) oder wort-seriell (und bit-parallel) erfolgt, z. B. STARAN von Goodyear Aerospace oder ECAM von Honeywell.

In jüngster Zeit werden extrem schnelle Feldrechner, auch Vektorrechner genannt, die alles an Rechengeschwindigkeit hinter sich lassen, was man bisher gewohnt ist, für besonders effektive Abwicklung spezieller numerischer Probleme verwendet:

- Wetter- und Kernkraftprobleme
- Simulationen, die zeit- und kostenintensive Experimente durch Modellrechnungen auf Computern ersetzen können. Gerade bei Simulationen aber treten Probleme auf, die auf heutigen Computern Rechenzeiten von einigen Tagen oder bis zu hundert Tagen benötigen (z.B. Crash-Tests- Simulationen in der Automobilentwicklung)

Beispiel: Feldrechner bei der Wettervorhersage:

Enthält z.B. ein Vektor die Regenmengen an hundert Punkten eines Beobachtungsbereiches, so kann man die sieben Vektoren für die Meßwerte einer Woche komponentenweise zusammenzählen und erhält den Vektor für die Regenmengen an den einzelnen Beobachtungspunkten für eine Woche. Das sind dann 7mal 100 gewöhnliche Additionen. Jede Regenmenge ist ein Skalarwert, ähnlich wie die Temperatur und den Barometerstand; man faßt sie über einen festgelegten Bereich als Vektor zusammen.

Die heute als Universalrechner bekannten Computer sind **"Skalarrechner"** (Eine einzelne Zahl nennen wir ja einen Skalar). Bei Skalaroperationen muß zu jedem Operandenpaar ein Befehl aufgerufen und entschlüsselt werden. Dieser Vorgang kostet Zeit. Wenn sich dagegen Aufgaben "vektorisieren" lassen, kann mit einem in der Geschwindigkeit einem Skalarrechner vergleichbaren Vektorrechner durch das Bearbeiten großer Operandenfelder mit einem einzigen Befehl ein Mehrfaches an Leistung erzielt werden (**Bild 7-6**).

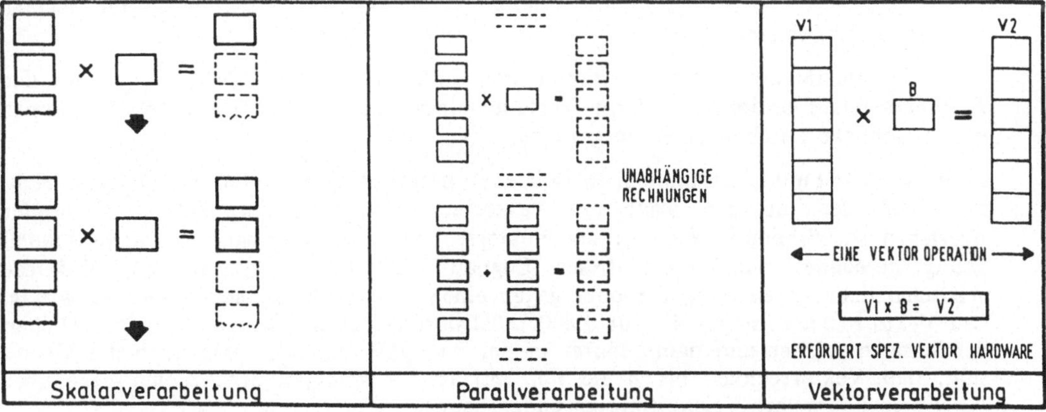

Bild 7-6: Vergleich des Prinzips von Skalar-, Parallel- und Vektorverarbeitung

Erläuterung zu **Bild 7-6:** Der Skalarrechner nimmt die erste Zahl, multipliziert, speichert das Ergebnis ab und wiederholt diese Prozedur für alle weiteren Zahlen. Bei der Parallelverarbeitung können verschiedene Aufgaben wie Multiplikation und Addition eine Gruppe von Elementen in ihrer Gesamtheit ansprechen und eine Multiplikation von beispielsweise sechs Gleitkommazahlen(=Vektor) durch eine einzige Operation wesentlich schneller ausführen.

Wie wir bereits wissen, finden sich Pufferspeicher und Pipelines in "neueren" Skalarrechnern. Sie spielen eine noch bedeutendere Rolle in den Vektorrechnern, die auf den schnellen Zufluß der zu bearbeitenden Operandenmengen (Felder) angewiesen sind, die dann mit einem einzigen Befehl behandelt werden.

Der derzeit schnellste Vektorrechner CRAY-2 (4 parallele Prozessoren) erreicht mit seiner 4,1 Nanosekunden Zykluszeit etwa die vierfache Leistung gegenüber dem weltschnellsten Skalarrechner Amdahl 5890-300, mit seiner Zykluszeit von 15 Nanosekunden (s. Kap.7.3.3).

Die gewöhnliche Art, Leistung von Vektorrechnern zu messen, ist die Bestimmung der Anzahl der Instruktionen, die er in einer Sekunde umsetzen kann.Diese Kennzahl ist allerdings sehr problematisch, weil mit ihr nicht berücksichtigt werden kann, daß die einzelnen Befehle unterschiedlich viel Zeit beanspruchen und gerade numerische Befehle relativ langsam ablaufen. Wegen der Parallelisierung des Rechenwerkes liegen Vektorrechner in ihrer Nennleistung etwa um den Faktor zehn höher als skalare Rechner, wenn sie in ihrer Architektur vergleichbar sind.

Eine, allerdings nur unter Vorbehalt geltende, Leistungsangabe für Vektorrechner ist die maximale Anzahl der in einer Sekunde ausführbaren Gleitkommaoperationen. Sie beträgt beispielsweise für die VP-200 von Fujitsu 530 Megaflops (Millionen Floating-Point-Operationen pro Sekunde) und für die Cray-2, den derzeit schnellsten Supercomputer, 1200 Megaflops.

Ein wesentliches Problem für Vektorrechner bildet die "Vektorisierung" der Programme, da viele wissenschaftliche Programme für Universalrechner bereits vorliegen und nun für die spezielle Struktur der Vektorrechner umgesetzt werden müssen. Es gibt dafür automatisch vektorisierende Compiler, sogenannte "Auto-Vektorizer", die vorliegende Programme zunächst auf ihre Eignung zur Vektorisierung untersuchen und dann die für geeignet befundenen Teile automatisch vektorisieren. Leider lassen sich nicht alle Programmierungsprobleme für Vektorrechner mit solchen automatischen Systemen lösen.

Die Geschicklichkeit des Programmierers, die Art und Weise, wie er den Programmablauf optimiert und die Vorteile seines Vektorrechners einsetzt, bestimmen die tatsächliche Laufzeit eines Programms.

Faßt man alle Punkte zusammen, so fällt es in praktisch orientierten Fällen nicht leicht zu entscheiden, ob und wann ein Vektorrechner einem rein skalaren Computer überlegen ist. Eindeutig gewinnt der Vektorrechner nur dort, wo sonst nicht schnell genug gerechnet wurde. Ist dieser Engpaß aber nicht gegeben, so wird die Wirtschaftlichkeitsrechnung für oder gegen einen Vektorrechner schon sehr schwierig. Der Vektorrechner ist um die für die Parallelisierung des Rechenwerkes erforderlichen Schaltungen reicher und damit teurer in der Anschaffung. Dies mag auch der Grund sein, daß Vektorrechner bis heute nur mit relativ wenigen Stückzahlen gegenüber Pipelinerechnern ihre Verbreitung gefunden haben.

Der US-Hersteller Cray mit einem Löwenanteil von 65 Prozent an allen sogenannten Supercomputern und Control Data (ETA 10) mit zirka 15 Prozent sowie die drei japanischen Hersteller Fujitsu, Hitachi und NEC sind hier die Marktführer. Auch IBM hat mit einer wirtschaftlich interessanten Version der Supercomputer (3090-VF) aufgewartet. Von den in der Bundesrepublik in Betrieb befindlichen 15 bis 20 Supercomputern arbeiten die meisten in Universitäten und Großforschungseinrichtungen, während die deutsche Industrie in der Verwendung dieser Höchstleistungsrechner noch etwas zurückhaltend ist. Rund die Hälfte der hier eingesetzten Supercomputer stammt von Cray.

Die Control-Data-Tochter Eta Systems entwickelt den Vektorrechner ETA 10. Als erster Auftraggeber außerhalb der Vereinigten Staaten hat der Deutsche Wetterdienst in Offenbach/M. eine ETA 10 bestellt. Von einer für 1987 angekündigten Acht-Prozessor-Version erwartet man eine Nennleistung von 10 Gigaflops. Mit einer Cray-3 wird für 1988 gerechnet. Von ihr ist allerdings noch nicht viel mehr bekannt als die von Fachleuten als "geradezu traumhaft" bezeichnete Zykluszeit von einer Nanosekunde. Auch die japanischen Hersteller arbeiten an Nachfolgemodellen ihrer jetzigen Supercomputer.

Andere Firmen versuchen, die Lücke zwischen Supercomputern und Superminis mit Systemen zwischen 10 und 100 Megaflops Rechnerleistung zu schließen. Hierzu zählen beispielsweise Alliant Computer Systems / Apollo Domain und die Convex Computer Corporation. Nicht vergessen werden sollte Floating Point Systems, die seit Jahren ihre Array-Prozessoren als Zusatz zu existierenden Hosts vermarktet.

7.2.3 Multiprozessoren

Bei den bisher vorgestellten Rechnerkonzepten kann zu einem Zeitpunkt jeweils nur eine Befehlssequenz auf einer Menge von Daten ausgeführt werden. Eine parallele Verarbeitung mehrerer Daten ergibt sich aus der Struktur der Datenmenge (Vektor, Matrix) In allgemeinster Form kann eine Parallelverarbeitung erreicht werden, wenn unabhängige Teilrechnungen gleichzeitig ausgeführt werden können. Diese Art der Parallelität findet man in fast allen grösseren Programmen (Datenbanksystemen, Verwaltungssystemen, Prozeßsteuerungssystemen).

Um diese Parallelität zu nutzen, benötigt man Rechnerarchitekturen, in denen mehrere universelle Rechner zur Verfügung stehen. Je nach Organisation der Zusammenarbeit unterscheidet man **Multiprozessorsysteme** und **verteilte Rechnersysteme**. Obwohl keine allgemeingültigen Definitionen vorliegen und die Übergänge zwischen diesen Systemklassen fließend sind, sollten beide Arten hier kurz charakterisiert werden.
Multiprozessoren nennt man Systeme, in denen mehrere eigenständige Prozessoren (Steuerwerk und Rechenwerk) unter der zentralen Kontrolle eines Betriebssystems zusammenarbeiten. Die Zusammenarbeit ist sehr eng, die Verteilung der Aufgaben auf die verschiedenen Prozessoren erfolgt auf Prozeßebene. Die enge Zusammenarbeit erfordert schnelle und umfangreiche Kommunikation zwischen den verschiedenen Prozessen, die sehr oft über einen gemeinsamen Speicher abgewickelt wird. Außerdem ist es notwendig, die verschiedenen Prozesse zueinander zu synchronisieren, um einen konsistenten Ablauf zu gewährleisten, was bei den bisher vorgestellten Maschinen nicht notwendig war.

Die **Prozeßsynchronisation** ist in sequentiellen Programmen überflüssig, jedoch von zentrtaler Bedeutung für die Korrektheit und die Effektivität einer parallelen Berechnung. Sie wird notwendig durch die autonome Bearbeitung von Teilaufgaben durch eigenständige Prozessoren.

In dem meisten Fällen ist ein Prozessor (master) ausgezeichnet für die Bearbeitung sämtlicher Verwaltungs- und Kontrollarbeiten und die übrigen Prozessoren (slaves) erledigen die ihnen zugeteilte Arbeit unter der Kontrolle des master-Prozessors

(master-slave-Organisation). Solche Systeme nennt man **asymmetrische Systeme.** Sie sind dort sinnvoll einzusezten, wo die Aufgabenmenge ebenfalls hierarchisch gegliedert ist.

In **symmetrischen Systemen** werden Betriebssystemfunktionen jeweils von dem Prozessor erledigt, der die jeweilige Funtkion benötigt (master-master-Organisation). Dadurch wird der Engpass der master-slave-Organisation vermieden; denn diese Organisation ist unempfindlicher gegenüber dem Ausfall von Prozessoren. Dieser Vorteil muß allerdings mit einem größeren Aufwand zur Synchronisation innerhalb des Betriebssystems erkauft werden.

Sind alle Prozessoren identisch und in der Lage, alle anfallenden Aufgaben zu erledigen, so hat man ein **homogenes** System vor sich. Sind die Prozessoren für bestimmte Aufgaben spezialisiert oder werden spezielle Aufgaben bestimmten Prozessoren fest zugeteilt, so spricht man von heterogenen Systemen. Sie sind stets nach dem Master-slave-Prinzip organisiert.

Für **homogene** Systeme ist die Art der Aufgabenverteilung auf die Prozessoren ein weiteres Unterscheidungskriterium. Zum einen können die anfallenden Aufgaben nach einem Verteilungsalgorithmus auf die verschiedenen Prozessoren verteilt werden **(task allocation).** Diese Zuteilung kann im Lauf der Rechnung geändert werden, um die vorhandenen Betriebsmittel optimal zu nutzen. Zum anderen wird eine automatische Adaption der vorhandenen Rechnerleistung an das Aufgabeprofil erreicht, wenn sich jeder Prozessor aus dem Aufgabenpool den nächsten Prozess heraussucht, sobald er einen anderen Prozess abgelegt hat **(task attraction).** Beispiele hierfür sind die Rechner C.mmp und Cm* der Carnegie-Mellon-Universität (s. Kap.7.3.5).

Trotz ihrer vielversprechenden Architektur und den weiten Einsatzmöglichkeiten haben Multiprozessorsysteme sich bisher kommerziell noch nicht durchgesetzt. Dies liegt wohl am großen Hardwareaufwand, der erst durch die fortschreitende Bauelemente-Integration zu kostengünstigen Systemen führen wird. Der wesentliche Hinderungsgrund ist wahrscheinlich die Schwierigkeit, solch hochgradig parallele Systeme zu verstehen und zu handhaben. Dabei kommt erschwerend hinzu, daß die bisherige Entwicklung von Algorithmen, Programmen und Programmiersprachen weitgehend das Denken in sequentiellen Abläufen gefördert hat, was für Pipeline- und Array-Prozessoren weiterhin ausreicht.
Außerdem besteht für jeden Anwender und Rechnerhersteller der wirtschaftliche Zwang, vorhandene Software auf neuen Rechnerarchitekturen weitgehend ungeändert zu betreiben.

Unter allen diesen Voraussetzungen ist ein Multiprozessor jedoch nicht optimal zu nutzen. Hier werden in nächster Zukunft neue Programmiersprachen Abhilfe schaffen müssen, indem sie die Formulierung paralleler Aktivitäten ermöglichen. Erste, vielversprechende Ansätze findet man in den Programmiersprachen Concurrent Pascal, CHILL und ADA.

Rechner 3260MPS
Die erste reale Mehrprozessoranlage, die den Überlegungen für ein Multiprozessor-UNIX zugrunde lag, war der 3260MPS von Cocurrent-Computer (**Bild 7-7**). Er kann aus vier bis zu zehn Prozessoren bestehen, die alle zusammen auf einen globalen Speicher zugreifen. Einer der Prozessoren (CPU) ist der Master des Systems und kontrolliert die restlichen Prozessoren, die entweder als Rechen- (Application-Processing-Unit) oder E/A-Prozessoren (Input/Output Processor) konfiguriert werden können. Die beiden Prozessortypen sind objektcodekompatibel, besitzen aber jeweils besondere Fähigkeiten. Es existieren leistungsfähige Mechanismen zur Kommunikation zwischen den Prozessoren.

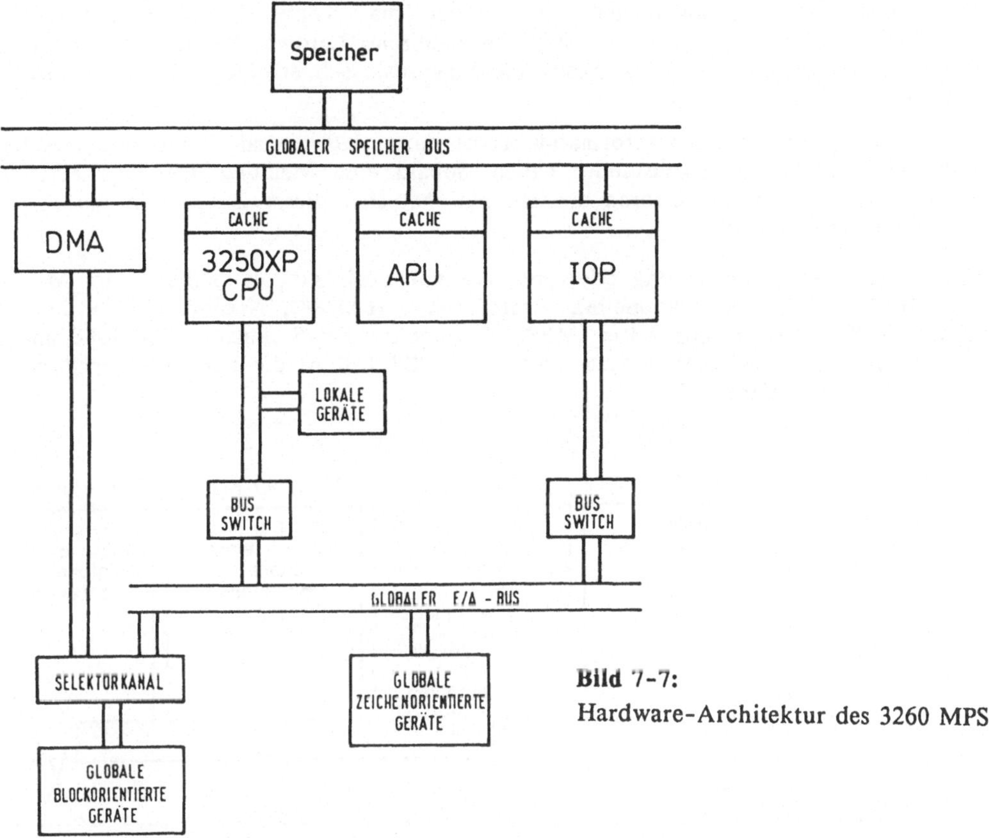

Bild 7-7:
Hardware-Architektur des 3260 MPS

7.2.3.1 Verteilte Systeme

Der Übergang von Multiprozessoren zu verteilten Systemen ist fließend und nicht genau zu definieren. Eine allgemein akzeptierte Definition eines verteilten Systms gibt es nicht. Das wichtigste Kriterium für ein verteiltes System ist das Fehlen jeder zentralen Information und Kontrolle.

Ein verteiltes System bzw. im engeren Sinne ein verteiltes Multiprozessorsystem besteht aus einer Menge lose gekoppelter Prozessoren bzw. kompletter Rechner, die in Kooperation gemeinsame Aufgaben bearbeiten.

Die räumliche Entfernung zwischen Verarbeitungsknoten ist von untergeordneter Bedeutung. Die Kommunikation zwischen den einzelnen Prozessoren erfolgt nicht über den Zugriff auf gemeinsame Daten, sondern über den Austausch von Meldungen. Diese Meldungen können über die unterschiedlichsten Verbindungsmedien ausgetauscht werden:

- gemeinsame Speicher
- Koppelnetzwerke
- Leitungen

Der Austausch erfolgt entsprechend einer einheitlichen Konvention (Protokoll), die in verschiedene Ebenen geglieder ist (Z.B. physikalische Leitung, Rechner zu Rechner, Prozess zu Prozess usw.). Über diesen Meldungsaustausch erfolgt auch die Kontrolle und Organisation des Systems.

Das Fehlen jeder zentralen Information führt dazu, daß niemals 2 Prozesse dieselbe Sicht des globalen Systemzustandes haben. Sobald eine Meldung über den eigenen Zustand die anderen Prozessoren erreicht hat, hat sich dieser Zustand in der Regel bereits wieder geändert.

Solche verteilten Systeme, eng oder/und lose gekoppelt gibt es zahlreich am Markt: TANDEM, CTM (lose gekoppelte), Stratus (bzw. IBM/88), Nixdorf (8832), Perkin Elmer (3200 MPS), Krupp-Atlas (MPR), Triumph-Adler/Stollmann (TA 1900/maja, **Bild 7-8**), um die bekanntesten zu nennen. In **Bild 7-8** ist die sich selbst erklärende Maja-Architektur dargestellt.

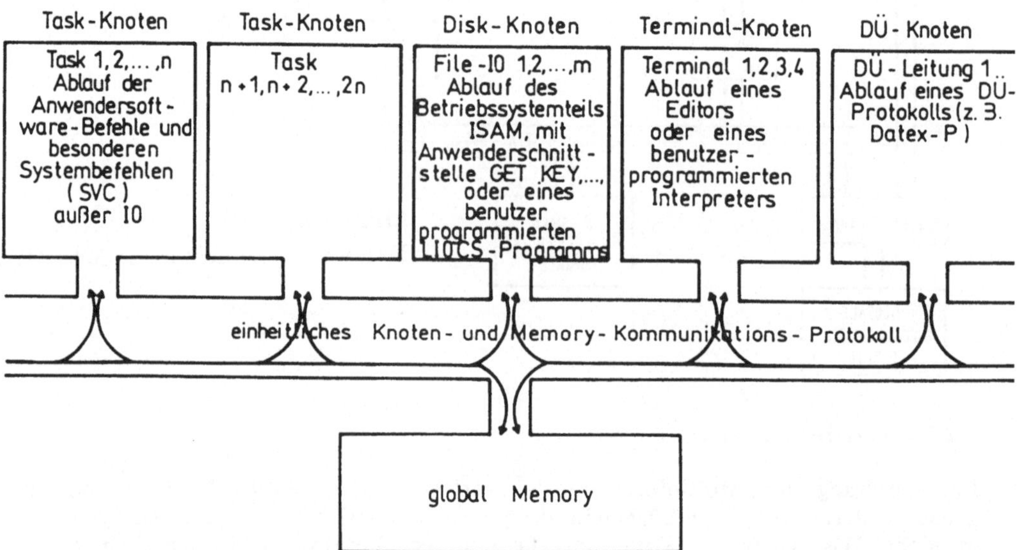

Bild 7-8: Die MAJA-Architektur

Das Fehlen der zentralen Information ist die Voraussetzung für **Systeme mit hoher Ausfalltoleranz** (Fehlertolerante Systeme, siehe Kap.7.3.6). Außerdem ermöglicht die lose Kopplung der einzelnen Knoten eine modulare Erweiterbarkeit entsprechend den jeweiligen Anforderungen des Benutzers. Verteilte Systeme in diesem Sinne sind der Cm* sowie der HXDP von Honeywell.

Verteilte Systeme entsprechen dem Trend der Zeit. Sowohl die logische und physikalische Entkopplung klassischer Multiprozessoren als auch der angestrebte Funktionsverband lokaler Rechnernetze führen zu dieser Systemklasse. Die wachsende Bedeutung redundanter und flexibler Systeme ist eine weitere Motivation zur Entwicklung verteilter Systeme. Bevor solche Systeme jedoch endgültig verfügbar sein werden, sind noch wichtige Probleme insbesondere bei der Verwaltung, Kontrolle und Programmierung dieser Systeme zu lösen.

7.2.3.2 Datenfluß-Prozessoren

Datenfluß-Prozessoren sind spezielle Multiprozessorsysteme, bei denen das Synchronisationsproblem auf eine besondere und elegante Weise gelöst ist. Während die Synchronisation zwischen den verschiedenen Prozessoren normalerweise explizit durch Kontrollanweisungen zum Erfragen und Setzen von Bedinungen erzwungen wird, ist diese Synchronisation bei Datenfluß-Prozssoren implizit mit dem Fluß der Daten verbunden. Ein Algorithmus besteht in der Regel aus einer Menge von Operationen zur Datentransformation. Diese Operationen sind z.T. dadurch geordnet, daß die Ergebnisse der einen Operation von der nächsten Operation benötigt werden. **Bild 7-9.a** zeigt einen mathematischen Ausdruck als geordnete Menge (Graph) von Grundoperationen.

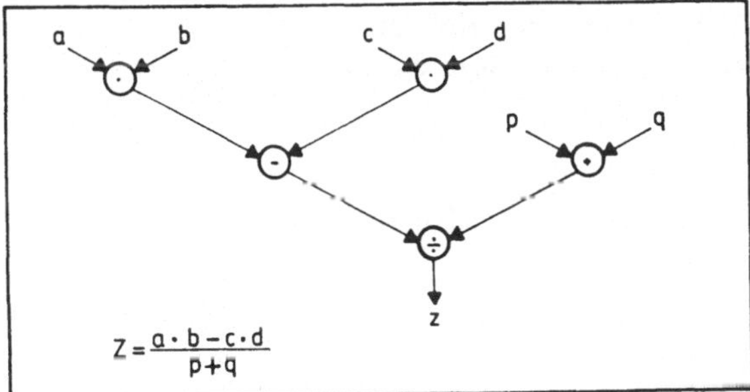

Bild 7-9.a: Arithmetischer Ausdruck als Datenflußgraph

In einem Datenflußrechner werden die einzelnen Operationen erst dann ausgeführt, wenn alle notwendigen Operanden berereit sind. Die Ergebnisse werden zu den nachfolgenden Operationen erst im nachfolgenden Takt weitergeleitet und diese dadurch aktiviert (**Bild 7-9.b**). Mehrere Prozessoren können beschäftigt werden, wenn alle Operationen, deren Operanden vorliegen, parallel ausgeführt werden. Ein Datenflußprogramm wird angegeben als Graph oder in einer Programmiersprache, wie VAL.

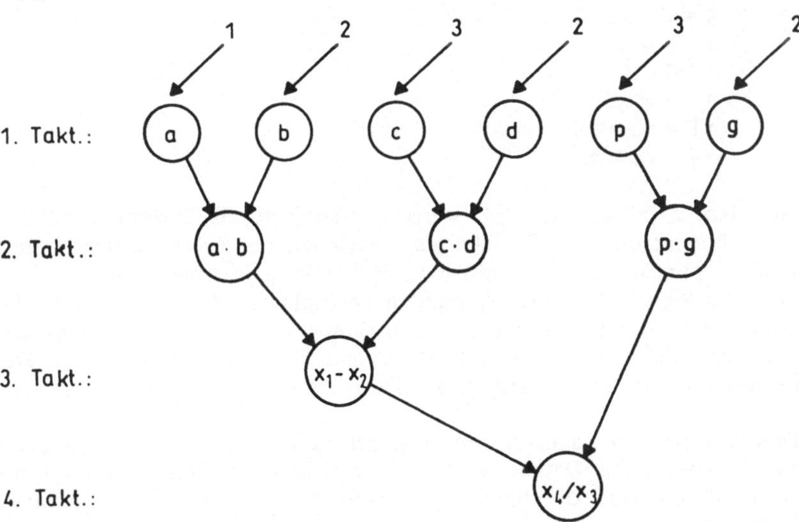

Bild 7-9.b: Beispiel einer Programmauflösung im Datenflußrechner

Im Datenfluß-Operationsprinzip wird die maximale, in einem Algorithmus enthaltene (implizite) Parallelität ausgewertet; es wird nicht ein optimaler Algorithmus erzeugt.

Im Datenflußrechner gibt es kein Befehlsregister. Der Datenflußrechner kann im Prinzip alle angebotenen Befehle (= das ganze Programm) gleichzeitig parallel ausführen, was natürlich nur möglich ist, wenn man so viele spezielle Prozessoren (execution units) hat wie Befehle.Dies geht natürlich nur bei den Befehlen, bei denen die Operanden bereits vorhanden bzw. gültig sind. Ein Programm, das aus voneinander unabhängigen Befehlen besteht, wird tatsächlich in einem Zyklus parallel ausgeführt (sofern die Operandendaten gültig bzw. verfügbar sind).

Befehle im Datenflußrechner werden stets sofort ausgeführt, wenn ihre Operanden verfügbar sind! Der "flow-control" ist also nicht gesteuert durch einen Befehlszähler, sondern durch die Verfügbarkeit von Daten.

Beispiel: Berechnung eines arithmetischen Ausdruckes mit Hilfe eines Datenflußprozssors. Es sei gegeben:

$$z = \frac{a * b - c * d}{p * g}$$

Den o.g. mahtematischen Ausdruck können wir wie folgt in ein Programm umschreiben:

Takt:	Anweisung:	
1.	a = 1	
2.	b = 2	Eingabe
3.	c = 3	
4.	d = 2	
5.	p = 3	
6.	g = 2	
7.	a * b = x1	
8.	c * d = x2	
9.	p * g = x3	
10.	x1 - x2 = x4	
11.	x4 / x3 = z	

Die Hilfsvariablen x1,x2,x3 und x4 werden mehrfach als Zwischenspeicher benutzt. Mehrfachbenutzung von Speicherplätzen ist jedoch verboten! Jetzt stellen wir uns vor, alle Operationen stehen ablauffähig bereit in je einem Prozessor. Sie warten nur auf das Signal, daß ihre Operanden verfügbar sind. Aus Gründen der Vergleichbarkeit mit dem sequentiellen Algorithmus nehmen wir an, daß alle Operationen gleich schnell laufen und führen einen Takt ein (**Bild 7-9.b**). Der implizite **Speed-up** bei diesem Algorithmus ist also 2,5 (4 Takte statt 11).

Während beim Datenflußprinzip (data-driven evaluation) die Ausführung gesteuert wird durch die Verfügbarkeit der Daten, wird bei der demand-driven evaluation die Ausführung einer Funktion erst durchgeführt (angestoßen), wenn die Ergebnisse wirklich gebraucht werden.

Trotz des einleuchtenden Konzepts sind Datenfluß-Prozessoren bisher kaum realisiert worden, weil die Auswahl der ausführbaren Operationen nicht befriedigend gelöst werden konnte. Außerdem ist es schwierig, in Datenflußprogrammen Unterprogramme zu bilden und komplexe Datenstrukturen zu verarbeiten. An diesen Problemen wird jedoch intensiv gearbeitet.

7.3 Einige Beispiele innovativer Architekturen

Alle im vorangegangenen Kapitel vorgestellten Konzepte haben eine Zukunft, weil sie innovative Rechnerarchitekturen darstellen.

Jedes Konzept hat seine Vor- und Nachteile und damit seine eigenen Anwendungsgebiete. Die von uns ausgewählten Beispiele können nur einen kleinen Eindruck von der Vielzahl der vorgeschlagenen und z.T. auch realisierten Systemkonzepte geben. Sicher wäre es auch interessant, andere Systeme vorzustellen. Wir haben versucht, als Beispiele typische Vertreter ihrer Klasse auszuwählen, die in besonderer Weise Bedeutung erlangt haben.

Zunächst stellen wir die RISC-Architektur vor; sie ist der jüngste Beitrag zur Erhöhung der Leistung von klassischen Rechnern. Danach wird ein Großrechner der Firma Control Data Corporation (CDC) vorgestellt. Dieser Rechner gehört seit längerer Zeit zu den Maschinen mit mehreren spezialisierten Funktionseinheiten. Dem folgt die Beschreibung des derzeit schnellsten Vektorrechners CRAY, des bis heute meist verkauften Supercomputers. Danach stellen wir einige Rechnerarchitekturen vor, die bisher keine wirtschaftliche Bedeutung erlangt haben. Sie sind jedoch für die Erforschung und Erprobung zukünftiger Rechnerarchitekturen von großer Bedeutung und spiegeln den derzeitigen Stand der Entwicklung auf diesem Gebiet wider. Der distributed array processor (DAP) der Firma ICL ist das jüngste Beispiel für einen Array-Prozessor. Der C.mmp dagegen kann als Standardbeispiel eines Multiprozessors angesehen werden. Er wurde wie sein Nachfolger, der Cm*, an der Carnegie Mellon University in Pittsburgh, Pennsylvania, entwickelt. Der Cm* verläßt die Gruppe der eigentlichen Multiprozessoren und muß zu den verteilten Systemen gezählt werden.

Unsere Vorstellung innovativer Rechnerarchitekturen werden wir durch zwei praktische Beispiele ergänzen: Den fehlertoleranten Rechner von Tandem und dem APX 432-Prozessor. Neben diesen Vertretern etablierter Architekturen wird auch der 32-Bit-Mikroprozessor iAPX 432 der Firma INTEL vorgestellt. Er zeigt einen wichtigen Trend der Hardwareentwicklung unserer Zeit, die Berücksichtigung der Software (Programmiersprache, Betriebssystem) in der Struktur der Hardware. Außerdem bietet er eine Menge von Voraussetzungen, die für einen Verbund mehrerer dieser Prozessoren in einem Gesamtsystem sehr nützlich sind (z.B. Fehlertoleranz). Weitere Beispiele, wie Transputer oder SUPRENUM (SIMD/MIMD-Architektur) sollen einige neuere Entwicklungen bzw. Entwicklungsvorhaben verdeutlichen.

7.3.1 RISC - Architektur

Die Abkürzung RISC steht für "Reduced Instruktion Set Computer" - einen Rechner also, der mit wesentlich eingeschränkten Maschinen-befehlsvorrat auskommt und aus dieser speziellen Architektur - in Verbindung mit einem leistungsfähigen Compiler - seine extrem hohe interne Verarbeitungsgeschwindigkeit herleitet.

Die bisherigen klassischen Prozessor-Konzeptionen befaßten sich in der Hauptsache mit dem Problem, die Zusammenarbeit zwischen einem schnellen Prozessor und seinem verhältnismäßig langsamen Arbeitsspeicher so zu gestalten, daß der langsame Zugriff auf die Programmbefehle im Arbeitsspeicher die Verarbeitungsgeschwindigkeit des Prozessors nicht über Gebühr belastet.

CISC - Rechner

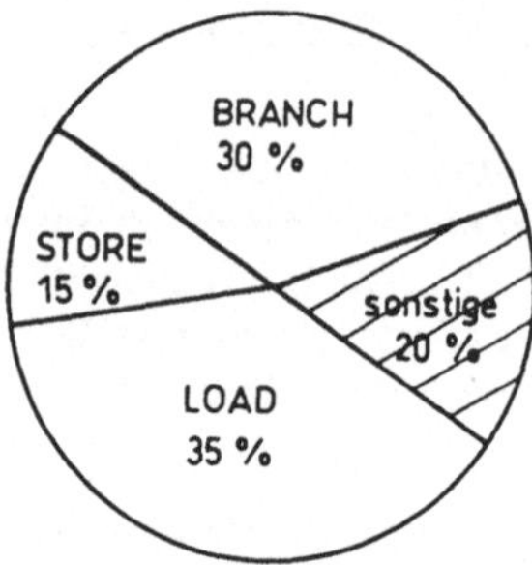

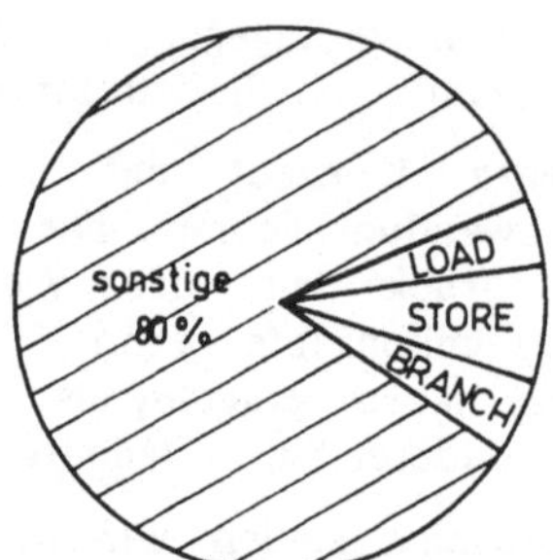

Befehls-Mix

CONTROL STORE Implementation

Schlußfolgerung: Selten auftretende komplexe Befehle werden nicht Implementiert.

Bild 7-10: Warum RISC?

Deshalb stattete man den Prozessor mit mächtigen Befehlen aus (CISC Complex Instruction Set Computer), die als Mikrocode-Routinen auf dem Prozessor abliefen und meist viele Prozessorzyklen erforderten. Mächtige Befehle ergeben weniger Objektcode; dadurch verringert sich auch die Zahl der Speicherzugriffe während des Programmablaufs (**Bild 7-10**). Die Fähigkeiten mächtiger Befehle können aber oft nicht voll genutzt werden. Das bedeutet, daß sie zum Teil "leerlaufen" und deshalb keinen optimalen Objektcode darstellen. Untersuchungen ergaben, daß während 80 Prozent der Bearbeitungszeit einer typischen Anwendung lediglich 20 Prozent des Befehlsvorrates (Lade-, Speichere-, Verzweigebefehel: LOAD, STORE, BRANCH) genutzt werden.

Das RISC-Konzept arbeitet deshalb mit nur wenigen Instruktionen und setzt zugleich auf die Vorteile, die der Einsatz der heute und in näherer Zukunft verfügbaren schnellen und dabei preiswerten Arbeitsspeicher bietet. Ihre Zugriffszeiten entsprechen etwa einem Prozessorzyklus. Der Prozessor kann mit voller Geschwindigkeit laufen, weil die Ausführungszeit eines Befehls ausreicht, den Folgebefehl aus dem Arbeitsspeicher zu laden. Dabei strebt man das Optimum der Ausführungszeit von einem Takt per Instruktion an. Deshalb sind im RISC-Konzept alle Befehlsfunktionen so einfach wie möglich gehalten. Dafür erschwert die einfache Hardware die Softwareerstellung; ein RISC-Compiler ist um ein Vielfaches aufwendiger als ein CISC-Compiler.

Die Verwendung einfacher Decodiertechniken und ein pipelineartiger Ablauf von Befehlsfolgen ergänzen die RISC-Architektur. Dabei ist für die RISC-Architekturen typsich, daß sie die Softwarefunktionen (z.B. den optimierenden Compiler) implementiert haben.

Der Instruktionssatz des RISC-Prozessors beschränkt sich auf einfache Befehle, die möglichst während eines Prozessorzyklus ausgeführt werden können. Die Ausührungszeit eines Programms wird entsprechend der Formel Z = I * C * T minimiert, denn trotz steigendem I (Anzahl der Maschinenbefehle), nehmen die zeitlichen Größen C (Anzahl der Takte/je Befehl) für kürzere Befehle der RISC-Maschine und T (T = 1/Frequenz) aus technologischen Gründen (neue Bausteine) um ein Vielfaches ab. Als Faustregel gilt, daß die RISC-Programme etwa ein Drittel länger sind als die CISC-Programme, aber ihr Instruktionsvorrat weniger als ein Drittel desjenigen der CISC-Rechner beträgt.

Viele Befehle werden als Register-Register-Operationen ausgeführt, weil bei der Befehlsausführung nur wenig Speicherzugriffe anfallen. In der Regel stattet man deshalb die RISC-Rechner mit mehr Registern (im Schnitt ca. 32) aus. RISC-Compiler erzeugen nämlich einen laufzeitoptimierten Objektcode, indem sie unter anderem Operanden möglichst lange in den Registern halten und nur dann Speicherzugriffe auf Daten ausführen, wenn neue Operanden geladen oder nicht mehr gebrauchte Operanden abgespeichert werden müssen. Der in kleinste Einzelschritte zerlegte Objektcode ermöglicht die weitgehende Beseitigung aller redundanten Operationen z.B. bei Speicherzufgriffen und Verzweigungen, die den Ablauf von RISC-Programmen verhältnismäßig stärker bremsen als bei CISC-Programmen.

Beispiele für RISC-Rechner: IBM 6150 Minicomputer und Hewlett Packard Minicomputerreihe (800, 825S, 840S, 850S).

Der Hauptanwendungsbereich sind CPU-intensive technisch-wissenschaftliche Anwendungen.
Der 32-Bit-Mikroprozessor des IBM 6150-Minirechners beispeilsweise wurde von der IBM als Einzelchip in RISC-Architektur entwickelt. Er verfügt über nur 118 Befehle im 2- und 4-Byte-Format, die überwiegend binnen eines Verarbeitungszyklus ausgeführt werden können. Die Verarbeitungsgeschwindigkeit beträgt 1,6 bis 2,1 MIPS (= Millionen Befehle pro Sekunde) bei einer Zykluszeit von 170 Nanosekunden (ns = 10-9 Sekunden). Die Leistungen der neuen RISC-Rechner vom Hewlett Packard zeigt Tabelle 7.2.

Tabelle 7.2: RISC-Minicomputer von Hewlett Packard

Modell	RAM (MB) min/max	Kanäle min/max	aktive Benutzer	MIPS
825S	8/56	7/12	bis 24	2,2 bis 3,1
840S	8/96	12/26	bis 50	4,5
850S	18/128	18	bis 80	6,7 bis 7,2

Eine Mischung von RISC und CISC stellt der **Clipper** dar. Hierbei handelt es sich um eine Dreichip-Lösung. Auf dem Clipper-Modul befinden sich die CPU mit integrierter Floating-Point-Einheit, der Daten-Cache mit Datenspeicher sowie der Befehls-Cache mit Befehlsspeicher. RISC-typisch ist die "Load-Store-Architektur". Die meisten Befehle kann der Prozessor mit Pipeline-Struktur in einem Taktzyklus abarbeiten. Neben 101 festverdrahteten Befehlen verfügt der Clipper über ein Macro-Instruction-ROM. In diesem auf dem CPU-Chip untergebrachten ROM sind spezielle Befehlsfolgen als eine Art Subroutine untergebracht. Somit lassen sich von außen her komplexere Befehlsfolgen trotzdem mit einer Instruktion aufrufen. Die Spitzenleistung gibt der Hersteller AMD mit 33 MIPS, die durchschnittliche, mit der einer VAX vergleichbaren Arbeitsleistung unter Unix mit etwa 7 MIPS an.

Auch der **Transputer** nimmt eine Zwischenstellung zwischen RISC und CISC ein. Alle Befehle sind bei ihm ein Byte lang und in zwei 4-Bit-Felder unterteilt. Viele Instruktionen benötigen zur Ausführung nur einen Prozessorzyklus. Mit ihren Prefetch-Puffern arbeiten die Transputer auch nach dem Pipelining-Verfahren. Somit stehen vor jeder Befehlsausführung stets vier bis acht Instruktionen in der CPU.

7.3.2 CDC-Rechner CYBER 170

Die CYBER-170-Systeme sind Produkte der Control Data Corporation (CDC) und schließen die Modelle 171-176 ein. Es handelt sich hierbei jeweils um Allzweckrechner, die mit unterschiedlichen Graden an Rechnerleistung, Datenspeicherung und Ein-/Ausgabe-Möglichkeiten ausgestattet sind. Abhängig von bestimmten Optionen und Entwurfsunterschieden, schließen die Modelle eine oder mehrere der folgenden Koponenten ein:

> Zentralprozessor (CP); zentraler Arbeitsspeicher in MOS-Halbleitertechnologie (CM), der aus einem oder aus 2 zertralen Speichereinheiten (CMU) besteht; zentrale Speichersteuereinheit (CMC); erweiterter Magnetkernspeicher (ECS); Peripherie-Prozessor-Subsystem (PPS); Datenkanal-Konverter (DCC); Display Station.

Bild 7-11 zeigt die Rechnerkonfiguration des Modells 171. Sie besteht aus einem Zentralprozessor CP-0, dem als Option ein zweiten Zentralprozessor CP-1 hinzugefügt werden kann. Ein Zentralprozessor führt ausschließlich Berechnungen und Manipulationen mit Zeichenketten aus und ist von jeder Form der Ein-/Ausgabe-Operationen befreit. Er besteht aus 2 Arithmetikeinheiten (eine für die Verarbeitung von 60-Bit Operanden, die andere für die Verarbeitung von 18-Bit-Operanden), einem Befehlssteuerwerk und einer "Compare/move"-Einheit.

Die Zentralprozessoren kommunizieren mit jedem PPS und ECS, sofern vorhanden, über den zentralen Arbeitsspeicher CM, der unter der Kontrolle des CMC steht. Die Wörter des CM bestehen aus 60 Datenbits und 8 Prüfbits, die eine 1-Bit-Fehlerkorrektur ermöglichen. Falls die optionale Magnetkernspeicher-Erweiterung implementiert ist, wird dadurch zusätzliche Speicherkapazität mit kurzen Zugriffszeiten und hohen Übertragungsraten vom und zum zentralen Arbeitsspeicher zur Verfügung gestellt.

Das Subsystem PPS-0 führt alle Ein/Ausgabe-Operationen durch; es benutzt einen separaten Satz von 64 Befehlen (reduziert im Vergleich zum Zentralprozessor), um untereinander unabhängige Programme in jedem der 10 Peripherieprozessoren (PP) auszuführen. Peripherieprozessoren verfügen über individuelle Speicher; jeder PP kann mit jedem anderen PP und mit jedem der 12 Ein/Ausgabe-Kanäle kommunizieren. Die Anzahl der Peripherieprozessoren kann von 10 auf 14, 17 oder 20 vergrößert werden dadurch, daß ein zweites Subsystem PPS-1 hinzugefügt wird.

Die Datenkanal-Konvertoren müssen jedem Kanal beigefügt sein, ehe jede Art von CYBER-Peripheriegeräten überhaupt angeschlossen werden kann.

Die Display-Station erlaubt die sichtbare Darstellung von System- und Programminformationen; die dazugehörende alphanumerische Tastatur dient dem Bediener der Rechenanlage zur Eingabe von Steuerinformationen.

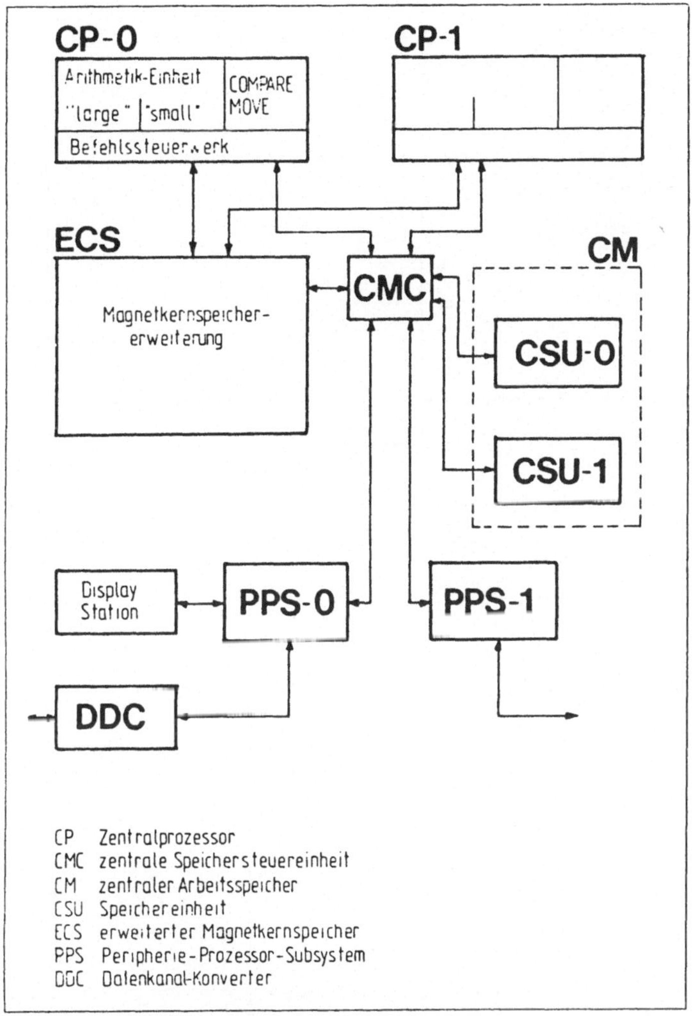

Bild 7-11: Blockdiagramm der CYBER 171

7.3.3 CRAY-Computer

Der CRAY-Rechner ist ein Pipelinerechner; heute sind mehr als 80 Computer dieses Typs weltweit in Betrieb.

Bei der CRAY-1 fällt besonders die geringe Größe auf. Die Zentraleinheit enthält 1600 Schaltungsplatten (Boards; ein Board kann max. 144 Chips aufnehmen), die durch ein Netz von 300 000 Verbindungsdrähten miteinander verbunden sind. Die Drahtlängen sind dabei so aufeinander abgestimmt, daß die Signallaufzeiten zwischen je 2 beliebigen Punkten nie mehr als um eine Nanosekunde abweichen. Die Taktzeit beträgt 12,5 ns und die Wortlänge 64 Bits.

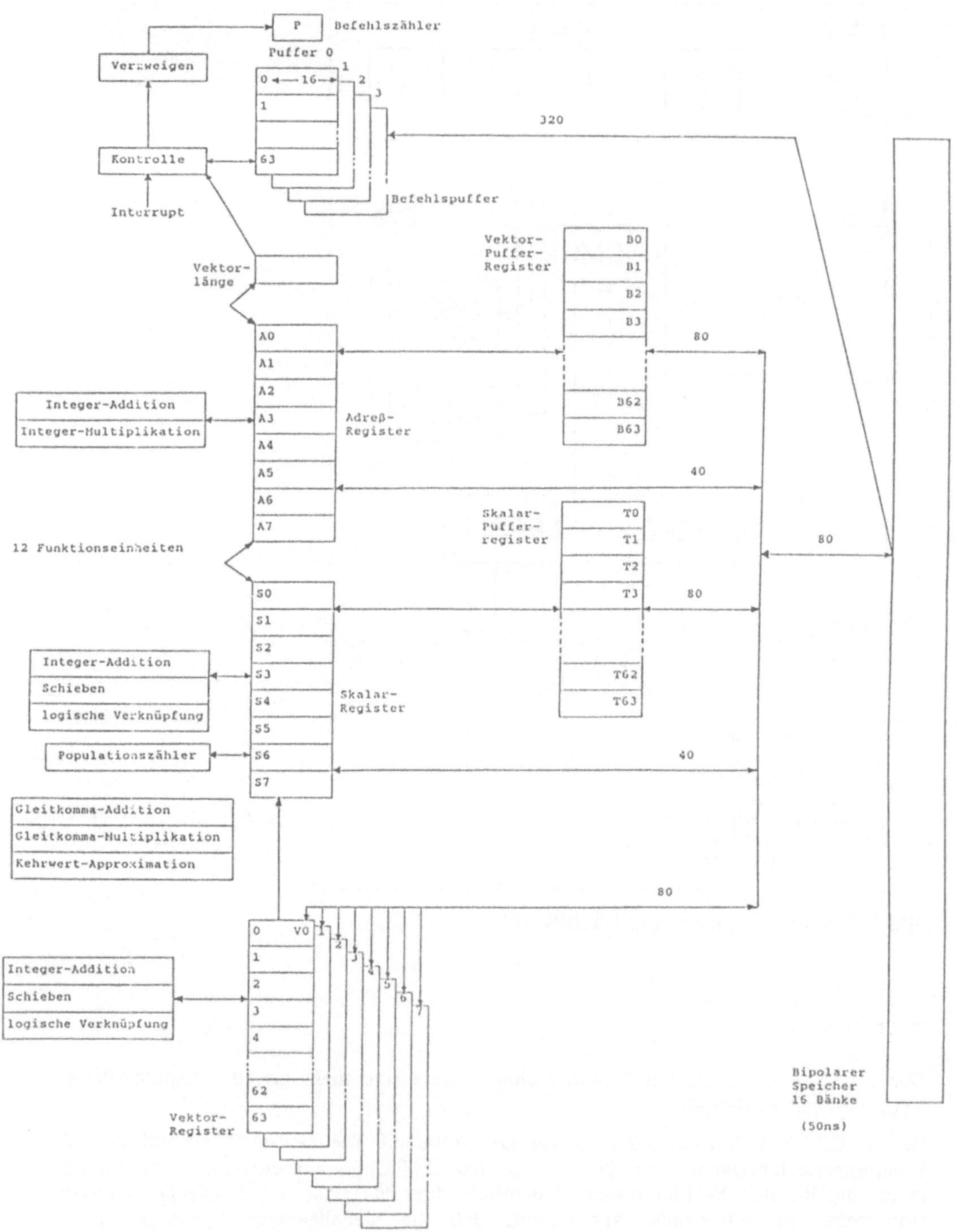

Bild 7-12: Architektur der CRAY-1

Die Architektur des Vektorprozessors CRAY-1 ist in **Bild 7-12** skizziert. Die arithmetischen und logischen Operationen werden von 12 Pipeline-Funktionseinheiten ausgeführt. Die Funtkionseinheiten, die alle parallel nebeneinander arbeiten können, gliedern sich in 4 Gruppen:

Gruppe 1 bilden die Adreßeinheiten für Adreßberechnungen,
Gruppe 2 stellen die Skalareinheiten dar,
Gruppe 3 besteht aus den Gleitkommaeinheiten und
Gruppe 4 aus den Vektoreinheiten.

Einige Funktionseinheiten können zum selben Zeitpunkt an verschiedenen Vektoroperationen arbeiten (**Chaining** = Verkettung). Der Datenstrom zu und von den Funktionseinheiten erfolgt über Register, wobei eine Steuereinheit den Datenfluß kontrolliert. Während einige Register mit den Funktionseinheiten kommunizieren, können andere Register Daten vom Hauptspeicher empfangen oder an ihn liefern.

Die max. Größe des Hauptspeichers einer CRAY-1 beträgt über 1 Mio. (220 = 1048576) 64-Bit-Wörter mit einer Zugriffs- und Zykluszeit von 50 ns. Der Hauptspeicher ist 16fach verschränkt, d.h. die 16 Speicherbänke können gleichzeitig betrieben werden. Damit beträgt die Bandbreite 16 Wörter pro 50 ns (= 320 Mio. Wörter pro Sekunde), wobei freilich nur 1/4 dieser Bandbreite als Datenübertragungsrate, nämlich 80 Mio. Wörter pro Sekunden, verfügbar sind.

Jeder der 4 Instruktionspuffer kann 64 16-Bit-Befehlswörter aufnehmen und ist über einen 64 Bit breiten Bus mit dem Hauptspeicher verbunden. Somit läßt sich zwischen den Instruktionspuffern und dem Hauptspeicher die max. Übertragungsrate von 320 Mio. Wörtern pro Sekunde realisieren.

Die Register setzen sich zusammen aus 8 24-Bit-Adreßregistern (A0-A7), 8 64-Bit-Gleitkomma-Skalarregistern (S0-S7) und 8 Gleitkomma-Vektorregistern (V0-V7). Außerdem sind jeweils 64 Pufferregister zwischen den Adreßregistern (B0-B63) bzw. den Skalarregistern (T0-T63) und den Hauptspeicher zwischengeschaltet; sie fungieren als Cache-Speicher und dienen der zwischenzeitlichen Speicherung von Ergebnissen.

Es besteht die Möglichkeit, einzelne Funktionseinheiten - etwa bei aufeinanderfolgenden Vektoroperationen - zu verketten., Dieser Prozeß des **Chaining** kann z.B. für drei 64-elementige Vektoren V_0, V_1, V_2 für welche $V_0 + V_1 * V_2$ zu berechnen ist, schematisch wie folgt aussehen (**Bild 7-13**):

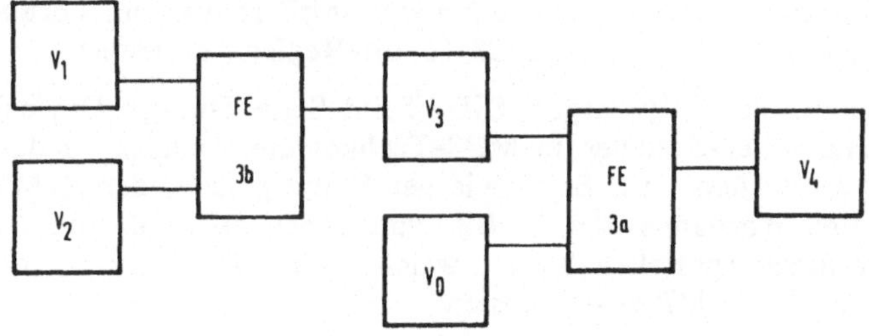

Bild 7-13: Verkettung von Vektoroperationen beim CRAY-Computer

V_3 dient der vorübergehenden Aufnahme des Multiplikationsergebnisses, in V_4 wird das Ergebnis abgelegt.

Die **Ein/Ausgabe-Einheit** besteht aus vier Gruppen von je sechs Kanälen, von denen zwei Gruppen allein für Eingabe und zwei für Ausgabe reserviert sind. An diese Einheit muß über einen Kanal ein sog. **Vorrechner** ("Front-End"-Computer) angeschlossen werden, der die Cray mit der Außenwelt verbindet, denn sie ist nicht für den "stand-alone"-Betrieb gedacht. Als Vorrechner kann dabei schon ein Minicomputer, aber auch ein (oder sogar mehrere) Mainframe(s) je nach Anwendung dienen.

Aktuelle Nachfolger der Cray-1 sind die Cray-1/S, Cray-1/M, Cray X-MP sowie die Cray-2. Wesentlicher Unterschied der 1/M-Serie zur 1/S-Serie ist die Verwendung von MOS-Technologie für den Arbeitsspeicher gegenüber schnellerer, aber teuerer Bipolar-Technologie bei der 1/S.

Die 1982 vorgestellte Cray X-MP ist ein Mehrprozessor-System mit folgender Grob-Architektur bei zwei Prozessoren (**Bild 7-14**):

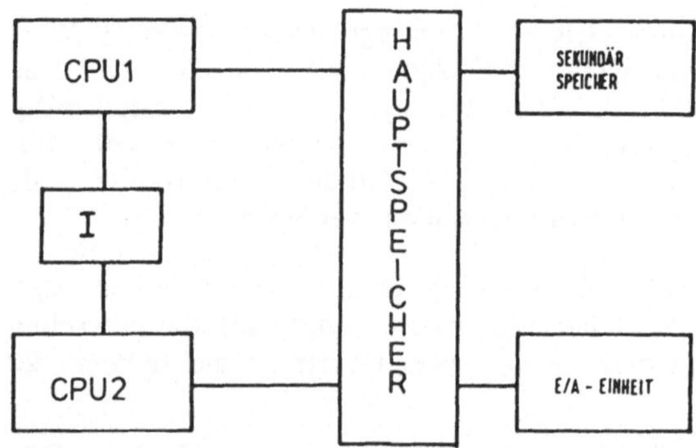

Bild 7-14: Prinzip der Architektur des CRAY Y-MP-Rechners

Beide CPUs sind jeweils wie eine Cray-1 organisiert, jedoch wie eine 1/S mit 13 Funktionseinheiten ausgestattet. Der Grundtakt beträgt 9,5 ns, wodurch ein maximaler Durchsatz von 630 MFLOPS möglich wird. Ferner wurde die Speicher-Zugriffszeit auf 38 ns reduziert; wie bei der 1/S ist der von beiden CPUs gemeinsam benutzte bipolare Hauptspeicher auf 4 M 64-Bit-Worte ausbaubar. Eine wichitge Verbesserung gegenüber der Cray-1 besteht in der Erhöhung der Anzahl der Hauptspeicher-Ports je CPU auf vier sowie der Möglichkeit, das oben erwähnte Chaining ggf. automatisch durchzuführen. Bei der Cray-1 muß dies vom Programmierer initiiert werden. Ferner wurde die Kapazität des Instruction Buffers auf 4 x 128 16-Bit-Register erweitert.

Der (optionale) Sekundärspeicher, im Cray-Jargon SSD (Solid-State Storage Device) genannt, ist ein zusätzlicher Halbleiter-Speicher in MOS-Technologie, welcher in den Größen 64,128 oder 256 M Byte verfügbar ist. Er ist wie der Hauptspeicher der X-MP in Bänke unterteilt und hat eine Wortlänge von 72 Bit, von denen ebenfalls nur 64 verfügbar sind. Er wird über einen speziellen Kanal, welcher eine Transferrate von 12,5 G Byte pro Sekunde hat, an die X-MP angeschlossen.

Die Ein/Ausgabe-Einheit dient zum Anschluß weiterer Sekundärspeicher wie Magnetplatten bzw. -bänder, Front-End-Rechnern sowie System-Konsolen. Die Cray X-MP wird z.B. als Modell 22,24 oder 48 angeboten, wobei jeweils die erste Ziffer die Anzahl der Prozessoren, die zweite die Größe des Hauptspeichers (in Megaworten) angibt. Wie die Cray-1 ist sie Assembler- oder FORTRAN-programmierbar (Betriebssystem COS).

Bei der Cray-2 ist der Hauptspeicher sogar bis auf 2 Giga-Byte ausbaubar; durch die auf 4,1 ns reduzierte Taktzeit ist bei diesem Rechner ein Maximaldurchsatz von 2 Giga-Flops erzielbar. Weitere technische Daten dieses Rechners haben wir in der Tabelle 7.3 zusammengefaßt.

Tabelle 7.3: Einige technische Daten des CRAY-2-Supercomputers (Installation Universität Stuttgart).

Zentraleinheit:
4 Background-CPUs mit je 16 K Worten lokalem Speicher, ECL-Logik, 4,1 ns Zykluszeit
2 Vector Dunctional Units (Logical, Integer)
3 Scalar Funktional Units (Logical Shift, Integer)
2 Address Functional Units (Add, Multiply)
2 Floating-Point Functional Units (Add, Multiply)
8 Instruction Buffers

1 Foreground-CPU
4 4-GB-Data-Channels mit 4 K lokalem Speicher und bis zu 40 I/O-Devices
Functional Units (Add, Substract, Shift Left, Shift Right, Logical)

Hauptspeicher:
Dynamic CMOS Memory Technology
2,048 GB in 128 Bänken mit 64 Bit Worten und 8 Secded Bits pro Wort

Peripherie:
14 DD-49-High-Speed-Festplatten
1200 MB Moving Heads
Transferrate 10 MB/S, 32 Bit parallel

Service-Peripherie:
AT&T-PC

Betriebssystem:
Unicos
(Unix System V, Version 2, von AT&T)

7.3.4 Distributed Array-Prozessor (DAP)

Ein bekannter Vertreter der Klasse der Array-Prozessoren ist der DAP der Firma ICL. Er besteht aus einem Array von 64 x 64 1-Bit-Prozessoren. Jeder dieser Prozessoren verfügt über einen 4 KBit großen privaten Speicher. Der DAP ist kein eigenständiger Rechner, sonder er wird als Spezialeinheit eines Großrechners betrieben. Für diesen Großrechner (z.B. ICL 2900) sieht der DAP wie ein großer Speicher aus (2 M Byte). Der Hauptrechner kann den gesamten Speicher des DAP-Arrays adressieren, wodurch ein sehr schneller Datenaustausch zwischen DAP und Hauptrechner möglich ist. Der Zugriff auf den DAP-Speicher ist während freier Speicherzyklen sogar dann möglich, wenn das Array arbeitet. **Bild 7-15** zeigt den prinzipiellen aufbau des DAP. Die Verbindung zwischen ICL 2900 und DAP realisiert der DAP access controller (I).

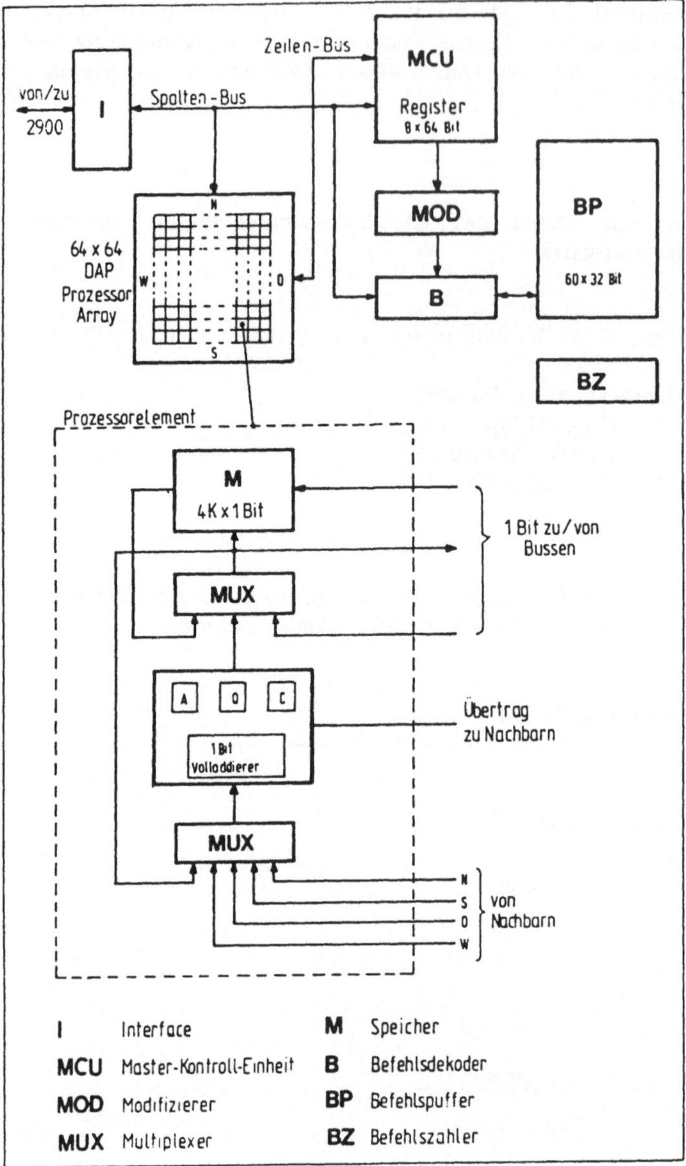

Bild 7-15: Aufbau des Distributed Array Prozessor DAP

Die eigentliche Kontrolleinheit ist die Master Control Unit (MCU). Sie ist über 2 Datenkanäle mit dem Prozessor Array verbunden. Der Spalten-Bus hat ein Bit für jede Prozessor-Spalte. Über ihn kann direkt auf eine gesamte Zeile des Rechnerfeldes sowie des DAP-Speichers zugegriffen werden. Für die ICL 2900 bilden die Zeilen des Arrays und der Speicher des DAP einen fortlaufenden Adressraum. Über den Spalten-Bus werden darüber hinaus Daten und Instruktionen zur MCU transferiert. Die Befehle des DAP sind im DAP-Speicher abgelegt. Dabei belegen jeweils 2 Instruktionen eine Zeile (64 Bit). Instruktionen und Daten können in der MCU modifiziert werden. Der Zeilen-Bus erlaubt den Zugriff auf eine gesamte Spalte des Arrays. Über ihn können jedoch nur Daten zwischen Array und MCU transferiert werden.

Eine besondere Unterstützung bietet der DAP zur Programmierung von Schleifen. Eine normale Befehlsausführung besteht aus der Befehlslesephase und der Ausführungsphase (jeweils 200 ns). Bei dem hardwaremäßigen Schleifenbefehl wird die gesamte Schleife (bis zu 60 Befehle) nur einmal gelesen und dann in dem Befehlspuffer (BP) zwischengespeichert. Dieser Puffer dient als eine Art Cache-Speicher für die Schleifenbefehle und beschleunigt die Ausführung von Schleifen erheblich.
Jeder Prozessor von DAP besteht aus einem 1-Bit-Volladdierer, 3 Registern, 2 Multiplexern und dem privaten 4 K x 1-Bit-Speicher. Die Multiplexer dienen zur Verbindung mit den 4 Nachbarn im Feld bzw. zum Anschluß an den Speicher und die beiden Busse. Die Randprozessoren können entweder mit dem gegenüberliegenden Rand verbunden werden oder eine Verbindung offen lassen. Diese Verbindung kann für Zeilen und Spalten getrennt über Befehle definiert werden.Das Q-Register dient als Akkumulator und das C-Register zum Speichern des Übertrags bei der Addition. Dieser Übertrag kann direkt an die Nachbarn übergeben werden.

Das A-Register hat eine besondere Bedeutung. Bei Array-Prozessoren, die, wie bereits beschrieben, einen Befehlsstrom interpretieren, ist es oft notwendig, in Abhängigkeit der Daten einen Teil der Prozessoren zu deaktivieren. Hierzu dient das A-Register eines Prozessors. Einige Befehle werden nur dann ausgeführt, wenn das A-Register gesetzt ist.

Im normalen Verarbeitungsmodus bearbeitet der DAP 4096 Daten parallel, aber die einzelnen Daten bitseriell. Es ist jedoch auch möglich, mit mehreren Prozessoren eine bitparallele Verarbeitung zu realisieren, wobei dann allerdings weniger Daten gleichzeitig bearbeitet werden können.

7.3.5 Die MIMD-Architekturen der Carnegie Mellon Universität

Hier werden nun die beiden Standardbeispiele einmal für Multiprozessorarchitekturen und zum anderen für verteilte Systeme (auf Betriebssystemebene) vorgestellt: Der C.mmp-Rechner und sein Nachfolger Cm*.

7.3.5.1 Der Multi-Miniprozessor C.mmp

Der C.mmp (Carnegie multi mini processor-Computer) wurde an der Carnegie Mellon Universität in Pittsburgh, Pennsylvania, entwickelt, um an einem realen System experimentell die Möglichkeiten und Schwierigkeiten beim Betrieb asynchroner paralleler Rechner zu erproben. Hauptziel des Projekts war die Entwicklung eines Multiprozessorsystems mit weitgehend autonomen Prozessoren, der Entwurf eines Betriebssystemkerns für dieses System und die Bewertung durch Messungen an verschiedenen Anwendungen. Hier wird lediglich auf die Hardwarestruktur des Systems eingegangen. Der sehr interessante Betriebssystemkern HYDRA, in dem sehr weitgehende Schutzmechanismen zur Fehlerbehandlung und -vermeidung realisiert sind, ist für interessierte Leser in der umfangreichen Literatur nachzulesen.

Den Aufbau des C.mmp beschreibt **Bild 7-16**. Er besteht aus bis zu 16 PDP11/40E-Minicomputern mit eigenem Speicher und eigener Peripherie.

Die eigenständigen Prozessoren sind über einen Kreuzschienenverteiler an einen großen gemeinsamen Speicher angeschlossen. Der Speicher ist aufgeteilt in 16 Module, so daß über den Keuzschienenverteiler bis zu 16 Datentransfers zwischen Speicher und Prozessor gleichzeitig ausgeführt werden können. Voraussetzung hierzu ist allerdings, daß jedes Modul nur einmal angesprochen wird. Möchten mehrere Prozessoren auf ein

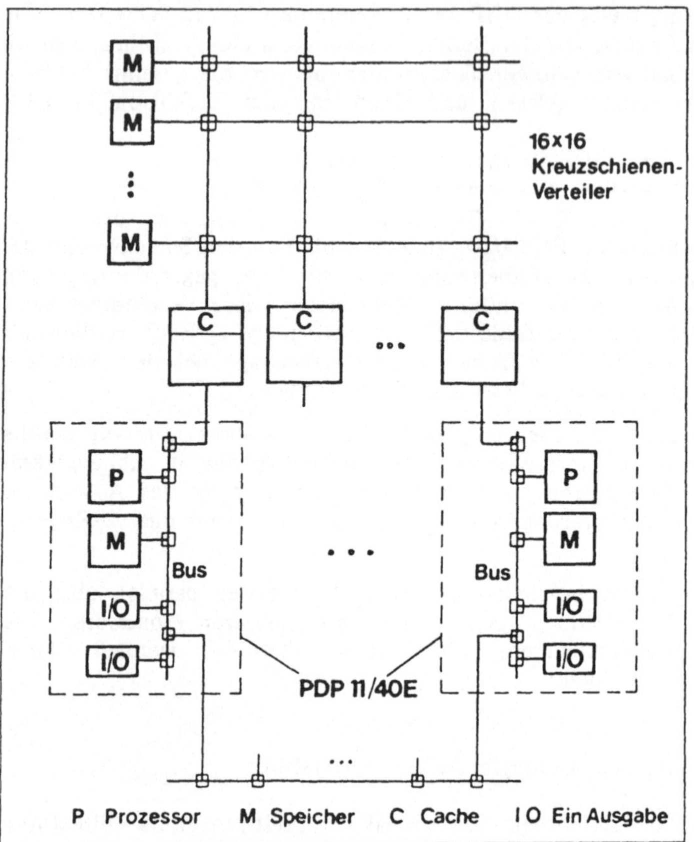

Bild 7-16: Aufbau des C.mmp

Speichermodul zugreifen, so wird dieser Konflikt nach einem Prioritätenverfahren aufgelöst. Ein Cache-Speicher (C) zwischen Kreuzschienenverteiler und jedem Prozessor erlaubt außerdem eine erhebliche Reduktion von Speicherkonflikten, wenn er zur Speicherung von Programmcode und privaten Daten genutzt wird. Es sollte erwähnt werden, daß der Adreßraum des gemeinsamen Speichers (4096 Blöcke à 8 K Byte) wesentlich größer ist als der Adreßraum, der von der PDP11/40E direkt adressiert werden kann (32 Blöcke à 8 K Byte). Die Abbildung der Prozessoradressen in den Adreßraum des gemeinsamen Speichers erfolgt hardwaremässig über eine **Tabelle** (paging).

Die einzelnen Schalter des Kreuzschienenverteilers können von Hand bzw. vom Programm deaktiviert werden, so daß defekte Komponenten abgeschaltet werden können bzw. das System in mehrere unabhängige Teile zerlegt werden kann.

Neben dem gemeinsamen Speicher sind die Prozessoren über eine weiteren Datenkanal direkt verbunden. Über diesen Weg ist es möglich, andere Prozessoren zu starten, anzuhalten, wieder zu aktivieren und in ihrer Arbeit zu unterbrechen. Diese Möglichkeit ist z.B. notwendig, um fehlerhaft arbeitende Programme zu beenden oder unwichtige Aufgaben durch wichtigere Arbeiten zu unterbrechen. Die Eigenschaften und die Leistung des C.mmp wurden ausführlich untersucht und in der Literatur publiziert.

7.3.5.2 Der modulare Multi-Mikroprozessor Cm*

Der Cm* wurde wie der C.mmp an der Carnegie Mellon Universität entwickelt. Die Zielsetzung ist z.T. ähnlich der Zielsetzung des C.mmp, geht aber in einigen Punkten erheblich darüber hinaus. So sollte z.B. der Verbindungsaufwand zwischen Prozessoren und Speichern gegenüber dem Kreuzschienenverteiler reduziert werden und keine Beschränkung der Anzahl anschließbarer Module durch die Verbindungsstruktur erfolgen. Das Resultat dieser Überlegung zeigt **Bild 7-17**.

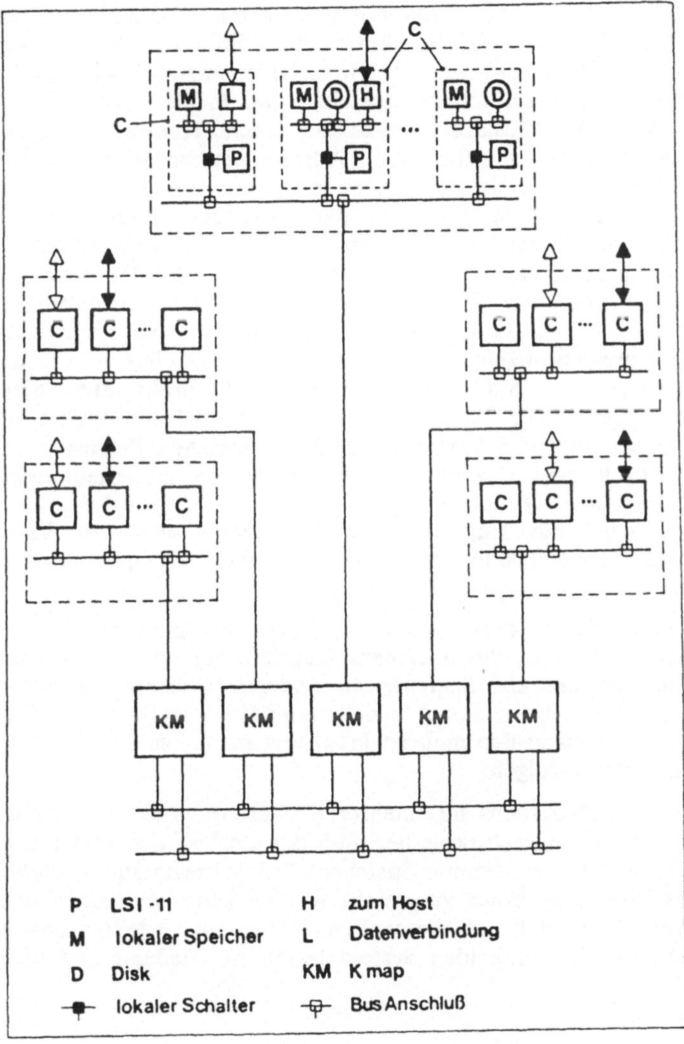

Bild 7-17: Struktur des Cm*

Der Cm* besteht aus mehreren (zur Zeit 50) Mikroprozessoren vom Typ LSI-11. Diese sind über ein dreistufiges Bussystem an einen gemeinsamen Speicher angeschlossen. Die Adressierung des gemeinsamen Speicherraums, der wieder wesentlich umfangreicher ist (228 Byte) als der Adreßraum eines einzelnen Prozessores (216 Byte), erfolgt über einen ähnlichen Adreßerweiterungsmechanismus wie beim C.mmp. Allerdings sind den Adressen beim Cm* Zugriffsrechte zugeordnet, die eine weitgehende Überprüfung der Zugriffsberechtigung durch die Hardware (Kmap) ermöglichen. Die erweiterten Adressen werden von den verschiedenen Buskontrollen überprüft und interpretiert. Den schnellsten Zugriff hat ein Prozessor auf den Speicher an seinem lokalen Bus, der deshalb auch fast immer zur Speicherung des Programms dient. Andere Prozessoren können diesen Speicher zwar auch erreichen, aber mit niedrigerer Priorität. Adressiert ein Prozessor Speicher außerhalb seines privaten Busses, so wird diese Adresse vom lokalen Busschalter an den sog. Clusterbus weitergeleitet. Über einen Clusterbus sind bis zu 14 Computer-Module (Prozessor, lokaler Speicher und lokale Peripherie) zu einem sog. Cluster verbunden. Der Clusterbus wird von einem Kontroller (Kmap) kontrolliert und verwaltet. Dieser schaltet die Adresse entweder zu einem Computermodul an demselben Clusterbus oder über eine weitere Busebene, den Interclusterbus, zum nächsten Kmap-Kontroller auf dem Weg zum Zielmodul. Der Kmap-Kontroller hat sehr umfangreiche Aufgaben bei der Adressierung des gemeinsamen Speicherraums zu erfüllen und unterstützt außerdem das Betriebssystem weitgehend bei der Überprüfung von Zugriffsrechten. Er ist daher selbst als mikroprogrammierbarer Rechner realisiert, in dessen Speicher u.a. auch die Abbildungstabellen für die Adressen abgelegt sind. Der Kmap-Kontroller erlaubt den Anschluß an zwei Interclusterbusse. Sind zwei Cluster nicht direkt über einen Interclusterbus verbunden, so werden die Daten automatisch über mehrere Stufen zum Ziel geleitet. Erwähnenswert ist, daß der Verbindungsaufbau zwischen Prozessor und Speicher nicht wie üblich nach dem Circuit-switching-Verfahren hergestellt wird, sondern daß Adressen und Daten als Pakete durch die verschiedenen Bushierarchien versandt werden. Dadurch wird die Kapazität des Bussystems erheblich besser ausgenutzt. Die einzelnen Datenpakete können in den Kmap-Kontrollen zwischengespeichert werden.

Das hierarchische Bussystem führt dazu, daß die Speicherzugriffszeiten sehr unterschiedlich sind, je nach Entfernung des Speichers. Zugriffe auf lokalen Speicher, Speicher innerhalb des Clusters und auf Speicher an anderen Clustern stehen im Zeitverhältnis 3:9:26. Es ist daher sehr wichtig, Speicherzugriffe soweit wie möglich lokal zu halten. Das ist möglich, weil in den meisten Programmen nur ca. 10-15% aller Speicherzugriffe auf globale Daten erfolgen.

Die Effektivität eines großen Cm*-Systems mit mehreren Clustern muß jedoch noch nachgewiesen werden. Von der **Hardwarestruktur** her muß der Cm* zu den **klassischen Multiprozessoren** gezählt werden, da der gesamte Speicher allen Prozessoren zugänglich ist. Das **Betriebssystem**, das hier nicht näher vorgestellt werden kann, ist jedoch über mehrer Computermodule verteilt, so daß auf dieser Ebene eher ein **verteiltes System** vorliegt. Der Übergang zwischen diesen beiden Systemklassen ist fließend und nicht eindeutig zu definieren.

7.3.6 Fehlertolerante Systeme

Unter **Fehlertoleranz** versteht man die Fähigkeit eines Systems, bei Auftreten interner Defekte ohne Hilfe von außen so zu reagieren, als wären keine Defekte vorhanden.

7.3.6.1 Transaktionsorientierte fehlertolerante Systeme

Die steigenden Anforderungen der Anwender nach zeitnaher Datenverarbeitung konnten die ursprünglich auf reine Stapelverarbeitung ausgelegten Systeme nicht erfüllen. Mit der Einführung der Online-Verarbeitung gewann die EDV eine neue Bedeutung in den Unternehmen.

Gleichzeitig stiegen aber auch die Anforderungen der Anwender an die Verfügbarkeit und Sicherheit der Rechner. Systemausfälle und Stillstandzeiten wurden nicht mehr akzeptabel. Die Lösung: **ausfallgeschützte Parallelrechner**. Bezogen auf einen angenommenen Ausfall eines Prozessors unterscheiden wir zwei Varianten:

- Das **traditionelle Verfahren**, eine ausreichende Fehlertoleranz zu erzielen, besteht darin, einige oder alle Systemelemente zu vervielfachen und durch Mehrheitsentscheid zu verhindern, daß sich der Ausfall eines Elements auf das Systemverhalten auswirkt (**statische Fehlertoleranz**). Diese Redundanztechnik kann für relativ kleine Systeme sinnvoll sein. Statistische Fehlertoleranz wird **mittels Hardware** gelöst. Hierbei wird jeder Verarbeitungsschritt auf zwei Prozessoren ausgeführt, also **redundant**. Jedes Verarbeitungsergebnis wird auf Übereinstimmung geprüft. Eine auftretende Differenz führt dazu, daß der Vorgang noch einmal von zwei weiteren Prozessoren gleichzeitig bearbeitet wird. Das bedeutet in der Praxis aber, daß vier Prozessoren für die gleiche Aufgabe benötigt werden, was die Kosten hier vervierfacht. Ein Vorteil dieser Lösung liegt in ihrer Einfachheit und in einem recht sicheren Schutz gegen Hardware-Fehler (**Beispiel:** STRATUS-Rechner).

- Für große Systeme ist statische Fehlertoleranz jedoch wegen des hohen Aufwands wirtschaftlich nicht mehr vertretbar und aufgrund der Systemkomplexität kaum noch anzuwenden. Eine Alternative zur statischen Fehlertoleranz bietet die **dynamische Fehlertoleranz.**

  Ein System besitzt dynamische Fehlertoleranz, wenn es selbst sein Fehlverhalten erkennt und ihm entgegenzuwirken vermag, indem es z.B. seine Struktur verändert (Rekonfiguration) und fehlerhafte Komponenten dadurch isoliert oder durch Reserveeinheiten ersetzt.

  Dynamische Fehlertoleranz wird mittels **Software** gelöst. Sie setzt die Verfügbarkeit eines **speziellen Betriebssystems** voraus. In diesem Falle kontrollieren sich alle Prozessoren gegenseitig auf ihren Status. Das Betriebssystem wertet die Nachrichten aus. In einem Fehlerfall ist es dabei ohne Belang, ob der Fehler von der Hard- oder Software verursacht wurde; der entsprechende Prozessor wird für das Gesamtsystem inaktiv gesetzt.
  Seine Aufgaben werden den anderen verfügbaren Prozessoren zusätzlich übertragen. Der Anwender hat bei einem solchen System den Vorteil, daß im Normalfall die Prozessoren unabhängig ihre eigenen Aufgaben lösen und daß dadurch Redundanz vermieden wird (**Beispiel:** TANDEM-Rechner, Nixdorf 8832).

7.3.6.2 Das fehlertolerante System Tandem-NonStop-Rechner

Der Tandem NONStop-Rechner verfügt über mehrere Prozessoren. Diese Prozessoren sind untereinander verbunden und tauschen gegenseitig permanent Status-Nachrichten aus. Alle in einem System verfügbaren Prozessoren arbeiten aber an unterschiedlichen

Aufgaben. Es gibt also keine Prozessoren, die gleichzeitig die gleiche Aufgabe ausführen oder die nur im Falle eines Prozessor-Ausfalls aktiviert werden. Gegenüber solchen Systemen bringt ein Parallelrechner dem Anwender eine wesentlich höhere Verarbeitungsleistung.

Im **Fehlerfall** wird die **Last im System neu verteilt** und die aktiven Prozessoren übernehmen anteilig die höhere Last.

Damit ein Rechner ausfallgeschützt arbeiten kann, ist eine Reihe wichtiger Hardware- und Software-Anforderungen zu erfüllen. So müssen zum Beispiel nicht nur die Prozessoren mehrfach vorhanden sein, sondern auch die Datenwege zwischen den Prozessoren und den Steuereinheiten sowie die Magnetplatten. Eine beispielhafte Konfiguration zeigt **Bild 7-18**.

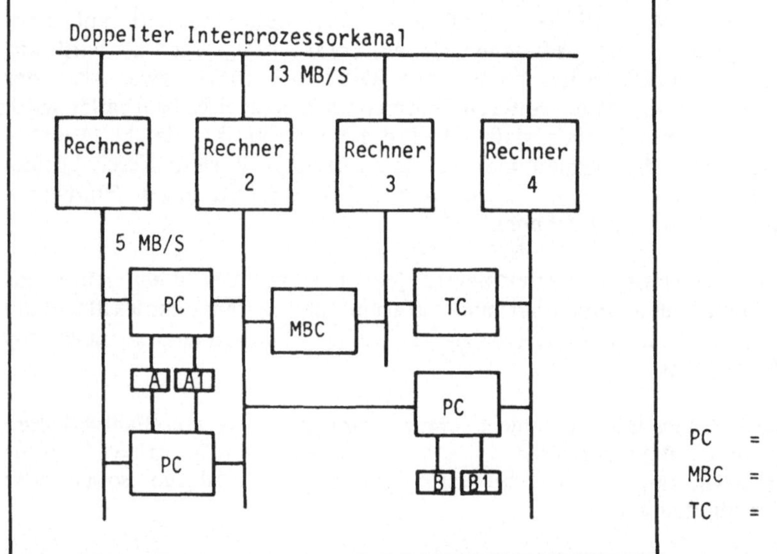

Bild 7-18: Prinzip eines fehlertoleranten Rechners in Anlehnung an den Tandem NON-STOP-Rechner

Hier sind deutlich die vier parallelen Prozessoren zu sehen, die untereinander durch einen doppelten Datenbus verbunden sind. Außerdem zeigt die Grafik die parallelen Datenwege zu den Magnetplatten und das Prinzip der "Spiegeldateien" auf Magnetplatten. Es ist klar ersichtlich, daß bei Ausfall einer Komponente oder eines Datenpfades immer eine neue Alternative besteht.

Zur Redundanz in der Hardware kommt dynamische, gegenseitig nutzbare Redundanz in der Software hinzu. Das Betriebssystem GUARDIAN enthält einen Kern und eine große Anzahl von Systemprozessen, insbesondere einen Überwacherprozeß auf jedem Rechnermodul. Das Datenbanksystem ENCOMPASS untertützt verteilte Transaktionsverarbeitung in einem Netz von Systemen.

Für System- und Benutzerprozesse erlaubt GUARDIAN die Generierung von Prozeßpaaren, bestehend aus einem aktiven Primärprozeß und einem passiven Ersatzprozeß. Anhand von Systemaufrufen sendet der Primärprozeß Rücksetzpunkte an den Rechner des Ersatzprozesses, sodaß ein Systemausfall jederzeit verhindert werden kann.

7.3.6.3 Fehlertolerante VLSI-Architekturen

VLSI-Architekturen auf der Basis von Mikroprozessoren sind heute bei preisgünstigen Systemen kleinerer Leistung weit verbreitet (z.B. Arbeitsplatzrechner, Prozeßsteuerungen). Für den Aufbau fehlertoleranter VLSI-Systeme bieten heutige Standard-Mikroprozessoren (z.B. Intel 80286, Motorola 68000) keine direkte Untersützung an. Mittels zusätzlicher Hardware oder geeigneter Software lassen sich mit ihnen aber durchaus fehlertolerierende Systeme aufbauen.

Besonders kostengünstige fehlertolerierende VLSI-Architekturen können aber erst dann realisiert werden, wenn Fehlertoleranz bereits im VLSI-Chip unterstützt wird. Da die Kosten für die Entwicklung derartiger Chips im Vergleich zu den Herstellungskosten sehr hoch sind, sollten sie für ein möglichst breites Spektrum fehlertolerierender Architekturen einsetzbar sein. Weiterhin sollte nur ein geringer Teil der Siliciumfläche für Fehlertoleranz-Zwecke benötigt werden, da sonst auf Verarbeitungsleistung verzichtet oder höhere Herstellungskosten in Kauf genommen werden müßten.

Ein eindrucksvolles Beispiel für eine - verglichen mit bisher bekannten Strukturen - völlig andere Rechnerarchitektur, die auf die Programmierumgebung für die neue Programmiersprache ADA ausgerichtet ist und Funktionen des Betriebssystems direkt in die Hardware integriert, ist der in VLSI-Technologie realisierte 32-Bit-Mikrocomputer iAPX 432 von Intel.

Um hohe Leistungen sowohl bei rechen- als auch bei ein-/ausgabe-intensiven Verarbeitungen zu erzielen, besitzt der iAPX 432 unterschiedliche Typen von Prozessoren für die jeweiligen Verarbeitungsfunktionen. Der General Data Processor (GDP) übernimmt sämtliche Aufgaben der Programmdecodierung, der Verarbeitung der Programme und der Adreßberechnung. Dem Interface Processor (IP) obliegt die ganze Kommunikation mit den peripheren Geräten. Die Kommunikation zwischen den GDPs, den IPs und den Speichermodulen basiert auf der Grundlage der Paketvermittlung, wodurch die Busbelegung vermindert wird. Die IOs sind außerdem mit einem interruptgetriebenen E/A-Untersystem verbunden, an das über Schnittstellen sämtliche peripheren Geräte angeschlossen sind. Ein konventioneller Prozessor 8086 unterstützt das E/A-Untersystem mit entsprechenden Verarbeitungsmöglichkeiten. **Bild 7-19** vermittelt einen Überblick über ein iAPX-432-System.

Die iAPX-432-Architektur implementiert vollständig das Konzept der "transparenten Mehrfachverarbeitung" (multiprocessing), d.h. die Anzahl der Prozessoren in einem iAPX-432-System kann ohne jegliche Änderung der Software erhöht oder vermindert werden. Es können sogar während des Betriebs Prozessoren angehalten oder hinzugefügt werden, ohne auch nur einen Befehl im Betriebssystem oder Anwenderprogramm zu verändern.

Neben der Architektur des Gesamtsystems ist die konzeptionelle Grundlage des General Data Processors (GDP) erwähnenswert, die einen wesentlichen Vorteil gegenüber gegenwärtigen Architekturkonzepten mit sich bringt durch entsprechende Speicherorganisation, Datenmanipulation und hardwaremäßige Unterstützung moderner Programmiermethoden, hier dem in den 70er Jahren entwickelten "objektorientierten Entwurf". Bei diesem objektorientierten Entwurf wird versucht, durch Modularisierung

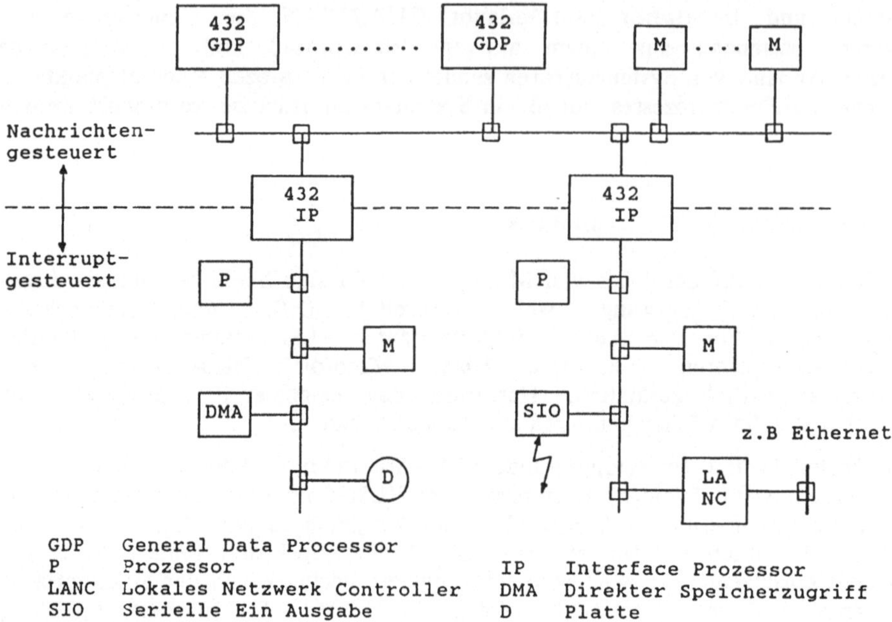

Bild 7-19: Struktur eines iAPX 432 Systems

die für das Verständnis überflüssige Information zu verbergen und Daten zu abstrahieren. Dabei definiert ein abstrakter Datentyp eine Klasse von Objekten, die durch die Operationen, die mit diesen Objekten ausführbar sind, vollständig charakterisiert ist. In diesem Sinne definieren auch Objekte alle wesentlichen Eigenschaften des iAPX 432; er hat eine **objektorientierte Architektur:**

Objekte verwalten den logischen und physikalischen Adreßraum und bilden die Grundlage für die Schutzmechanismen des iAPX 432. Datenobjekte unterstützen die allgemeine Verarbeitung durch eine große Zahl von primitiven Datentypen. Laufzeitunterstützung von ADA, aber auch von prozeduralen Programmiersprachen, wie COBOL und FORTRAN, wobei sogenannte "Domainobjekte" die statische Zugriffsumgebung eines Programmteils (sie enthalten Verweise auf alle Unterprogramme eines Moduls und seine statisch angelegten Daten) und sogenannte "Contextobjekte" die dynamische Zugriffsumgebung eines Prozeduraufrufs (sie werden beim Aufruf der Prozedur kreiert und bei der Rückkehr wieder zerstört und unterstützen rekursive Prozeduren) definieren. Prozessor- Prozeßobjekte sowie Portobjekte (das sind Datenstrukturen, welche die Funktion von Warteschlangen erfüllen) steuern die Zuteilung der aktiven Betriebsmittel. Storage-Resource-Objekte definieren die Zuteilung des logischen und physikalischen Adressraums.
Die Praxis hat gezeigt, daß die Rechenleistung wegen des hohen Aufwandes bei der objektorientierten Adressierung und der Speicherverwaltung nicht zufriedenstellend ist. Die Produktion des iAPX 432 wurde 1984 eingestellt. In Zukunft ist allerdings mit verbesserten Realisierungen dieses Konzeptes zu rechnen.

Der Prozessor GDP (General Data Processor) und der Interprozessor (IP) können als jeweils vier identische Chips eingesetzt werden (QMR-Technik: Quad Modular Redundancy). QMR verwendet ein **primäres** und ein **Schattenpaar von Chips** (statische Redundanz).

Alle vier Module empfangen und verarbeiten die Eingabedaten, aber nur der primäre Mastermodul gibt Daten aus. Der sogenannte primäre Checkermodul vergleicht diese Daten mit den von ihm berechneten (Functional Redundancy Checking, FRC). Entdeckt er eine Nichtübereinstimmung, initiiert er die Umschaltung vom primären Paar auf das Schattenpaar, das jetzt wiederum nach dem FRC-Verfahren weiterarbeitet.

Die geringste Redundanz und damit auch niedrigsten Hardware-Kosten weist eine Systemarchitektur auf, bei der jeder Chip nur einfach vorhanden ist. Dann müssen sowohl Fehlerdiagnose als auch Fehlerbehandlung per Software implementiert werden. Während mit der QMR-Technik ununterbrochener Betrieb auch im Fehlerfall erreicht werden kann, ist die andere Variante nur geeignet, wenn unterbrechbarer Betrieb tragbar ist.

Mit dem weiteren Fortschreiten der VLSI-Technologie ist zu erwarten, daß in Zukunft VLSI-gerechte Fehlertoleranz vor allem im Zusammenhang mit Multiprozessor-Systemen und verteilten Systemen weiter vordringen wird.

Man wird in Zukunft damit rechnen müssen, daß mit steigender Hardware-Zuverlässigkeit und immer komplexeren Software-Systemen Fehler in der Software verhältnismäßig beträchtlich zur Unzuverlässigkeit und Unverfügbarkeit eines Gesamtsystems beitragen.

Bisher liegen noch recht wenig Erfahrungen mit Techniken zum Tolerieren von Softwarefehlern vor. Es läßt sich daher noch nicht absehen, ob und wie weit Software-Fehlertoleranztechniken die Architektur zukünftiger Rechnersysteme beeinflussen werden.

7.3.7 Transputer

Die Transputer stellen eine neue Entwicklung auf der Grenze zwischen CISC- und RISC-Rechner dar. Es sind **Multimikroprozessorsysteme** auf einem Chip. Mit einer Rechenleistung von 10 MIPS zielt der Transputer in Dimensionen, die sich bisher nur mit Großcomputern realisieren ließen. Drei Überlegungen bilden dabei die Basis der Transputer-Philosophie, die sich z.B. sehr deutlich bei den Transputern von INCOM bemerkbar machten:

- Mehrere Prozessoren müssen sich problemlos zu einem Computer zusammenfügen lassen, wobei jeder Prozessor einen Speicher integriert haben sollte. Denn nur wenn jeder Prozessor direkt auf seine Daten zugreifen kann, lassen sich komplexe Probleme sinnvoll bewältigen.

- Jeder Prozessor muß über eine Anzahl von Kommunikationskanälen verfügen, die er selbst verwaltet. Anstatt der Anwendung von Bussen werden sogenannte "links" ("Direktverbindungen") verwendet.

- Die einfache Rechnerstruktur soll mit einer Programmiersprache (z.B. Occam) ausgestattet werden, die es ermöglicht, Prozesse gleichzeitig stattfinden und miteinander kommunizieren zu lassen. Als Grundlage dieser Sprache dienen drei primitive Prozeduren:

  - "Assignment" verändert den Wert einer Variablen,
  - "Input" liest den Wert eines Eingabelinks und
  - "Output" schreibt einen Wert in einen Ausgabelink.

Die zeitliche Anordnung von Prozessen läßt sich ebenfalls mit nur drei Befehlen definieren. Mit **SEQ** (Sequenz) werden die Prozesse nacheinander abgearbeitet. **PAR** (parallel) sorgt für die parallele Abarbeitung der nachfolgenden Prozesse. **ALT** (alternativ) dagegen bezieht sich nur auf die Kommunikation in der Weise, daß der Prozeß, der als erster zur Kommunikation bereit ist, ausgeführt wird.

Neben der einfach zu erlernenden Programmiersprache Occam kann der Transputer auch in anderen Sprachen, wie zum Beispiel in Fortran, Pascal und C programmiert werden. Nur würde er dann seine Fähigkeiten nicht voll ausspielen, da seine Überlegenheit in den Kommunikationslinks gegenüber der Bus-Architektur erst in Verbindung mit der speziellen Sprache Occam zur Geltung kommt. Als Alternative besteht die Möglichkeit, die Prozesse in irgendeiner Sprache zu schreiben und die Kommunikation dann Occam zu überlassen.

Beim Transputer von Incom handelt es sich um eine 32-Bit-CPU mit reduziertem Befehlssatz, die nebst vier speziellen Kommunikations-Schnittstellen auf einem Chip untergebracht ist. Die Kommunikation der CPU mit anderen CPU's erfolgt über diese vier Links, die ihrerseits über ein schnelles serielles Interface verfügen.

Durch die bidirektionalen "Links" kann die CPU eines Transputers mit bis zu vier anderen CPU's (Prozessoren) gleichzeitig Daten austauschen. Wesentlich ist dabei einerseits, daß die Steuerung für jeden dieser Kanäle fest verdrahtet auf dem Transputer-Chip untergebracht ist, so daß zur Kommunikation weder Software noch externe Hardware benötigt wird. Andererseits sind diese Links wohlunterschieden vom 32 Bit breiten Daten-/Adreß-Bus, welcher die CPU mit ihrem "privaten" Arbeitsspeicher verbindet, und vom 8 Bit breiten Peripherie-Interface zum Anschluß von Sekundärspeicher oder Ein/Ausgabe-Geräten (**Bild 7-20**).

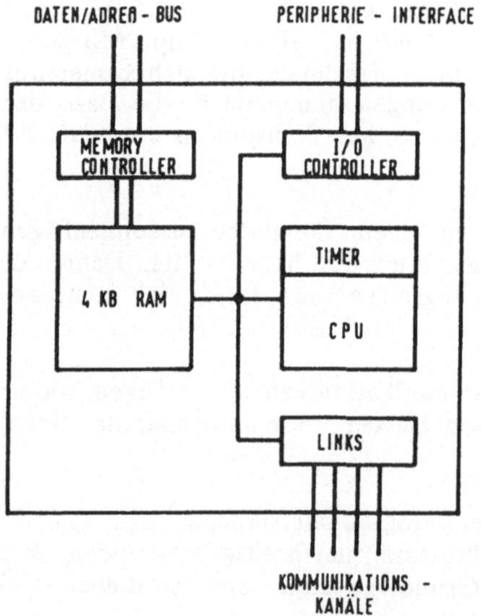

Bild 7-20: Architektur eines Transputers

Über die Kommunikationskanäle (Links) lassen sich z.B. als Pipeline ausgeführte oder lose gekoppelte oder matrixförmige Transputer-Verbindungen realisieren (**Bild 7-21**).

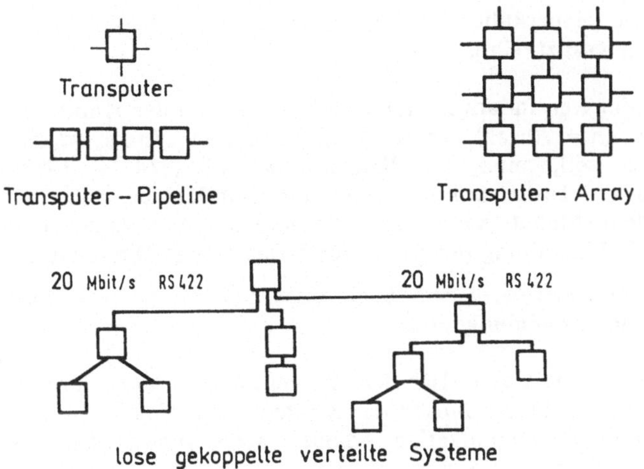

Bild 7-21: Transputer-Kopplungen

Die Anwendungspalette der Transputer ist verhältnismäßig breit:

- Schnelle, komplexe automatisierungs-, steuerungs- und meßtechnische Probleme
- Bildverarbeitung
- Verteilte Echtzeitsysteme
- Implementierung ausfallsicherer Architekturen
- Simulation
- Rechenintensive Verfahren der Artifical Intelligence
- Evaluation von Verfahren und Algorithmen der Parallelverarbeitung

Ein Anwendungsfall für Transputer für das bereits genannte Produkt des Herstellers INMOS findet sich in dem Floating-Point-System FPS T-Rechner. Im folgenden soll in groben Zügen das hochgradig **parallele Rechnersystem FPS** T vorgestellt werden. Im größten Modell der T Serie können 16384 Prozessoren (Knoten) parallel arbeiten und würden dann, im idealen Fall z.B. eine Gleitkomma-Nennleistung von 262 Milliarden Gleitkommaoperationen pro Sekunde (262 Giga Flops, GFLOPS) ermöglichen.

Ein Knoten besteht aus drei wesentlichen Komponenten:

- einem Kontrollprozessor (Transputer)
- einem RAM-Speicher von Texas Instruments Ltd.
- einer 64-bit Gleitkomma-Arithmetikeinheit von Weitek.

Erkennbar ist, daß ein Knoten entscheidende Merkmale einer Vektorarchitektur besitzt. Zugriff der Arithmetikeinheit auf den lokalen Datenspeicher, der mit einer sehr hohen Bandbreite von 2560 MBytes/sec. versehen ist, die verwendete Pipeline-Technik für die Gleitkommarechenwerke, das gleichzeitige (parallele) arbeiten von Gleitkommafunktionseinheiten wie Gleitkommamultiplizierer und Gleitkommaaddierer, der gleichzeitige Zugriff auf den Datenspeicher zeigen die Parallelität auf vielen verschiedenen Ebenen. Als mögliche Verbindungsart unter den Knoten lassen sich die verschiedensten Technologien denken.

In der FPS T Serie wurde die Hyperkubus-Struktur gewählt. Zwei der wichtigen Eigenschaften, die diese Struktur besitzt, sind:

1) Die Anzahl der Kommunikationsverbindungen steigt nicht linear mit der Anzahl der Knoten sondern im log2n. (n = Anzahl der Knoten). Bei einem System, welches 16384 Knoten verbinden soll, muß ein Knoten nur 14 (2^{14} = 16384) Kommunikationsverbindungen besitzen. Ein System mit acht Knoten bildet ein sogenanntes Modul. Jedem Modul kann ein Systemknoten mit einer Disk zugeordnet werden, der die Verwaltung der Daten für "sein" Modul übernimmt.

2) Alle Systemknoten sind miteinander wiederum über einen Systemring verbunden. Dabei gibt es zwei Arten der Kommunikation:

- "primäre" Intermodulkommunikation für den Datenaustausch der einzelnen Prozesse über die direkten Verbindungen der Knoten stattfinden.
- "sekundäre" Intermodulkommunikation dient der Verwaltung von kommunizierenden Modulen und Knoten.

Die Programmierung erfolgt über die Sprache OCCAM, die ergänzt wird durch Vektorroutinen, die die arithmetische Gleitkomma-Einheit nutzen.

7.3.8 SIMD/MIMD-Architektur

Die Leistungsgrenzen der heutigen nicht sequentiellen Architekturen sind heute bereits gesetzt.
Während im **SIMD-Bereich** Leistungsverbesserungen - auf der Grundlage der jetzt oder in naher Zukunft verfügbaren Prozessortechnologie - nur noch schwer erreichbar sind, ist bei **MIMD-Maschinen**, bei denen jedem Prozessor sein eigener Speicher voll zur Verfügung steht, der Parallelitätsgrad und damit die Leistung prinzipiell unbeschränkt, indem eine hinreichend große Anzahl von Prozessoren eingesetzt wird. Grenzen werden hierbei durch die Anforderungen an die Inter-Prozessor-Kommunikation gesetzt; diese sind allerdings stark anwendungsabhängig.

Deshalb werden neue Wege der Entwicklung in einer Kombination von SIMD- und MIMD-Architekturen gesucht. Sie wurden bereits sowohl von Cray als auch von IBM (RP3) sowie von dem vom Bundesminister für Forschung und Technologie geförderten Projekt "Suprenum" beschritten.

Für eine intensive Weiterentwicklung von neuen Rechnerarchitekturen spricht die Tatsache, daß lieferbare Chips (z.B. in CMOS) wie 680xx oder 80x86 mit den jeweiligen arithmetischen Koprozessoren oder mit dem Weitek-Chip für Gleitkommaarithmetik bald weniger als die Vektorsysteme kosten werden, so daß eine SIMD/MIMD-Architektur ein günstigeres Preis-Leistungs-Verhältnis aufweisen wird als die derzeitigen Vektor-Rechner.

Und wie ist es mit den modernsten Bausteinen? Die Kosten der neuen Bausteintechnologie sind allerdings ein wichtiger limitierender Faktor: Schnelle Prozessoren zu bauen müßte bedeuten, modernere, schnellere Technologie einzusetzen. Wie wir sehen werden, gibt es hier nur zögernde Ansätze:

So kostet der Einsatz von ECL-Technologie gegenüber TTL zirka das Doppelte, ergibt jedoch nur eine halbe Größenordnung an Leistungssteigerung. Gallium-Arsenid-Technologie ist noch wesentlich teurer und bringt ebenfalls nur ein wenig Mehr an Leistung gegenüber ECL.

Auch die Anwenderseite stellt auf neue Rechnerarchitekturen neue Anforderungen. Der Anwenderprogrammierer muß in der Aufgabe, seine Programme in Teilaufgaben zu zerlegen und **koordiniert** und "konkurrent" ablaufen zu lassen, sicher und möglichst unter Fehlererkennung unterstützt werden. Dazu brauchen wir neue Programmiertechniken. Sie werden auf **funtkionalen Programmiersprachen** basieren. Zwar sind viele der auf dem Rechner zu lösenden Probleme ihrem Ursprung nach paralleler Natur, doch da jahrhundertelang die "sequentielle" Mathematik vorherrschte, fällt das Umdenken, daß heißt das Suchen nach dem Parallelismus in anstehenden Aufgaben, heute leider noch schwer.

1988 soll Suprenum-1 in einer ersten Version mit 256 Mikroprozessoren als funktionsfähiger Prototyp vorgestellt werden. Weitere Entwicklungen, insbesondere hinsichtlich höherer Rechengeschwindigkeit und weiterentwickelter, allgemein einsatzfähiger Software, sind für Suprenum-2 vorgesehen.
Das Suprenum-Vorhaben hat sich folgende Ziele gesetzt, indem es drei Entwicklungen aufgreift:

- Das supercomputing - dem immensen Bedarf an Rechnerhöchstleistung in einer Vielzahl natur- und ingenieurwissenschaftlich-technischen Disziplinen Rechnung zu tragen (Anwenderforderung),
- das parallele computing - der Herausforderung an die Informatik (Hardware und Software), durch den Einsatz vieler parallel arbeitender kooperierender Prozessoren in einem System die Rechenleistung zu vervielfachen (Informatikforderung), entgegenzutreten.
- das multi-level computing - die essentielle Nutzung neuer algorithmischer Prinzipien der Numerik, mit denen sich "sensationelle" Effizienzsteigerungen gegenüber klassischen Algorithmen erzielen lassen (Mathematikforderung) wahrzunehmen.

Eine sehr große Klasse von Aufgaben ist durch eine bemerkenswert einheitliche mathematische und "informatische" Grundstruktur gekennzeichnet: lokale Beziehungen auf Gitterstrukturen. Auf diesen Gitterstrukturen sind typischerweise große Gleichungssysteme zu lösen. Eine Million zu bestimmende Unbekannte sind keine Seltenheit, solche Aufgaben ergeben sich immer bei der Diskretisierung von partiellen Differentialgleichungen, aber auch im Zusammenhang mit anderen Modellen, zum Beispiel bei natürlichen Gitterstrukturen in der Vielteilchenphysik.

Der lokale Charakter der oben beschriebenen Aufgaben legt zunächst auch die Verwendung "lokaler" Verfahren nahe. Bei solchen Verfahren verknüpfen die auszuführenden Operationen vorwiegend (innerhalb der gegebenen Gitterstruktur) räumlich benachbarte Größen miteinander. Für die hier interessierenden Gitterprobleme spielt insbesondere das multi-level-Prinzip (Mehrgitterprinzip) eine herausragende Rolle. Dieses Prinzip ist sehr allgemein anwendbar.

Einige Daten zu Suprenum

- MIMD-Rechner, bestehend aus p Einplatinen-Knotenrechnern, die durch ein zweistufiges Bussystem verbunden werden,
- Knotenrechner mit privatem Speicher, 32/64-bit-Prozessor MC 68020, schneller Gleitkomma-Coprocessor mit Vektorbearbeitung (Weitek 2264/65),
- Bus-Verbindung von je (bis zu) 16 Knoten zu einem Cluster,
- auf Clusterebene 2D-Array von SUPRENUM-Bussen (horizontale und vertikale Busverbindung), basierend auf einem Ringbus,
- Rechnergesamtsystem, bestehend aus den Rechner-Clustern, einem Programmierrechner, einem Betriebssystemrechner und einem Wartungsrechner (jeweils MPR 2300).

Einen Einblick in diese Architektur stellen **Bild 7-22a** und **7-22b** dar.

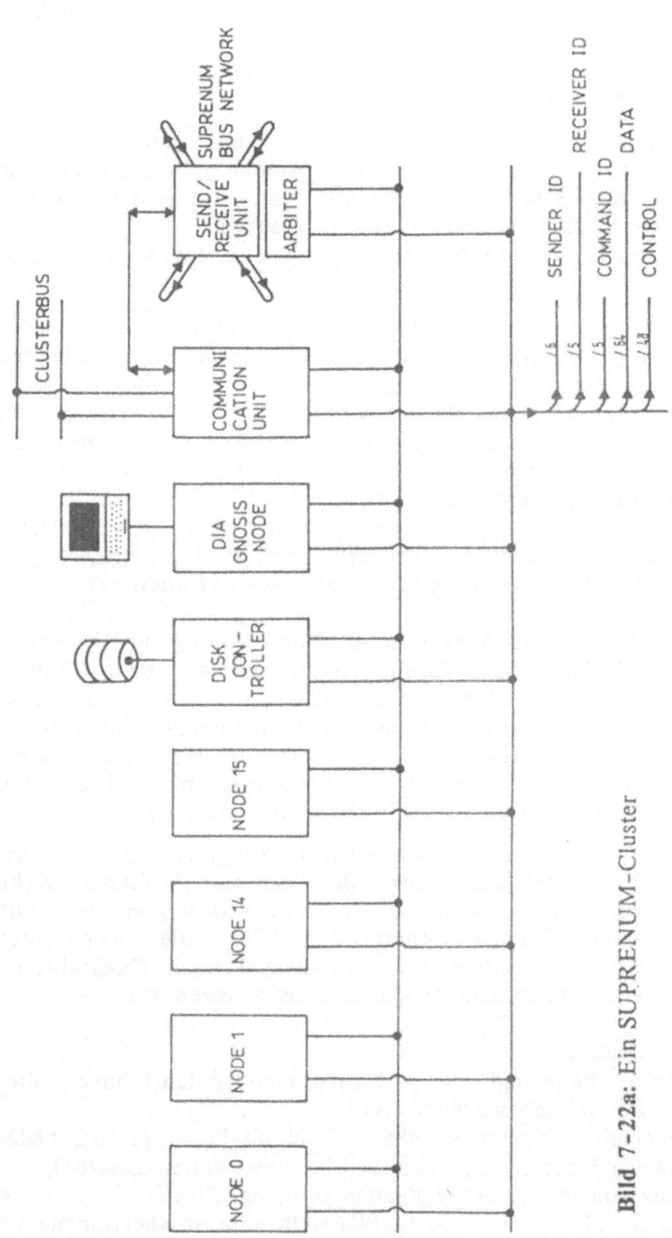

Bild 7-22a: Ein SUPRENUM-Cluster

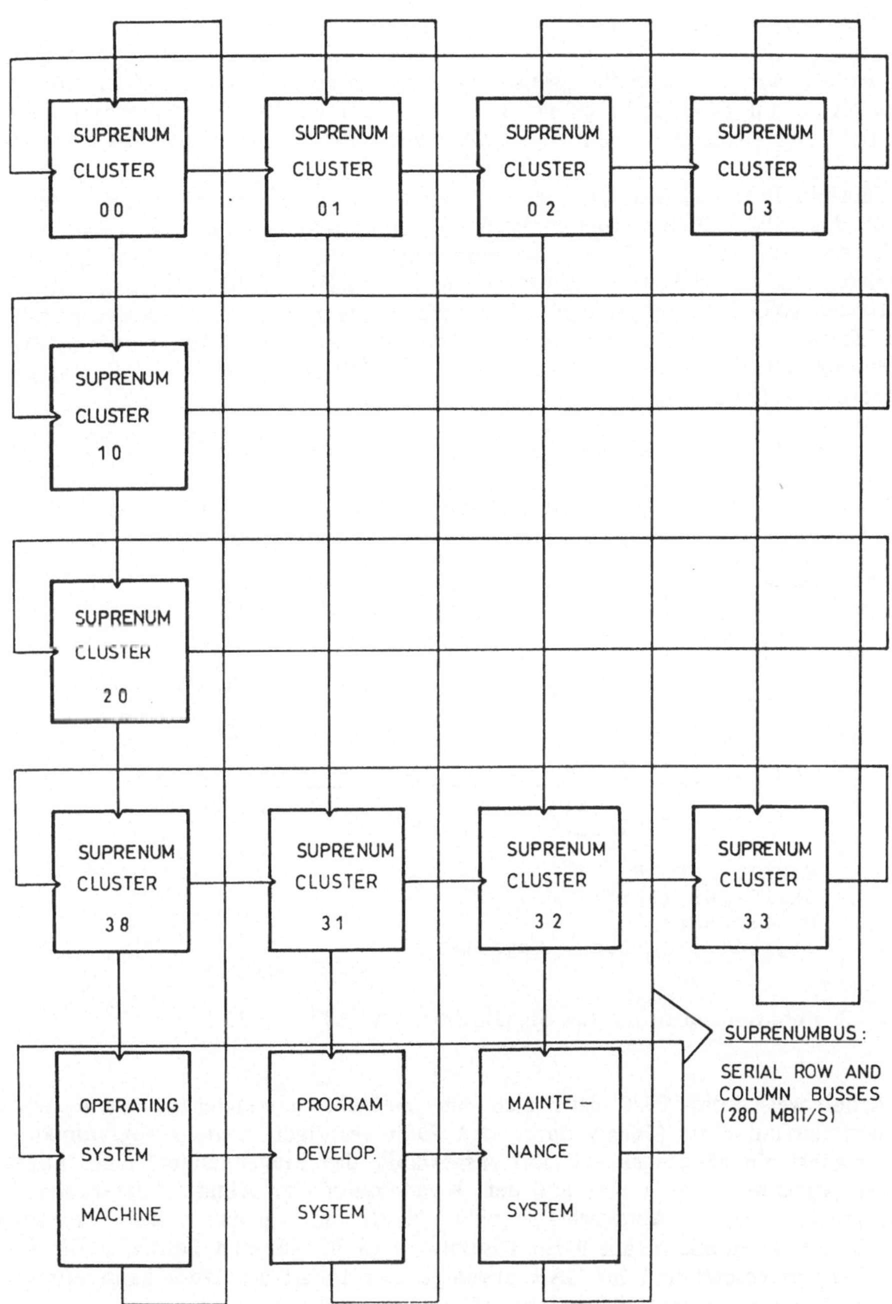

Bild 7-22b: Struktur des SUPRENUM

Das Betriebssystem wird auf UNIX aufsetzen. Als Sprachausstattung ist ein concurrent-MODULA 2 und ein um MIMD-Konstrukte erweitertes FORTRAN vorgesehen. Die Kommunikation zwischen den Prozessoren wird botschaftenorientiert (message passing) realisiert.

7.3.9 Signalprozessoren

Hier wollen wir uns überblicksweise mit drei programmierbaren Signalprozessoren beschäftigen, auf den Markt gebracht von drei der größten Halbleiterherstellern der Welt: Intel und Texas Instruments aus USA sowie Nippon Electric Company aus Japan.

Der Baustein **2920** von **Intel** erschien 1979 als erster Signalprozessor auf dem Markt. Er enthält einen 192 * 24-Bit Programmspeicher, einen sehr einfachen Sequenzer und eine ALU, die auf 25-Bit Daten operiert (mit interner 28-Bit-Genauigkeit). Ein Schieberegister unterstützt die Durchführung schneller Multiplikationen. Mit einem integrierten A/D-Umsetzer und einem ebenfalls integrierten D/A-Umsetzer stellt sich dieser Baustein als der Signalprozessor mit dem höchsten Selbständigkeitsgrad dar. Der Programmspeicher (ein EPROM) und der 40 x 25-Bit Datenspeicher sind zwei separate Speicherblöcke (**Bild** 7-23).

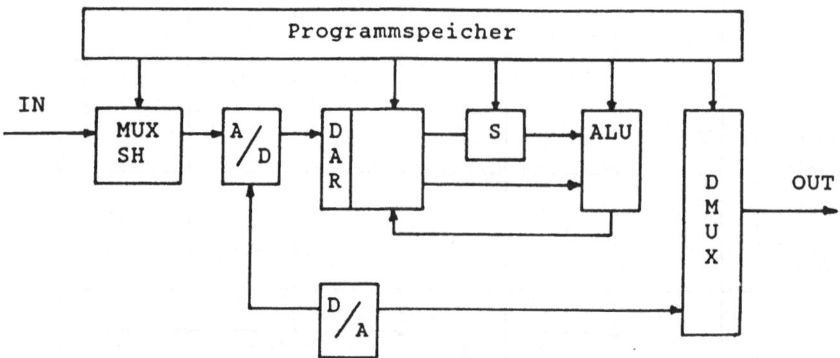

SH ... Sample / Hold
S ... Skalierer (Shift)
MUX ... Multiplexor
DAR ... Digital - Analog - Register

Bild 7-23: Funktionsschaltbild des Signalprozessors INTEL 2920

Die Arbeitsweise des 2920 läßt sich am einfachsten verstehen, wenn wir den Verarbeitungsfluß eines Signals durch den 2920 verfolgen. Unter Programmkontrolle wird zunächst ein Eingangskanal (IN) ausgewählt, das Eingangssignal dann abgetastet und der Abtastwert schließlich auf den Kondensator der Abtast/Halte-Einheit (SH) abgespeichert. Der Abtastwert wird hiernach gemäß der sukzessiven Approximationsmethode in ein 9-Bit Digitalwort (8 Bit für den Betrag, 1 Bit für das Vorzeichen) umgesetzt und im DAR abgelegt. Der Inhalt des DAR kann unmittelbar oder nach Transfer in den Hilfsspeicher (S) weiterverarbeitet werden.

Der digitale Verarbeitungsbereich des 2920 und dessen Analogbereich arbeiten parallel. Ersterer verarbeitet die vom letzteren gebildeten Abtastwerte. Mit Hilfe des digitalen Prozessors ist es zum Beispiel möglich, ein mehrstufiges Filter während einer 9-Bit A/D-Umsetzung zu implementieren. Die ALU operiert mit zwei 25-Bit-Operanden, die aus dem RAM gleichzeitig herausgelesen werden können.

Zur Ausgabe eines Ausgangssignals werden die 9 höherwertigen Bits der errechneten Abtastwerte des Ausgangssignals zunächst in das DAR geladen. Dieses treibt dann direkt den D/A-Umsetzer, dessen Ausgangssignal schließlich unter Programmkontrolle über eines aus 8 Ausgangs-Abtast/Haltegliedern nach außen gelangt (DMUX, OUT).
Daß der 2920 analoge Signale hinreichend schnell verarbeiten kann, beruht auf der Eigenschaft, daß mehrere Verarbeitungsschritte, nämlich eine analoge Operation, paralleles Lesen zweier Werte aus dem RAM, eine ALU-Operation, eine binäre Verschiebung und Schreiben eines Wertes in den RAM, alle innerhalb eines einzigen Befehlszyklus stattfinden können. Mit einem Systemtakt von 10 MHz beträgt der Befehlszyklus 400 nsec.

Der Signalprozessorbaustein **NEC 7720** hat völlig separate Programm- und Datenspeicher. Sowohl für die Befehle als auch für konstante Daten sind hier EPROMs von 23 Bits eingesetzt. Die ALU operiert mit 16-Bit-Operanden. Ein Multiplizierer ist mitintegriert. Der 7720 ist ein vielseitiger mikroprogrammierbarer numerischer Prozessor und derart konzipiert, daß er ebenso gut als eigenständiger Prozessor wie als intelligenter Peripherieprozessor eingesetzt werden kann. Ursprünglich wurde er für Anwendungen im Telekommunikationsbereich entwickelt, der hohe Arbeitsgeschwindigkeit und strenge Schnittstellenkompatibilität mit den bestehenden Systemen verlangt.

Der Prozessor ist durch 23 Bit breite, direkt ausführbare Mikrobefehle mikroprogrammierbar. Während der Ausführung des laufenden Befehls wird der nächste eingelesen und dekodiert. Ein externer Takt von 8 MHz, der intern zur Aufrechterhaltung des Parallel- und Pipelinebetriebs in mehrere Phasen aufgeteilt wird, liefert einen Befehlszyklus von 250 nsec.

Der jüngste der von uns berücksichtigten Signalprozessorbausteine ist der **TMS 320** von Texas Instruments. Die Programm- und Datenspeicher sind hier nicht völlig voneinander getrennt. Der schnellste Speicherzugriff erfolgt allerdings dann, wenn man hierfür separate Speicher benutzt. Die Befehlswortlänge ist relativ kurz (16 Bit). Trotzdem arbeiten bei den wichtigsten Operationen mehrere Hardwareeinheiten parallel. Die Operandenwortlänge der ALU beträgt 32 Bit und wie beim NEC 7720 sind ein hochentwickelter Sequenzer und ein Hardwaremultiplizierer eingebaut.
TMS 320 ist die Sammelbezeichnung für eine Familie leistungsstarker 16/32-Bit-Ein-Chip-Mikroprozessoren, Mikrocomputer, Peripherieeinheiten mitsamt Hardware/Software-Entwicklungswerkzeugen und Applikation-Unterstützung.

Eine interessante Eigenschaft dieser Prozessoren ist die Unterstützung für interruptgesteuerte Systeme. Drei Anschlüsse stehen hierfür zur Verfügung: ein Vektor-Reset, ein maskierbarer Hardware-Vektor-Interrupteingang und ein softwaremäßig abfragbarer Interrupteingang. Die ersten beiden Interrupteingänge erfüllen die gleichen Aufgaben wie bei den üblichen Mikroprozessoren. Die Software-Interrupteingang wird vom Befehlssatz unterstützt und ist nützlich zur Realisierung von Multiprozessorsystemen mit dem TMS 32010.

Mit der Möglichkeit, die System-Durchsatzrate durch Zusammenschaltung mehrerer TMS 32010 (M) zu erhöhen, erweitert sich das Anwendungsspektrum wieder einmal und erfaßt somit insbesondere gewisse Applikationen in der Bildverarbeitung und Spektrumanalyse, die bislang den Bit-Slice-Systemen vorbehalten geblieben sind.
Zur Programmcode-Generierung für die genannten Signalprozessoren nutzen die meisten Anwender eine Assemblersprache oder eine höhere Programmiersprache.
Die meisten Anwender von Signalprozessoren wünschen, eigene Variationen an einer relativ kleinen Anzahl von Konzepten der Signalverarbeitung (z.B. Filterung, Sprachanalyse, Datenübertragung (Modem), Fourier-Transformation, Spektrenanalyse, Mustererkennung usw.) vornehmen zu können.

Die Vorteile der Signalverarbeitung mit der Gleitkomma-Arithmetik sind beachtlich. Bei den Multi-Chip-Prozessorsystemen, die aus Signalprozessoren der derzeitigen Generation zusammengesetzt werden, sind die Prozessoren miteinander nur **lose gekoppelt**. Das bedeutet, daß die von ihnen auszuführenden Aufgaben sich voneinander klar abgrenzen lassen.

Sind höhere Transaktionsebenen zwischen den einzelnen Signalprozessoren erforderlich, so sind spezielle Hardwareeinheiten für den schnellen Datenaustausch besonders vorteilhaft.

So entstand - als folgerichtige Entwicklung - z.B. der Transputer IMS T424 der Firma INMOS. Die Unterstützung für Parallelverarbeitung stand bei der Prozessorkonzeption im Vordergrund. Der Transputer ist zwar nicht als Signalprozessor konzipiert, aber seine ersten Anwendungen lagen im Bereich der Signalverarbeitung.

7.4 Programmiersprachen für parallele Prozesse

Für die Implementierung paralleler Algorithmen gibt es zwei unterschiedliche Sprachkonzepte:

- explizite Sprachkonstrukte
- implizit durch die Sprachorganisation entstandene Sprachkonstrukte.

Wir teilen die heutigen Programmiersprachen in zwei Klassen, die den obigen Konzepten weitgehend entsprechen:

- imperative Sprachen
- funktionale Sprachen.

Imperative Sprachen,
z.B. Fortran, Cobol, Pascal sind im Prinzip "high-level"-Versionen des Von-Neumann-Monoprozessorsystems (SISD). Im Grunde genommen arbeiten sie wie ein Assemblerprogramm zur Laufzeit.

- Programm-Variable sind letztlich Speicherwörter
- Alle Steueranweisungen werden auf Sprungbefehle abgebildet
- Zuweisunganweisungen sind letztlich Lade- und Speicherbefehle.

Derartige Anweisungen werden durch den aktuellen Status charakterisiert, der durch den Befehlszähler, den Stack, das Statusregister und die Werte aller Variablen ermittelt wird. Die Status aller beteiligten Prozessoren müssen koordiniert werden. Hinzu kommt, daß derartig große Status-Informationen äußerst fehleranfällig sind (Mehrfachbelegung desselben Speicherplatzes ändert den Status!).

Funktionale Sprachen,
dagegen haben keinen aktuellen Status, keinen Befehlszähler, keinen Speicher. Ein Programm ist eine Funktion im mathematischen Sinne: Die Eingabe sind die Argumente der Funktion, die Funktion selbst besorgt die Abbildung in die Ausgabemenge.

Entscheidend ist, daß über die Ausführung der Abbildung keinerlei Aussage in der Sprache gemacht wird. Die Wertemenge einer Funktion hängt allein von der statischen Definition bzw. vom textlichen Kontext ab, nicht jedoch von irgendwelcher Ausführung (execution) in Vergangenheit oder in Gegenwart.

Beispiele solcher Sprachen sind:
Lisp, FP (Bachus), SISAL (von DEC).

Funktionale Sprachen und Datenflußrechner passen außerordentlich gut zusammen. Funktionale Sprachen für Anwendungsprogrammierung wird es so schnell weiter verbreitet nicht geben. Deshalb müssen wir unsere bekannten imperativen Sprachen so erweitern, daß sie wenigstens für die expliziten Parallelitätsanforderungen ausreichend Unterstüzung bieten. Concurrent-Pascal und Modula2, stellen hier bereits Lösungen dar.

8 Verbindungsnetzwerke

In Kapitel 5 haben wir die Organisation des Informationsaustauschs zwischen den Betriebsmitteln eines Rechners behandelt. Dabei stand die Verbindung des Zentralprozessors mit Arbeits- und Sekundärspeicher sowie den Ein/Ausgabe-Einheiten zur Diskussion. Hier wollen wir uns erneut mit Kommunikationsproblemen beschäftigen. Sie treten auf bei der Realisierung von Rechnern mit mehr als einem Verarbeitungsprozessor, aber auch bei der Kopplung mehrerer selbständiger Rechner in einem Rechnernetzwerk.

Die Leistungsfähigkeit eines Multiprozessorsystems wird entscheidend von den Verbindungseinrichtungen zwischen den Prozessoren bestimmt. Da es für die Struktur der Kommunikationseinrichtungen gleichgültig ist, ob es sich um Prozessoren oder um vollständige Rechner handelt, wollen wir allgemein von **"Verarbeitungsknoten"** sprechen. Das Übertragen von Informationen zwischen zwei Verarbeitungsknoten erfolgt über einen **"Verbindungsweg"**. Ein Verbindungsweg muß dabei nicht notwendigerweise ein Bus sein. Tauschen zwei Prozessoren Informationen über einen Speicher aus, auf den sie beide zugreifen können, so stellt der Speicher den Verbindungsweg bzw. einen Teil desselben dar. Strukturell handelt es sich bei der Kommunikation über den gemeinsamen Speicher oder über einen Bus um die gleiche Art der Kopplung, um eine **Punkt-zu-Punkt-Verbindung.**

Sind mehr als zwei Knoten miteinander zu verbinden, so hängt die Zahl der dann benötigten Verbindungswege nicht nur von der Knotenzahl, sondern auch von der Topologie des gewählten Verbindungsnetzes ab. Die Busstruktur ist nur eine von vielen Möglichkeiten einer Verbindung. Wegen ihrer Bedeutung, auch als Bestandteil der aufwendigeren Topologien, wollen wir einige Begriffe an ihr erläutern. Dient der Bus ausschließlich der Verbindung zweier Knoten, so spricht man von einem **zugeordneten (dedicated) Bus.** Ist einer der beiden Partner immer ein Sender, der andere immer der Empfänger von Informationen, so kann es zu keinen **Zugriffskonflikten** auf den Bus kommen. Diese können bei einer Punkt-zu-Punkt-Verbindung erst dann auftreten, wenn beide Knoten sowohl Sender als auch Empfänger sein können und beide gleichzeitg mit einer Sendung beginnen wollen. Die Auflösung dieses Konfliktes läßt sich durch ein Anforderungs-Zuweisungs-Verfahren aber auch mit anderen Methoden leicht erreichen. Die gleichen **Konfliktlösungsstrategien** kann man auch verwenden, wenn der Bus der Verbindung von mehr als zwei Knoten dient. Man spricht in diesem Fall von einem **nicht zugeordneten (shared) Bus.**

Neben der Verbindung von Knoten in einem Netz mit festen Verbindungswegen besteht die Möglichkeit, den Sender und den Empfänger einer Botschaft nur bei Bedarf miteinander zu verbinden. In einem solchen **dynamischen Netz** sind außer den Wegen noch **Vermittlungseinrichtungen** nötig, um eine Verbindung herzustellen. Die übertragenen Nachrichten müssen neben der Information, die schließlich beim Empfänger ankommen soll, noch Steuerinformationen für den Verbindungsaufbau enthalten, die die beteiligten Schalter (switches) in die erforderliche Position bringen. Wird die gesamte Verbindung zwischen zwei Knoten für die Dauer der Übertragung durchgeschaltet, so spricht man von einem **Circuit-switching-Netzwerk.** Die größte Maschine dieser Art ist das Telefonnetz. Eine Alternative besteht darin, eine Information von einer Vermittlungsstelle zur nächstfolgenden zu übertragen und dort zwischenzuspeichern, bis der Weg zur anschließenden Vermittlungseinrichtung geschaltet ist. Inzwischen kann die vorher benutzte Verbindung andere Anforderungen erfüllen. Ein Verbindungsnetzwerk mit dieser Eigenschaft nennt man ein **Packet-switching-Netzwerk.** Es ist z.B. als "Datex-P-Netz" der Post bekannt. In den Fällen einer vermittelten Verbindung kann man noch zwischen einer zentralen und der dezentralen Steuerung der Verbindungsschalter unterscheiden.

Eine allgemeine Klassifikation von Verbindungsnetzwerken kann demnach wie in **Bild 8-1** aussehen. Die Begriffe zugeordneter oder nicht zugeordneter Bus beziehen sich dabei jeweils auf eine Verbindung zwischen zwei Knoten oder einem Knoten und einer Vermittlungseinrichtung des Netzes.

Wie kann man die verschiedenen Arten von Verbindungsstrukturen und ihre technische Realisierung beurteilen? Zunächst einmal nach der Leistungsfähigkeit und dem Preis, dann nach dem Verhalten des Verbindungsnetzwerkes bei Störung eines Bestandteiles (Fehlertoleranz) und schließlich danach, welcher Aufwand bei einer Erweiterung, daß heißt bei einer Erhöhung der Zahl der Knoten, zu treiben ist. Die **Leistungfähigkeit** wird bei statischen Netzen im wesentlichen durch die **Bandbreite der Verbindungswege** bestimmt, d. h. durch die maximal übertragbare Bitrate. Hinzu kommt noch der zeitliche und technische Aufwand für die Lösung von Zugriffskonflikten bei nicht zugeordneten Verbindungswegen. Bei den vermittelten Verbindungen gehen die für den Verbindungsaufbau nötigen Zeiten zusätzlich in die Beurteilung ein. Bei bestimmten Verbindungeinrichtungen mit Vermittlung kann es, wie jeder Telefonteilnehmer weiß, zu **Blockierungen** kommen, weil eine gewünschte zusätzliche Verbindung beim augenblicklichen Schaltzustand des Netzes nicht mehr hergestellt werden kann. Auch diese Wartezeiten müssen berücksichtigt werden ebenso wie die Kosten für die Vermittlungseinrichtungen.

8.1 Statische Verbindungsnetzwerke

In **Bild 8-2** sind einige typische Topologien von Verbindungsnetzwerken ohne Vermittlung dargestellt. Die Verarbeitungsknoten sind als Quadrate gezeichnet, die Übertragungswege als Linien, wobei die Darstellung offen läßt, ob die Wege nur in einer Richtung übertragen können oder bidirektional verwendbar sind. Im allgemeinen können sie mit Ausnahme der Ringstruktur in beide Richtungen Informationen übermitteln.

1. Busse

Die Struktur des zugeordneten und des nichtzugeordneten Busses und die Auflösung von Zugriffskonflikten bei Bussen mit zentraler Verwaltung wurden bereits in Kapitel 5 behandelt, als wir die Verbindungsstrukturen innerhalb eines Rechners mit einem Zentralprozessor, in unserer jetzigen Terminologie: mit einem Verarbeitungsknoten, besprachen. Statt die einzelnen Betriebsmittel eines Einprozessorsystems miteinander zu verbinden, kann man die gleiche Struktur auch für die Kommunikation in einem Multiprozessorsystem oder in einem lokalen oder globalen Rechnernetz einsetzen. Da viele Sender mit vielen Empfängern kommunizieren wollen, werden die Nachrichten im Zeitmultiplexbetrieb übertragen. Zugriffskonflikte können z.B. durch eine zentrale Bussteuerung oder durch das zyklische Zuweisen von Sendezeiträumen und durch andere Verfahren gelöst werden. Solange die Übertragungsrate des Busses ausreicht, ist die Erweiterung des Systems sehr einfach: Der nächste Verarbeitungsknoten wird mit dem Bus verbunden. Die Fehlertoleranz ist sehr gut, solange der Fehler in einem Knoten auftritt, ein Busfehler hat dagegen schlimme Folgen, die nur durch die

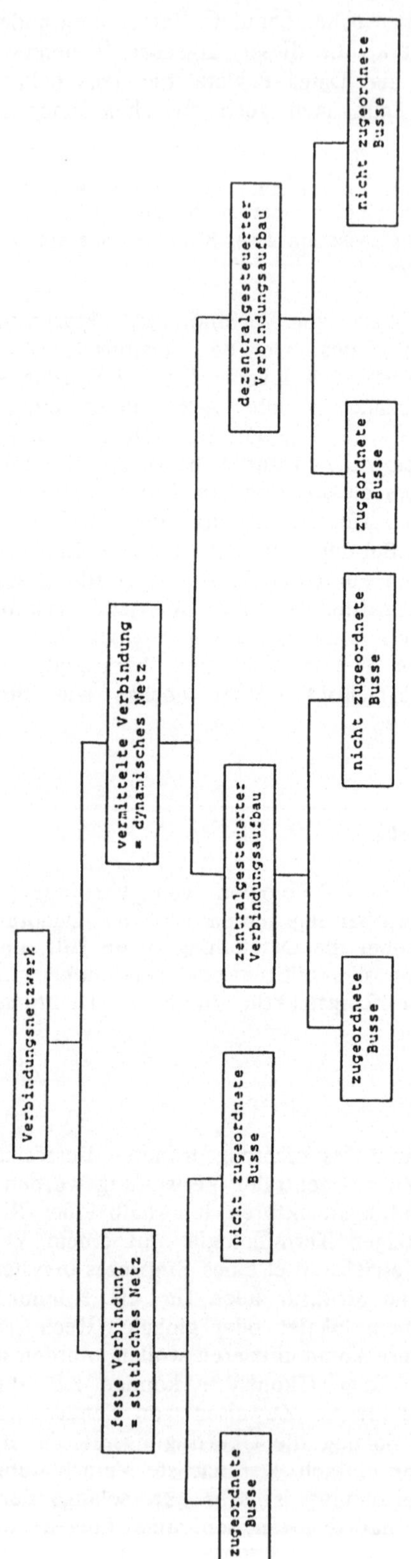

Bild 8-1: Klassifikation von Verbindungsnetzen

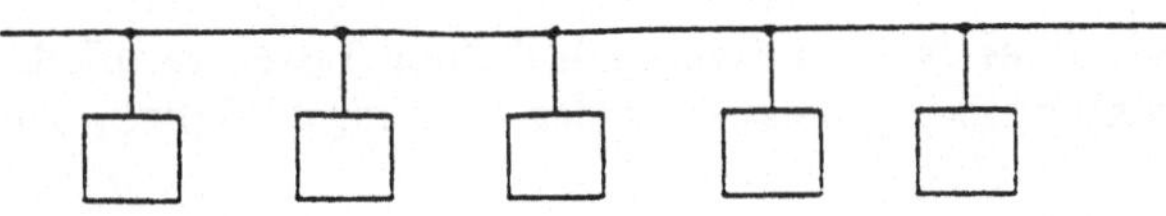

1. Bus

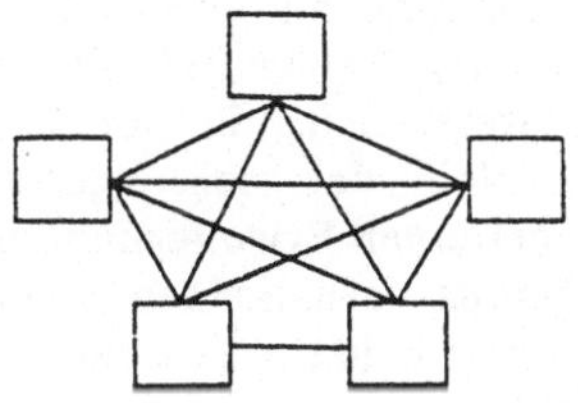

2. Vollständige Vernetzung

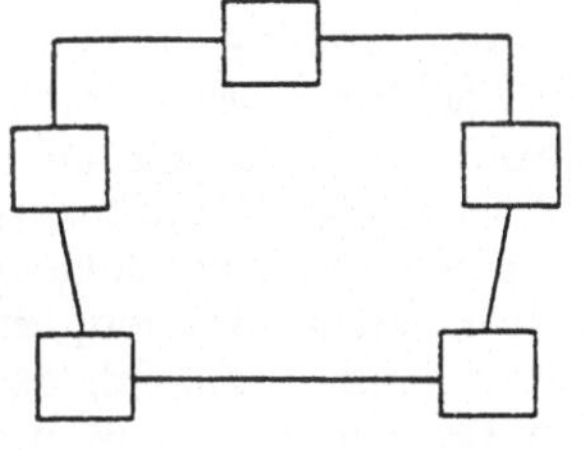

3. Ring

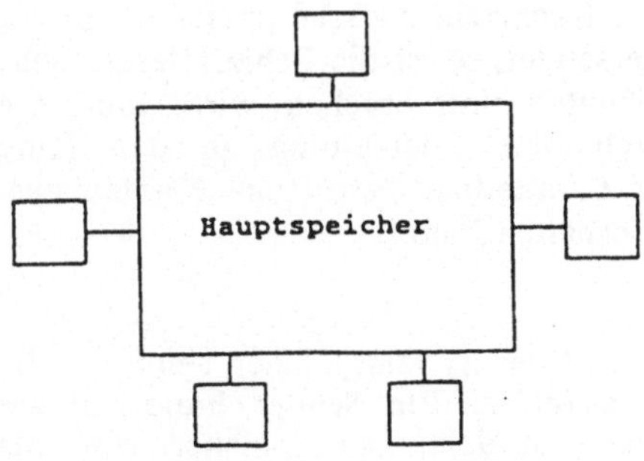

4. Speicherkopplung

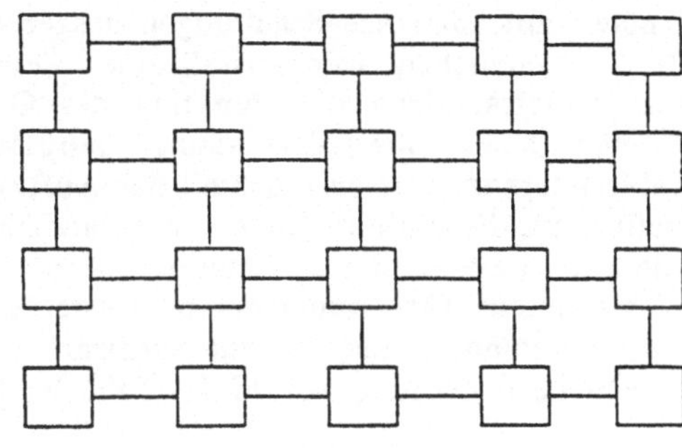

5. Feld

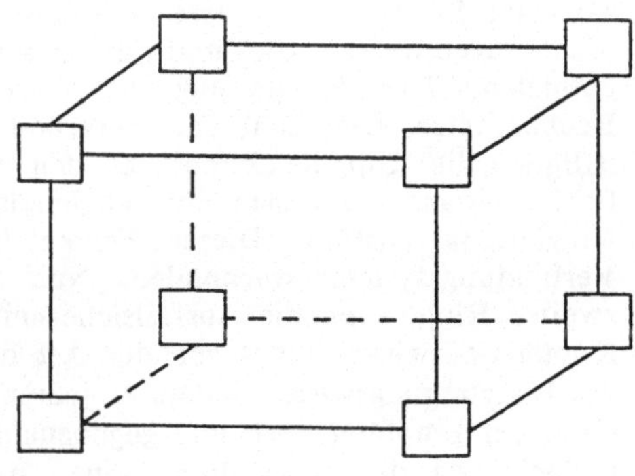

6. Würfel

Bild 8-2: Topologien statischer Netze

Installation von Redundanz in Gestalt eines zweiten, eventuell dritten Busses vermieden werden können. Die Kosten der Struktur sind, gemessen an der Leistungsfähigkeit, sehr günstig.

2. Vollständige Vernetzung
Bei ihr ist jeder Verarbeitungsknoten mit jedem anderen durch einen zugeordneten Bus verbunden. Sofern der Empfänger bereit ist, kann eine Sendung jederzeit begonnen werden. Wartezeiten wie beim Zeitmultiplexbetrieb des globalen Busses entstehen nicht. Die Kosten dieser Struktur haben ihren Einsatz bisher verhindert, denn für n Verarbeitungsknoten sind n * (n-1)/2 bidirektionale Busse nötig. Außerdem müssen die Knoten mit Interface-Schaltungen ausgerüstet sein, die den Anschluß an jeweils n-1 Busse ermöglichen. Der Ausfall eines Verarbeitungknotens oder ein Fehler auf einem Bus beeinträchtigen die Funktion des Gesamtsystems nicht wesentlich, da nur ein Knoten bzw. eine Verbindung betroffen ist. Diesem Vorteil der sehr guten Fehlertoleranz steht als Nachteil der Aufwand gegenüber, der bei einer Erweiterung zu treiben ist. Es müßten für einen zusätzlichen Knoten bei n bereits vorhandenen nicht allein n weitere Busse installiert werden, sondern jeder Knoten hätte Anschluß-Elektroniken für nunmehr n Busse nötig. Da Busse heute ein wesentlicher Kostenbestandteil der Rechnerhardware sind, hat die vollständige Vernetzung keine praktische Bedeutung, sobald die Zahl der Knoten größer als etwa 4 ist.

3. Ring
Alle Verarbeitungsknoten sind mit je zwei Nachbarn verbunden. Die Verbindungswege können eine Information nur in eine Richtung übertragen, so daß der Ring immer geschlossen sein muß, wenn jeder Knoten jeden anderen bei einer Sendung erreichen können soll. Durch den Umlaufsinn der Informationen ist ein Nachbar eines Knotens stets der Sender, der andere stets der Empfänger einer Nachricht. Ebenso wie beim nicht zugeordneten Bus muß die gesendete Nachricht die Adresse des Empfängers enthalten. Die Ringleitung hat ihre größte Bedeutung beim Aufbau lokaler Rechnernetze. Die Zahl der Verarbeitungsknoten läßt sich sehr leicht erhöhen, da lediglich die Koppelelektronik an den Ring angeschlossen werden muß. Bezüglich der Fehlertoleranz kann man eine allgemeine Aussage nur treffen für den Fall, daß die Ringleitung ausfällt. Dieser Fehler ist mit dem Zusammenbruch des gesamten Verbindungssystems verbunden. Nur durch entsprechende Redundanz, also einen zweiten Ring, kann die Ausfallsicherheit erhöht werden. Wie sich das Versagen eines Knotens auswirkt, hängt von der Art des Anschlusses ab. Ist der Knoten selbst Teil des Übertragungsweges, indem er jede empfangene Nachricht zwischenspeichert, prüft, ob er der Empfänger ist, und gegebenenfalls weitersendet, so ist die Fehlertoleranz sehr schlecht, da der Ring durch einen defekten Knoten unterbrochen wird. Sind die Knoten dagegen wie an einen Bus, also durch eine Stichleitung an den Ring angeschlossen, so fällt bei einem Fehler nur der unmitellbar betroffene Knoten aus, während die Funktion des Kommunikationsnetzes erhalten bleibt.

4. Speicherkopplung
Als Verbindungsweg werden hier der Speicherbus und der Systemspeicher benutzt. Alle Verarbeitungsknoten können auf den Speicher zugreifen. Ein Sender hinterlegt im Speicher eine Botschaft, der Empfänger liest sie von dort. Der Speicher wird als Briefkasten (mail box) verwendet. Strukturell handelt es sich um die gleiche Topologie wie beim unter Punkt 1 behandelten Bus. Daher gelten die gleichen Aussagen im Hinblick auf Aufwand, Fehlertoleranz und Erweiterbarkeit wie dort. Der Speicher ermöglicht lediglich eine **zeitliche Entkopplung** von Senden und Empfangen einer Information.

5. Feld (array)
Bei dieser Verbindungsstruktur ist jeder Verarbeitungsknoten mit vier Nachbarn verbunden, es sei denn er liegt auf dem Rand des Feldes. Man kann das Feld aber auch an den Rändern schließen und erhält damit eine für alle Knoten gleiche Verbindungseinrichtung. Man kann die Struktur schlecht erweitern, denn bei einem quadratischen, offenen Array mit n Knoten sind beim Übergang von n auf n+1 nicht nur 2n+1 neue Knoten sondern auch n zusätzliche Verbindungswege zu installieren. Die Struktur ist besonders geeignet für Multiprozessorsysteme, wenn diese Matrizenoperationen ausführen oder Probleme behandeln sollen, bei denen sich die Daten matrixförmig anordnen lassen. Die Störung eines Knotens oder eines Verbindungsweges macht dabei im allgemeinen die gesamte Rechnung unbrauchbar. Eine typische Anwendung dieser Verbindungsstruktur ist der in Kapitel 7 besprochene Transputer.

6. Würfel (cube)
Auch diese Verbindungseinrichtung findet man ebenso wie die vorhergehende in Transputern. Erweitert man das zweidimensionale Feld in die dritte Dimension, so erhhält man eine Verbindungsstruktur, die besonders für die Behandlung von Aufgaben mit räumlich verteilten Parametern durch Multiprozessorsysteme geeignet ist. Fehlertoleranz und Erweiterbarkeit sind ähnlich wie beim Feld zu beurteilen.

8.2 Dynamische Verbindungsnetzwerke

Einige Topologien von Netzen mit **Vermittlungseinrichtungen** sind in **Bild 8-3** dargestellt. Sie unterscheiden sich von den statischen Netzen durch die Vermittlungseinrichtung, die eine Verbindung zwischen zwei Verarbeitungsknoten bei Bedarf herstellt. Die Vermittlung ist als Kreis dargestellt. Sie muß aufgrund von Steuerinformationen über die gewünschte Verbindung die vorhandenen Schalter geeignet setzen.

1. Stern
Alle Verarbeitungsknoten sind über je einen zugeordneten, bidirektionalen Bus mit der zentralen Vermittlung verbunden. Diese kann zu einem Zeitpunkt nur eine Verbindung zwischen zwei Kommunikationspartnern herstellen. Die Leistungsfähigkeit der Struktur hängt also wesentlich von der technischen Realisierung der zentralen Vermittlung ab. Bei einer Störung in einem Knoten oder auf einem Bus können alle anderen Teilnehmer noch ungehindert Informationen austauschen. Dagegen ist eine Fehlertoleranz bei Ausfall der zentralen Vermittlung nicht vorhanden. Die Struktur ist gut erweiterbar, solange bei der Zentrale genügend Anschlüsse vorhanden sind.

2. Kreuzschienenverteiler
Er ist ebenso wie der Stern eine universelle Verbindungseinrichtung, d.h. jeder Knoten kann mit jedem anderen verbunden werden. Im Gegensatz zum Stern können hier aber alle Verbindungswünsche gleichzeitig erfüllt werden, sofern einer der beiden Partner nicht gerade mit einem dritten verbunden ist. Es handelt sich also um ein nicht blockierendes Verbindungsnetzwerk, das besonders einfach zu steuern ist, da zum Herstellen jeder gewünschten Verbindung das Schließen nur einer Verbindungsstelle ausreicht. Die Erweiterung des Kreuzschienenverteilers ist aufwendig, da für einen Knoten eine weitere Schiene, also ein zusätzlicher Bus, installiert werden muß und außerdem an jedem Kreuzungspunkt des neuen Busses mit den bereits vorhandenen Bussen eine Schaltvorrichtung hinzukommt. Die Fehlertoleranz ist sehr gut. Fällt ein

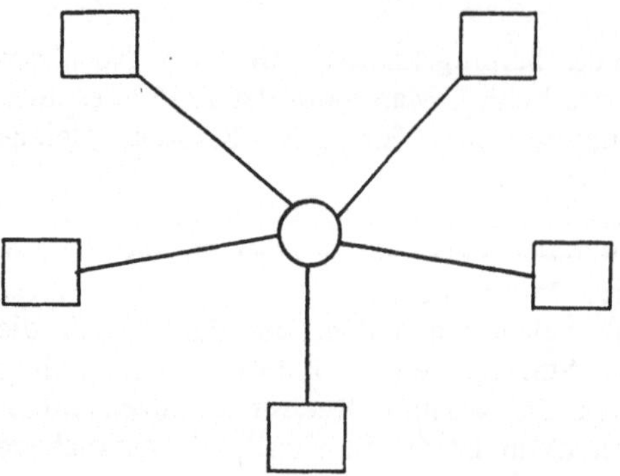

1. Stern

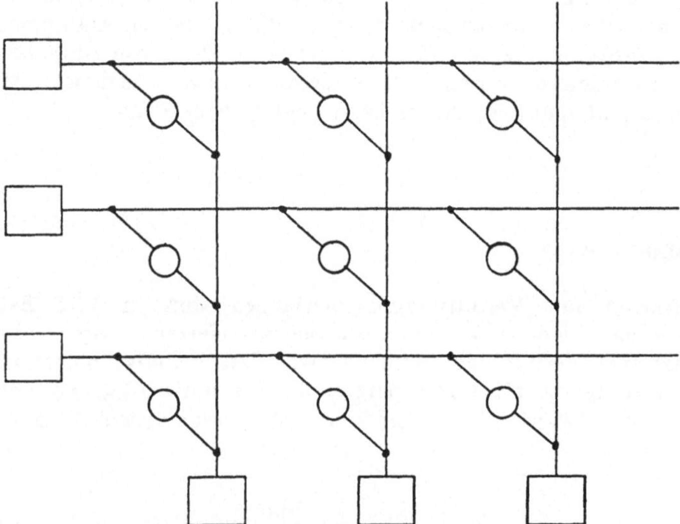

2. Kreuzschienenverteiler

Bild 8-3: Topologien dynamischer Netze

Knoten aus, so wird die Kommunikation der anderen dadurch nicht beeinträchtigt. Bei Störung eines Schalters oder eines Busabschnittes innerhalb des Verteilers lassen sich mit etwas erhöhtem Schaltaufwand alternative Verbindungswege finden, mit denen man die fehlerhafte Stelle umgehen kann. Der entscheidende Nachteil des Kreuzschienenverteilers liegt in dem sehr großen Hardware-Aufwand. Aus der Fernsprechwähltechnik sind seit langem Verbindungsstrukturen bekannt, die bei einer gegebenen Zahl von Teilnehmern und trotz ähnlich guter Eigenschaften im Hinblick auf Steuerungsaufwand und Blockierungen mit wesentlich weniger Hardware auskommen. Diese Verbindungsnetzwerke arbeiten aber mit mehrstufigen Schaltern, d.h. es sind abhängig von der Zahl der Teilnehmer mehrere hintereinanderliegende Schalter für das Herstellen einer Verbindung zu betätigen. Solche Netze kommen als Verbindungsstruktur von Multiprozessorsystemen praktisch nicht vor, da die Berechnung der jeweiligen Schaltzustände der mehrstufigen Vermittlungsstellen zu zeitaufwendig ist. Sie spielen aber eine Rolle bei der Einrichtung von Rechnernetzen. Es sind dann irreguläre Netze mit räumlich verteilter Steuerung, die durch das Hinzufügen weiterer Verarbeitungsknoten und Vermittlungseinrichtungen leicht erweiterbar sind.

8.3 Verteilte Systeme

Wir haben die Verbindungsnetzwerke in den vorhergehenden Abschnitten weitgehend unabhängig von ihrem Verwendungszweck betrachtet. Es spielte keine Rolle, ob die Verarbeitungsknoten geographisch weit oder weniger weit voneinander entfernt waren, ob sie einer gemeinsamen Kontrolle unterlagen, ob ihre Kopplung so stark war, daß sie einzelne Daten miteinander austauschten oder nur lose den Transfer ganzer Dateien betrieben. Von dieser globalen Sicht der Verbindungsstrukturen wollen wir uns jetzt entfernen. Arbeiten in einem Sytem mehrere **Prozessoren mit enger Kopplung** unter einer **zentralen Systemaufsicht** zusammen, also kontrolliert durch ein gemeinsames Betriebsystem, so spricht man von einem **Multiprozessorsystem**. Solche Systeme wurden bereits in Kapitel 7 bei den Architekturen der Parallelarbeit behandelt. Unter einem **verteilten System** versteht man dagegen eine Anordnung von **Verarbeitungsknoten ohne zentrale Systemaufsicht**. In der Regel sind solche Systeme auch räumlich verteilt. Erstreckt sich die Verteilung auf einen Raum, ein Gebäude oder das Gelände eines Betriebs, so handelt es sich um ein lokales Netzwerk. Bei einer weitergehenden Verteilung bis hin zu globalen Strukturen handelt es sich um einen **Rechnerverbund**.

Der Vorteil der verteilten Systeme gegenüber den Ein- oder Multiprozessorsystemen liegt in der **Ausfalltoleranz**. Da keine zentralen Betriebsmittel wie Speicher, Betriebsystemprogramme, usw. eingesetzt werden, kann ihr Ausfall auch zu keinem Systemzusammenbruch führen. Auch die Kommunikation zwischen Partnern eines verteilten Sytems wird so organisiert, daß Störungen auf den Verbindungswegen nicht zu Fehlern führen. Das Kommunikationssystem muß demnach fehlertolerant gegen den Ausfall des Empfängers einer Botschaft, gegen variable Wartezeiten beim Transfer, gegen das Nichtzustandekommen einer Übertragung wegen der Störung eines Verbindungweges, gegen das Verlorengehen einer Botschaft und gegen einzelne Übertragungsfehler sein. Weitere Motive für die Entwicklung verteilter Systeme sind das verbesserte Rechenleistungsangebot und die gemeinsame Anwendung sehr kostspieliger Betriebsmittel. Falls die Rechenleistung des "eigenen" Verarbeitungsknotens nicht ausreicht, kann als Dienstleitung ein Teil der Verarbeitung in einem anderen Rechner vorgenommen werden. Wenn dafür mehrere Partner verfügbar sind, stellt sich die Frage, an welchen die Anforderung auf das Erbringen der Dienstleistung zweckmäßig zu richten ist, oder anders ausgedrückt, welcher Knoten am wenigsten beschäftigt ist. Zur Lösung des Problems wurden verschiedene Strategien der Lastverteilung entwickelt, auf die wir nicht näher eingehen wollen.

Um die Vorteile der Rechnernetze zu nutzen, ist es nötig eine Anzahl von Verarbeitungsknoten miteinander kommunizieren zu lassen, die häufig von verschiedenen Herstellern stammen. Damit ist eine Standardisierung unumgänglich, die Richtlinien für alle Ebenen der Kommunikation festlegt. Wer die heute bereits bestehenden öffentlichen Kommunikationsnetze wie Teletex, Telefax, Telex, Datex, usw., nutzen will, wird sofort von der Notwendigkeit der Standardisierung überzeugt, wie sie in einem zukünftigen ISDN angestrebt wird, denn er müßte sich mit einer großen Zahl verschiedener End- und Übertragungsgeräte ausrüsten. Der Ausweg aus diesem Problem ist nur durch ein allgemeines, offenes Netz mit einer Hierarchie von

Vorschriften zu erreichen. Der Anschluß eines Rechners an ein solches Netz kann dann über **Kommunikationsprozessoren (Gateway)** erfolgen. Sie sollen den Zentralprozessor von der Aufgabe entlasten, den Informationsaustausch entsprechend den für das Netz gültigen Vereinbarungen, den sogenannten "**Netzprotokollen**", selbst abzuwickeln. Die Netzprotokolle bilden eine Hierarchie von Vorschriften, die von der physikalischen Ebene bis zur Kommunikation zwischen Anwenderprogrammen und darüber hinaus reicht. Das bekannte **ISO-Referenz-Modell** unterscheidet sieben Ebenen der Kommunikation:

Ebene 1: Physikal Layer = Physikalisches Protokoll. Es legt die Spannungspegel für die logische 0 und 1, das Anschlußkabel (Typ und Länge), die Stecker mit Pinbelegung fest.

Ebene 2: Link Layer = Leitungsprotokoll. Es legt das Format und die Codierung der Daten fest. Diese werden in Blöcke bestimmter Länge unterteilt. Das Format beschreibt u.a. die Kennzeichnung eines Blockanfangs und eines Blockendes und die Darstellung der Empfängeradresse. Die Codierung legt fest, wie Übertragungsfehler erkannt und behandelt werden.

Ebene 3: Network Layer = Netzwerkprotokoll. Es wird der Übertragungsweg der Botschaft festgelegt. Dieser muß nicht für alle zu übertragenden Blöcke gleich sein, denn das Netzwerkprotokoll bietet dem Benutzer zwei Dienste an: Die virtuelle Verbindung und den Datagrammdienst. Die **virtuelle Verbindung** entspricht dabei dem Cicuit-switching-Netz, wie es aus dem Telefonnetz bekannt ist. Die einzelnen Blöcke, aus denen die Botschaft besteht, werden nach dem Aufbau einer Verbindung über diesen einen Weg in numerierter Reihenfolge gesendet und kommen zwangsläufig beim Empfänger in der gleichen Reihenfolge an. Der Empfänger kann den Verlust eines Blockes feststellen und beim Sender anfordern, daß er wiederholt wird. Der **Datagrammdienst** entspricht dem Packet-switching-Netzwerk, d.h. es wird keine durchgehende Verbindung aufgebaut, sondern jeder Block wird einzeln von einer Vermittlungsstelle zur nächsten übertragen. Dann wird die Verbindung zur nächsten Vermittlungsstelle hergestellt, und der Block wird weitergereicht. Da die einzelen Blöcke unterschiedliche Wege, abhängig vom jeweiligen Schaltzustand des Netzes, nehmen können, kommen sie beim Empfänger möglicherweise in einer anderen Reihenfolge an, als sie gesendet wurden. Die vierte Ebene muß die Blöcke sortieren können. Ein bekanntes Protokoll dieser Ebene ist **HDLC (High Level Data Link Control)**

Die Ebenen 1 bis 3 werden heute durch handelsübliche Produkte für den Aufbau lokaler Rechnernetze weitgehend unterstützt.

Ebene 4: Transport Layer = Transportprotokoll. Diese Ebene liefert eine zuverlässige Verbindung zwischen Anwenderprozessen in den Endsystemen. Ihre Dienstleistung ist vergleichbar mit der eines Multitasking-Betriebsystems bei der Kommunikation zwischen den Prozessen innerhalb eines Systems.

Ebene 5: Session Layer = Sitzungsprotokoll. Es werden die Dienstleistungen zur Verfügung gestellt, mit denen eine Kommunikationsbeziehung = Sitzung geordnet aufgebaut und wieder beendet werden kann. Dazu gehört u.a. das Überprüfen von Zugriffsrechten.

Ebene 6: Presentation Layer = Darstellungsprotokoll. Von dieser Ebene wird sozusagen der "Dolmetscher" bereitgestellt, der die Kommunikation zwischen Partnern ermöglicht, obwohl diese verschiedene "Sprachen" sprechen. Dazu gehören die Umwandlung unterschiedlicher Dateiformate und die Umcodierung der Datenformate, wenn die Partner zur Informationsdarstellung auf Bildschirmen und Druckern andere Codes verwenden. Besondere Bedeutung hat diese Ebene für den Schutz von Daten vor dem unberechtigten Zugriff.

Ebene 7: Anwendungsprotokoll. Es regelt die Kommunikation durch das Bereitstellen von Dienstleistungen, die aus der Sicht des Anwenders bedeutsam sind. Dazu können Funktionen im Zusammenhang mit dem Benutzen der elektronischen Post, verteilter Datenbanken und von Druckern gehören.

8.3.1 Lokale Netze

Die **lokalen Rechnernetze (local area network = LAN)** haben in den letzten Jahren sehr stark an Bedeutung gewonnen. Sie stellen mit einer Ausdehnung bis zu einigen Kilometern einen Verbund verschiedener Teilnehmer her. Diese können vollständige Rechner aber auch Terminals, Drucker, Massenspeicher, Einrichtungen der Meß-, Steuer- und Regelungstechnik und andere Geräte der Datenverarbeitung sein. Die Knoten des Netzes unterliegen keiner gemeinsamen Kontrolle, und ihre Kopplung ist lose, d.h. es werden im allgemeinen vollständige Dateien und Programme übertragen. Als Übertragungsmedium werden verdrillte Leitungen, Koaxialkabel und Glasfasern verwendet, die aufgrund der engen räumlichen Begrenzung eine Transferrate von bis zu 200 MBit pro Sekunde ermöglichen. Die am häufigsten anzutreffenden **Netzwerkstopologien** sind der **Bus**, der **Ring** und der **Stern**. Man unterscheidet aktive und passive Systeme. In aktiven Systemen werden die Signale von einem Knoten empfangen, aufbereitet, und, falls der Knoten nicht selbst der Empfänger ist, zum nächsten Knoten weitergesendet. Jeder dazwischenliegende Knoten übernimmt also auf dem Weg vom Sender zum Empfänger einer Botschaft die Funktion eines Signalverstärkers. Bei passiven Netzen besitzen die Knoten diese Eigenschaft von Relaisstationen nicht.

Wenn mehrere Verarbeitungsknoten das Netz benutzen wollen, um eine Botschaft an einen Empfänger zu senden, so kann es zu Zugriffskonflikten kommen. Das Verfahren der zentralen Steuerung zu ihrer Auflösung scheidet aus Gründen der Fehlertoleranz meistens aus. Es wurde eine Reihe von "**Zugriffsprotokollen**" entwickelt, bei denen die Kontrolle des Ablaufs auf die einzelnen Knoten verteilt wurde. Ein Unterscheidungsmerkmal ist die "Fairness", mit der die verfügbare Sendezeit auf die Teilnehmer verteilt wird. Man unterscheidet zwischen den **deterministischen** und den **nicht deterministischen Protokollen.** Bei den deterministischen Verfahren kann man vorhersagen, wie groß die Wartezeit höchstens sein wird, bis ein Teilnehmer nach dem Entstehen eines Sendewunsches Zugang zum Netz erhält, bei den anderen Methoden ist die Vorhersage nicht möglich. Müssen Anwendungen unter Echtzeitbedingungen ablaufen, sind nur die deterministischen Verfahren geeignet.

Das einfachste deterministische Zugriffsprotokoll ist die **Zeitscheibensteuerung(time division multiple access = TDMA).** Jeder Teilnehmer erhält reihum in periodischen Abständen die Sendeberechtigung für eine feste Zeitdauer, die so gewählt wird, daß sie zum Übertragen eines Informationsblockes ausreicht. Nachteilig bei diesem Verfahren ist möglicherweise die schlechte Ausnutzung des Übertragungskanals, da die Zeitscheibe ungenutzt bleibt, wenn ein Knoten seine Sendeberechtigung erhält, sie zu diesem Zeitpunkt aber nicht benötigt.

Das **Token-Verfahren** vermeidet diesen Nachteil. Token (= Plaketten) sind Bitmuster, die von einem Knoten zum logisch nächsten weitergesendet werden. Dabei ist es gleichgültig, ob die physikalische Struktur des Netzes ein Ring oder ein Bus ist. Es gibt zwei Token: das **Frei-Token** und das **Belegt-Token.** Erhält ein sendewilliger Knoten das Frei-Token, so wandelt er das Bitmuster in das Belegt-Token um und fügt Absenderadresse, Empfängeradresse und den zu übertragenden Datensatz einschließlich Prüfsumme hinzu. Jeder Knoten, der das Token erhält, prüft anhand des Adressenfeldes, ob er der Empfänger der Botschaft ist. Ist die Nachricht nicht für ihn bestimmt, so sendet er sie zum nächsten Knoten weiter. Kommt die Nachricht schließlich beim Empfänger an, so übernimmt er sie, falls sie fehlerfrei übertragen wurde, und sendet sie mit einer Empfangsquittung zum Absender weiter. Nach einem vollständigen Umlauf kommt die Nachricht wieder beim Sender an. Dieser wandelt das Belegt-Token in ein Frei-Token um und sendet dieses zum nächsten Knoten, der damit die Gelegenheit erhält, eine Nachricht abzusetzen. Selbst wenn jede Station ihr Senderecht ausnutzt, läßt sich eine maximale Zeit angeben, nach der der Netzzugriff erfolgen kann. Es handelt sich also um ein deterministisches Verfahren.

Die wichtigsten nicht deterministischen Protokolle sind unter dem Begriff **"CSMA-Verfahren"** bekannt **(carrier sense multiple access).** Jeder Knoten überwacht hierbei den Übertragungskanal. Um eine gerade laufende Übertragung nicht zu stören, beginnt er nur dann mit einer Sendung, wenn er den Kanal frei vorfindet. Zu Kollisionen kann es dennoch kommen, wenn zwei oder mehr Knoten gleichzeitig anfangen zu senden.

Gleichzeitig heißt hier innerhalb eines Zeitintervalls von der Länge der Signallaufzeiten zwischen den am weitesten voneinander entfernten Knoten des Netzes. Bei einer solchen Kollision werden durch die unkontrollierte Überlagerung der Signale die Informationen zerstört. Beim **CSMA/CD-Protokoll (CD = collision detection)** sind die Knoten in der Lage, eine Kollision zu entdecken. Sie brechen daraufhin die Sendung ab und starten nach einer Wartezeit einen neuen Versuch. Damit die Wahrscheinlichkeit für eine erneute Kollision klein ist, kann man die Wartezeiten nach Prioritäten an die Teilnehmer fest vorgeben, oder man kann die Wartezeiten in den beteiligten Stationen durch Zufallszahlen selbst erzeugen.

Die Entwicklung der lokalen Netze hat inzwischen zu einer Standardisierung geführt. Am bekanntesten ist der IEEE-802-Standard, der den Token Ring, den Token Bus und das CSMA/CD-Verfahren unterstützt.

Die bekanntesten praktisch ausgeführten lokalen Netze sind das Ethernet, das Localnet, das IBM-PC-Netzwerk und der IBM-Token-Ring. Um Einzelheiten über die Merkmale der verschiedenen Produkte, wie maximale räumliche Ausdehnung, Übertragungsmedium, Bitrate, höchste Zahl der anschließbaren Teilnehmer, Zugriffsprotokoll usw. zu erfahren, verweisen wir auf die einschlägige Spezialliteratur.

Literaturverzeichnis

Verzeichnis wichtiger Abkürzungen:

ACM	Association for Comupting Machinery
CACM	Communications of the ACM
IEEE	Institute of Electrical and Electronics Engineers
JACM	Journal of the ACM
JCSS	Journal of Computer and System Sciences
LNCS	Lecture Notes in Computer Science
TOPLAS	1 Transactions on Programming Languages and Systems

Advances Micro Devices: Am 2900 Bipolar Miroprocessor Family, Sunnyvale/California 1976

Aho, A.V.; Hofcroft, J.E.; Ullman, J.D.: The Design and Analysis of Computer Algorithms. Addison-Wesley 1974

Ammon, P.: IC-Technik: Grenzen der Integration, Grenzen der Geschwindigkeit, Markt und Technik Heft 35 (1985), 18-20 bzw. Heft 36 (1986), 26-29

Backus, J.: Can Programming be Liberated from the von Neumann Style? A Functional Style and its Algebra of Programs, CACM 21 (1978), 613-641

Baskett, F.; Keller, T.W.: An Evaluation of the Cray-1 Computer; in: Kuck, D.J.; Lawrie, D.H.; Sameh, A.H.: High Speed Computer and Algorithm Organization, Academic Press 1977, 71-84

Batcher, K.E.: Design of a Massively Prallel Processor, IEEE Trans. on Computers, C-29 (1980), 836-840

Batcher, K.: Mpp - A Massively Parallel Processor. Proc. 1979 Intern. Conf. on Parallel Processing, 21-24, August 1979, Bellaire/Michigan, 249

Bell, C.G.; Newell, A.: Computer Structures: Readings and Examples, McGrax-Hill 1971

Benes, V.E.: Mathematical Theory of Connecting Networks and Telephone Traffic, Academic Press 1965

Berg, H.K.: Firmware-Engineering - Eine Übersicht, Informatik-Spektrum 3 (1980), 87-104

Bode, A.; Händler, W.: Rechnerarchitektur, Springer-Verlag 1980

Bode, A.; Händler, W.: Rechnerarchitektur II, Springer-Verlag 1983

Bond, J.: Architectural Acvances Spur 32-Bit Micros, Computer Design, 6/84, 125-136

Bramer, M.: The Japanese Fifth Generation Computer Project; in: Burns, A. (ed.): New Information Technology, E. Horwood Ltd. 1984, 148-159

Broomell, G.; Heath, J.R.: Classification Categories and Historical Development of Circuit Switching Topologies, ACM Computing Surveys 15 (1983), 95-133

Chen, T.C.; Schlag, M.D.F.; Wong, C.K.: The Hypercube Connection Network, IBM Research Report RC 10219, Yorktown Heights 1983

Christian, K.: Examine architekctures when evaluating Ps, EDN, 10/83, 193-201

Chu, Y.: Computer Organization and Microprogramming, Prentice-Hall 1972

Claus, V.: Die mittlere Additionsdauer eines Paralleladdierwerks, Acta Informatica 2 (1973), 278-291

Coffman Jr., E.G.; Denning, P.J.: Operating Systems Theory, Prentice-Hall 1973

Compte, D.; Hifdi, N.: Lau Multiprocessor: Microfunkctional Description and Technologiacal Choice. Proceedings of the 1st European Conference on Parallel and Distributed Processing, Ed. J.C. Syre, 14-16 Febr. 1979, Toulouse, France, 8-15

Control Data Corporation, Cyber 170/Technical Manual. Die neue Generation: 16-Bit-Mikroprozessoren, Elektronik Entwicklung, 4/1980, 12-25

Cray Research, Inc.: The Cray X-MP Series of Computers, Publication MP-0001A, Minneapolis 1983

Digital Equipment Corp.: VAX Hardware Handbook, Maynard/Massachusetts 1985

Eberhard, L.; Riechmann, C.; Schütt, A.: Datenbankmaschinen - Überblick über den derzeitigen Stand der Entwicklung, Informatik-Spektrum 4 (1981), 31-39

Eckelmann, P.: Architektur und Anwendung des Transputers, Elektronik Heft 4 (1984), 59-65

Fehr, E.: Funktionale Programmierung, Informatik-Spektrum 5 (1982), 194-196

Flynn, M.J.: Some Computer Organizations and Their Effectiveness, IEEE Trans. on Computers, C-21 (1972), 948-960

Gentleman, W.M.: Some Complexity Results for Matrix Computations on Parallel Processors. J.ACM 25 (1978), 112

Geyer, J.: 32-Bit-Mikrocomputer besitzt neuartige Architektur (iAPX 432), Elektronik, 5/81

Giloi, W.K.: Rechnerarchitektur, Springer-Verlag 1981 (Reihe Heidelberger Taschenbücher Nr.208)

Hayes, J.P.: Computer Architectures and Organization, McGraw-Hill 1978

Händler, W.: On Classification Schemes for Computer Systems in the Post-von-Neumann-Era, Proc.4, GI-Jahrestagung 1974, Springer LNCS 26 (1975), 439-452

Heller, D.: A Survey of Parallel Algorithms in Numerical Linear Algebra. SIAM Review 20 (1978), 740

Hockney, R.W.: Jesshope, C.R.: Parallel Computers. Adam Hilger Ltd., Bristol 1981

Hoffmann,R.: Rechenwerke und Mikroprogrammierung, Oldenbourg-Verlag, 1983

Hoßfeld, F.: Parallele Algorithmen, Informatik-Fachberichte Nr.64, Springer-Verlag 1983

Hsiao, D.K. (ed.): Advanced Database Machine Architecture, Prentice-Hall 1983

IBM Deutschland GmbH: IBM System/370, IBM Form GA-12-1040-2, 1974

Johnson, D.: The Intel 432: A VLSI Architecture for Fault-Tolerant Computer Systems, IEEE Computer, 8/84, 40-48

Jones, A.K.; Schwarz, P.: Experience Using Multiprocessor Systems - A Status Report. Computing Surveys, Vol.12, 2, Junge 1980, 121-165; MC 68000 Technical Manual (CPU) und MC 68451 Technical Manual (MMU) Motorola Semiconductors.

Kuck, D.J.: The Structure of Computers and Computations. Vol.1. Wiley & Sons, New York 1978

Kung, H.T.; Leiserson, Ch.E.: Systolic Arrays (for VLSI); in: Duff, J.S.; Stewart, G.W. (ed.): Sparse Matrix Proceedings 1978, 256-282

Lemme, J.M.; Rice, J.R.: Speedup in Parallel Algorithms for Adaptive Quadrature. J.ACM 26 (1979), 65

Levine, R.D.: Supercomputers, Scientific American 246 (1982), Heft 1, 118-135 (deutsche Übersetzung erschienen in Spektrum der Wissenschaft Heft 3 (1982), 26-43)

Mead, C.; Conway, L.: Introduction to VLSI Systems, Addison-Wesley 1980

Metcalfe, R.M.; Boggs, D.R.: Ethernet: Distributes Packet Switching for Local Computer Networks, CACM 19 (1976), 395-404; nachgedruckt in (Siewiorek et al. 82), Kap.26

Muller, D.E.; Preparata, F.P.: Restructuring of Arithmetic Expressions for Parallel Evaluation. H.ACM 23 (1976), 534

Munro, I.; Paterson, M.: Optimal Algorithms for Parallel Polynomial Evaluation. J.Comput.Syst.Sci.7 (1973), 189

Oberschelp, W und Vossen, G.: Rechneraufbau und Rechnerstrukturen, Oldenbourg-Verlag, 1986

Organick, E.I.: A Programmer's View of the Intel 432 System, 1983, McGraw-Hill Book Company

Prince, B.: Entwicklungen und Trends bei MOS-Speicherbausteinen, Elektronik Heft 10 (1983), 47-50

Ramamoorthy, C.V.; Li, H.F.: Pipeline Architekcture, ACM Computer Surveys 9 (1977), 61-102

Rauscher, T.G.; Adams, P.M.: Microprogramming: A Tutorial and Survey of Recent Development, IEEE Trans. on Computers C-29 (1980), 2-20

Russel, R.M.: The Cray-1 Computer System, CACM 21 (1978), 63-72

Schnupp, P.: Rechnernetze - Entwurf und Ralisierung, de Gruyter, 2. Auflage 1982

Schütt, D.: Parallelverarbeitende Maschinen, Inforamtik-Spektrum 3 (1980), 71-78

Shapiro, H.D.: Theoretical Limitations on the Use of Parallel Memories. Ph.D.Thesis, University of Illinois at Urbana - Champaign, 1976

Shridhar, T.; Hayes, J.P.: A Functional Apprach to Testing Bit-Sliced Microprocessors, IEEE Trans. on Computers C-30 (1981), 563-571

Siegel, H.J.: A Model of SIMD Machines and a Comparison of Various Interconnection Networks, IEEE Trans. on Computers C-28 (1979), 907-917

Siewiorek, D.P.; Bell, C.G.; Newll, A.: Computer Structures: Principles and Examples, McGraw-Hill 1982

Sloan, M.E.: Computer Hardware and Organization, SRA 1976

Sokolowsky, P.: Aufbau und Arbeitsweise von Arbeitsspeichern, Hüthig, 1976

Sokolowsky, P.(Hrsg.), Lange, Krings, Milde: Rechnerstrukturen, Serie in technika, Basel, 1983-1985

Spaniol, O.: Arithmetik in Rechenanlagen, Teubner 1976

Spaniol, O.: Konzepte und Bewertungsmethoden für lokale Rechnernetze, Informatik-Spektrum 5 (1982), 152-170

Stone, H.S. (ed.): Introduction to Computer Architecture, SRA, 2. Auflage 1980

Swan, R.J.; Fuller, S.H.; Siewiorek, D.P.: Cm* - A modular, multi-icroprocessor. AFIPS Conference Proceedings Vol.46, 1977, National Computer Conference, 637-644

Tafel, J.: Datentechnik. Grundlagen, Baugruppen, Geräte, Hanser-Verlag 1978

Tafel, J.; Kohl, A.: Ein- und Ausgabegeräte der Datentechnik, Hanser-Verlag 1982

Tanenbaum, A.S.: Computer Networks, Prentice-Hall 1981

Thurber, K.J.: Large Scale Computer Architecture - Parallel and Axxociative Processors, Hayden Book Company, Inc., Rochelle Park, N.J., 1976

Ullman, J.D.: Computational Aspects of VLSI, Computer Science Press 1984

Vollmar, R.: Algorithmen in Zellularautomaten, Teuber 1979

Wakerly, J.F.: Microcomputer Architecture and Programming, Wiley 1981

Watson, W.J.: The TI ASC - A Highly Modular and Flexible Super Computer Architekcture, AFIPS Conf. Proc. 41 Part I (1972), 221-228

Weicker, R.: Neuere Konzepte und Entwürfe für Programmiersprachen, Informatik-Spektrum(1978), 101-112

Wulf, W.A.; Bell, C.G.: C.mmp - A multi-miniprocessor, Proceedings of the Fall Joint Computer Conference 1972, 765-777

Yau, S.S.; Fung, H.S.: Associative Processor Architecture - A Survey, ACM Computing Sureys 9 (1977), 3-27

Zakharov, V.: Parallelism and Array Processing, IEEE Trans. on Computers C-33 (1984), 45-78

Zolnowsky, J; Tredennick, N.: Design and Implementation of System Features for the MC 68000, Proc. COMPCON Fall Conf. 1979, 2-9

Sachwortverzeichnis